Europäisches Wettbewerbsrecht bei Fusionen
deutscher Großbanken

Europäische Hochschulschriften
Publications Universitaires Européennes
European University Studies

Reihe V
Volks- und Betriebswirtschaft

Série V Series V
Sciences économiques, gestion d'entreprise
Economics and Management

Bd./Vol. 2999

PETER LANG
Frankfurt am Main · Berlin · Bern · Bruxelles · New York · Oxford · Wien

Frank-Mirko Dahlke

Europäisches Wettbewerbsrecht bei Fusionen deutscher Großbanken

PETER LANG
Europäischer Verlag der Wissenschaften

Bibliografische Information Der Deutschen Bibliothek
Die Deutsche Bibliothek verzeichnet diese Publikation in der Deutschen Nationalbibliografie; detaillierte bibliografische Daten sind im Internet über <http://dnb.ddb.de> abrufbar.

Zugl.: Dortmund, Univ., Diss., 2003

D 290
ISSN 0531-7339
ISBN 3-631-51586-3

www.peterlang.de

Vorwort

Die vorliegende Arbeit wurde im Mai 2003 von der Wirtschafts- und Sozialwissenschaftlichen Fakultät der Universität Dortmund angenommen. Entstanden ist sie während meiner Tätigkeit als wissenschaftlicher Angestellter am Lehrstuhl für Wirtschaftspolitik.

Mein Dank gilt zunächst meinem Doktorvater Herrn Prof. Dr. Hartmut Berg. Darüber hinaus danke ich Herrn Prof. Dr. Ulrich Teichmann für die freundliche Übernahme des Zweitgutachtens und Herrn Prof. Dr. Egon Jehle für sein Engagement als drittes Mitglied der Promotionskommission.

Einen besonderen Dank schulde ich Dr. Armin Rott und Dr. Stefan Schmitt, die sich stets Zeit für konstruktive Diskussionen nahmen und deren gehaltvolle Kritik die Arbeit wesentlich abrundete. Frau Dipl.-Volkswirtin Katharina Wacker danke ich zudem herzlich für die intensive Durchsicht meines Manuskripts.

Meinem Bruder, meinen Freunden und insbesondere meiner Freundin bin ich für ihr großes Verständnis und ihre Nachsicht dankbar, die sie mir während meiner Promotionszeit entgegengebracht haben.

Der größte Dank gebührt jedoch meinen Eltern, denen ich die Arbeit widme.

Dortmund, im Juni 2003 Mirko Dahlke

Inhaltsverzeichnis

Tabellenverzeichnis

Abbildungsverzeichnis

Abkürzungsverzeichnis

Abl. EG	Amtsblatt der Europäischen Gemeinschaft
ACCC	Australian Competition and Consumer Commission
AktG	Aktiengesetz
AR	Aufsichtsrat
BVR	Bundesverband der Deutschen Volksbanken und Raiffeisenbanken
DSGV	Deutscher Sparkassen- und Giroverband
ECU	European Currency Unit
EG	Europäische Gemeinschaft
EuGH	Europäischer Gerichtshof
FAZ	Frankfurter Allgemeine Zeitung
FKVO	Fusionskontrollverordnung
FTD	Financial Times Deutschland
GWB	Gesetz gegen Wettbewerbsbeschränkungen
HHI	Hirschman-Herfindahl-Index
KWG	Gesetz über das Kreditwesen
MFI	Monetäre Finanz-Institute
OECD	Organisation für wirtschaftliche Zusammenarbeit und Entwicklung
USDOJ	United States Department of Justice
USFRB	United States Federal Reserve Board

Einleitung

„Wer leugnet, daß Banken Macht haben, sagt nicht die Wahrheit."[1]

Alfred Herrhausen

Die Ertragssituation deutscher Privatbanken ist unbefriedigend. Im europäischen Vergleich weisen deutsche Banken eine unterdurchschnittliche Eigenkapitalrendite auf. Die Fusionsbemühungen von Deutsche Bank/Dresdner Bank Anfang 2000 sowie von Dresdner Bank/Commerzbank einige Monate später haben gezeigt, daß insbesondere deutsche Großbanken in einer gesteigerten Unternehmensgröße die Lösung ihrer Probleme sehen. Es scheint daher fast ausschließlich eine Frage der Zeit zu sein, wann es zu Fusionen deutscher Großbanken kommt. Dies gilt insbesondere vor dem Hintergrund, daß Zusammenschlüsse nationaler Institute oftmals als Voraussetzung für eine erwartete Konzentration auf europäischer Ebene angesehen werden.[2]

Unabhängig vom Scheitern der zwei angesprochenen Fusionen hätte die Europäische Kommission nach herrschender Meinung beiden Fusionsanträgen stattgegeben. Direkt nachvollziehbar ist dies nicht, hätte es sich doch jeweils um einen Zusammenschluß von zwei der vier größten deutschen Banken gehandelt, der in den Augen vieler Beobachter der neuen Bank einen bedenklichen Zuwachs an Marktmacht verschafft hätte.

Die vorliegende Arbeit geht der Frage nach, wie ein Zusammenschluß deutscher Großbanken nach den Bestimmungen der Europäischen Fusionskontrollverordnung (FKVO) behandelt werden würde.

---

[1] Zitat gefunden in Friedrich-Ebert-Stiftung (Hrsg.): Macht der Banken – eine Tagung der Friedrich-Ebert-Stiftung am 4. Mai 1995 in Frankfurt a. M., Bonn 1995, S. 12.

[2] Vgl. Wei, X.: When will we see cross-border bank mergers? In: European Competition Law Review, Vol. 23, 2002, No. 1, S. 11–16.

In *Kapitel 1* erfolgt zunächst eine Analyse des deutschen Bankenmarktes, wobei in einem ersten Schritt Angebots- und Nachfragestruktur sowie Wettbewerbsparameter und Marktzutrittsschranken im Mittelpunkt stehen. Im Anschluß werden anhand der Beispiele „Electronic-Banking" und „Allfinanz-Konzernen" Marktdynamik und Unternehmensstrategien skizziert. Zuletzt wird danach gefragt, welche Auswirkungen horizontale Zusammenschlüsse aus Unternehmensperspektive haben und welche Folgen auf Branchenebene zu erwarten sind.

Kapitel 2 legt die theoretische Grundlage für die folgenden Kapitel: Der Begriff der „gemeinschaftsweiten Bedeutung" wird erklärt und der Zusammenschlußbegriff im Rahmen der FKVO näher bestimmt. Besondere Berücksichtigung finden die Sonderregelungen, die für Unternehmenszusammenschlüsse mit Bankenbeteiligung gelten. Schließlich wird der bei der materiellen Beurteilung von Zusammenschlüssen zentrale Begriff der Marktbeherrschung erläutert.

Darauf aufbauend analysiert *Kapitel 3*, welche Kriterien die Europäische Kommission bei der Beurteilung von Marktmacht anwendet. Aufbauend auf der allgemeinen Abgrenzung des sachlich relevanten Marktes erfolgt eine Erweiterung auf Bankleistungsmärkte. Das Kapitel gibt dabei die bisherige Entscheidungspraxis der Europäischen Kommission wieder und analysiert das Vorgehen der US-amerikanischen Antitrust-Behörde. In einem zweiten Teil werden die wichtigsten Beurteilungskriterien herausgearbeitet, die bei der Entscheidung Anwendung finden, ob ein Unternehmenszusammenschluß eine marktbeherrschende Stellung begründet oder verstärkt.

In der Diskussion über wirtschaftliche Macht von Unternehmen nehmen Banken in Deutschland eine besondere Rolle ein. Neben Depotstimmrechten und der Ausübung von Aufsichtsratsmandaten sehen Kritiker insbesondere in dem zum Teil umfangreichen Beteiligungsbesitz an anderen Unternehmen eine Möglichkeit für Banken, wirtschaftliche Macht auszuüben. *Kapitel 4* diskutiert daher, inwieweit diese Besonderheiten wirtschaftliche Macht begründen. Nachdem auf die Spezifika des Kreditgeschäfts eingegangen und die Bedeutung der Hausbank erläutert wurde, illustriert das Beispiel der Deutschen Bank die empirische Relevanz von Unternehmensbeteiligungen. Anschließend werden die Einflußmöglichkeiten mit Hilfe von Depotstimmrechten und Aufsichtsratsmandaten dargestellt.

Auf Basis der zuvor gewonnen Ergebnisse erfolgt in *Kapitel 5* die Simulation einer (Groß-)Bankenfusion für den deutschen Markt. Ziel ist es, die Vorschriften der Europäischen Fusionskontrollverordnung auf ihre Tauglichkeit zu überprüfen, indem in einer Art „Maximalszenario" ein Zusammenschluß von Deutsche Bank AG, HypoVereinsbank AG und Commerzbank AG simuliert wird. Die Analyse der Zusammenschlußsimulation lehnt sich an die Kapitel 3 und 4 an. Der Zusammenschluß wird deshalb zunächst auf Basis traditioneller Beurteilungskriterien untersucht. Abschließend erfolgt eine Prüfung mit Hilfe alternativer Einflußfaktoren.

Die Arbeit schließt mit einer Zusammenfassung der wichtigsten Ergebnisse.

Kapitel 1: Der Bankenmarkt in Deutschland

A. Analyse der Branchenstruktur

Der Bereich der Geschäftsbanken zerfällt in die beiden Hauptgruppen der Universal- und Spezialbanken.[3] Erstere unterteilt man wiederum in private und öffentlich-rechtliche Universalbanken sowie genossenschaftliche Zentralbanken und Kreditgenossenschaften.[4] Zentrales Merkmal von Universalbanken ist deren breites Produkt- und Dienstleistungsangebot, das grundsätzlich alle Arten von Bankgeschäften umfaßt.

I. Angebotsstruktur

Zu den privaten Universalbanken zählen Kreditbanken – hier insbesondere die Großbanken –, Regionalbanken und Privatbankiers (vgl. *Tabelle 1-1*).[5] Ins-

---

[3] Im Folgenden konzentriert sich die Betrachtung in erster Linie auf die Gruppe der Universalbanken. Für eine kurze Übersicht der vielfältigen Spezialbanken vgl. bspw. Bundesaufsichtsamt für das Kreditwesen (Hrsg.): Jahresbericht 2000, Bonn 2001, S. 75 ff. und Pozdena, R. J., Alexander, V.: Bank structure in West Germany, in: Kaufman, G. G. (Hrsg.): Banking structures in major countries, Boston u. a. 1991, S. 555–590, hier S. 563 ff.

[4] Vgl. hierzu und zu den weiteren Ausführungen Moser, F.: Die Bedeutung der Wettbewerbsveränderungen im Finanzdienstleistungssektor für die Entwicklungsperspektiven internationaler Finanzzentren und die Zukunft der deutschen Großbanken, Regensburg 1999, S. 242, Fn. 13.

[5] Privatbankiers weisen klassischerweise die Rechtsform einer Personengesellschaft oder Einzelunternehmung auf. Zudem findet als Abkehr vom Universalbankenprinzip in einigen Fällen eine Spezialisierung auf bestimmte Geschäftsbereiche statt. Vgl. Bösel, H.-D.: Privatbankiers – erfolgreich als Spezialisten, in: Börsen-Zeitung, 04.04.2001, Online-Version http://www.boersen-zeitung.com/online/redaktion/bankentag/BZ06636-1.HTML, Stand: 05.04.2001.

gesamt umfaßt das deutsche Bankensystem ca. 300 private Geschäftsbanken, während der Deutsche Sparkassen- und Giroverband (DSGV) als Dachverband der Sparkassen-Finanzgruppe – inklusive öffentlicher Versicherer und weiterer Finanzdienstleister, wie z. B. Leasing-Gesellschaften oder Kapitalanlagegesellschaften der Landesbanken – mehr als doppelt so viele öffentlich-rechtliche Institute repräsentiert.[6] Die Zahl der im Bundesverband der Deutschen Volks- und Raiffeisenbanken (BVR) zusammengeschlossenen Genossenschaftsbanken beläuft sich auf gut 1.600.[7] Die Gruppe der Spezialbanken besteht aus ca. 30 privaten Hypothekenbanken, ungefähr einem Dutzend spezieller öffentlicher Kreditinstitute und ca. 30 Bausparkassen.[8]

---

[6] Vgl. Deutscher Sparkassen- und Giroverband (Hrsg.): Aufgaben und Ziele, http://www.dsgv.de/?direkt=%2Fopenworx.php%3Fdef%3Dliste%26vlg%3Dliste%26id-%3D10, Stand: 21.09.2002.

[7] Vgl. Bundesverband der Deutschen Volksbanken und Raiffeisenbanken (Hrsg.): Wir machen den Weg frei, http://www.bvr.de/www-new/oeffentl.nsf/index?ReadForm&main=03&sub=00, Stand: 20.09.2002.

[8] Vgl. Moser, S., Pesaresi, N., Soukup, K.: State guarantees to German public bank – a new step in the enforcement of state aid discipline to financial services in the community, in: Competition Policy Newsletter, o. J., 2002, No. 2, S. 1–11, hier S. 5.

Tabelle 1-1

Bestand an Kreditinstituten und Bankstellen nach Bankengruppen, 2001

Bankengruppe	Kreditinstitute	Zweigstellen in Deutschland	Bankstellen insgesamt
Kreditbanken	303	5.576	5.879
- Großbanken	4	2.369	2.373
- Regionalbanken u. sonst. Kreditbanken	220	3.194	3.414
- Zweigstellen ausländischer Banken	79	13	92
Landesbanken	13	603	616
Sparkassen	534	16.491	17.025
Genossenschaftliche Zentralbanken	2	18	20
Kreditgenossenschaften	1.621	14.584	16.205
Realkreditinstitute	28	136	164
Banken mit Sonderaufgaben	16	19	35
Bausparkassen	29	3.694	3.723
- private Bausparkassen	18	2.873	2.891
- öffentliche Bausparkassen	11	821	832
Insgesamt ohne Deutsche Postbank AG	2.546	41.121	43.667
Deutsche Postbank AG	1	12.792	12.793
Insgesamt mit Deutsche Postbank AG	2.547	53.913	56.460

Die Gesamtzahlen weichen von denen in *Tabelle 1-6* ab, da diese in der monatlichen Bilanzstatistik der Deutschen Bundesbank nicht erfaßte Bankengruppen beinhaltet.
Quelle: Deutsche Bundesbank (Hrsg.): Bankenstatistik, Juli 2002, S. 104, eigene Darstellung.

Der Wettbewerb zwischen Angehörigen der drei Universalbankgruppen untereinander ist recht unterschiedlich. Während private Kreditbanken als Konkurrenten am Markt agieren, stehen sowohl Sparkassen als auch Genossenschaftsbanken untereinander nicht im Wettbewerb. Der Grund hierfür ist bei Sparkassen das Regionalprinzip, nach dem sie jeweils nur in einem räumlich begrenzten Gebiet tätig werden dürfen, das sich im allgemeinen mit dem Gebiet des jeweiligen kommunalen Gewährträgers deckt.

Der Sparkassensektor zeichnet sich – ebenso wie der Genossenschaftssektor – durch einen hierarchischen Aufbau aus.[9] Der DSGV vertritt z. B. die Interessen der Finanzgruppe insgesamt, organisiert die Willensbildung innerhalb der

[9] Vgl. Geigant, F.: Banken, in: Oberender, P. (Hrsg.): Marktstruktur und Wettbewerb in der Bundesrepublik Deutschland – Branchenstudien zur deutschen Volkswirtschaft, München 1984, S. 537–576, hier S. 540.

Gruppe und ist für die strategische Ausrichtung verantwortlich.[10] In ähnlicher Weise ist der BVR als Spitzenverband der genossenschaftlichen Finanzwirtschaft in Deutschland für die Interessenvertretung der Volksbanken und Raiffeisenbanken auf bundesweiter Ebene zuständig.

Faßt man die privaten Kreditbanken trotz ihrer jeweiligen Unabhängigkeit gedanklich als Einheit auf, existiert mit ihnen eine dritte Anbietergruppe von Universalbanken. Für die Situation zwischen den drei Gruppen, die man auch als die drei Säulen des Bankenmarktes bezeichnet, hat sich der Begriff des Gruppenwettbewerbs etabliert. Sparkassen und Genossenschaftsbanken stehen dabei jeweils nur den beiden anderen Gruppen als Konkurrenten gegenüber. Im Gegensatz dazu müssen private Kreditbanken ihre eigene Marktposition nicht nur gegen diese beiden Gruppen, sondern auch gegen Angehörige ihrer eigenen Gruppe behaupten.[11]

Die Marktstellung einzelner Banken bzw. Bankengruppen variiert innerhalb der vielfältigen Geschäftssegmente deutlich. In Abhängigkeit von der strategischen Ausrichtung des jeweiligen Kreditinstituts bzw. den Vorgaben des DSGV und des BVR erfolgt eine Konzentration auf einzelne Geschäftsfelder. Aussagen über die Marktpositionierung lassen sich daher nicht allgemein, sondern nur für separate Geschäftssegmente treffen.

---

[10] Ebenso unterhält der Verband die Geschäftsstelle für die Aus- und Weiterbildung der Mitarbeiter der Sparkassen-Finanzgruppe, die Sparkassenakademie sowie weitere Einrichtungen. Zudem verwaltet er die institutssichernden Einrichtungen nach dem Einlagensicherungs- und Anlegerentschädigungsgesetz. Vgl. Deutscher Sparkassen- und Giroverband (Hrsg.): Aufgaben und Ziele, http://www.dsgv.de/?direkt=%2Fopenworx.-php%3Fdef%3Dliste%26vlg%3Dliste%26id%3D10, Stand: 21.09.2002.

[11] Bei dieser Betrachtung bleiben ausländische Konkurrenten unberücksichtigt.

Tabelle 1-2
Marktanteile der Bankengruppen im Kreditgeschäft, 2002

Geschäftssegment	Kreditbanken	darunter: Großbanken	Landesbanken/ Sparkassen	geno. ZB/ Kreditgen.	sonstige [a]
Buchkredite an Banken	26,0	14,2	38,1	11,4	24,6
- inländische Banken	15,7	6,2	41,9	13,8	28,6
- ausländische Banken	**53,7**	**35,6**	27,8	4,9	13,7
Buchkrediten an NB [b]	25,7	14,1	35,2	12,4	26,7
- inländische NB	24,2	12,8	36,6	13,7	25,5
- ausländische NB	**36,9**	**24,5**	24,3	2,2	36,6
Kredite an inl. Unternehmen und Privatpersonen	26,9	14,4	37,8	16,2	19,2
darunter:					
- Unternehmen	30,1	16,6	40,3	9,8	19,8
- wirtschaftlich selbst. Privatpersonen	23,0	15,1	39,5	22,7	14,8
- wirtschaftl. unselbst. & sonst. Privatpersonen	26,0	12,2	34,5	18,5	20,9

[a] Realkreditinstitute, Bausparkassen und Banken mit Sonderaufgaben.
[b] Ohne Schatzwechselkredite, Wertpapierbestände, Ausgleichsforderungen und Wechsel.
Anteile in Prozent des Geschäftsvolumens.
Quelle: Deutsche Bundesbank (Hrsg.): Bankenstatistik, September 2002, eigene Berechnungen, eigene Darstellung, Stand: 30.06.2002.

Tabelle 1-2 zeigt die Marktanteile der einzelnen Bankengruppen in verschiedenen Segmenten des Kreditgeschäfts. Zusammen verfügen die drei Bankengruppen mit einem Marktanteil von mehr als 70 Prozent über eine starke Marktstellung. Die Aufteilung zwischen den einzelnen Gruppen ist dabei jedoch oftmals heterogen: Die stärkste Marktposition nehmen die Landesbanken und Sparkassen ein, deren Marktanteil in den einzelnen Geschäftssegmenten zwischen knapp 25 Prozent (Buchkredite an ausländische Nichtbanken) und fast 42 Prozent (Buchkredite an inländische Banken) liegt. Lediglich im Kreditgeschäft mit ausländischen Banken und ausländischen Nichtbanken besitzen Kreditbanken einen höheren Marktanteil. Diese Zahlen spiegeln den öffentlichen Versorgungsauftrag der Finanzgruppe und besonders der Sparkassen wider. Das Engagement der Landesbanken und Sparkassen fällt im Geschäft mit ausländischen Banken und Nichtbanken entsprechend geringer aus. Über die niedrigsten Marktanteile im Vergleich zu den beiden anderen Gruppen verfügen die genossenschaftlichen Zentralbanken und Kreditgenossenschaften.

Neben den Marktanteilen der einzelnen Bankengruppen weist *Tabelle 1-2* den Anteil der vier Großbanken aus. Ihre Wettbewerbsposition kann als nicht besonders stark bezeichnet werden. Lediglich bei der Kreditvergabe an ausländische Banken und mit Abstrichen im Kreditgeschäft mit ausländischen Nichtbanken besitzen die vier Großbanken einen etwas größeren Marktanteil. In den übrigen Marktsegmenten liegen die Marktanteile jeweils unter 17 Prozent.

Eine ebenfalls starke Marktposition läßt sich innerhalb des Einlagengeschäfts für die Gruppe der Landesbanken und Sparkassen feststellen (vgl. *Tabelle 1-3*). Ihr Anteil an Einlagen und aufgenommenen Krediten von inländischen Banken beträgt 45 Prozent. Im Gegensatz dazu beläuft sich der Marktanteil aller Kreditbanken auf lediglich knapp 20 Prozent, der Anteil genossenschaftlicher Zentralbanken und Kreditgenossenschaften liegt sogar unter 15 Prozent.

Tabelle 1-3

Marktanteile der Bankengruppen im Einlagengeschäft, 2002

Geschäftssegment	Kreditbanken	darunter: Großbanken	Landesbanken/ Sparkassen	geno. ZB/ Kreditgen.	sonstige [a]
Einlagen & aufgen. Kredite von ...					
... inländischen Banken [b]	**19,5**	7,4	**45,0**	**14,4**	21,2
... Nichtbanken	**27,4**	14,2	**38,8**	17,6	16,2
- inländischen Nichtbanken	24,5	10,9	**40,6**	20,3	14,7
- ausländischen Nichtbanken	**43,9**	33,6	28,9	**2,3**	24,8
... inländischen Unternehmen und Privatpersonen [c]	31,1	15,5	32,7	16,6	19,6
- inländ. Unternehmen	33,7	20,7	33,8	10,5	22,0
- inländ. wirt. selbst. Privatpers.	35,2	16,1	35,7	27,3	1,8
- inländ. wirt. unselbst. Privatpers.	24,9	7,6	30,3	21,0	23,9
- inländ. sonstigen Privatpers.	37,5	11,1	35,0	24,3	3,2
- inländ. Organisationen ohne Erwerbszweck	30,9	20,3	28,9	36,4	3,9

[a] Realkreditinstitute, Bausparkassen und Banken mit Sonderaufgaben,
[b] Ohne Deutsche Bundesbank.
[c] Ohne Spareinlagen und Sparbriefe.
Anteile in Prozent des Geschäftsvolumens.
Quelle: Deutsche Bundesbank (Hrsg.): Bankenstatistik, September 2002, eigene Berechnungen, eigene Darstellung, Stand: 30.06.2002.

Im Einlagengeschäft mit Nichtbanken ist die Dominanz der Landesbanken und Sparkassen weniger stark ausgeprägt. Auf sie entfällt mit fast 39 Prozent zwar der größte Marktanteil, der Abstand zur Gruppe der Kreditinstitute beträgt jedoch nur gut elf Prozentpunkte. Differenziert man zwischen inländischen und ausländischen Nichtbanken als Nachfrager, ergibt sich ein zweigeteiltes Bild: Im Geschäft mit inländischen Nichtbanken entfällt auf die Landesbanken und Sparkassen mit nahezu 41 Prozent der größte Anteil, wohingegen im Einlagengeschäft mit ausländischen Nichtbanken die Kreditbanken mit annähernd 44 Prozent den größten Marktanteil auf sich vereinen.

Die Gruppe der genossenschaftlichen Zentralbanken und Kreditgenossenschaften stellt im Einlagengeschäft lediglich die „dritte Kraft“ hinter den Landesbanken und Sparkassen sowie den Kreditbanken dar. Die relativ geringe Bedeutung zeigt sich insbesondere beim Geschäft mit ausländischen Nichtbanken. Hier beträgt der Anteil am gesamten Geschäftsvolumen weniger als 2,5 Prozent.

Von Interesse ist zudem die Marktstellung der vier Großbanken innerhalb der Gruppe der Kreditbanken. Ihre Position variiert recht stark: Beträgt ihr Marktanteil im Einlagengeschäft mit inländischen Banken nur knapp 38 Prozent, beläuft er sich im Geschäft mit ausländischen Nichtbanken auf mehr als 76 Prozent. Die Marktstellung der vier Großbanken ist in diesem Segment – bezogen auf die Gruppe der Kreditbanken – somit sicher als herausragend zu bezeichnen. Zu beachten ist aber, daß der Marktanteil aller Kreditbanken zusammen unter 44 Prozent liegt, von einer Dominanz durch die vier großen Banken kann somit nicht ohne weiteres gesprochen werden.

In den einzelnen Segmenten des Einlagengeschäfts mit inländischen Unternehmen und Privatpersonen ist die Bedeutung der vier Großbanken ebenfalls recht unterschiedlich. Ihr Anteil variiert zwischen knapp 30 Prozent und fast 66 Prozent (vgl. *Tabelle 1-3*). Die hier vermeintlich starke Marktstellung der Großbanken wird jedoch durch den relativ geringen Marktanteil der Kreditbanken insgesamt relativiert, der unter einem Drittel liegt. Die Position der genossenschaftlichen Zentralbanken und Kreditgenossenschaften ist im Vergleich zu den anderen beiden Gruppen wesentlich schwächer. Lediglich im Einlagengeschäft mit inländischen Organisationen ohne Erwerbszweck entfällt auf sie mit über 36 Prozent der höchste Marktanteil.

Eine hohe Konzentration ist am deutschen Bankenmarkt nicht festzustellen. Es gibt keine Institute, für die sich – gemessen an ihrem Marktanteil – eine dominierende oder sogar dominante Marktstellung vermuten läßt. Ein Vergleich mit der Situation in Großbritannien verdeutlicht dies eindrucksvoll. Eine hohe Konzentration und geringe Wettbewerbsintensität zeigt sich am britischen Bankenmarkt vor allem in den Bereichen des Privatkundengeschäfts und der Mittelstandsfinanzierung: Im Bereich des privaten Girokontogeschäfts lag der gemeinsame Marktanteil der vier großen Geschäftsbanken 1998 bei 68 Prozent.[12]

---

[12] Vgl. Deutscher Sparkassen- und Giroverband (Hrsg.): Angebot und Qualität von Finanzdienstleistungen für Verbraucher und mittelständische Unternehmen – Analyse des Finanzmarktes in Großbritannien unter Berücksichtigung des deutschen Finanzmarktes, Berlin 2000, S. 8.

Die Positionierung aller Bankengruppen auf dem deutschen Markt zeigt *Tabelle 1-4.*[13]

Tabelle 1-4

Marktanteile der Bankengruppen im Girokontogeschäft, 2002

Geschäftssegment	Kreditbanken	darunter: Großbanken	Landesbanken/ Sparkassen	geno. ZB/ Kreditgen.	sonstige [a]
Sichteinlagen von ...					
... inländischen Banken [b]	38,0	15,9	31,8	22,3	7,9
... Nichtbanken	43,9	20,6	36,5	19,2	0,5
- inländischen Nichtbanken	40,8	18,2	38,3	20,4	0,5
- ausländischen Nichtbanken	**85,8**	**54,3**	10,8	3,2	0,3
... inländischen Unternehmen und Privatpersonen [c]	41,2	18,4	37,7	20,7	0,4
- inländischen Unternehmen	**55,0**	**34,1**	30,2	14,0	0,8
- inländischen wirt. selbst. Privatpersonen	36,1	14,8	36,3	27,5	0,1
- inländischen wirt. unselbst. Privatpersonen	33,1	9,4	42,9	23,8	0,1
- inländischen sonstigen Privatpersonen	40,0	11,2	40,0	19,8	0,3
- inländische Organisationen ohne Erwerbszweck	26,1	13,4	45,1	28,7	0,1

[a] Realkreditinstitute, Bausparkassen und Banken mit Sonderaufgaben.
[b] Ohne Deutsche Bundesbank.
[c] Ohne Spareinlagen und Sparbriefe.
Anteile in Prozent des Geschäftsvolumens.
Quelle: Deutsche Bundesbank (Hrsg.): Bankenstatistik, September 2002, eigene Berechnungen, eigene Darstellung, Stand: 30.06.2002.

Eine starke Marktstellung, wie sie die vier größten Anbieter in Großbritannien innehaben, läßt sich weder für die Gruppe der Kreditbanken noch für eine einzelne Bank auf dem deutschen Markt feststellen. Lediglich bei Sichteinlagen von ausländischen Nichtbanken liegt der Marktanteil der Kreditbanken insgesamt mit über 85 Prozent sehr hoch, wobei über 54 Prozent auf die vier Groß-

[13] Als Hilfsgröße für das Geschäftsvolumen des Girokontogeschäfts wird für den deutschen Markt das Geschäftsvolumen des Bereichs Sichteinlagen verwendet, da die Deutsche Bundesbank das Geschäftsvolumen aus dem Girokontogeschäft nicht gesondert ausweist. Nach telefonischer Auskunft der Deutschen Bundesbank vom 09.10.2002 unterschätzt das Volumen der Sichteinlagen die auf Girokonten verfügbaren Volumina tendenziell. Dies erklärt sich dadurch, daß sich auf Girokonten neben Sichteinlagen auch Gelder befinden, die nicht täglich verfügbar sind.

banken entfallen. Im Geschäft mit Sichteinlagen von inländischen Unternehmen (Nicht-MFI`s) wickeln Kreditbanken 55 Prozent des Geschäftsvolumens ab, wobei die Großbanken allein bereits gut ein Drittel auf sich vereinen. In den anderen Segmenten konzentrieren die Kreditbanken- und die Sparkassengruppe in der Regel einen Marktanteil von jeweils gut einem Drittel auf sich. Auf die Gruppe der genossenschaftlichen Zentralbanken und Kreditgenossenschaften entfällt – abgesehen von Sichteinlagen inländischer Organisationen ohne Erwerbszweck – jeweils der drittgrößte Marktanteil. Die starke Positionierung der Sparkassengruppe verhindert u. a., daß die Kreditbanken als Gesamtheit eine ähnlich dominierende Stellung erreichen (können), wie dies etwa im britischen Bankenmarkt der Fall ist.

Beim Small-business-Geschäft, also dem Geschäft mit Unternehmen kleiner und mittlerer Größe, liegt der Konzentrationsgrad in Großbritannien noch höher, als dies im Bereich des privaten Girokontogeschäfts der Fall ist: The Royal Bank of Scotland/Natwest erreichte als größter Anbieter in diesem Geschäftssegment Ende 2001 einen Marktanteil von 32 Prozent.[14] Dies allein stellt noch kein wettbewerbliches Problem dar. Problematisch ist jedoch die starke Position der vier größten Anbieter, deren gemeinsamer Marktanteil im gleichen Zeitraum bei rund 90 Prozent lag.[15] Die Gefahr eines abgestimmten oder zumindest parallelen Verhaltens durch die führenden Anbieter ist bei dieser Konstellation hoch. Zwar gelang es den britischen Wettbewerbsbehörden nicht, Beweise für ein abgestimmtes Verhalten vorzulegen, Anzeichen hierfür wurden von der Competition Commission, die den britischen Bankenmarkt von 1998-2000 untersuchte, jedoch vermehrt gefunden: Den großen Anbietern war es gelungen, strategische Marktzutrittsschranken aufzubauen, indem sie Kunden durch Gebühren für Kontoschließungen und eine Nichtweitergabe von Kundeninformationen an Konkurrenten einen Bankwechsel erschwerten.[16] Als Ursache für die ähnlichen Preisstrukturen und Kundenkonditionen sah die Competition Commission eine niedrige Wettbewerbsintensität an, die es den Instituten in den 90er Jahren u. a. ermöglichte, sehr hohe Gewinne zu realisieren. Zur Verbesserung der Situation griff der britische Finanzminister Anfang 2002 massiv mit neuen Vorschriften in den Bankenmarkt ein. Diese sehen bspw. vor, daß Banken ihren

---

[14] Vgl. hierzu und den folgenden Ausführungen o. V.: Großbritannien schreibt Banken Guthabenzinsen vor, in: FAZ, 16.03.2002, Nr. 64, S. 11.

[15] Die Marktanteile der vier Anbieter verteilten sich wie folgt: The Royal Bank of Scotland/Natwest (32 Prozent), Barclays (21 Prozent), Lloyds TSB (20 Prozent) und HSBC (16 Prozent).

[16] Weitere negative Auswirkung der Wettbewerbssituation in Großbritannien ist eine unzureichende Versorgung von ca. drei Millionen Privatkunden niedriger Einkommensgruppen, für die der Zugang zu Bankdienstleistungen nicht gewährleistet ist. Vgl. Stadtsparkasse Köln (Hrsg.): Die Rolle regionaler Finanzdienstleister im Retailgeschäft der Zukunft, o. O. 2000, S. 14.

Kunden eine – bis dahin nicht übliche – Verzinsung für Girokontoguthaben anbieten oder wahlweise die Kontoführungsgebühr erlassen müssen. Für ähnliche Eingriffe besteht aufgrund der Struktur des deutschen Marktes jedoch keine Notwendigkeit.

Unter dem Begriff des Retailgeschäfts bzw. des Retail-Banking wird schwerpunktmäßig das Geschäft mit Privatkunden, Unternehmen kleiner und mittlerer Größe sowie Einzelhändlern und Handwerksbetrieben zusammengefaßt. In erster Linie beinhaltet es standardisierte und somit wenig beratungsintensive Produkte und Dienstleistungen. Auch im Retail-Banking läßt sich eine sehr starke Marktstellung der vier großen britischen Banken feststellen. Ihr gemeinsamer Marktanteil belief sich 2001 auf knapp über 90 Prozent.[17] Im Gegensatz dazu lag der Marktanteil aller Privat- und Großbanken in Deutschland gerade einmal bei 16 Prozent. Die Marktanteile der einzelnen Anbieter-(Gruppen) auf dem deutschen Bankenmarkt zeigt *Tabelle 1-5*.

Tabelle 1-5
Marktanteile der wichtigsten Anbietergruppen im Retailgeschäft, 1999

	Marktanteil in %
Sparkassen	52
Genossenschaftsbanken	23
Privat- und Großbanken	16
Postbank	7
Direktbanken	0,3

Quelle: Stadtsparkasse Köln (Hrsg.): Die Rolle regionaler Finanzdienstleister im Retailgeschäft der Zukunft, o. O. 2000, S. 3, eigene Darstellung.

Allgemein sind technische Entwicklungen und ein geändertes Nachfrageverhalten für eine erhöhte Wettbewerbsintensität in Geschäftssegmenten verantwortlich, die sich in der Vergangenheit durch eine relativ geringe Dynamik und wenig Wettbewerb ausgezeichnet haben.

Verstärkte Bemühungen ausländischer Banken auf dem europäischen bzw. deutschen Markt Fuß zu fassen, deuten auf eine in Zukunft (weiter) steigende

[17] Vgl. hierzu und den folgenden Daten Frühauf, M.: Renditen deutscher Banken sind zu niedrig, in: Handelsblatt, 29.04.2001, Online-Version http://www.handelsblatt.com/hbiwwwangbot/fn/relhbi/sfn/buildhbi/cn/GoArt!200012,200039,413949/SH/0/depot/0/index.html, Stand: 30.04.2001.

Wettbewerbsintensität im Retail-Banking hin.[18] Parallel zu den Anstrengungen ausländischer Unternehmen erhöhen zudem deutsche Banken ihr Engagement im Privatkundengeschäft, da sie – im Gegensatz zur Vergangenheit – gute Möglichkeiten sehen, in diesem Bereich profitabel zu agieren.[19] Als finanziell besonders lukrativer Teil des Retail-Banking gilt das Private-Banking.[20] In diesem Segment ist die Marktstellung privater Kreditbanken traditionell stark.[21] Von einer geringen Wettbewerbsintensität kann jedoch auch in diesem Segment nicht gesprochen werden, zumal auf nationaler Ebene in zunehmendem Maße Sparkassen ihre Anstrengungen intensivieren, in diesem dynamisch wachsenden Marktsegment ihre Position auszubauen und verstärkt in Konkurrenz zu privaten Banken zu treten.[22] Im Bereich dieser attraktiven Zielgruppe gewinnen darüber hinaus Non-Banks an Bedeutung, wie das Beispiel der Autobanken als besondere Ausprägung der Direktbanken zeigt.[23]

Ihr Anteil am Gesamtmarkt ist zwar zur Zeit noch gering; sie haben jedoch gegenüber anderen Kreditinstituten den Vorteil, auf bereits bestehende Kundenkontakte zurückgreifen zu können. Eine aufwendige und teure Kontaktaufnahme mit potentiellen Kunden entfällt für sie somit. Bedingt durch ihr Kernge-

[18] Als Beispiel können hier die Anstrengungen des US-amerikanischen Branchenprimus Citigroup dienen. Vgl. Hoffbauer, A., Schönauer, F.: Citigroup will Marktanteil in Europa erhöhen, in: Handelsblatt, 21.11.2001, Nr. 225, S. 35.

[19] Vgl. Dierig, C., Eigendorf, J.: Im Privatkundengeschäft sind die Deutschen bislang nur zweite Liga, in: Die Welt, 30.08.2002, Online-Version http://www.welt.de/daten/2002/08/30/0830wi353439.htx?search=dierig&searchHILI=1, Stand: 12.10.2002. Als Beispiel einer hohen Rentabilität im Retailgeschäft dient deutschen Banken oft der französische Markt. Vgl. o. V.: Frankreichs Banken verdienen viel Geld mit ihren Bankfilialen, in: FAZ, 29.05.2001, Nr. 123, S. 22.

[20] Zur Zielgruppe des Private-Banking zählen Kunden mit einem Anlagevolumen von mindestens 250.000 Euro. Vgl. Lassak, F.: Karriere – gute Aussichten für Berater im Private Banking, in: FTD, 27.09.2002, Online-Version http://www.ftd.de/pw/ka/10329-46099565.html?nv=5wn, Stand: 11.10.2002. Deutsche Banken haben in diesem Segment insgesamt einen Standortvorteil, da ca. ein Drittel des europäischen Geschäftsvolumens auf Deutschland entfällt. Vgl. Antonoff, A.: Deutsche Bank hat vermögende Kunden im Visier, in: Die Welt, 27.02.2002, Online-Version http://www.welt.de/daten/2002/02/27/0227fi317104.htx?search=verm%F6gende+kunden&searchHILI=1, Stand: 11.10.2002.

[21] Vgl. o. V.: Deutsche Bank will Private Banking stark ausbauen, in: Handelsblatt, 20.06.2001, Nr. 116, S. 36.

[22] Vgl. Kasper, B. H. M.: Wettbewerb im Private Banking, Frankfurt a. M. 2001, S. 181; Schröder, G. A.: Ertragschancen im Private Banking werden nicht ausgeschöpft – vermögende Kunden stärker ins Visier nehmen, in: Handelsblatt, 15.05.2001, Nr. 93, S. B2 und Knipper, H.-J., Köhler, J., Landgraf, R.: Deka baut Angebot für Millionäre aus, in: Handelsblatt, 03./04.01.2003, Nr. 2, S. 17.

[23] So verzichtet z. B. die BMW-Bank bewußt auf das Angebot, Girokonten zu führen, bietet dafür aber attraktive Einlagenzinsen für Tagesgelder, Kreditkartenverträge und engagiert sich im Leasing-Bereich sowie Versicherungs- und Fondsgeschäft. Vgl. Buchenau, M.-W.: BMW geht beim Bankgeschäft in die Offensive, in: Handelsblatt, 25.06.2002, Nr. 119, S. 34.

schäft gehören ihre Kunden zudem tendenziell einkommensstarken Bevölkerungsgruppen an.

Eine Betrachtung des Geschäftsvolumens insgesamt ergibt für den deutschen Markt eine andere Marktanteilsverteilung zwischen den einzelnen Bankengruppen als beim Retail-Banking: Obwohl mit 35,3 Prozent der größte Marktanteil auf die Sparkassengruppe entfällt, kann ihre Stellung nicht als dominant bezeichnet werden. Während die Privat- und Kreditbanken im Retailgeschäft noch hinter den Genossenschaftsbanken nur die drittstärkste Gruppe sind, besitzen sie mit 28 Prozent des gesamten Geschäftsvolumens den zweitgrößten Marktanteil vor den Genossenschaftsbanken, deren Marktanteil bei 8,6 Prozent liegt.[24] Der Marktanteil der fünf größten Kreditinstitute betrug 1997 lediglich 16,1 Prozent.[25]

Mit Blick auf die Bankstellenstruktur zeigt sich das Problem einer polypolistischen Marktstruktur in Verbindung mit einem vorherrschenden Qualitätswettbewerb[26] zwischen den Anbietern:[27] Auf Kundenseite sorgt eine hohe Bankstellendichte im Retailgeschäft für niedrigere Transaktionskosten z. B. in Form von gesunkenen Informationskosten. Für die jeweilige Bank kann eine starke Marktpräsenz also einen strategischen Vorteil gegenüber Konkurrenten darstellen. Mit zunehmender Zahl an Bankstellen steigt jedoch parallel der Kapitalbedarf und hohe (volkswirtschaftliche) Kosten sind die Folge.[28] Die Entwicklung der Anzahl an Banken und Bankstellen in den letzten zehn Jahre ist in *Tabelle 1-6* dargestellt.

---

[24] Vgl. Bundesverband deutscher Banken (Hrsg.): Marktanteile nach Bankengruppen, http://www.bdb.de/Statistik/html/bizuf/sub_01_markt/ban_0511.asp?channel=161010, Stand: 07.10.2002. Vergleichende Aussagen sind bei verschiedenen Abgrenzungsmethoden problematisch, da in einigen Untersuchungen der Anteil an bestimmten Bestandsgrößen der Bilanz gemessen wird, während teilweise die Relation zu Zins- und Provisionserträgen angegeben wird. Vgl. o. V.: Berechnung der Marktanteile nach Erträgen, in: Handelsblatt, 08.08.2001, Nr. 151, S. 28.

[25] Vgl. Berger, A. N. u. a.: Globalization of financial institutions – evidence from cross-border banking performance, in: Federal Reserve Bank of Chicago (Hrsg.): Research Department, Working Paper, No. 25, o. O. 1999, S. 102 und Deutscher Sparkassen- und Giroverband (Hrsg.): Angebot und Qualität von Finanzdienstleistungen für Verbraucher und mittelständische Unternehmen – Analyse des Finanzmarktes in Großbritannien unter Berücksichtigung des deutschen Finanzmarktes, Berlin 2000, S. 8 f.

[26] Vgl. hierzu Kapitel 1, A. II.

[27] Vgl. zu dieser Argumentation Geigant, F.: Banken, in: Oberender, P. (Hrsg.): Marktstruktur und Wettbewerb in der Bundesrepublik Deutschland – Branchenstudien zur deutschen Volkswirtschaft, München 1984, S. 537–576, hier S. 560.

[28] Welche Probleme aus einer zu geringen Bankstellendichte resultieren können, zeigt auch hier das Beispiel des britischen Bankenmarktes. Vgl. o. V.: Ausdünnung bis an die Schmerzgrenze, in: FAZ, 26.06.2001, Nr. 145, S. 32.

Tabelle 1-6

Anzahl an Banken und Bankstellen, 1992–2001

	1992	1993	1994	1995	1996	1997	1998	1999	2000	2001	Ø Änderung in % p. a.
Kreditinstitute	4.200	4.038	3.872	3.784	3.674	3.577	3.403	3.167	2.911	2.695	-4,81
Inländische Zweigstellen	49.186	49.118	48.721	48.224	47.741	47.086	45.227	44.443	43.307	41.139	-1,97
Inländische Bankstellen insgesamt	53.386	53.156	52.593	52.008	51.415	50.663	48.630	47.610	46.218	43.834	-2,17

Ohne Postbank.

Quelle: Deutsche Bundesbank (Hrsg.): Entwicklung des Bankstellennetzes im Jahr 2001, Frankfurt a. M. 2002; Deutsche Bundesbank (Hrsg.): Bankenstatistik, laufende Jahrgänge und o. V.: In Deutschland gibt es immer weniger Bankstellen, in: FAZ, 08.05.2001, Nr. 106, S. 19, eigene Berechnungen, eigene Darstellung.

Von 1992 bis 2001 ist die Anzahl der Banken jährlich um knapp fünf Prozent gesunken. Die Zahl inländischer Bankstellen (Hauptstelle und Zweigniederlassungen) ist um gut zwei Prozent pro Jahr zurückgegangen.

Die Bankstellendichte, also die Einwohnerzahl je Bankstelle, veränderte sich von 1.527 auf 1.940, das heißt, Ende 2000 kamen im Durchschnitt 413 Einwohner mehr auf eine Filiale, als im Jahr 1993 (vgl. *Tabelle 1-7*). Bezieht man die Zweigstellen der Deutschen Postbank AG mit ein, liegt die Bankstellendichte in Deutschland sogar nur bei ca. 1.450.[29] Trotz des Sinkens der Bankstellendichte in den letzten Jahren, liegt Deutschland innerhalb der Europäischen Union immer noch in der Spitzengruppe. Eine in Zukunft weitere sinkende Zahl an Bankstellen wird daher erwartet.[30] Im europäischen Vergleich weisen nur Belgien und Österreich eine höhere Bankstellendichte auf. Die für die letzten Jahre festzustellende Tendenz einer steigenden Bankstellendichte läßt sich zudem in allen übrigen Ländern nachweisen. Eine Ausnahme bildet hier lediglich Italien.

---

[29] Vgl. Bundesverband deutscher Banken (Hrsg.): o. T., http://www.bdb.de/Statistik/html/bizuf/sub_01_markt/ban_0501.asp?channel=161010, Stand: 01.10.2002.

[30] Vgl. o. V.: In Deutschland gibt es immer weniger Bankstellen, in: FAZ, 08.05.2001, Nr. 106, S. 19.

Tabelle 1-7

Bankstellendichte im internationalen Vergleich, 1993–2000

Land	1993	1994	1995	1996	1997	1998	1999	2000	Änderung[a]
Belgien	993	1.261	1.271	1.307	1.348	1.399	1.466	1.551	↓
Deutschland	1.527	1.548	1.570	1.593	1.621	1.691	1.856	1.940	↓
Frankreich	1.931	1.916	1.922	1.946	1.955	1.961	2.325	2.255	↓
Großbritannien	2.936	3.088	3.239	3.417	3.465	3.560	3.867	3.963	↓
Italien	2.487	2.371	2.347	2.269	2.184	2.108	2.124	2.056	↑
Japan	2.262	2.309	2.370	2.403	2.599	2.648	3.143	3.181	↓
Kanada	1.754	1.776	1.829	1.857	1.893	1.921	2.234	2.253	↓
Niederlande	3.021	3.082	3.458	3.428	3.215	3.360	3.922	4.201	↓
Österreich	1.390	1.402	1.406	1.413	1.421	1.754	1.464	1.482	↓
Schweden	2.965	3.145	3.275	3.351	–	3.402	3.227	4.433	↓
Schweiz	1.580	1.672	1.718	1.790	1.869	2.008	2.453	2.529	↓
USA	2.723	2.775	2.737	2.772	2.794	2.740	3.500	3.542	↓

[a] Eine durchschnittliche jährliche Veränderungsrate läßt sich nicht ermitteln, da 1999 die Abgrenzungsmethodik geändert wurde. Bis auf Italien wird die Tendenz durch einen abwärts gerichteten Pfeil dargestellt, da in 2000 durchschnittlich mehr Einwohner von einer Bankstelle betreut werden, als zu Beginn des Betrachtungszeitraums, die Bankstellendichte somit also abgenommen hat.

Quelle: Deutsche Bundesbank (Hrsg.): Entwicklung des Bankstellennetzes, laufende Jahrgänge, eigene Berechnungen, eigene Darstellung.

Die Vermutung, nach der die Zweigstellenzahl in Deutschland weiter zurückgeht, wird auch von folgenden Daten gestützt: Durchschnittlich betreut in Deutschland jede Filiale 1.400 Kunden.[31] Um profitabel arbeiten zu können, ist jedoch eine Betreuungsquote von ca. 4.000 Kunden notwendig.[32] Im Vergleich dazu unterhält die deutsche Citibank Privatkunden AG bei ca. 2,5 Mio. Kunden 286 Filialen, liegt also mit mehr als 8.700 Kunden pro Filiale deutlich über dem Durchschnitt.[33]

Eine weitere Ausdünnung des Filialnetzes wird zudem durch die im internationalen Vergleich sehr niedrige Zinsmarge deutscher Großbanken beschleunigt. Während die Deutsche Bank in 2001 lediglich eine Zinsmarge von einem Prozent realisierte, erwirtschafteten auf dem britischen Markt Lloyds TSB 3,4 Prozent, Standard Chartered 3 Prozent und HSBC 2,5 Prozent. Das US-amerikanische Finanzinstitut Citigroup konnte sogar eine Zinsmarge von 4,2 Prozent erreichen.[34] Ursächlich für die Situation deutscher Institute ist u. a.

[31] Daraus ergibt sich, daß ein Einwohner in Deutschland durchschnittlich 0,72 Bankverbindungen unterhält.

[32] Vgl. Otto, P.: Für Banken ist der Kunden noch kein König, in: Handelsblatt, 10.07.2002, Nr. 130, S. 28.

[33] Vgl. o. V.: Auch mit Privatkunden läßt sich Geld verdienen, in: FAZ, 06.08.2002, Nr. 149, S. 17.

[34] Vgl. Otto, P.: Für Banken ist der Kunden noch kein König, in: Handelsblatt, 10.07.2002, Nr. 130, S. 28.

deren geringer Marktanteil bzw. die starke Position der Sparkassen und Genossenschaftsbanken. Da es deutschen Großbanken aber weder kurz- noch mittelfristig gelingen wird, die starke Marktstellung der Sparkassen und Genossenschaftsbanken nachhaltig zu schwächen, bleibt ihnen für die Verbesserung der eigenen Wettbewerbsposition in der kurzen Frist nur die Möglichkeit, Kosten zu senken. Neben einer Reduzierung der Mitarbeiterzahl bietet sich hierfür u. a. eine Verkleinerung des Filialnetzes an.[35]

Ein Vergleich mit anderen europäischen Ländern zeigt jedoch, daß durch eine Straffung des Filialnetzes aus heutiger Sicht keine Probleme bei der Konsumentenversorgung zu erwarten sind. Ein in Zukunft erwarteter Konzentrationsprozeß wird zudem kaum Anlaß zu wettbewerbspolitischen Bedenken liefern, wenngleich die Notwendigkeit zur jeweiligen Einzelfallentscheidung bestehen bleibt (vgl. *Tabelle 1-8*).

[35] Daß ein erfolgreiches, weil profitables, Arbeiten im Privatkundensegment in Deutschland möglich ist, zeigt das Beispiel der deutschen Citibank AG, deren Vorsteuergewinn trotz schwieriger Marktbedingungen im ersten Halbjahr 2002 um 21 Prozent auf 367 Mio. Euro stieg. Vgl. o. V.: Auch mit Privatkunden läßt sich Geld verdienen, in: FAZ, 06.08.2002, Nr. 149, S. 17.

Tabelle 1-8

Internationaler Konzentrationsvergleich (CR 5) für ausgewählte Marktsegmente

	1980	1985	1990	1995	1996	1997	1998	1999	1990-99	1995-99
									Veränderung in %	
a) Aktiva										
Belgien	54,0	48,0	48,0	51,2	52,2	53,9	72,5	**77,4**	62,0	51,2
Deutschland			13,9	16,7	16,1	16,7	19,2	**18,9**	36,0	13,2
Frankreich		46,0	42,5	41,3	41,2	38,0	39,2	**42,7**	0,5	3,4
Italien			29,2	32,4	32,1	30,7	38,7	**48,3**	65,4	49,1
Österreich		35,9	34,7	39,2	38,9	48,3	50,1	**50,4**	45,2	28,6
Durchschnitt Europa	37,9	52,8	51,0	51,8	52,0	52,2	54,8	**57,1**		
b) Kredite [a]										
Belgien	55,0	54,0	58,0	62,6	63,1	65,2	79,5	**80,4**	38,6	28,4
Deutschland			13,5	13,8	13,3	13,7	17,5	**15,8**	**17,0**	14,5
Frankreich		48,7	44,7	46,8	48,6	45,6	46,4	46,4	3,8	-0,9
Italien			28,9	36,3	35,7	34,4	42,6	**47,6**	**64,7**	31,1
Österreich		28,9	33,9	37,3	36,7	43,2	43,5	43,3	27,7	16,1
Durchschnitt Europa	56,5	54,6	52,8	53,5	54,5	54,4	55,5	**57,0**		
c) Einlagen [a]										
Belgien	63,0	62,0	67,0	58,8	57,7	60,8	73,9	74,7	11,5	27,0
Deutschland			11,6	12,6	14,0	14,2	17,2	**15,0**	29,3	29,0
Frankreich		46,0	58,7	68,1	68,8	70,2	70,1	**69,2**	17,9	1,6
Italien			26,9	30,6	31,2	31,1	37,3	**46,1**	71,4	50,7
Österreich		32,0	33,1	36,2	36,1	38,9	40,2	**39,6**	19,6	9,4
Durchschnitt Europa	65,5	62,0	55,7	55,6	56,3	56,1	56,6	**58,1**		

[a] Von bzw. an Nichtbanken.
CR 5 weist den Marktanteil der fünf größten Anbieter in Prozent am Gesamtvolumen des jeweiligen Marktsegmentes aus.
Quelle: Europäische Zentralbank (Hrsg.): Mergers and acquisitions involving the EU banking industry – facts and implications, Frankfurt a. M. 2000, S. 42 ff., eigene Darstellung.

Im Vergleich zu anderen europäischen Ländern weist Deutschland die niedrigste Marktkonzentration in allen drei Segmenten auf. So betrug der Anteil der fünf größten Anbieter an den gesamten Aktiva auch 1999 deutlich weniger als 20 Prozent. In Belgien bzw. Österreich, als Beispiele für zwei kleinere europäische Länder, lag dieser Wert bei mehr als 77 bzw. 50 Prozent. Ein ähnliches Bild zeigte sich auch für Länder, deren volkswirtschaftliches Gewicht dem der Bundesrepublik Deutschland wesentlich näher kommt. Für Frankreich und Italien belaufen sich die Werte auf über 42 Prozent sowie gut 48 Prozent.

Für das Kredit- und das Einlagensegment zeigen sich keine wesentlichen Ergebnisänderungen: Betrug CR 5 z. B. im Kreditmarkt in Deutschland 1999 knapp 16 Prozent, war dieser Wert in Italien mit über 47 Prozent fast dreimal so hoch und betrug in Belgien sogar über 80 Prozent. Im Einlagensegment belief sich der Anteil der größten fünf Anbieter in Deutschland lediglich auf 15 Prozent, wohingegen dieser Anteil in Frankreich bei fast 70 Prozent, in Italien bei über 46 Prozent und in Österreich immerhin noch bei fast 40 Prozent lag.

Vergleicht man die Konzentration auf dem deutschen Bankenmarkt mit dem Durchschnitt aller europäischen Länder, ändern sich die bisher gemachten Aussagen kaum, da sich in allen drei Segmenten der europäische Durchschnitt 1999 auf deutlich über 55 Prozent belief. Bemerkenswert ist jedoch, daß sich der Anteil der fünf größten Anbieter in Deutschland in den 90er Jahren trotz des niedrigen Ausgangsniveaus prozentual schwächer entwickelt hat als in Ländern, in denen die Konzentration bereits zu Beginn der 90er Jahre wesentlich höher lag. So war das Wachstum in Italien im Kreditsegment mit über 64 Prozent im Zeitraum von 1990-1999 fast viermal so hoch wie in Deutschland, obwohl der Anteil der fünf größten Anbieter mit knapp 16 Prozent nur ein Drittel des Anteils der fünf größten Anbieter in Italien betrug.[36] Möglicherweise existieren in einigen Geschäftssegmenten Größenvorteile, die sich deutsche Großbanken (bisher) nicht erschließen konnten. Im Gegensatz dazu ist es denkbar, daß italienische Großbanken diese „Mindestgröße" im Vergleich zu (nationalen) Konkurrenten aufweisen, und in einer Art sich selbstverstärkendem Prozeß aus dieser Situation Vorteile ziehen.

II. Nachfragestruktur und Wettbewerbsparameter

Um gehaltvolle Aussagen über die Struktur der Nachfrage nach Bankleistungen treffen zu können, bietet sich eine grobe Marktsegmentierung anhand der Größe der Nachfrager an. Danach faßt man das Geschäft mit privaten und kleinen öffentlichen Haushalten sowie Unternehmen kleiner und mittlerer Größe zusammen.[37] Dem steht das Großkundengeschäft gegenüber, zu dem ebenso das Geschäft mit großen Unternehmen, wie das mit großen Kommunen sowie Bund und Ländern zählt.[38]

Die überwiegende Zahl der von Unternehmen kleiner und mittlerer Größe nachgefragten Produkte und Dienste sind standardisierte und insgesamt mit ei-

---

[36] Messungen mittels des Herfindahl-Indikator kommen zu ähnlichen Ergebnissen. Für nähere Ausführungen und Ergebnisse vgl. Europäische Zentralbank (Hrsg.): Mergers and acquisitions involving the EU banking industry – facts and implications, Frankfurt a. M. 2000, S. 17.

[37] Vgl. auch *Tabelle 3-1* in Kapitel 3, S. 103.

[38] Vgl. hierzu und den folgenden Ausführungen Geigant, F.: Banken, in: Oberender, P. (Hrsg.): Marktstruktur und Wettbewerb in der Bundesrepublik Deutschland – Branchenstudien zur deutschen Volkswirtschaft, München 1984, S. 537–576, hier S. 563 f.

nem geringen Beratungsaufwand verbundene Leistungen (Girokonten, Termineinlagen etc.). Deren hoher Standardisierungsgrad ist für den eher geringen Preiswettbewerb in diesem Segment verantwortlich. Traditionelle Banken schrecken zudem aufgrund geringer Margen im Massenkundengeschäft vor einem intensiven Preiswettbewerb zurück. Möglichkeiten einer Differenzierung bestehen für Banken bestenfalls durch qualitative Abgrenzungen gegenüber Konkurrenten, wenngleich derartige Versuche bei hohen Standardisierungsgraden schwierig sind.

Großkunden fragen neben Standardprodukten zum großen Teil individuell gestaltete Produkte und spezifische Dienstleistungen nach, so daß es hier durchaus zu einem intensiven Preiswettbewerb kommen kann. Im Gegensatz zu den Nachfragern der ersten Gruppe sind Großkunden nicht regional gebunden, so daß ihnen nicht nur der gesamte nationale, sondern zudem der internationale Kreditmarkt offensteht. Darüber hinaus bietet sich ihnen die Möglichkeit – unter (weitgehender) Umgehung des Bankensektors – direkt an den Kapitalmarkt zu treten.

Die Situation auf dem deutschen Bankenmarkt hat sich mit Beginn der 90er Jahren stark gewandelt: Galt die Aufteilung des Marktvolumens zwischen den drei Bankengruppen lange Zeit als regelrecht zementiert und schienen die Kreditinstitute gegenüber konjunkturellen Schwankungen immun, läßt sich in den letzten zehn Jahren ein Prozeß der Um- und Neustrukturierung feststellen.[39] Ursächlich sind hierfür ein verändertes Umfeld mit neuen Rahmenbedingungen sowie Änderungen im Kundenverhalten.[40]

Besaßen Bankkunden in der Vergangenheit oftmals nur eine einzige Bankverbindung, hat sich diese Situation heute gewandelt und die Loyalität gegenüber der „eigenen" Bank hat abgenommen. Mit dem Begriff Bankloyalität bezeichnet man die Bereitschaft von Kunden, eine dauerhafte Geschäftsbeziehung mit einer Bank einzugehen, also wiederholt Bankleistungen von einem Institut nachzufragen.[41] Im Gegensatz zu vielen anderen Produkten zeichnen sich Bankprodukte durch die Eigenschaft der Nicht-Stofflichkeit aus. Da Bankdienstleistungen mit zunehmendem Individualitätsgrad somit Vertrauens- und

---

[39] Vgl. Weber, M.: Bankenmarkt Deutschland – I. Der Strukturwandel, in: Die Bank, 26. Jg., 2002, H. 6, S. 398–404.

[40] Hierzu zählen in erster Linie die weitgehende Liberalisierung der Kapitalmärkte, die steigende Anzahl ausländischer Konkurrenten, der technische Fortschritt und nicht zuletzt die Einführung des Euro.

[41] Vgl. z. B. Polan, R.: Bankloyalität – ein Meßkonzept für die Bankloyalität – Investitionen in die Bank/Kunde-Beziehung unter Risikoaspekten, Wiesbaden 1995, S. 18. Die Theorie der Bankloyalität geht zurück auf Süchting, J.: Die Bankloyalität als Grundlage zum Verständnis der Absatzbeziehung von Kreditinstituten, in: Kredit und Kapital, Vol. 5, 1972, No. 3, S. 269–300.

nur bedingt Erfahrungsgüter sind, kommt der Beziehung zwischen Bankmitarbeitern und Kunden eine besondere Bedeutung zu.[42] Während der Grad der Bankloyalität in der Vergangenheit gerade im Bereich des Privatkundensegments relativ hoch gewesen ist, nimmt die Bereitschaft zu einem Bankwechsel bzw. zur Inanspruchnahme mehrerer paralleler Bankverbindungen in den letzten Jahren zu.[43] Ursächlich sind hierfür u. a. schnelle und kostengünstige Möglichkeiten der Informationsbeschaffung, wie sie etwa das Internet bietet.[44] Neben reinen OnlineBanken bietet zudem die überwiegende Zahl der Kreditinstitute die Möglichkeit des Homebanking.

In den 90er Jahren haben Bankkunden – nicht zuletzt aufgrund der lang anhaltenden Hausse an den Weltbörsen – bei der Ausrichtung ihrer Aktivitäten verstärkt eine Fokussierung auf die (internationalen) Kapitalmärkte vorgenommen. Als Konsequenz dieser Verhaltensänderung ist die Bedeutung zinsabhängiger Produkte zugunsten provisionsabhängiger Produkte und Dienstleistungen zurückgegangen. Veränderungen im Nachfrageverhalten der Kunden haben somit direkte Auswirkungen auf die Ertragslage von Banken. Zwar waren von dieser Entwicklung alle Bankengruppen betroffen, verursacht durch die jeweilige Kundenstruktur sind Kreditbanken jedoch relativ stärker von dem hieraus resultierenden Rückgang der Zinsmarge betroffen. Wenngleich durch die gewachsene Bedeutung provisionsabhängiger Produkte die Einnahmen aus diesen Geschäften bei allen Bankengruppen gestiegen sind, konnten sie den Einnahmenrückgang bei zinsabhängigen Produkten nicht ausgleichen. Als Folge verschlechterte sich die Aufwand/Ertrags-Relation der Banken in den zurückliegenden Jahren deutlich.[45]

Banken können auf diese Entwicklung mit verschiedenen Wettbewerbsparametern reagieren. Wie bereits angedeutet, kommt einem Preiswettbewerb in vielen Bereichen nur eine untergeordnete Rolle zu. Einzelne Produkte sind für Kunden nur unzureichend vergleichbar, wenn sie zwar ähnliche, aber nicht hinreichend identische Angebote beinhalten. Für Unternehmen kleiner und mittlerer Größe gestaltet sich ein Preisvergleich zudem schwierig, da für viele Produkte, wie z. B. Kontokorrentkredite, kein einheitlicher Preis, sondern mehrere

---

[42] Vgl. Süchting, J., Paul, S.: Bankmanagement, 4. Aufl., Stuttgart 1998, S. 626 ff. Zur Kritik der Theorie der Bankloyalität vgl. z. B. Lohmann, F.: Loyalität von Bankkunden – Bestimmungsgrößen und Gestaltungsmöglichkeiten, Wiesbaden 1998, S. 54 ff.

[43] Vgl. Keller, B., Lerch, S., Matzke, S.: Umfrage – Kundenbindung und Wechselbereitschaft, in: Die Bank, 24. Jg., 2000, H. 6, S. 376–381.

[44] Vgl. z. B. Schüller, S.: Das Privatkundengeschäft der Banken steht vor großen Herausforderungen, in: FAZ, 05.06.2001, Nr. 128, S. 40.

[45] Vgl. hierzu Weber, M.: Bankenmarkt Deutschland – II. Perspektiven, in: Die Bank, 26. Jg., 2002, H. 7, S. 456–459.

Teilpreise verlangt werden.[46] Eine vergleichende (Leistungs-)Analyse wird auf diese Weise nahezu unmöglich. Gelingt es einer Bank, ihr Angebot mit Hilfe von Zusatzleistungen besonders attraktiv zu gestalten, so kommt sie nur kurze Zeit in den Genuß dieses Wettbewerbsvorsprungs,[47] da viele Produkte von Kunden als leicht austauschbar angesehen werden und von Konkurrenten schnell imitiert werden können.[48] Beide Effekte tragen zur sinkenden Bankloyalität bei und erschweren es einer Bank, ein hohes Maß an Kundenbindung aufrechtzuerhalten.[49]

In der Vergangenheit haben Banken ihren Kunden Produkte oftmals einzeln angeboten. In Zeiten, in denen die Bereitschaft für einen Institutswechsel relativ niedrig war, erwies sich diese Angebotsform als effektiv und unproblematisch. Mit zunehmender Wechselbereitschaft ermöglicht sie Kunden jedoch eine Art „product picking“. Da auch zunehmend Privatkunden mehrere Bankverbindungen unterhalten, selektieren Kunden in zunehmendem Maße bei der Produktauswahl zwischen einzelnen Anbietern. Privatkunden führen z. B. ihr Girokonto bei Bank A, während Transaktionen mit Wertpapieren aufgrund einer günstigeren Gebührenstruktur bei einer Online-Bank B abgewickelt werden. Kostengünstige Lockangebote für Erstkunden rechnen sich für eine Bank nur dann, wenn es gelingt, beim Kunden Präferenzen für andere eigene Produkte zu schaffen. Als Möglichkeit, die sogenannte Cross-selling-Quote zu erhöhen, nutzen Banken oftmals Formen nicht-preislichen Wettbewerbs.

Eine besondere Form des nicht-preislichen Wettbewerbs stellt das Bundling dar.[50] Dabei bieten Banken Produkte und Dienstleistungen nicht (mehr) einzeln an, sondern offerieren vielmehr Produktbündel, die Basisprodukte, bspw. Giro- oder Sparkonten, mit (margenträchtigeren) Zusatzleistungen, wie z. B. Finanzierungen, Kreditkarten oder Wertpapierdepots, zu einem Paket zusammenzufassen. Ziel ist es, Kunden eine möglichst umfassende Palette an Finanzdienstleistungen aus einer Hand anbieten zu können, um mit Hilfe einer intensiven Kundenbindung einen Wettbewerbsvorteil gegenüber Konkurrenten aufzubauen. Ist diese Strategie erfolgreich, eröffnet sich Banken ein Verhaltensspielraum, da

---

[46] Vgl. o. V.: Ansätze zur Gestaltung des Netzes von Bankverbindungen durch eine Unternehmung, in: Schmalenbachs Zeitschrift für betriebswirtschaftliche Forschung, 40. Jg., 1988, H. 9, S. 739–767, hier S. 751 f.

[47] Vgl. hierzu bereits Krümmel, H.-J.: Bankzinsen – Untersuchungen über die Preispolitik von Universalbanken, Köln u. a. 1964, S. 128.

[48] Ursächlich ist hierfür vor allem die Nicht-Patentierbarkeit einzelner Produkte.

[49] Zu einzelnen Programmen zur Kundenbindung vgl. Lohmann, F.: Loyalität von Bankkunden – Bestimmungsgrößen und Gestaltungsmöglichkeiten, Wiesbaden 1998, S. 192 ff.

[50] Vgl. hierzu Wübker, G., Hardock, P.: Bundling im Bankensektor – eine vielversprechende Mehrwertstrategie, in: Die Bank, 25. Jg., 2001, H. 9, S. 614–620.

Kunden ein zukünftiger (Preis-)Vergleich erschwert wird. Die Wahrscheinlichkeit eines Institutswechsels sinkt somit. Für Kunden ist ein derartiges Produktbündel oft attraktiv, da der Gesamtpreis der zu einem Bündel zusammengefaßten Produkte niedriger ist, als die Summe der Einzelpreise.[51]

Darüber hinaus bietet diese Angebotsstrategie Schutz gegenüber potentiellen Konkurrenten. Entscheiden sich diese für einen Markteintritt, sehen sie sich nicht nur dem Nachteil gegenüber, bereits etablierten Anbietern entgegentreten zu müssen. Sie sind zusätzlich gezwungen, enge Bank-Kunden-Beziehungen aufzubrechen, wenn sie ihren eigenen Marktanteil zu Lasten etablierter Konkurrenten erhöhen wollen. Ist die Strategie des Bundling erfolgreich und verhindert den Markteintritt potentieller Anbieter, sinkt die Anzahl möglicher Anbieter und damit auch die Wahrscheinlichkeit eines Preiswettbewerbs. Da die Neigung für einen Institutswechsel mit steigender Zahl in Anspruch genommener Produkte zurückgeht, ist u. U. eine Durchsetzung höherer Preise möglich.[52] Die Gefahr einer verringerten Wettbewerbsintensität durch diese Form unternehmensstrategischen Verhaltens ist jedoch bei der aktuellen Marktsituation als relativ gering anzusehen. Einerseits ist die Zahl an Wettbewerbern ausreichend hoch. Zudem findet Markenpolitik im Bankensektor weniger als Plazierung eines einzelnen Produktes, sondern vielmehr als strategische Positionierung der Bank als Gesamtheit statt. Die Verknüpfung eher unattraktiver, weil überteuerter Produkte, mit einem stark positionierten Basisprodukt ist daher gegenwärtig eher unwahrscheinlich.

III. Markteintrittsbarrieren

Markteintrittsbarrieren können grundsätzlich institutioneller, struktureller oder strategischer Art sein.[53] Neben der Höhe möglicher Markteintrittsschranken bestimmt insbesondere der Umfang der durch etablierte Anbieter erwirtschafteten Gewinne die Markteintrittsentscheidung potentieller Konkurrenten.[54] Realisieren etablierte Banken über einen längeren Zeitraum „Überrenditen", ist

---

[51] Vgl. Ebel, B., Hofer, M. B.: Wertpapiergeschäft – die Preisstrukturen brechen auf, in: Die Bank, 25. Jg., 2001, H. 7, S. 487–491, hier S. 491.

[52] Vgl. Wübker, G., Hardock, P.: Bundling im Bankensektor – eine vielversprechende Mehrwertstrategie, in: Die Bank, 25. Jg., 2001, H. 9, S. 614–620, hier S. 617.

[53] Neben den im Folgenden ausführlicher diskutierten Marktzutrittsschranken wirken für Auslandsbanken zudem kulturelle Unterschiede zwischen einzelnen Mitgliedstaaten als Markteintrittsschranke. Vgl. Blandon, J. G.: Cross-border banking in Europe – an empirical investigation, in: Universitat Pompeu Fabra (Hrsg.): Department of Economics and Business, Working Paper, No. 509, o. O. 2000, S. 14.

[54] Vgl. Amel, D. F., Liang, J. N.: Determinants of entry and profits in local banking markets, in: Review of Industrial Organization, Vol. 12, 1997, No. 1, S. 59–78.

jedoch zu differenzieren, ob diese auf überlegene betriebswirtschaftliche Effizienz oder auf Markteintrittsbarrieren zurückzuführen sind.[55] Im ersten Fall ist nicht mit einem Markteintritt neuer Anbieter zu rechnen, was aufgrund eines effizienten Angebots aus wettbewerbspolitischer Sicht aber auch unbedenklich ist.

Für eine richtige Einschätzung der Wettbewerbssituation auf dem deutschen Bankenmarkt ist es notwendig, das Ausmaß potentieller Konkurrenz zu beurteilen und somit die Höhe von Markteintrittsschranken abzuschätzen. Dabei ist es insbesondere von Interesse, inwieweit bereits von einem einheitlichen europäischen Bankenmarkt gesprochen werden kann.

Bei Bankenmärkten handelt es sich grundsätzlich um regulierte Märkte. Rechtliche bzw. administrative Marktzutrittsschranken existieren in Form von aufsichtsrechtlichen Regeln.[56] In Deutschland bestimmen die Vorschriften des KWG die Voraussetzungen für das Betreiben von Bankgeschäften. Hierzu bedarf es insbesondere einer schriftlichen Erlaubnis durch das Bundesaufsichtsamt für das Kreditwesen. Mit der zweiten Bankkoordinierungsrichtlinie wurden nationale Vorschriften einzelner Mitgliedstaaten angeglichen, die inländische Banken bis dahin weitgehend vor dem Wettbewerbsdruck durch ausländische Anbieter schützten.[57] Eine derartige Abschottung gegenüber ausländischer Konkurrenz kam inländischen Anbietern insbesondere im Bereich des Retail-Banking zugute, da Produkte und Dienstleistungen aus diesem Segment tendenziell innerhalb nationalstaatlicher Grenzen angeboten werden.[58]

Die zweite Bankkoordinierungsrichtlinie bestimmt für Banken freie Niederlassungswahl innerhalb der EU. Für die Ausübung von banktypischen Geschäften entfällt durch die in der Richtlinie enthaltenen Vorschriften über den freien Dienstleistungsverkehr zudem die Notwendigkeit einer gesonderten Zulassung bei der jeweiligen nationalen Aufsichtsbehörde. Voraussetzung hierfür ist, daß das Kreditinstitut bereits durch die Aufsichtsbehörde eines anderen Mit-

---

[55] Zur Frage der Effizienz auf dem deutschen Bankenmarkt vgl. auch Kapitel 1, C.

[56] Für eine gute Zusammenfassung über Regulierung und Aufsichtsregelungen im deutschen Bankenmarkt vgl. Molyneux, P., Maude, D.: Banking in Germany, London 1996, S. 19 ff.

[57] Vgl. Europäischer Rat (Hrsg.): Zweite Richtlinie des Rates zur Koordinierung der Rechts- und Verwaltungsvorschriften über die Aufnahme und Ausübung der Tätigkeit der Kreditinstitute und zur Änderung der Richtlinie 77/780 EWG, in: Abl. EG L 386/1–13 vom 15.12.1989.

[58] So führt *Blandon* große Preisunterschiede für Dienstleistungen und Produkte des Retail-Banking auf die Existenz von Markteintrittsschranken zurück. Vgl. Blandon, J. G.: Cross-border banking in Europe – an empirical investigation, in: Universitat Pompeu Fabra (Hrsg.): Department of Economics and Business, Working Paper, No. 509, o. O. 2000, S. 4.

gliedstaates zugelassen ist. Durch die Beseitigung rechtlicher Marktzutrittsschranken sollte sich eine Zunahme der Aktivitäten ausländischer Banken auf dem deutschem Markt feststellen lassen, wenn in der Vergangenheit rechtliche Markteintrittsschranken die Hauptursache für die geringe Präsenz von Auslandsbanken auf dem deutschen Markt waren.

Abbildung 1-1

Entwicklung der Geschäftstätigkeit ausländischer Banken auf dem deutschen Markt

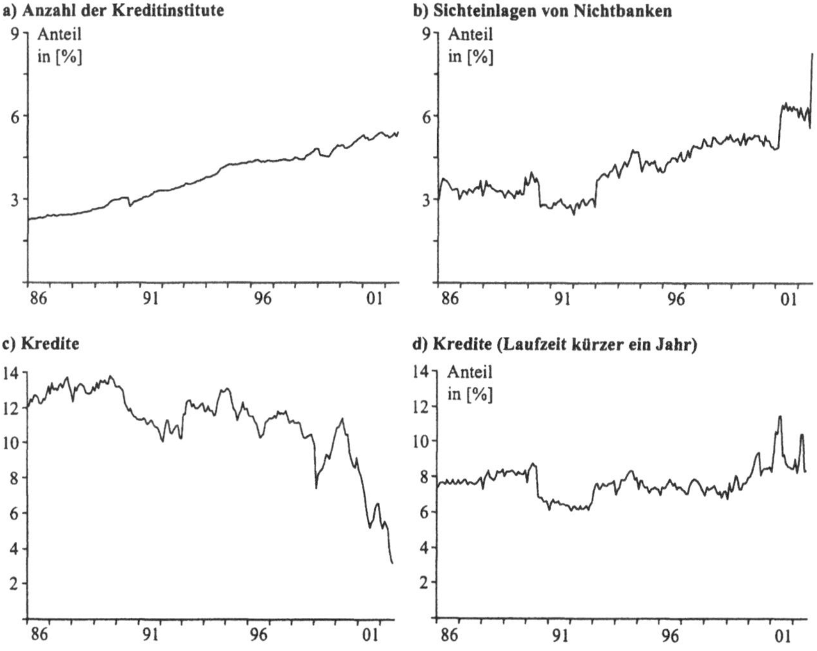

Quelle: Deutsche Bundesbank (Hrsg.): Monatsbericht, laufende Jahrgänge, eigene Berechnungen, eigene Darstellung.

Wie *Abbildung 1-1 a* zeigt, ist der Anteil ausländischer Banken an allen Kreditinstituten seit 1986 kontinuierlich gestiegen.[59] Dennoch ist es ausländischen Banken als Gesamtheit nicht gelungen, in nennenswertem Umfang auf dem

[59] Vgl. zudem Raettig, L.: Auslandsbanken – Erfolg in Deutschland, Erfolg in Europa, in: Die Börsen-Zeitung, 04.04.2001, Online-Version http://www.boersenzeitung.com/online/redaktion,bankentag/BZ066374.HTM, Stand: 05.04.2001.

deutschen Markt Fuß zu fassen und als Konkurrenten etablierter Anbieter aufzutreten. Während ihr Anteil am gesamten Kreditvolumen 1986 noch bei etwa zwölf Prozent lag, betrug er 2002 weniger als vier Prozent (*Abbildung 1-1 c*). Wie das Beispiel der bis zu einem Jahr befristeten Buchkredite an Nichtbanken zeigt, ist jedoch von einer Konzentration bzw. Spezialisierung durch ausländische Banken auf bestimmte Kreditsegmente auszugehen. Der Anteil ausländischer Banken lag hier zum Ende des Untersuchungszeitraums – trotz zwischenzeitlich größerer Schwankungen – immerhin knapp über dem Anfangswert (*Abbildung 1-1 d*). Die Situation im Passivgeschäft stellt sich dagegen etwas anders dar: Zwischen 1986 und 2001 konnten ausländische Banken ihren Anteil an Sichteinlagen gegenüber etablierten Anbietern verdoppeln (*Abbildung 1-1 b*).[60] Da dieses Wachstum von sehr niedrigem Niveau aus erfolgte, ist das Gewicht dieser Aussage jedoch zu relativieren.

Auslandsbanken ist es darüber hinaus gelungen, im Segment Börseneinführungen (IPOs) und insbesondere der Beratung bei Unternehmenszusammenschlüssen und -übernahmen (Mergers & Acquisitions, vgl. *Abbildung 1-2*) eine starke Marktposition einzunehmen. Neben den hohen Gewinnmargen stellen diese Geschäftsbereiche für viele Banken eine Chance dar, auf dem deutschen Unternehmenskundenmarkt Fuß zu fassen. Grundidee ist dabei die Vorstellung, Kunden ein umfassendes Produkt- und Dienstleistungsangebot anbieten zu können.[61]

---

[60] Unbeachtet bleibt der starke Anstieg innerhalb der letzten zwei Monate des Betrachtungszeitraums.

[61] Vgl. Bundesverband deutscher Banken (Hrsg.): Auslandsbanken – Barometer des deutschen Finanzmarktes, in: inter/esse – Informationen, Daten, Hintergründe, o. Jg., 2001, Nr. 8, S. 6–8.

Abbildung 1-2
M&A-Volumina der Top 10 in Deutschland, 1995–2001

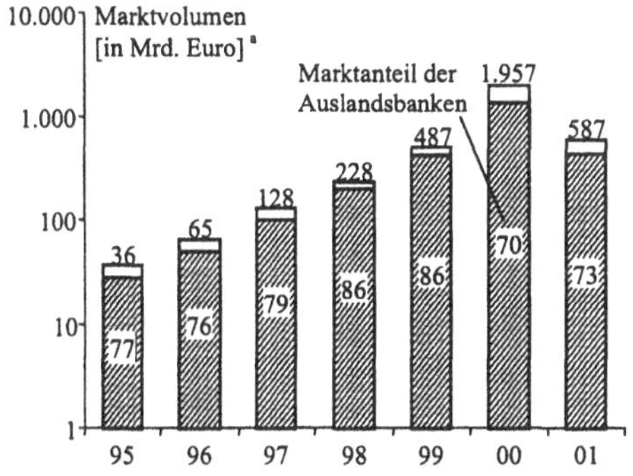

ª Logarithmisch skaliert.
Quelle: Verband der Auslandsbanken in Deutschland (Hrsg.): Die Auslandsbanken in Deutschland, laufende Jahrgänge, eigene Berechnungen, eigene Darstellung.

Im Gegensatz zum Retailgeschäft kommt ausländischen Banken also ein höheres Gewicht im sogenannten Wholesale-Banking[62] zu.[63] Neben nationalen Konkurrenten sind in diesen Segmenten somit ausländische Anbieter ebenfalls in den Kreis potentieller Anbieter einzubeziehen, da es hier in der Vergangenheit bereits erfolgreich zu Markteintritten ausländischer Banken gekommen ist.

Insgesamt ist festzuhalten, daß sich die physische Präsenz ausländischer Banken auf dem deutschen Markt in den letzten 15 Jahren verstärkt hat.[64] Gleichwohl kann die Richtlinie der Europäischen Kommission hierfür nicht ursächlich gewesen sein, da sich der Anteil von Auslandsbanken an der Gesamtheit aller Kreditinstitute in Deutschland kontinuierlich erhöht hat. Insbesondere eine signifikante Zunahme der Geschäftstätigkeit nach Inkrafttreten der Richtlinie ist nicht zu beobachten. Es ist zu vermuten, daß rechtliche Marktzutrittsschranken in der Vergangenheit nicht (Haupt-)Ursache für die geringe Präsenz ausländischer Banken auf dem deutschen Markt waren.

[62] Anders als im Privatkundengeschäft betreuen Kreditinstitute beim Wholesale-Banking nur Unternehmen und institutionelle Anleger.

[63] Vgl. hierzu auch Buch, C. M., Golder, S.: Domestic and foreign banks in Germany – do they differ? In: Kredit und Kapital, Vol. 35, 2002, No. 1, S. 19–53, hier S. 27.

[64] Die Richtlinie erleichtert natürlich nur für Banken anderer Mitgliedstaaten einen Markteintritt. Eine Aussage über die Herkunft der ausländischen Institute läßt sich auf Basis der Daten natürlich nicht treffen.

Mit der Entscheidung für einen Markteintritt sind für einen Newcomer Investitionsausgaben verbunden, die für einen etablierten Anbieter als sunk costs entscheidungsirrelevant sind.[65] Der Umfang dieser Kosten und die Finanzkraft des Newcomers determinieren dabei die Höhe dieser strukturellen Markteintrittsschranken.

Zu einem Absinken bestehender Marktzutrittsschranken haben in der Vergangenheit Entwicklungen in den Informationstechnologien beigetragen.[66] Verantwortlich ist hierfür die hohe Abhängigkeit von Banken im Bereich der Informationsaufbereitung, also der Speicherung, Weiterverarbeitung und Weitergabe von Informationen. Dies gilt insbesondere für den Vertrieb standardisierter Bankprodukte, sowie die Abwicklung des Zahlungsverkehrs als Bankdienstleistung. Da Banken diesen als wichtige Informationsquelle über den jeweiligen Kunden ansehen und als Instrument der Kundenbindung nutzen, sind technologische Neuerungen von hohem wettbewerblichen Stellenwert. Eine starke Kostenreduzierung der für diesen Bereich notwendigen Technologien erleichtert den Markteintritt neuer Anbieter, die im Vertrieb und im Zahlungsverkehr verstärkt auf den Einsatz elektronischer Abwicklung setzen. Als Konsequenz erhöht sich in erster Linie der Wettbewerbsdruck für Institute, deren Marktauftritt durch ein breites Filialnetz gekennzeichnet ist.[67]

Strukturelle Marktzutrittsschranken können zudem durch das sehr enge Informationsverhältnis zwischen Bank und Kunde entstehen, das besonders für das Kreditgeschäft von hoher Bedeutung ist. Da Banken vergangene Kreditengagements als eine wichtige Informationsquelle nutzen, sind sie in der Lage, bei Schuldnern, mit denen bereits in der Vergangenheit eine Geschäftsbeziehung bestand, eine Differenzierung zwischen guter und schlechter Bonität vorzunehmen. Aus dieser Position heraus befinden sich etablierte Anbieter aufgrund des Informationsvorsprungs gegenüber Newcomern in einer überlegenen Wettbewerbsposition.[68]

---

[65] Läßt man Online-Banken unberücksichtigt, betrifft dies bei echten Newcomern in erster Linie Investitionen in den Aufbau eines flächendeckenden Filialnetzes und eines qualifizierten Personalstamms. Insbesondere ein hoher Marketingaufwand steht einem schnellen Markteintritt entgegen. Vgl. z. B. Wild, A.: Die Bank als Markenführer, in: Die Bank, 23. Jg., 1999, Nr. 8, S. 516–520.

[66] Vgl. hierzu o. V.: Entwicklungen des Bankensektors und Marktstellung der Kreditinstitutsgruppen seit Anfang der neunziger Jahre, in: Deutsche Bundesbank (Hrsg.): Monatsbericht, März 1998, S. 33–64, hier S. 36 f.

[67] Vgl. auch Kapitel 1, B. I.

[68] Ähnlich argumentiert die *Competition Commission* für den britischen Bankenmarkt. Vgl. hierzu und z. T. im Folgenden Competition Commission (Hrsg.): The supply of banking services by clearing banks to small and medium sized enterprises, o. O. 2002, S. 53 ff.

Aufgrund der qualitativen Heterogenität potentieller Kreditnehmer entstehen für einen Newcomer Kosten als Folge des Markteintritts.[69] Da es für einen Newcomer wesentlich schwieriger, wenn nicht sogar unmöglich ist, zwischen Unternehmen guter und schlechter Qualität zu unterscheiden, sieht er sich immer mit der Perspektive konfrontiert, einige der schlechtesten im Markt befindlichen Risiken zu attrahieren und finanziellen Schaden zu erleiden.[70] Potentielle Anbieter können nicht feststellen, ob Kreditantragsteller als neue Nachfrager mit ungeprüften Projekten am Markt agieren oder ob es sich vielmehr um Kreditnachfrager handelt, deren Anträge von etablierten Banken bereits abgelehnt worden sind. Mit anderen Worten: Durch ihre überlegene Informationsposition in Bezug auf ihre eigenen Kreditnehmer schwächen etablierte Banken die Fähigkeit von Newcomern, niedrige Zinsen zu offerieren, indem sie die besten Kreditnehmer sprichwörtlich vom Markt nehmen. Adverse Selektion stellt auf diese Weise eine Markteintrittsbarriere dar.[71]

IV. Zwischenfazit

Die Untersuchung einzelner Geschäftsbereiche ergab mit Blick auf die Marktstruktur folgendes Ergebnis: Weder im Kreditgeschäft allgemein noch in ausgewählten Teilsegmenten erreichen Kreditbanken einen Marktanteil, der eine marktbeherrschende Stellung vermuten läßt. Damit verbunden läßt sich auch für die vier Großbanken keine derartige Position feststellen. Ähnlich verhält es sich zudem im Einlagengeschäft und im Girokontogeschäft. Insbesondere im Einlagengeschäft entfällt der höchste Marktanteil auf die Gruppe der Sparkassen und Landesbanken. Eine relativ starke Marktposition können Kreditbanken nur im Geschäft mit ausländischen Nichtbanken erzielen. Etwas differenzierter stellt sich die Situation im Girokontogeschäft dar: Kreditbanken vereinen zwar in der Vielzahl der Geschäftssegmente den höchsten Anteil am Geschäftvolumen auf sich, gleichwohl kann auch hier nicht von einer marktbeherrschenden Stellung durch die Gruppe der Kreditbanken gesprochen werden. Für eine der-

---

[69] Im Gegensatz zu einem Großteil der industrieökonomischen Literatur entstehen Kosten in diesem Fall nicht in Form von sunk costs, also als Kosten, die vor Markteintritt entstehen oder in Form von Produktionskosten, sondern als Folge des Markteintritts. Vgl. hierzu und im Folgenden Dell'Ariccia, G., Friedman, E., Marquez, R.: Adverse selection as a barrier to entry in the banking industry, in: RAND Journal of Economics, Vol. 30, 1999, No. 3, S. 515–534, hier S. 530.

[70] Im Extremfall entfielen auf Newcomer sämtliche schlechte Risiken, wenn etablierte Anbieter genau zwischen Kreditnehmern guter und schlechter Qualität unterscheiden könnten. Enge und intensive Geschäftsbeziehungen erlauben es etablierten Anbietern zumindest aber, Kreditnehmer besser einzuschätzen, als dies Newcomern möglich ist.

[71] Inwieweit Banken durch ihr Verhalten strategische Markteintrittsschranken errichten können, ist am Beispiel des Bundling bereits diskutiert worden.

artige Einschätzung ist die Stellung der Sparkassen und Landesbanken in Deutschland zu stark. Marktstrukturen, wie sie für den britischen Markt gelten, lassen sich für den deutschen Bankenmarkt nicht nachweisen.

In der Vergangenheit ist es zu einem starken Rückgang an Banken und Bankstellen gekommen. Obwohl eine Fortsetzung dieser Entwicklungstendenz zu erwarten ist, ändert sich an der bisherigen wettbewerblichen Einschätzung wenig. Ein internationaler Vergleich zeigt, daß der deutsche Bankenmarkt immer noch als „overbanked" angesehen werden kann.

Bedingt durch die Besonderheiten des Bankgeschäfts findet Wettbewerb vielfach nicht auf einer preislichen Ebene statt, sondern in Form eines Qualitäts- und Segmentwettbewerbs. Trotz umfangreicher Bemühungen der Banken, eine in den letzten Jahren verstärkt festzustellende sinkende Kundenloyalität auszugleichen, ist nicht davon auszugehen, daß derartige Strategien nachhaltig erfolgreich sein werden. Eine weiterhin genügend hohe Zahl an Anbietern garantiert eine ausreichende Wettbewerbsintensität und verhindert, daß Banken ein Preissetzungsspielraum erwächst, weil Kunden keine Alternative zur Verfügung steht.

Die Bedeutung ausländischer Banken als aktuelle und potentielle Konkurrenten hat in den letzten Jahren zugenommen. Dies gilt in erster Linie für Institute, die bereits durch die Aufsichtsbehörde eines anderen Mitgliedstaates der Gemeinschaft für den Betrieb von Bankgeschäften zugelassen sind. Rechtliche Markteintrittsschranken in Form aufsichtsrechtlicher Sonderregelungen existieren für sie nicht mehr.

Wenngleich sich die Höhe der Marktzutrittsschranken in der Vergangenheit verringert hat, ist der (deutsche) Bankenmarkt auch heute nicht frei von Markteintrittsbarrieren. Diese kommen in der besonderen Informationslage zwischen Etablierten und Newcomern zum Ausdruck. Die Voraussetzungen für einen erfolgreichen Markteintritt haben sich jedoch stark verbessert, da technische Entwicklungen im Bereich der Informationstechnologie zum Teil erhebliche Kostensenkungen ermöglichen. Ein Abschmelzen bestehender Marktzutrittsschranken läßt sich somit insbesondere für das Retailgeschäft feststellen.

Im Gegensatz zu anderen europäischen Ländern zeichnet sich der deutsche Bankenmarkt durch eine hohe Wettbewerbsintensität aus. Ursächlich ist hierfür in erster Linie ein intensiver Gruppenwettbewerb zwischen ertragsorientierten privaten Geschäftsbanken, mitgliederorientierten Genossenschaftsbanken und aufgabenorientierten öffentlich-rechtlichen Sparkassenorganisation. Private Kreditbanken stehen dabei nicht nur mit Mitgliedern der beiden anderen Gruppen im Wettbewerb, sondern auch mit anderen Kreditbanken. Während Sparkassen oder Genossenschaftsbanken also als Gruppe am Markt auftreten, ist die

Beziehung zwischen Kreditbanken untereinander durch ein wettbewerbliches Verhältnis geprägt.

B. Marktdynamik und Unternehmensstrategien

Für eine umfassende Marktanalyse ist es unverzichtbar, neben einer Betrachtung der Marktstruktur mögliche Marktentwicklungen abzuschätzen, also Aussagen über alternative Unternehmensstrategien zu tätigen.

Wie bereits angedeutet, befindet sich der deutsche Bankenmarkt seit einigen Jahren im Umbruch. Ursächlich sind hierfür zum einen exogene Faktoren, wie z. B. die Beseitigung von Markteintrittsschranken durch veränderte aufsichtsrechtliche Vorschriften oder die Einführung einer einheitlichen Währung. Abseits dieser Entwicklungen machen zudem endogene Faktoren, also Veränderungen, die das Ergebnis dynamischer Marktprozesse sind, Anpassungen im Rahmen der unternehmensstrategischen Ausrichtung erforderlich.

I. Electronic-Banking

Electronic-Banking (E-Banking) bezeichnet als Teilbereich des E-Commerce die elektronische Abwicklung von Geschäftsprozessen, wenn Banken an dieser Abwicklung beteiligt sind.[72] Begriffe wie PC-, Online-, Internet- oder Mobile-Banking beziehen sich auf die vielfältigen Zugangsmöglichkeiten, die Bankkunden zur elektronischen Ausführung ihrer Bankgeschäfte offenstehen.[73] Banken, die beim Vertrieb ihrer Produkte auf den persönlichen Kundenkontakt über ein Filialnetz verzichten und statt dessen eine oder mehrere dieser Vertriebswege nutzen, bezeichnet man als Direktbanken.[74]

---

[72] Vgl. o. V.: Electronic Banking aus bankenaufsichtlicher Perspektive, in: Deutsche Bundesbank (Hrsg.): Monatsbericht, Dezember 2000, S. 43–59, hier S. 44.

[73] Vielfach wird der Begriff Online-Banking synonym für E-Banking benutzt, da ein großer Teil der elektronischen Abwicklung über Online-Verbindungen erfolgt. Er dient zudem als Oberbegriff für online, also über das Internet und in geschlossenen Netzen geführte Konten.

[74] Abseits der über elektronische Medien erfolgten Geschäftsabwicklung, bedienen sich Direktbanken parallel des Telefon-Banking. Zu diesen Abgrenzungen vgl. z. B. Veil, M.: Direktbanken im Retail-Banking – Informationstechnologie und Strategie, Freiburg i. Br. 1998, S. 22 ff.

1. Motive und Ziele

Direktbanken verbinden mit dem Einsatz neuer Technologien als ein Hauptziel die Möglichkeit, die mit einem flächendeckenden Filialnetz verbundenen Arbeits- und Kapitalkosten zu vermeiden.[75] Voraussetzung hierfür ist allerdings der Aufbau einer leistungsfähigen und sicheren Infrastruktur.[76] Hohe Einsparpotentiale bestehen beim Vertrieb von Produkten, die ein hohes Maß an Standardisierung aufweisen und daher wenig beratungsintensiv sind.[77] Im Retail-Banking sind dies vor allem einfache, grundsätzlich arbeitsintensive Dienstleistungen, wie z. B. Kontoabfragen, Überweisungen, Einrichtungen oder Änderungen von Daueraufträgen, die einen Großteil der Gesamtkosten ausmachen. Diese Einschätzung spiegelt sich auch in einer Umfrage von europäischen Banken wider (vgl. *Tabelle 1-9*).

In Erwartung derartiger Entwicklungen versuchen Direktbanken, diese Potentiale zur Kostenreduktion konsequent zu nutzen und richten ihre Geschäftstätigkeiten darauf aus.

---

[75] Vgl. hierzu und den folgenden Ausführungen Neuberger, D., Lehmann, E.: Die Direktbankinnovation, in: Kredit und Kapital, Vol. 31, 1998, No. 3, S. 343–369.

[76] Insbesondere beim Online-Banking sehen viele Kunden Sicherheitsrisiken. Vgl. Bundesverband deutscher Banken (Hrsg.): E-Commerce als Bankdienstleistung – Daten, Fakten, Argumente, Berlin 2001, insbesondere S. 18 f.; o. V.: Der Ansturm auf das Internet-Banking läßt auf sich warten, in: FAZ, 13.03.1999, Nr. 63, S. 34 und Kraus, B. M.: Sicherheit im Electronic Banking-Umfeld, in: Thome, R. (Hrsg.): Electronic Commerce – Anwendungsbereiche und Potentiale der digitalen Geschäftsabwicklung, München 1997, S. 137–158.

[77] Die Kosten für einen funktionsfähigen Internetauftritt einer Internetbank belaufen sich nach *Li* auf ca. zwei Millionen US-Dollar. Vgl. Li, J.: The entry barrier is collapsing, what to do next? In: Journal of Internet Banking and Commerce, Vol. 2, 1997, No. 4, o. S.

Tabelle 1-9

Erwartung der mittel- bis langfristigen Entwicklung von Produktionskosten pro Transaktion in verschiedenen Segmenten

Produkt/Segment	erw. Veränderung
Wertpapiergeschäft im Privatkundensegment	-2,79
Zahlungsverkehr im Privatkundensegment	-2,31
Einlagengeschäft im Privatkundensegment	-2,15
Zahlungsverkehr im Großkundensegment	-1,96
Kreditgeschäft im Privatkundensegment	-1,90
Asset Management	-1,64
Emission/Verwaltung von elektronischem Geld	-1,62
Wertpapiergeschäft im Großkundensegment	-1,27
Einlagengeschäft im Großkundensegment	-1,22
Kreditgeschäft im Großkundensegment	-0,86
Durchschnitt (ungewichtet)	-1,77

Die Zahlen sind Durchschnittswerte einer Umfrage mit Banken aus folgenden europäischen Ländern: Deutschland, Finnland, Frankreich, Griechenland, Irland, Italien, Österreich, Portugal, Schweden, Spanien und Großbritannien. Die Werte entsprechen der Skalierung: - := Kostenreduktion wird erwartet; 4 := sehr bedeutsam; 3 := bedeutsam; 2 := mäßig bedeutsam; 1 := leicht bedeutsam; 0 := neutral.
Quelle: Europäische Zentralbank (Hrsg.): The effects of technology on the EU banking systems, Frankfurt a. M. 1999, S. 23, eigene Darstellung.

Darüber hinaus versucht bspw. die Allgemeine Deutsche Direktbank (Diba), eine Tochtergesellschaft des niederländischen Finanzkonzerns ING, das Internet als Vertriebsplattform für Privatkundenkredite zu nutzen.[78] Da diese Kredite – als Teil des Massenkundengeschäfts – aufgrund einer sehr geringen Gewinnmarge traditionell unattraktiv sind, versucht die Diba durch die Vorteile des Internets die Gewinnspanne für diese Kredite zu erhöhen. Ziel ist dabei eine Erhöhung der Kundenzahl, um mit Hilfe größerer Volumina die Stückkosten senken zu können. Grundvoraussetzung für eine erfolgreiche Umsetzung ist dabei eine konsequente Ausrichtung auf den sogenannten Massenmarkt. Da das angebotene Kreditprodukt standardisiert ist,[79] können Kreditanfragen vollständig automatisiert bearbeitet werden.

Nach Unternehmensauskunft kann auf diese Weise eine Zeitersparnis bei der Bearbeitung von bis zu 30 Prozent im Vergleich zu klassischen Kreditprodukten

[78] Vgl. hierzu o. V.: Banken setzen auf Kredite aus dem Netz, in: Handelsblatt, 27.08.2002, Nr. 164, S. 21.

[79] Bei dem angebotenen Kredit handelt es sich um einen Rahmenkredit, der mit einem anfänglichen effektiven Jahreszins von 8,25 Prozent für den in Anspruch genommenen Betrag verzinst wird und dessen Rückzahlungsmodalitäten wählbar sind.

realisiert werden.[80] Die Befürchtungen, die Anonymität des Internets als Vertriebsweg attrahiere in erster Linie finanzschwache Kunden, bei denen eine hohe Ausfallrate zu erwarten sei, haben sich nach den ersten Erfahrungen nicht bestätigt.

Auch im Geschäft mit Unternehmen bieten sich Banken Möglichkeiten, Kosten in nennenswertem Umfang zu senken. So entfallen auf Betriebsmittelkredite mit einem Volumen von bis zu 250.000 Euro ca. 40 Prozent der Kosten im gesamten Kreditgeschäft mit Unternehmen kleiner und mittlerer Größe, parallel dazu stehen sie jedoch nur für 35 Prozent des gesamten Kreditvolumens.[81] Diese Rationalisierungspotentiale versuchen Banken – zumindest teilweise – durch verstärkte elektronische Abwicklung auszuschöpfen.[82]

2. Marktentwicklung

Die Marktentwicklung im E-Banking läßt sich in einzelne Abschnitte einteilen, die in weiten Teilen dem von *Heuss* beschriebenen Marktphasenschema entsprechen.[83] Direktbanken sind zum ersten Mal in den Vereinigten Staaten Mitte der 70er Jahre als Anbieter von Finanzdienstleistungen aufgetreten.[84] Mit Beginn der 90er Jahre nahmen in Europa die ersten Banken ohne eigenes Filialnetz ihre Geschäftstätigkeit auf. Größere Aufmerksamkeit wurde Direktbanken in Deutschland jedoch erst mit den Markteintritten der Direkt Anlage Bank und

---

[80] Einer Schätzung von *Steinke/Adiyaman* zufolge, lassen sich durch Standardisierung und Automatisierung Bearbeitungskosten von bis zu 1.500 Euro je Kredit einsparen. Vgl. Steinke, B.-M., Adiyaman, Y.: Retail Banking – Effizienzgewinne durch B2B2C-Kredit, in: Die Bank, 26. Jg., 2002, H. 8, S. 563–567. Auf der anderen Seite sollten kurz- und mittelfristige Vorteile des E-Banking nicht überschätzt werden. Vgl. Group of Ten (Hrsg.): Report on consolidation in the financial sector, o. O. 2001, S. 26.

[81] Vgl. o. V.: Online-Kreditvergabe kann Kosten deutlich senken, in: FAZ, 28.05.2001, Nr. 122, S. 28.

[82] Nach einer Untersuchung entfallen bei der Betreuung von Unternehmen 60 Prozent der Bearbeitungszeit auf administrative Tätigkeiten, von denen ein (Groß-)Teil standardisiert ist und somit elektronisch abgewickelt werden könnte. Vgl. o. V.: Banken richten ihr Internet-Geschäft auf Firmenkunden aus, in: FAZ, 27.07.2000, Nr. 172, S. 29.

[83] Vgl. Heuss, E.: Allgemeine Markttheorie, Tübingen 1965.

[84] Für die folgenden Ausführungen über die Marktentwicklung von Direktbanken vgl. Neuberger, D.: Direct banking – a demand pull and technology push innovation, Rostock 1996, unveröffentlichtes Paper.

Consors 1994 zuteil.[85] Als mögliche Erklärungsansätze für die sich daran anschließende starke Wachstumsphase dieses Marktsegments, die durch den Auftritt einer Vielzahl neuer Wettbewerber charakterisiert ist, kommen zwei Effekte in Frage:

Grundvoraussetzung für die in der zweiten Hälfte der 90er Jahre einsetzende Wachstumsphase war die Entwicklung neuer Informations- und Kommunikationstechnologien sowie deren rasche Verbreitung, Akzeptanz und Nutzung durch die Bevölkerung, nicht zuletzt das World Wide Web. Diese technischen Neuerungen eröffneten Banken durch den Vertrieb über neue Distributionskanäle Rationalisierungspotentiale.

Darüber hinaus sind Direktbanken als Reaktion auf die von Nachfragerseite zum Ausdruck gebrachte Präferenz für ein derartiges Produkt- und Dienstleistungsangebot zu verstehen.[86] Um ihre Transaktionskosten zu verringern, informieren sich Nachfrager über einige Produkte selbst und verzichten auf (kostenintensive) Beratung in Filialen. Auf diese Weise reduzieren sich auch die Kosten auf Seiten der Bank. Reichen diese einen Teil der Einsparungen an ihre Kunden in Form von Preissenkungen weiter, erhöht dies die Nachfrage nach Direktbankleistungen zusätzlich.[87]

In den ersten zwei bis drei Jahren nach dem Markteintritt der Direkt Anlage Bank und Consors kam es zu keinem nennenswerten Anstieg an Online-Konten. Erst seit 1997 läßt sich ein starker Zuwachs feststellen. Ende 2001 wurden in Deutschland fast 20 Mio. Konten online geführt (*Tabelle 1-10*). Die absolut meisten Konten führen private Banken, gefolgt von der Sparkassengruppe, den Volks- und Raiffeisenbanken sowie der Postbank.

---

[85] Es gab in Deutschland zwar bereits in den 60er Jahren Banken ohne Filialnetz (Augsburger Aktienbank, gegründet 1963; Allgemeine Deutsche Direktbank, gegründet 1965), aufgrund ihres geringen Marktanteils fanden sie jedoch kaum Beachtung. Auch die Markteintritte der VAG Bank (1988) und der Quelle Bank (1990) induzierten keine weiteren Markteintritte und verliefen recht unspektakulär, so daß man die Mitte der 90er Jahre als Einführungsphase im *Heuss*schen Sinne bezeichnen könnte.

[86] In Anlehnung an *Schmookler* bezeichnet *Neuberger* dies als kosten- bzw. technologiegetriebene sowie nachfragegetriebene Innovation. Vgl. deshalb auch Schmookler, J.: Economic sources of inventive activity, in: The Journal of Economic History, Vol. 22, 1962, March, S. 1–20.

[87] Vgl. hierzu auch Heintzeler, F.: Zukunft der Bank – Bank der Zukunft, in: Die Bank, 25. Jg., 2001, H. 4, S. 244–249.

Tabelle 1-10

Online-Konten nach Bankengruppen, 1995–2001

	1995	1996	1997	1998	1999	2000	2001	Anzahl[a]
a) Marktanteil								
Private Banken	30,2	34,4	34,5	37,4	43,3	49,1	45,8	
Sparkassen	26,6	22,2	34,5	35,9	30,5	27,8	29,9	
Volks- u. Raiffeisenbanken	15,8	20,6	18,1	18,7	19,7	15,9	17,7	
Postbank	27,4	22,8	12,9	8,0	6,5	7,3	6,6	
Gesamt	100,0	100,0	100,0	100,0	100,0	100,0	100,0	
b) Marktwachstum								
Private Banken	100	148	286	619	1.048	1.769	2.152	9.040
Sparkassen	100	108	324	676	838	1.135	1.595	5.900
Volks- u. Raiffeisenbanken	100	168	286	591	909	1.091	1.591	3.500
Postbank	100	108	118	147	174	289	342	1.300
Gesamt	100	129	250	501	731	1.088	1.420	19.740

[a] Anzahl in Tsd. Konten, Ende 2001.

Quelle: Bundesverband deutscher Banken (Hrsg.): Online-Konten in Deutschland 2001, http://www.bdb.de/presse/index.asp?channel=161010&art=400, Stand: 17.10.2002, eigene Darstellung.

Die hohen Wachstumsraten und die absolut große Zahl an Online-Konten stellen die Realität jedoch verzerrt dar: Das Hauptproblem bei der Interpretation der Daten ist die Tatsache, daß viele Kunden trotz ihrer grundsätzlichen Registrierung als Online-Kunden nicht auf herkömmliche Vertriebswege verzichten (wollen). Inhaber von Online-Konten greifen also weiterhin auf Filialen als Möglichkeit der Geschäftsabwicklung zurück. Statistiken berücksichtigen zudem oftmals nicht, welche Art von Geschäften online abgewickelt werden.[88] Ob es sich in der Mehrzahl der Fälle also lediglich um einfache Dienste, wie z. B. Kontostandsabfragen oder Überweisungen handelt, oder ob ebenso komplexe Bankgeschäfte in nennenswertem Umfang online abgewickelt werden, ist auf Basis dieser Zahlen nicht zu entscheiden. Zudem nutzt nur ein eher geringer Teil der Kunden seine Online-Konten regelmäßig.[89]

Trotz dieser Einschränkungen stellt Online-Banking von den vielfältigen Vertriebswegen des E-Banking den wichtigsten Zugangsweg für Kunden dar. Wie hoch der Anteil der einzelnen Bankengruppen an der Gesamtheit aller Online-Konten ist, verdeutlicht ebenfalls *Tabelle 1-10.*

---

[88] Vgl. o. V.: Jeder fünfte Deutsche nutzt Online-Banking, in: FAZ, 23.08.2001, Nr. 195, S. 23.

[89] Schätzungen gehen davon aus, daß nur ein Drittel der Online-Konten regelmäßig für Transaktionen benutzt wird. Vgl. Wübker, G., Hardock, P.: Online Banking – weit verbreitet, doch kaum genutzt? In: Die Bank, 26. Jg., 2002, H. 6, S. 376–378.

Privaten Banken ist es seit 1995 gelungen, ihren Anteil um mehr als 15 Prozentpunkte auf fast 46 Prozent zu steigern. Die Gruppe der Sparkassen konnte lediglich ein Wachstum von 2,5 Prozentpunkten auf knapp 30 Prozent verzeichnen, ähnlich der Gruppe der Volks- und Raiffeisenbanken, deren Anteil leicht von 15,8 Prozent auf 17,7 Prozent gestiegen ist. Einen Rückgang von mehr als 75 Prozent auf nur noch 6,6 Prozent mußte dagegen die Postbank hinnehmen.

Diese Entwicklungen lassen sich u. a. auf unterschiedliche Anpassungsgeschwindigkeiten zurückführen, mit denen die jeweiligen Banken bzw. Bankengruppen auf technische Entwicklungen reagiert haben. Die Sparkassengruppe hat sich z. B. erst 2000 auf eine einheitliche Internet-Strategie geeinigt.[90] Ein gemeinsamer Internetauftritt der Volks- und Raiffeisenbanken existiert sogar erst seit 2001.[91] Der hohe Anteil privater Banken erklärt sich zudem durch die Vielzahl an Direktbanken, die als erste Imitatoren der Geschäftsidee an den Markt getreten sind.

Zusätzlich zu dem First-mover-Vorteil profitierten private Banken teilweise von ihrer Kundenstruktur: Der Anteil der Kunden, die Bevölkerungsgruppen mit höheren Einkommen angehören, ist bei ihnen tendenziell höher, als z. B. bei Sparkassen. In Anlehnung an die Idee eines First-adopter sind sie daher eher in der Lage, technische Neuerungen zu nutzen.[92]

Im weiteren Verlauf der von *Heuss* auch als Expansionsphase bezeichneten Phase versuchten viele Direktbanken ihre Geschäftstätigkeit in benachbarten Länder zu erweitern, um ihre Kundenanzahl zu erhöhen.[93] Eine ähnliche Strategie verfolgten ausländische Banken, indem sie versuchten, auf dem deutschen Markt Fuß zu fassen.[94]

---

[90] Vgl. o. V.: Gemeinsam im Netz, in: FAZ, 30.05.2000, Nr. 125, S. 30.

[91] Dennoch verzichten einige Volks- und Raiffeisenbanken nicht auf ihre eigenen Internetauftritte, die vereinzelt bereits deutlich früher online verfügbar waren. Vgl. o. V.: Volksbankengruppe ab Mai mit einheitlichem Internetportal, in: FAZ, 24.04.2001, Nr. 95, S. 26.

[92] Insbesondere ist dabei zu berücksichtigen, daß ein PC als Grundvoraussetzung für die Nutzung des Online-Banking relativ teuer ist. Zum Adaptionsprozeß vgl. Meffert, H.: Marketing – Grundlagen marketingorientierter Unternehmensführung, Wiesbaden 2000, S. 418 ff. und Kotler, P., Bliemel, F.: Marketing-Management – Analyse, Planung, und Verwirklichung, 10. Aufl., Stuttgart 2001, S. 562 ff. und S. 580.

[93] Vgl. o. V.: Direkt Anlage Bank geht mit französischer Self Trade zusammen, in: FAZ, 14.09.2000, Nr. 214, S. 25.

[94] Vgl. Alich, H.: Merrill Lynch und HSBC starten neuen Online-Broker, in: Handelsblatt, 23.08.2001, Online-Version http://www.handelsblatt.com/hbiwwwangebot/fn/relhbi/sfn/buildhbi/cn/GoArt!200012,200039,452859/SH/0/depot/0/index.html, Stand: 24.08.2001.

Mit Ende der Börsenhausse im Jahr 2000 verschlechterte sich auch das Geschäft der Direktbanken. In dieser Ausreifungsphase gelang es zwar einigen Anbietern noch, ihren Kundenstamm zu vergrößern, als wesentlich problematischer stellten sich jedoch sinkende Transaktionszahlen und geringere Einlagenvolumina der Kunden heraus.[95] Während im Jahr 2000 etwa bei Consors noch pro Monat und Kunde 2,8 Kauf- oder Verkaufsorder eingingen, sank dieser Wert in 2001 auf eine Transaktion und beträgt 2002 nur noch 0,7 Aufträge pro Monat und Kunde.[96]

Zudem verschlechterten sich aufgrund zunehmender Konkurrenz von Nichtbanken (z. B. durch Versicherungen) die Ertragsaussichten der (Direkt-)Banken.[97] Selbst die Großbanken mußten einsehen, daß ihre Internetangebote nicht so schnell den Break-even-Punkt erreichen würden wie zunächst geplant.[98]

Aufgrund gesunkener Einnahmen und unverändert hoher (Fix-)Kosten änderten viele Direktbanken ihre Strategie und versuchten als kurzfristige Maßnahmen, ihre Ertragslage mit Hilfe neuer Preismodelle zu verbessern.[99] Im Mittelpunkt standen dabei Bemühungen, Kunden durch eine Änderung der Gebührenstruktur zu einer erhöhten Zahl an Transaktionen zu veranlassen. Kunden, die entweder über ein hohes Depotvolumen verfügen oder zumindest eine Mindestanzahl an Transaktionen pro Monat oder Halbjahr abwickeln, zahlen demnach keine zusätzliche „Bearbeitungsgebühr“ bzw. „Passivitätsgebühr“.[100]

Da die Auslandsinvestitionen der Vergangenheit bei der überwiegenden Zahl der Direktbanken ebenfalls zu hohen Verlusten führten, trennten sich bereits viele Anbieter von ihrem Auslandsgeschäft. Dies gilt insbesondere für den Bereich des Wertpapierhandels als wichtigsten Geschäftsbestandteil der meisten

---

[95] Vgl. o. V.: DAB gewinnt weniger Neukunden, in: FAZ, 17.10.2001, Nr. 241, S. 20 und Murphy, M.: Consors – Online-Broker auf dem Hungerast, in: FTD, 10.07.2001, Online-Version http://www.ftd.de/ub/fi/FTDVL235ZOC.html, Stand: 11.07.2001.

[96] Vgl. o. V.: Online-Boker DAB zwischen Integration und Fusion, in: FAZ, 19.11.2002, Nr. 269, S. 21 f.

[97] Vgl. o. V.: Webangebote drücken Margen der Banken, in: Handelsblatt, 18.04.2001, Nr. 75, S. 29.

[98] Vgl. Eicker, A.: Die Internet-Strategie der Banken ist teuer, in: Handelsblatt, 03.04.2001, Online-Version http://www.handelsblatt.com/hbiwwwangebot/fn/relhbi/sfn/buildhbi/cn/GoArt!200012,200039,404386/SH/0/depot/0/index.html, Stand: 30.04.2001.

[99] Vgl. o. V.: Online-Banking wird teurer, in: FAZ, 29.08.2001, Nr. 200, S. 26 und o. V.: Direktbanken drehen an der Kostenschraube, in: Handelsblatt, 16.08.2001, Online-Version http://www.handlesblatt.com/hbiwwwangebot/fn/relhbi/sfn/buildhbi/cn/GoArt!-200012,200039,450421/SH/0/depot/0/index.html, Stand: 20.08.2001.

[100] Vgl. o. V.: Amerikanische Onlinebroker drehen an der Preisschraube – Gebührenerhöhungen auch in Deutschland, in: FAZ, 04.09.2002, Nr. 205, S. 23.

Direktbanken.[101] Der Beginn einer Marktbereinigung im Sinne einer Rückbildungsphase hat mit dem Rückzug einiger ausländischer Anbieter vom deutschen Markt und ersten Konkursen bereits begonnen.[102] Darüber hinaus zeichnen sich die ersten Zusammenschlüsse von Online-Banken ab. Anzeichen für diese Entwicklung liefern die Bemühungen der HypoVereinsbank und der Commerzbank, die die Geschäftstätigkeiten ihrer Tochtergesellschaften, der Direkt Anlage Bank und der Comdirect, zusammenlegen wollen. Sollte es zu einem Zusammenschluß kommen, entstünde mit über einer Million Kunden einer der größten europäischen Online-Broker.[103] Die (gegenwärtig) größten deutschen Online-Broker zeigt *Tabelle 1-11*.

Tabelle 1-11
Die größten deutschen Online-Broker

	Kunden		Einlage- & Depotvol.[a]		Mitarbeiter	Börsenwert	Großaktionäre
	Inland	Ausland	Inland	Ausland		Mio. Euro	
Cortal Consors[b]	512.400	672.600	5,14	7,47	1.753	485 (Kaufpreis Consors)	BNP Paribas (100 %)
Comdirect[c]	598.000	28.700	4,54	0,28	1.043	514	Commerzbank 59 % T-Online 21 %
DAB	431.800	174.200	8,27	1,59	962	226	HypoVereinsbank 75 %
maxblue	502.000	-	6,10	-	Abtlg. Dt.-Bank PK		

[a] In Milliarden Euro.
[b] Stand: 30.06.2002.
[c] Stand: 30.09.2002.
PK= Privatkunden.
Quelle: O. V.: Online-Broker DAB zwischen Integration und Fusion, in: FAZ, 19.11.2002, Nr. 269, S. 21 f. und o. V.: Consors verschwindet vom Börsenzettel, in: Handelsblatt, 14.11.2002, Online-Version http://www.handelsblatt.com/hbiwwwangebot/fn/relhbi/sfn/buildhbi/cn/GoArt!200007,200029,582014/-SH/0/depot/0/index.html, Stand: 27.11.2002, eigene Darstellung.

[101] Vgl. Otto, P.: Auslandsgeschäft belastet Online-Broker, in: Handelsblatt, 17./18.08.2001, Nr. 158, S. 23; o. V.: Comdirect zieht sich im Ausland zurück, in: Handelsblatt, 19.11.2001, Nr. 233, S. 32; o. V.: Deutsche Bank stößt Online-Brokergeschäft in Amerika ab, in: FAZ, 01.08.2001, Nr. 176, S. 28 und Kirchner, C.: Online-Broker Consors zieht sich aus der Schweiz und Italien zurück, in: Handelsblatt, 17.10.2002, Nr. 200, S. 26.

[102] Vgl. Heismann, G.: Geschäftsmodell Online-Brokerage ist gescheitert, in: FTD, 19.10.2002, Online-Version http://ftd.de/ub/fi/1034763891485.html, Stand: 19.10.2002; o. V.: CSFB will Online-Handel abstoßen, in: Handelsblatt, 09./10.11.2001, Nr. 217, S. 41 und o. V.: SEB Direct war nicht erfolgreich, in: FAZ, 26.11.2001, Nr. 275, S. 21.

[103] Vgl. o. V.: Comdirect und DAB planen Fusion, in: Handelsblatt, 28.10.2002, Nr. 207, S. 1.

Um mittelfristig höhere Erträge realisieren zu können, ändern einige Anbieter ihre Strategie und lösen sich von der ursprünglichen Idee des E-Banking. Um insbesondere ältere Anleger als Kunden gewinnen zu können, bieten viele Direktbanken mittlerweile (Anlage-) Beratung als Dienstleistung an.[104] Diese wird entweder von eigenen mobilen Beratern durchgeführt oder von Mitarbeitern anderer Unternehmen, mit denen Kooperationsabkommen bestehen.

3. Ausblick

Die sich gegenwärtig abzeichnende Tendenz einer Marktbereinigung wird sich in Zukunft weiter verstärken. Nicht nur, daß kleinere Anbieter aufgrund eines zu geringen Kundenstamms vom Markt verschwinden werden; auch die Anstrengungen etablierter Großbanken im E-Banking werden sich ändern. Eine strikte Trennung der Vertriebswege in traditionelle und neue technikbasierte Angebote wird es künftig nicht mehr geben.

Allgemein sehen Kunden E-Banking nicht als Substitut, sondern eher als Komplement zum traditionellen Filialgeschäft. Daher zeigt sich angesichts der von den meisten Kunden geforderten Kombination vielfältiger Zugangsmöglichkeiten und Vertriebswege bereits in dem jüngsten Strategiewechsel der Banken, mit welchen Entwicklungen zu rechnen ist.[105] Im Rahmen dieses Multi-Channel-Banking wird es verstärkt zu Konvergenzprozessen zwischen filialbasiertem Vertrieb und der ursprünglichen Idee des E-Banking kommen.[106]

---

[104] Vgl. o. V.: Comdirect-Bank setzt auf mobile Berater, in: FTD, 06.09.2001, Online-Version http://www.ftd.de/ub/fi/FTDWAF6O8RC.html, Stand: 08.09.2001.

[105] Umfragen zufolge wünschen ca. 80 Prozent aller Kunden mehrere Zugangswege zu ihrer Bank. Lediglich zehn Prozent bevorzugen einen ausschließlichen Online-Zugang oder suchen nur eine Filiale auf. Vgl. o. V.: Jeder fünfte Deutsche nutzt Online-Banking, in: Handelsblatt, 02.08.2001, Online-Version http://handelsblatt.com/hbiwwwangebot/fn/relhbi/buildhbnw/bmc/cn_hnavi_nw/bmc/cn_artikel_nw/bmc/cn_weitere_news_nw/docid/452344/strucid/page_201479/pageid/page_201479/SH/0/depot/0/index.html, Stand: 23.08.2001 und o. V.: Dresdner Bank bündelt Online-Dienste in einem Privatkundenportal, in: FAZ, 08.10.2001, Nr. 193, S. 33.

[106] Vgl. Zentes, J., Schramm-Klein, H.: Multi-Channel-Retailing, in: Wirtschaftswissenschaftliches Studium, 31. Jg., 2002, H. 8, S. 450–460 und Keller, B.: Kundenbindung im Internetzeitalter – ohne die Filiale geht es nicht, in: bank und markt, o. Jg., 2000, H. 12, S. 26–31.

Die US-amerikanischen Unternehmen Charles Schwab und TD Waterhouse scheinen dabei als Vorbilder für die weitere Marktentwicklungen zu dienen.[107] In Anlehnung an deren Geschäftsmodell bietet die Direkt Anlage Bank Kunden in sogenannten Bank-Shops alle für eine Anlageentscheidung und -ausführung notwendigen Informationen (z. B. Unternehmensnachrichten) sowie die benötigte Infrastruktur (z. B. Computerterminals), ohne eine Anlageberatung im traditionellen Sinne zu offerieren.[108] Mit Hilfe von Vorträgen und Seminaren wird zudem versucht, neue Kunden zu gewinnen, den Grad der Kundenbindung zu erhöhen und den Prozeß der Markenbildung zu unterstützen. Ein ähnliches Angebot machen in Deutschland Consors, Entrium und auch die Advance Bank.[109]

Aufgrund der bisherigen Entwicklung lassen sich folgende Ergebnisse festhalten: Die zu Beginn des Internetzeitalters oft geäußerten Befürchtungen, traditionelle Banken werden zukünftig massiv in ihrem Fortbestand bedroht sein bzw. es werde zu einer Substitution traditioneller Vertriebswege durch die Aktivitäten der Direktbanken kommen,[110] haben sich ebensowenig bestätigt, wie aufgrund der jüngsten Entwicklungen bereits vom Ende des E-Banking gesprochen werden kann.[111] Trotz des Konsolidierungsprozesses im E-Banking ist das Online-Banking als wichtigster Vertriebsweg des E-Banking nicht gescheitert.[112] Wohl hat sich aber die ursprüngliche Idee der Direktbanken, also eines vollständig beratungslosen Angebots von Produkten und Dienstleitungen, gewandelt. Den größten unternehmerischen Erfolg verspricht eine Strategie, die verschiedene Vertriebswege nutzt.[113] Mit Hilfe neuer Technologien und neuer

[107] Charles Schwab hat es erfolgreich geschafft, neben dem Internetgeschäft auch den stationären Vertrieb zu etablieren. Vgl. Otto, P.: Onlinebroker stehen vor Ausleseprozeß, in: Handelsblatt, 30.07.2001, Nr. 144, S. 21 und o. V.: Amerikas Online-Broker suchen den physischen Kontakt mit den Kunden, in: FAZ, 01.06.2001, Nr. 126, S. 27. Eine rückwärts gerichtete Tendenz zurück zu reinen Online-Brokern ist jedenfalls auch in Deutschland nicht vorstellbar. Vgl. Otto, P.: Schwere Wochen für Online-Broker, in: Handelsblatt, 26.11.2001, Nr. 228, S. 21.

[108] Vgl. Kröner, M.: Online meets Offline, in: Die Bank, 25. Jg., 2001, H. 3, S. 182–185.

[109] Vgl. o. V.: Online-Broker bieten Beratung an, in: FAZ, 26.10.2001, Nr. 249, S. 33 f. und o. V.: Direktbank Entrium baut ein Zweigstellennetz auf, in: FAZ, 08.11.2001, Nr. 260, S. 21.

[110] Vgl. zu dieser Argumentation z. B. Stockmann, C.: Elektronische Bankfilialen und virtuelle Banken – das Privatkundengeschäft von Universalbanken im elektronischen Markt, Regensburg 1997, S. 151 ff.

[111] Vgl. Beck, H., Prinz, A.: Sind Banken die Verlierer des digitalen Zeitalters? Zur Zukunft der Finanzintermediäre, in: Zeitschrift für das gesamte Kreditwesen, 53. Jg., 2000, H. 20, S. 1182–1191.

[112] Vgl. Dombret, A., Ossig, C.: Die Luft für reine Online-Broker ohne Anbindung an Bankfilialen wird dünner, in: FAZ, 11.06.2001, Nr. 133, S. 40.

[113] Vgl. Mackintosh, J.: Geldfresser mit zu wenig Kunden, in: FTD, 16.06.2001, Online-Version http://www.ftd.de/ub/fi/FTDHMCRSTNC.html, Stand: 18.06.2001.

Vertriebswege lassen sich Ineffizienzen herkömmlicher Vertriebsformen reduzieren und Kosten senken, ohne die Anforderungen der Kunden nach unterstützender Beratung zu vernachlässigen.[114]

Die Aktivitäten im E-Banking-Segment haben insgesamt zu einer erhöhten Wettbewerbsintensität geführt. Dies gilt insbesondere für das Geschäft mit Privatkunden. Welche Auswirkungen das E-Banking z. B. auf wettbewerbliche Marktabgrenzungen hat, ist schwierig zu beurteilen. Ursprünglich wurde vermutet, daß in Zukunft räumlich weit entfernte Anbieter miteinander konkurrieren und es zu einem Anstieg der Wettbewerbsintensität kommen würde.[115] Enge Marktdefinitionen wären damit hinfällig. Diese Entwicklungen sind gegenwärtig jedoch nicht abzusehen, da die überwiegende Zahl der Nachfrager vielfältige Vertriebsweg präferiert und weiterhin auf filialgestützte Transaktionen nicht verzichten will.

Technologische Entwicklungen haben darüber hinaus tendenziell zu einer Reduzierung von Marktzutrittsschranken geführt, so daß potentiellen Konkurrenten ein Markteintritt leichter fällt. In der gegenwärtigen Situation, die durch scharfen Wettbewerb zwischen den einzelnen (Direkt-)Banken charakterisiert ist, dürfte es neuen Anbietern jedoch schwer fallen, erfolgreich in den Markt einzutreten. Neben hohen Ausgaben für Marketingaktivitäten erfordert die Nachfrage der überwiegenden Zahl an Kunden auch in Zukunft umfangreiche Investitionen in ein stationäres Angebot.[116]

II. Allfinanzinstitute

Die Idee der Allfinanz, einer engen Zusammenarbeit von Banken und Versicherungen, ist nicht neu. Kooperationen zwischen Unternehmen aus der Banken- und Versicherungsbranche existieren bereits seit Beginn der 80er Jahre.[117]

---

[114] Vgl. Dombret, A., Ehrhardt, M. P.: Das Internet – Bedrohung oder Chance für Banken? In: FAZ, 05.06.2000, Nr. 129, S. 33.

[115] Vgl. Group of Ten (Hrsg.): Report on consolidation in the financial sector, o. O. 2001, S. 26.

[116] Vgl. Karsch, W.: Direct Brokerage – die zweite Welle, in: Die Bank, 25. Jg., 2001, H. 8, S. 566–573.

[117] In der überwiegenden Zahl der Fälle kooperierten Banken und Versicherungen zunächst über einzelne (Vertriebs-)Abkommen, bis es 1991 zur Fusion zwischen der Bank Nationale-Nederlanden und der niederländischen Postbank zur ING kam, die daher oft als Erfinder des europäischen Allfinanzkonzerns bezeichnet wird. Vgl. Lebert, R.: Allfinanz-Konzept setzt sich durch, in: FTD, 13.06.2001, Online-Version http://ftd.de/ub/fi/-FTD9DEBPTNC.html, Stand: 13.06.2001.

Grundsätzliches Ziel der Allfinanzidee war es von Anfang an, durch die Erschließung zusätzlicher Vertriebswege die Ertragssituation der jeweiligen Unternehmen zu verbessern und Kunden ein vollständiges Angebot an Finanzdienstleistungsprodukten „aus einer Hand“ bieten zu können, das sowohl Bank- als auch Versicherungsprodukte umfaßt.[118] Während Bankmitarbeiter neben typischen Bankprodukten also z. B. Lebensversicherungen verkaufen sollen, wird ein Versicherungsagent zum cross-selling angehalten, indem er seinen Kunden z. B. Fonds anbietet. Die verschiedenartige Struktur der Vertriebswege – den überwiegenden Teil des Privatkundengeschäfts wickeln Banken in ihren Filialen und Versicherer mit ihren Außendienstmitarbeitern ab – erlaubt es zudem, den vielfältigen Kundenbedürfnissen differenziert Rechnung zu tragen.[119]

Welche Bedeutung den einzelnen Vertriebskanälen von Versicherungen zukommt, zeigt *Tabelle 1-12*. Der Vertriebsanteil von über Banken verkauften Versicherungen ist in den letzten Jahren – gemessen an der Veränderung des betreuten Bestandsvolumens – am stärksten gewachsen, wenngleich das Wachstum von relativ niedrigem Niveau aus erfolgte. Von einer ähnlichen Entwicklung ist auch in Zukunft auszugehen.

---

[118] Zu den Zielsetzungen eines Allfinanzangebots vgl. z. B. Wagner, P. J.: Die Bildung von Allfinanzkonzernen – Grundlagen und Ansatzpunkte der Integration von Bank und Versicherung in einem Allfinanzkonzern, Bern u. a. 1991, S. 72 ff.

[119] Vgl. Farny, D.: Allfinanz – das betriebswirtschaftliche Konzept, in: Krümmel, H.-J., Rehm, H., Simmert, D. B. (Hrsg.): Allfinanz – Strukturwandel an den Märkten für Finanzdienstleistungen, Beihefte zu Kredit und Kapital, 1991, No. 11, S. 161–176, hier S. 169.

Tabelle 1-12
Vertriebswege von Versicherungen, 1993 und 2000

		Marktanteil in %	Bestand Mrd. DM	Veränderung % p. a.
Außendienst	1993	72	135,6	
	2000	67	170,6	3,3
Makler/MFA	1993	14	26,4	
	2000	16	40,7	6,4
Direktvertrieb	1993	2	3,8	
	2000	2	5,1	4,3
Banken	1993	6	11,3	
	2000	9	22,9	10,6
sonstige	1993	6	11,2	
	2000	6	15,3	4,6

MFA=Mehrfachagenten.
Quelle: Alich, H., Dohmen, C., Lansch, R.: Das Geschäft der Banken mit Lebenspolicen läuft gut, in: Handelsblatt, 08.11.2001, Nr. 216, S. 34, eigene Berechnungen, eigene Darstellung.

Den Versuch, im jeweils anderen Geschäftssegment Fuß zu fassen, haben in der Vergangenheit auch deutsche Banken und Versicherungen unternommen.[120] Beispiele für eine Zusammenarbeit bieten nahezu alle großen Banken und Versicherungskonzerne: So setzte die Deutsche Bank bspw. gegen Ende der 80er Jahre mit der Gründung einer Lebensversicherungsgesellschaft (DB-Leben) auf eine hauseigene Lösung. Kurz darauf änderte sie ihre Strategie und ging 1992 mit dem Finanzdienstleistungsunternehmen AWD eine Vertriebskooperation ein, beteiligte sich mehrheitlich an der Versicherungsholding Deutscher Herold und erwarb eine 30 %-ige Beteiligung am Gerling-Konzern.[121]

[120] Für die folgende Darstellung vgl. Scheele, M.: Zusammenschluß von Banken und Versicherungen – Analyse des Privatkundengeschäfts anhand industrieökonomischer Modelle, Wiesbaden 1994, S. 20 ff. und die dort angegebene Literatur.

[121] Ein ähnliches Beispiel liefert die Commerzbank, die seit 1990 mit der DBV-Versicherungsgruppe zusammenarbeitet, an der sie zudem eine wesentliche Beteiligung hält. Ebenso arbeiten die Sparkassen intensiv mit den öffentlich-rechtlichen Versicherern zusammen, mit denen sie über die öffentliche Hand verbunden sind. Als wahrscheinlich älteste Kooperation gilt die Zusammenarbeit der Genossenschaftsbanken und der von ihnen gegründeten R+V Versicherungen. Die Beteiligung am Deutschen Herold hat die Deutsche Bank im Jahr 2001 wieder veräußert. Vgl. o. V.: Breuer – Herold-Verkauf ist keine Abkehr von der Allfinanz, in: FAZ, 25.09.2001, Nr. 223, S. 22.

1. Der Zusammenschluß von Allianz und Dresdner Bank

Trotz der vielfältigen Zusammenarbeit von Banken und Versicherungen in der Vergangenheit, bedeutete die Ankündigung der Allianz AG im März 2001, sie werde die Dresdner Bank AG übernehmen, ein Novum in der deutschen sowie internationalen Finanzwelt, da zum ersten Mal eine Bank von einem Versicherungsunternehmen übernommen wurde.

Nach eigenen Angaben verfolgte die Allianz mit der Fusion in erster Linie das Ziel, ihr Kerngeschäft, die Vermögensverwaltung, weiter auszubauen und ein hohes Maß an Synergien auszuschöpfen.[122] Nachdem sie in der Vergangenheit mit dem Kauf der beiden US-amerikanischen Fondsgesellschaften Pimco und Nicholas-Applegate bereits ihre Angebotsseite vervollständigte, war der Allianz nun daran gelegen, durch die Übernahme der Dresdner Bank einen Vertriebskanal für ihre Investmentfonds zu erhalten.[123] Im Gegenzug erhielt die Dresdner Bank Zugang zum Vertriebsnetz der Allianz und erlangte durch die zahlreichen Kooperationen der Allianz mit ca. 20 europäischen Banken Zutritt zum Privatkundengeschäft im europäischen Ausland.

Diese Fusion macht aber auch deutlich, welche Schwierigkeiten und Risiken mit einem derartigen Zusammenschluß aus Unternehmenssicht verbunden sind. Von den angekündigten Einsparungen in Milliardenhöhe ist ca. eineinhalb Jahre nach der Fusion keine Rede mehr. Waren bei der Ankündung der Übernahme Aktionäre und anderer Kapitalmarktakteure noch von dem Erfolg des Zusammenschlusses überzeugt,[124] sind das Vertauen in eine erfolgreiche Integration der Bank in den Versicherungskonzern und der Glaube an die Vorteilhaftigkeit der Transaktion angesichts von Verlusten in Milliardenhöhe auf Seiten der Dresdner Bank deutlich zurückgegangen.[125] Gründe dafür lassen sich teilweise in der allgemeinen (Struktur-)Krise des deutschen Finanzmarktes finden, sind

---

[122] Bei der Vorstellung des offiziellen Übernahmeangebots ging die Allianz von Einsparungen in Höhe von 2,2 Mrd. Euro bis zum Jahr 2005 und von jährlichen Ertrags- und Kostensynergien in Höhe von etwa 1,1 Mrd. Euro ab dem Jahr 2006 aus. Vgl. o. V.: Allianz rechnet mit mehr als einer Milliarde Euro Synergien, in: FAZ, 01.06.2001, Nr. 126, S. 18.

[123] Vgl. hierzu und im Folgenden o. V.: Die Allianz setzt mit der Dresdner jetzt auf die „kleine Lösung", in: FAZ, 29.03.2001, Nr. 75, S. 20.

[124] Vgl. o. V.: Allianz-Aktionäre loben den Vorstand, in: FAZ, 12.07.2002, Nr. 159, S. 16.

[125] Vgl. Hegmann, G.: Allianz-Aktionäre zweifeln an Strategie, in: FTD, 13.06.2002, Online-Version http://ftd.de/ub/fi/1014399186813.html, Stand: 17.06.2002 und o. V.: Dresdner Bank schockiert mit Milliardenverlust, in: FAZ, 15.08.2002, Nr. 188, S. 11.

jedoch in erster Linie als hausgemacht zu bezeichnen.[126] Einzig der vermehrte Verkauf von Versicherungsprodukten über die Bankfilialen der Dresdner Bank hat sich für die Allianz bezahlt gemacht.[127] Ein erhöhtes Absatzvolumen an Versicherungsprodukten ist Branchenkennern zufolge jedoch relativ leicht zu erreichen. Wesentlich schwieriger sei es aber umgekehrt, Bankprodukte über die Vertriebswege einer Versicherung zu verkaufen.[128] Inwieweit also auch in diesem Bereich die Fusion als erfolgreich bezeichnet werden kann, bleibt abzuwarten.

2. Wettbewerbspolitische Beurteilung

Aus wettbewerbspolitischer Sicht ist die in der Öffentlichkeit oft diskutierte reine Unternehmensgröße zunächst kein geeignetes Kriterium für eine wettbewerbspolitische Beurteilung, wenngleich das von dem neuen Konzern verwaltete Vermögensvolumen eine Größenordnung erreicht, die an das Bruttoinlandsprodukt von einem Land wie Italien heranreicht.[129]

Bereits 1991 beschäftigte sich das Bundeskartellamt mit einem Zusammenschluß dieser beiden Unternehmen. Das Bundeskartellamt hatte damals über ei-

[126] Im Nachhinein erweist sich der Kauf der US-amerikanischen Investmentbank Wasserstein Perella & Co durch die Dresdner Bank im Herbst 2000 als überteuert. Vgl. o. V.: Wunderkind ohne Fingerspitzengefühl, in: FAZ, 26.09.2002, Nr. 224, S. 15. Zudem wurden allgemeine Ertragsaussichten und strukturelle Risiken der Dresdner Bank von Seiten der Allianz falsch eingeschätzt. Vgl. Wanner, C., Fromme, H.: Allianz kämpft um ihr Allfinanzmodell, in: FTD, 02.04.2002, Online-Version http://www.ftd.de/ub/fi/-1014398952012.html, Stand: 22.10.2002.

[127] Vgl. Lebert, R.: Allianz muß Übernahme teuer bezahlen, in: FTD, 14.08.2002, Online-Version http://www.ftd.de/ub/fi/1029268893307.html, Stand: 16.08.2002.

[128] Vgl. Schubert, C., Mrusek, K.: Europa hat gemischte Erfahrungen mit der Allfinanz, in: FAZ, 03.04.2001, Nr. 79, S. 32.

[129] Durch die Übernahme der beiden US-amerikanischen Vermögensverwalter Pimco und Nicholas Applegate stieg das durch die Allianz verwaltete Vermögen bereits auf ca. 700 Mrd. Euro. Mit der Übernahme der Dresdner Bank liegt dieses nun bei etwa 1 Billion Euro. Die Allianz belegt damit hinter der Schweizer UBS und der US-amerikanischen Fondsgesellschaft Fidelity weltweit Platz drei. Vgl. Rössing, S., Wanner, S.: Neuer Allfinanzkonzern entsteht, in: FTD, 30.03.2001, Online-Version http://ftd.de/-ub/fi/FTD72WBNWKC.html, Stand: 30.03.2001. Das Bruttoinlandsprodukt Italiens betrug 2001 etwa 1,2 Billion Euro. Vgl. Institut der Deutschen Wirtschaft (Hrsg.): Deutschland in Zahlen, Köln 2002, S. 127.

ne Beteiligungserhöhung durch die Allianz um 3,2 Prozent auf 22,3 Prozent zu entscheiden.[130]

Neben der Allianz und weiteren eigenständigen Versicherungsunternehmen waren auch Versicherungen an der Dresdner Bank beteiligt, mit denen die Allianz durch eine Minderheitsbeteiligung verbunden war. Aufgrund dieser vielfältigen Beteiligungen fürchtete die Wettbewerbsbehörde aus zwei Gründen negative Folgen für die Wettbewerbsintensität auf dem deutschen (Lebens-)Versicherungsmarkt: Zum einen verfüge die Allianz durch die Beteiligungserhöhung zusammen mit anderen Versicherern und insbesondere den Versicherungsunternehmen, an denen sie selbst beteiligt war, über die faktische Mehrheit auf Hauptversammlungen der Dresdner Bank. Durch die geplante Anteilserhöhung sah das Bundeskartellamt zudem eine Verstärkung der marktbeherrschenden Stellung der Allianz und der von ihr und der Münchener Rückversicherungsgesellschaft[131] beherrschten Versicherungsunternehmen.[132] Insgesamt käme es nach Ansicht des Bundeskartellamts durch den Zugriff auf das Vertriebsnetz der Dresdner Bank, durch die Finanzstärke der Allianz und den hohen Marktanteilsabstand zu den anderen Wettbewerbern zu einer Verstärkung der überragenden Marktstellung des Allianz-Konzerns. Einen Markteintritt der Dresdner Bank als eigenständigen Anbieter auf dem Lebensversicherungsmarkt hätte die Allianz zudem verhindern können.

Trotz dieser Bedenken untersagte das Bundeskartellamt die Beteiligungserhöhung nicht, da sich während des Verfahrens die vielfältigen Beteiligungsverhältnisse zwischen der Allianz und der Münchener Rück geändert hatten. Die Münchener Rück war nach umfangreichen Umstrukturierungsmaßnahmen Mehrheitseigner bei den Lebensversicherern Hamburg-Mannheimer, Karlsruher Leben und Berlinische Leben, so daß diese drei Unternehmen im Rahmen der Fusionsvorschriften nicht mehr der Allianz als verbundene Unternehmen zugerechnet werden konnten. Zudem hatten sich nach Meinung der Behörde die Wettbewerbsbedingungen durch das Auftreten zusätzlicher Wettbewerber gewandelt.[133]

Die Begleitumstände, unter denen die Europäische Kommission den Zusammenschluß zwischen den beiden Unternehmen 2001 zu entscheiden hatte, lassen

---

[130] Vgl. zu den folgenden Ausführungen Bundeskartellamt (Hrsg.): Tätigkeitsbericht 1991/92, veröffentlicht in: Deutscher Bundestag (Hrsg.): Drucksache 12/5200, Bonn 1993, S. 139 und Montag, F., Dohms, R.: Minderheitsbeteiligungen im deutschen und EG-Kartellrecht – Teil 1, in: Wirtschaft und Wettbewerb, 43 Jg., 1993, H. 1, S. 5–16.

[131] Im Folgenden als Münchener Rück bezeichnet.

[132] Dies waren die Unternehmen Hamburg-Mannheimer, Karlsruher Leben und Berlinische Leben.

[133] In erster Linie betraf das die Deutsche Bank.

sich mit der Situation von vor zehn Jahren jedoch nur in Ansätzen vergleichen.[134]

Im Rahmen ihrer Entscheidung grenzt die Kommission verschiedene Banken- und Versicherungsmärkte als sachlich relevante Märkte ab. Die einzelnen Produkte und Dienstleistungen von Banken ordnete sie den Bereichen Privatkunden, Geschäftskunden, Investmentbanking sowie Geld- und Wertpapiergeschäft zu.[135] Zwischen der Allianz und der Dresdner Bank existierten im Bankenbereich nur geringfügige Überschneidungen im Privatkunden- und Geschäftskundensegment. Während die Kommission für die Dresdner Bank in diesen Segmenten einen Marktanteil von ca. 5–10 Prozent ausweist,[136] beläuft sich der Marktanteil der Allianz in den beiden Segmenten nach Angaben der Kommission lediglich auf 0–5 Prozent (Rn. 19). Die gemeinsamen Marktanteile im Asset Management liegen in Deutschland sowohl insgesamt, als auch in einzelnen Teilsegmenten unter 15 Prozent. Zudem handelt es sich um einen Markt mit einer hohen Wettbewerbsintensität. Als wesentliche Wettbewerber agieren hier Deutsche Bank, Commerzbank oder HypoVereinsbank (Rn. 21). Weltweit liegt der Marktanteil von Allianz/Dresdner Bank im Asset Management deutlich unter 15 Prozent. Auch hier sieht sich der neue Konzern starken internationalen Wettbewerbern gegenüber, wie z. B. UBS, Credit Suisse oder Fidelity Investments (Rn. 22). Ähnlich sieht es für den Markt privater Altersvorsorge aus. Angesichts starker Wettbewerber bietet ein gemeinsamer Marktanteil von 15–20 Prozent keinen Anlaß für wettbewerbliche Bedenken (Rn. 23),[137] so daß für den Bankenbereich aufgrund horizontaler Überschneidungen auch insgesamt keine Vorbehalte aus wettbewerblicher Sicht existierten.

Eine etwas andere Situation ergab sich für den Versicherungsmarkt. Insbesondere für das Segment der Lebensversicherungen und einiger Sachversicherungen hatte die Europäische Kommission ernsthafte Bedenken (Rn. 17). Da die Dresdner Bank nicht im Versicherungsgeschäft tätig war, kam es zwar zu keiner

---

[134] Die im Folgenden Textabschnitt angegebenen Randnummern (Rn.) beziehen sich auf die Entscheidung der *Europäischen Kommission*. Vgl. hierzu ausführlich Europäische Kommission (Hrsg.): Fall Nr. Comp/M.2431 – Allianz/Dresdner, 19.07.2001, öffentliche Version.

[135] Vgl. Kapitel 3, A. I. und ebenfalls Europäische Kommission (Hrsg.): Fall Nr. Comp/M.2125 – HypoVereinsbank/Bank Austria, 14.11.2000, Rn. 11 ff., öffentliche Version; Europäische Kommission (Hrsg.): Fall Nr. IV/M.1384 – Deutsche Bank/Bankers Trust, 22.04.1999, Rn. 6, öffentliche Version und Europäische Kommission (Hrsg.): Fall Nr. IV/M.873 – Bank Austria/Creditanstalt, 11.03.1997, Rn. 15 ff., öffentliche Version.

[136] Einen höheren Marktanteil besitzt die Dresdner Bank mit 15–20 Prozent jedoch im Bereich Depotverwaltung für Unternehmen sowie „institutionelle Kunden“.

[137] Vgl. Zweck, A., Yolacaner, T.: Die öffentlich-rechtlichen Versicherer sind für Allfinanzkonzepte gut gerüstet, in: FAZ, 20.08.2002, Nr. 192, S. 32.

geschäftlichen Überschneidung auf horizontaler Ebene mit der Allianz. Wettbewerbliche Probleme resultierten nach Meinung der Kommission jedoch aus dem umfangreichen Beteiligungsbesitz der Allianz (vgl. *Tabelle 1-13*).

Tabelle 1-13
Anteilseigner mit den meisten Beteiligungen an den 100 größten Unternehmen

Unternehmen	Anzahl der Fälle	
	1996	1998
Allianz AG	28	23
Münchener Rückversicherungsgesellschaft AG	13	13
Deutsche Bank AG	15	10
Dresdner Bank AG	13	10

Quelle: Monopolkommission: Wettbewerbspolitik in Netzstrukturen, Hauptgutachten 1998/1999, Baden-Baden 2000, S. 257, eigene Darstellung.

Neben der allgemein hohen Zahl an (Industrie-)Beteiligungen waren besonders die engen Kapitalverflechtungen zwischen Allianz und Münchener Rück sowie Beteiligungen an den gleichen Unternehmen ursächlich für die Befürchtungen der Kommission (vgl. *Abbildung 1-3*).

Abbildung 1-3
Verflechtungen zwischen deutschen Banken und Versicherungen, 2000

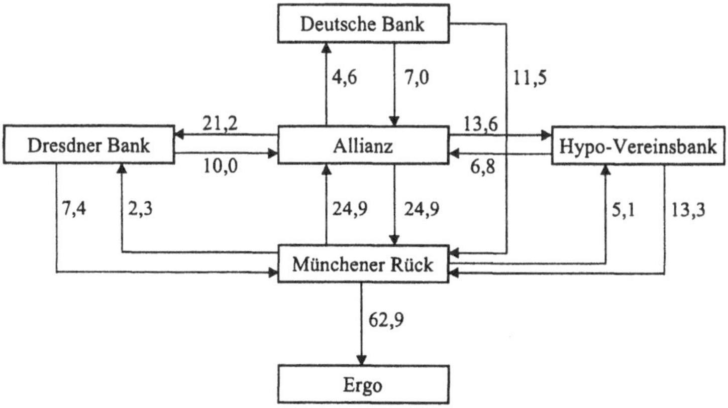

Quelle: Allianz (Hrsg.): Konzernabschluß 2000, o. O. 2001, S. 65 f.; Deutsche Bank (Hrsg.): Verzeichnis des Anteilsbesitzes 2001, o. O. 2002, S. 172; Dresdner Bank (Hrsg.): Liste des Anteilsbesitzes 2000, o. O. 2001, S. 8; HypoVereinsbank (Hrsg.): Geschäftsbericht 2000, o. O. 2001, S. 193; Münchener Rück (Hrsg.): Geschäftsbericht der Münchener-Rück-Gruppe 2001, o. O. 2002, S. 56 und Unternehmensangaben, eigene Darstellung.

Mit einem gemeinsamen Anteil von 32,3 Prozent an der Münchener Rück und angesichts einer rückläufigen Hauptversammlungspräsenz hätte Allianz/Dresdner Bank zweimal eine Mehrheit der anwesenden Stimmen auf den letzten drei Hauptversammlungen inne gehabt (Rn. 32).[138]

Im Rahmen des Zusammenschlusses vereinbarten Allianz und Münchener Rück darüber hinaus, daß die Münchener Rück ihren Anteil an der HypoVereinsbank auf 25–30 Prozent erhöhen würde.[139] Als Resultat dieser Vereinbarung vermutete die Kommission eine enge und intensive Zusammenarbeit zwischen diesen beiden Unternehmen sowie einen einheitlichen strategischen Marktauftritt (Rn. 35). Im Ergebnis käme es zu einer dominierenden Marktstellung durch Allianz/Dresdner und Münchener Rück/HypoVereinsbank im Bereich Lebensversicherungen mit einem gemeinsamen Marktanteil von 20–25 Prozent.[140]

Durch den Zusammenschluß von Allianz und Dresdner Bank und der Annäherung von Münchener Rück und der HypoVereinsbank entstehen in Deutschland die ersten beiden Konzerne, die in ihrer Umsetzung der Allfinanzidee über die bisherigen Kooperationsformen anderer Anbieter weit hinausgehen (Rn. 37). Neben den Vorteilen größerer Unternehmenseinheiten würde zudem der Zugriff auf die Vertriebsnetze der jeweiligen Bank einen entscheidenden Wettbewerbsvorteil gegenüber Konkurrenten darstellen (Rn. 39), so daß in relativ kurzer Zeit ein ansteigender Marktanteil für Allianz und Münchener Rück im Bereich Lebensversicherungen die Folge wäre.

Um mögliche Bedenken der Europäische Kommission bereits im Vorfeld zu entkräften und nicht eine Untersagung des eigentlichen Zusammenschlusses zwischen Allianz und Dresdner Bank zu riskieren, vereinbarten die beiden Unternehmen zusammen mit der Münchener Rück bereits vor Anmeldung des Zusammenschlusses umfangreiche Entflechtungen. Nach Abschluß dieser Maß-

---

[138] Bei der dritten Hauptversammlung fehlten lediglich einige wenige Zehntelprozentpunkte zur Mehrheit.

[139] Vgl. auch Münchener Rück (Hrsg.): Geschäftsbericht der Münchener-Rück-Gruppe 2000, o. O. 2001, S. 56.

[140] Dabei ist insbesondere zu beachten, daß der Marktanteilsabstand zum nächsten Wettbewerber, der Gruppe der öffentlich-rechtlichen Lebensversicherer, 10–15 Prozentpunkte betragen würde. Betrachtet man die einzelnen unabhängigen Mitglieder dieser Gruppe, so steigt der Abstand von Allianz/Dresdner und Münchener Rück/HypoVereinsbank stark an, da die Marktanteile der jeweiligen Mitglieder unter fünf Prozent liegen (Rn. 36).

nahmen stellt sich das Beziehungsgeflecht der Unternehmen folgendermaßen dar (vgl. *Abbildung 1-4*).[141]

Abbildung 1-4
Verflechtungen zwischen Allianz und Münchener Rück

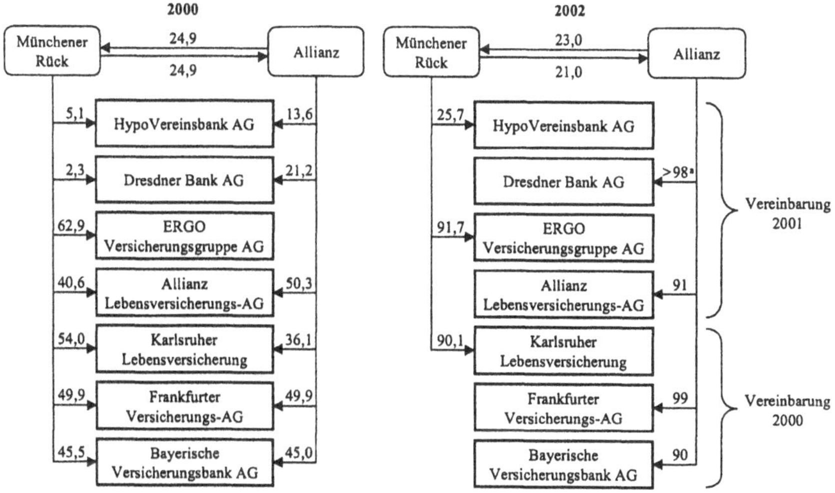

ª Die Dresdner Bank wird seit 23.07.2001 im Abschluß der Allianz Group konsolidiert.
Quelle: Münchener Rück (Hrsg.): Geschäftsbericht der Münchener-Rück-Gruppe 2000, o. O. 2001, S. 56; Münchener Rück (Hrsg.): o. T., Pressemitteilung vom 17.01.2002, http://www.munichre.com/default_d.asp?/747/templates/index.asp?file=/1_d.asp, Stand: 19.07.2002 und Münchener Rück (Hrsg.): o. T., Pressemitteilung vom 10.07.2002, http://www.munichre.com/default_d.asp?/747/templates/index.asp?file=/1_d.asp, Stand: 19.07.2002, eigene Darstellung.

Bereits vor der Veröffentlichung der Entscheidung hatte sich der Allianz-Konzern gegenüber der Kommission verpflichtet, seine Stimmrechte an der Münchener Rück nur in Höhe von 20,5 Prozent auszuüben.

Diese Verpflichtung hat schließlich auch dazu geführt, daß die Kommission den Zusammenschluß Allianz/Dresdner Bank freigab. Sie begründete ihre Entscheidung damit, daß die Allianz auf diese Weise künftig keine Hauptversammlungsmehrheit an der Münchener Rück besitzen würde. Bereits vor dem Zeitpunkt, in dem die beiden Unternehmen ihre gegenseitigen Beteiligungen

141 Allianz und Münchener Rück haben mit Wirkung zum 30.06.2002 den letzten Schritt zur Entflechtung ihrer Beteiligungen im Erstversicherergeschäft vorgenommen.

verringerten, sei eine Kontrolle der Münchener Rück durch die Allianz somit ausgeschlossen (Rn. 46).

3. Zwischenfazit

Mit der Allianz und der Dresdner Bank haben sich eine der größten deutschen Geschäftsbanken und eine der weltweit größten Versicherungen zusammengeschlossen. Dennoch kam es zwischen beiden Unternehmen lediglich im Geschäftsbereich Asset Management zu Überschneidungen. In allen anderen Segmenten war entweder nur eines der beiden Unternehmen tätig oder die Marktanteile des jeweils anderen Unternehmens waren von vernachlässigbarer Größe, um ursächlich für einen Zuwachs an Marktmacht sein zu können. Dies ist für Zusammenschlüsse zwischen Unternehmen unterschiedlicher Branchen nicht untypisch. So gründete sich auch die von der Europäische Kommission befürchtete Verringerung der Wettbewerbsintensität hauptsächlich auf die gegenseitigen Beteiligungsverhältnisse von Allianz und Münchener Rück und den vielfältigen Anteilsbesitz beider Unternehmen.

Seit dem Zusammenschluß tritt die Dresdner Bank nicht nur mit dem Angebot klassischer Bankprodukte und -dienstleistungen Konkurrenten gegenüber, sondern bietet darüber hinaus eine Vielzahl an Versicherungsprodukten über ihre Vertriebswege an. Ist dieser Versuch erfolgreich, erhöht diese Form des Sortimentwettbewerbs den Wettbewerbsdruck auf andere Banken, mit ähnlichen Angeboten an den Markt zu treten.[142]

Im Gegensatz zum Beispiel Allianz/Dresdner Bank kommt es jedoch bei horizontaler (Unternehmen-)Konzentration, also Zusammenschlüssen von Unternehmen der gleichen Branche, regelmäßig zu einem Ansteigen des Konzentrationsgrades innerhalb des betreffenden Marktes.[143]

---

[142] Vgl. Europäische Zentralbank (Hrsg.): Mergers and acquisitions involving the EU banking industry – facts and implications, Frankfurt a. M. 2000, S. 14.

[143] Vgl. z. B. Berg, H.: Wettbewerbspolitik, in: Bender, D. u. a.: Vahlens Kompendium der Wirtschaftstheorie und Wirtschaftspolitik, 7. Aufl., Bd. 2, München 1999, S. 299–362, hier S. 330.

C. Horizontale Unternehmenszusammenschlüsse

Konzentrationstendenzen im Bankensektor sind in Deutschland kein Phänomen der 90er Jahre. Existierten im Jahr 1957 noch über 13.000 Banken in (West-)Deutschland, sank diese Zahl bis Ende 2001 auf weniger als 2.700 Kreditinstitute. Verantwortlich für diesen Konzentrationsprozeß waren hauptsächlich Zusammenschlüsse und weniger Insolvenzen oder Marktaustritte.[144] Während zunächst nur Banken kleinerer und mittlerer Größe in diesen Prozeß involviert waren, sind in den letzten Jahren auch verstärkt Großbanken an Zusammenschlüssen beteiligt.[145]

Ursächlich für diese Konzentration sind im wesentlichen folgende Entwicklungen: Angesichts weitgehend deregulierter und zunehmend integrierter ehemals nationaler Kapitalmärkte streben viele Banken eine weltweit Präsenz an, um Kunden – unabhängig von deren Sitz – „vor Ort“ bei Kapitalmarkttransaktionen begleiten zu können.[146] Angesichts eines wachsenden Konkurrenzdrucks durch ausländische Anbieter trifft dieses Argument verstärkt auf das Geschäft mit Großkunden und institutionellen Anlegern zu. Eine weitere Ursache von Zusammenschlüssen ist die Erschließung neuer Absatzmärkte. Investitionen in Informations- und Kommunikationstechnologien amortisieren sich zudem schneller, wenn mit ihnen ein größeres Transaktionsvolumen abgewickelt wird.[147]

Neben diesen (internationalen) Marktentwicklungen versuchen deutsche (Groß-)Banken ihre insbesondere im Massenkundengeschäft schwache Position

---

[144] Vgl. Lang, G., Welzel, P.: Größe und Kosteneffizienz im deutschen Bankensektor, in: Zeitschrift für Betriebswirtschaft, 67. Jg., 1997, H. 3, S. 269–283, hier S. 270.

[145] Ein Beispiel für den deutschen Markt ist der Zusammenschluß von Bayerischer Vereinsbank und Bayerischer Hypotheken- und Wechselbank zur HypoVereinsbank. Im Ausland können die Zusammenschlüsse von Lloyds Bank und TSD (Großbritannien) oder Bank Austria und Creditanstalt/Bankverein als Beispiele dienen.

[146] Zu den Argumenten der Deregulierung und zunehmender Verflechtung vgl. auch Kleinert, J.: Megafusionen – Welle oder Trend? In: Die Weltwirtschaft, o. J., 2000, H. 2, S. 171–186, hier S. 174 ff.

[147] Die Ausgaben von europäischen Banken für Informations- und Kommunikationstechnologien beliefen sich 1999 im Privatkundengeschäft auf ca. 21,7 Mrd. US-Dollar, während US-amerikanische Banken etwa 23,5 Mrd. US-Dollar ausgaben. Vgl. hierzu und für einen Überblick unterschiedlicher technischer Entwicklungen Goddard, J. A., Molyneux, P., Wilson, J. O. S.: European banking – efficiency, technology and growth, Chichester 2001, S. 142 ff.

durch Zusammenschlüsse zu verbessern, indem sie so ihre Kundenzahl erhöhen, um eine effiziente Auslastung ihrer Kapazitäten realisieren zu können.[148]

I. Zusammenschlüsse aus Unternehmensperspektive

Die mit Unternehmenszusammenschlüssen verfolgten Ziele sind vielfältig und decken sich teilweise mit den bereits aufgeführten Ursachen des Konzentrationsprozesses. Ein wichtiges Ziel aus einzelwirtschaftlicher Perspektive ist die Aussicht, Kosten zu senken, während eine Erhöhung der Innovationskraft oder Nutzung von Wachstumspotentialen von eher geringer Bedeutung sind. Wenngleich mögliche Gründe nur im Einzelfall nachzuvollziehen sind, lassen sich jedoch mit der Gewinnung von Marktmacht und der Erzielung von Synergieeffekten zwei Hauptmotive identifizieren.[149]

Diese beiden Motive sind zudem ursächlich für den trade-off, der zwischen Unternehmenskonzentration und Wettbewerb existiert.[150] Mit anderen Worten: Aus einzelwirtschaftlicher Sicht können Fusionen sehr wohl „richtig" bzw. er-

[148] Vgl. Börner, C. J.: Die Konzentration im Bankwesen – Ursachen und Folgen, in: Büschgen, H. E. (Hrsg.): Finanzplatz Deutschland an der Schwelle zum 21. Jahrhundert, Frankfurt a. M. 1998, S. 29–45, hier S. 35 f.

[149] Vgl. auch Kleinert, J., Klodt, H.: Megafusionen – Erklärungsansätze und Erfolgsaussichten, in: Wirtschaftswissenschaftliches Studium, 30. Jg., 2001, H. 10, S. 523–528, hier S. 524. Inwieweit neben ökonomischen Motiven andere, insbesondere managergeleitete Interessen für einen Unternehmenszusammenschluß ursächlich sein können, zeigt etwa Brouthers, K. D., Hastenburg, P. van, Ven, J. van den: If most mergers fail why are they so popular? In: Long Range Planning, Vol. 31, 1998, No. 3, S. 347–353.

[150] Vgl. Williamson, O.: Economies as an antitrust defense – the welfare trade-offs, in: The American Economic Review, Vol. 58, 1968, No. 1, S. 18–35.

strebenswert sein.[151] Damit ist jedoch keine Aussage verbunden, wie die volkswirtschaftlichen Konsequenzen von Fusionen zu beurteilen sind.

Unternehmen versuchen, durch externes Wachstum Vorteile zu erlangen, die ihnen ansonsten nicht offenstehen würden oder deren Erreichung bei rein internem Wachstum einen längeren Zeitraum in Anspruch nehmen würde. Steigende Unternehmensgröße ermöglicht aufgrund eines höheren Outputs unter Umständen die Realisierung von Losgrößenvorteilen (economies of scale) sowie die Nutzung potentieller Verbundvorteile (economies of scope).[152]

1. Massenproduktionsvorteile und Effizienz

Economies of scale entstehen immer dann, wenn die Produktion größerer Ausbringungsmengen mit Kostenvorteilen verbunden ist, also eine Vervielfachung des Outputs zu einem unterproportionalen Kostenanstieg führt. Grundsätzlich können Größenvorteile in allen Geschäftsbereichen realisiert werden, wie z. B. in der Produktion, Werbung und Vertrieb, der Unternehmensfinanzierung sowie im Management. Denkbar ist, daß sich ein Angebot einiger Produkte und Dienstleistungen für eine Bank erst ab einer Mindestgröße lohnt, wenn die mit dem Angebot verbundenen Kosten sehr hoch sind (Investmentbanking). Außerdem ist es möglich, daß die Kosten pro Geschäftsabschluß mit zunehmender Unternehmensgröße sinken, wenn Werbeträger mit einer größeren Reichweite niedrigere Tausender-Kontakt-Preise ermöglichen, günstigere alternative Finanzierungsformen erst aufgrund gestiegener Größe zur Verfügung

---

[151] Inwieweit (Mega-)Fusionen aus betriebswirtschaftlicher Sicht sinnvoll sind, wird an dieser Stelle nicht weiter thematisiert. Zwar läßt sich der Erfolg eines Zusammenschlusses nur im Einzelfall nachweisen, Studien zeigen jedoch, daß lediglich 40–60 Prozent aller Unternehmenszusammenschlüsse die ursprünglich angestrebten Ziele erreichen. Vgl. o. V.: Bei drei von vier Fusionen sinkt Börsenwert, in: FAZ, 15.05.2000, Nr. 112, S. 17. Welche Auswirkungen Zusammenschlüsse im europäischen Bankenbereich auf den Unternehmenswert der beteiligten Banken haben, zeigen z. B. *Cybo-Ottone/Murgia* sowie *Rad/van Beek*. Vgl. Cybo-Ottone, A., Murgia, M.: Mergers and shareholder wealth in European banking, in: Journal of Banking & Finance, Vol. 24, 2000, No. 6, S. 831–859 und Rad, A. T., Beek, L. van: Market valuation of European bank mergers, in: European Management Journal, Vol. 17, 1999, No. 5, S. 532–540. Eine Studie über den US-amerikanischen Markt findet sich bei Pilloff, S. J., Santomero, A. M.: The value effects of bank mergers and acquisitions, in: The Wharton Financial Institutions Center (Hrsg.): Working Paper, No. 7, o. O. 1997 und der dort angegebenen Literatur sowie Beatty, R. P., Santomero, A. M., Smirlock, M. L.: Bank merger premiums – analysis and evidence, New York 1987. Eine kritische Sicht nehmen ein Houston, J. F., Ryngaert, M. D.: The overall gains from large bank mergers, in: Journal of Banking & Finance, Vol. 18, 1994, No. 6, S. 1155–1176.

[152] Vgl. Berg, H.: Wettbewerbspolitik, in: Bender, D. u. a.: Vahlens Kompendium der Wirtschaftstheorie und Wirtschaftspolitik, 7. Aufl., Bd. 2, München 1999, S. 299–362, hier S. 331.

stehen oder effiziente Formen der Unternehmensleitung erst ab einer bestimmten Unternehmensgröße wirtschaftlich sinnvoll eingesetzt werden können.

Von großer Bedeutung sind im Bankenbereich *economies of density*, deren Existenz anzunehmen ist, wenn die Kurve der langfristigen Durchschnittskosten im relevanten Nachfragebereich einen fallenden Verlauf aufweist.[153] Allgemein liegen economies of density vor, wenn die Produktion eines Gutes durch einen hohen Fixkostenanteil und einen geringen Anteil variabler Kosten charakterisiert ist. Diese Voraussetzung ist bei Banken gegeben: Zwar lassen sich technikunterstützt viele Arbeitsabläufe optimieren, also eine Senkung von Fixkostenbestandteilen erreichen, dazu sind jedoch hohe Aufwendungen im Bereich Computer- und Kommunikationstechnologien notwendig. Diese sind wiederum für einen Fixkostenanstieg verantwortlich, so daß es insgesamt kaum zu einer Fixkostenreduktion kommen dürfte.

Für den Effekt fallender Durchschnittskosten lassen sich im Bankbereich zwei wesentliche Argumente finden: Zum einen amortisieren sich die für die überwiegende Zahl von Bankgeschäften erforderlichen hohen Investitionen in Technologien mit zunehmender Größe einer Bank schneller. Größere Unternehmenseinheiten ermöglichen darüber hinaus eine umfangreichere Spezialisierung der Arbeitskräfte, die in einer höheren Produktivität und somit niedrigeren Stückkosten mündet.

Um Aussagen über das Ausmaß von Größenvorteilen treffen zu können, sind Schätzungen von Kostenfunktionen notwendig, die ihrerseits zunächst eine Definition über den Output einer Bank erfordern.[154] Ähnlich anderen Dienstleistungsunternehmen bieten Banken keine physischen Güter an, so daß sich die Frage stellt, wie ihr (Dienstleistungs-)Output gemessen werden soll. In der Literatur werden dazu zwei verschiedene Methoden vorgeschlagen:

Der *Produktionsansatz* sieht als Output einer Bank die Summe aller individuellen Einlagen- und Kreditkonten vor. Als Produktionskosten zählen daher alle zur Herstellung notwendigen Human- und Kapitalaufwendungen. Im Gegensatz dazu sehen Anhänger des *Intermediationsansatzes* als eigentliche Leistung (Produktion) einer Bank die Intermediation an. Einlagen werden daher als Vorleistung angesehen, so daß neben Human- und Kapitalaufwendungen auch Zinsaufwendungen Bestandteil der Gesamtkosten sind.

---

[153] In der Literatur wird zumeist nicht zwischen economies of scale und economies of density unterschieden, so daß auch im Folgenden eine derartige Unterscheidung nicht vorgenommen wird.

[154] Vgl. hierzu und z. T. im Folgenden Christl, J.: Economies of scale in der Bankwirtschaft – produzieren große Banken kostengünstiger als kleine? In: CA-Quarterly, o. J., 1990, H. 4, S. 18–22, hier S. 19 f.

Erste empirische Studien von Kostenfunktionen im Bankenbereich beziehen sich auf Daten des US-amerikanischen Bankenmarktes. Die Ergebnisse der umfangreichen Literatur sind jedoch ambivalent: Kamen Untersuchungen anfangs überwiegend zu dem Schluß, daß im Bankenbereich – in zum Teil erheblichem Umfang – economies of scale auftreten,[155] finden sich nach neueren Studien economies of scale lediglich für kleinere Banken mit einem Einlagenvolumen von weniger als 100 Mio. US-Dollar, während bei größeren Banken sogar diseconomies of scale auftreten (vgl. *Tabelle 1-14*).[156]

[155] Vgl. bspw. Daniel, D. L., Longbrake, W. A., Murphy, N. B.: The effect of technology on bank economies of scale for demand deposits, in: Journal of Finance, Vol. 28, 1973, No. 1, S. 131–146.

[156] Die Ergebnisse früherer Studien lassen sich zum Teil auf die angewendete Methodik zurückführen. Die verwendeten Cobb-Douglas-Produktionsfunktionen weisen entweder einen monoton fallenden oder steigenden Verlauf auf. Erst mit der Verwendung von Translog-Funktionen lassen sich U-förmige Kostenverläufe abbilden. Vgl. hierzu auch Benston, G. J., Hanweck, G. A., Humphrey, D. B.: Scale economies in banking, in: Journal of Money, Credit and Banking, Vol. 14, 1982, No. 4, S. 435–456. Zu den statistischen Problemen älterer Studien vgl. auch McAllister, P. H., McManus, D.: Resolving the scale efficiency puzzle in banking, in: Journal of Banking & Finance, Vol. 17, 1993, No. 2/3, S. 389–405.

Tabelle 1-14

Ausgewählte Effizienzstudien für den US-amerikanischen Bankenmarkt

Autor	Zeitraum	Unternehmensgröße	Ergebnis
a) Cobb-Douglas-Funktionen			
Benston [157]	1959-1961	3,4-55 Mio. US-$ Aktiva	signifikante, aber geringe economies of scale existieren für Sichteinlagen
Bell/Murphy [158]	1968	2,8-801 Mio. US-$ Aktiva	economies of scale existieren für die meisten Bankdstlg. (Sichteinlagen, Realkredite etc.)
Daniel/Longbrake/Murphy [159]	1968	> 10 Mio. US-$ Einlagen	größere Banken erzielen economies of scale durch den Einsatz von Computertechnologien
b) Translog-Funktionen			
Produktionsansatz			
Benston/Hanweck/Humphrey [160]	1975-1978	k. A.	Banken mit mehr als 50 Mio. US-$ Einlagen erfahren diseconomies of scale
Clark [161]	1972-1977	k. A.	relativ kleine Banken erzielen economies of scale
Gilligan/Smirlock/Marshall [162]	1978	< 1 Mrd. US-$ Aktiva	der Output von Banken ist durch economies of scope charakterisiert
Intermediationsansatz			
Berger/Hanweck/Humphrey [163]	1983	Größenkl. bis 1 Mrd. US-$ Einlagen	Banken erfahren geringe diseconomies of scale
Clark/Speaker [164]	1989	alle Größenklassen	signifikante economies of scale existieren für alle Bankengrößen und sind größer als in vergleichbaren Studien angenommen
Wheeloch/Wilson [165]	1985, 1989, 1994	alle Größenklassen	Banken mit einer Größe von bis zu 1 Mrd. US-$ an Aktiva können economies of scale realisieren

Quelle: Eigene Darstellung.

[157] Vgl. Benston, G. J.: Economies of scale and marginal costs in banking operations, in: National Banking Review, Vol. 2, 1965, No. 2, S. 507–549.

[158] Vgl. Bell, F. W., Murphy, N. B.: Economies of scale and division of labour in commercial banking, in: Southern Economic Journal, Vol. 35, 1968, No. 2, S. 131–139.

[159] Vgl. Daniel, D. L., Longbrake, W. A., Murphy, N. B.: The effect of technology on bank economies of scale for demand deposits, in: Journal of Finance, Vol. 28, 1973, No. 1, S. 131–146.

[160] Vgl. Benston, G. J., Hanweck, G. A., Humphrey, D. B.: Operating costs in commercial banking, in: Federal Reserve Bank of Atlanta (Hrsg.): Economic Review, Vol. 67, 1982, No. 6, S. 6–21.

[161] Vgl. Clark, J. A.: Estimation of economy of scale in banking using a generalized functional form, in: Journal of Money, Credit and Banking, Vol. 16, 1984, No. 1, S. 53–68.

[162] Vgl. Gilligan, T., Smirlock, M., Marshall, W.: Scale, scope economies in the multi-product banking firm, in: Journal of Monetary Economics, Vol. 13, 1984, No. 3, S. 393–405.

[163] Vgl. Berger, A. N., Hanweck, G. A., Humphrey, D. B.: Competitive viability in banking – scale, scope and product mix economies, in: Journal of Monetary Economics, Vol. 20, 1987, No. 3, S. 501–520.

[164] Vgl. Clark, J. A., Speaker, P. J.: Economies of scale and scope in banking – evidence from a generalized translog cost function, in: Quarterly Journal of Business and Economics, Vol. 33, 1994, No. 2, S. 3–25.

[165] Vgl. Wheelock, D. C., Wilson, P. W.: New evidence on returns to scale and product mix among U.S. commercial banks, in: Journal of Monetary Economics, Vol. 47, 2001, No. 3, S. 653–674.

Unabhängig von der Tatsache, daß sich aus den Studien keine eindeutigen Resultate ableiten lassen, wäre eine Übertragbarkeit der Ergebnisse und Erkenntnisgewinne auf den europäischen oder deutschen Bankenmarkt aufgrund verschiedener Regulierungsformen und unterschiedlicher Marktstrukturen nur bedingt möglich.

Untersuchungen über den europäischen Bankenmarkt liefern jedoch ebenfalls keine einheitlichen Resultate (vgl. *Tabelle 1-15*). Allgemeingültige Aussagen über economies of scale im europäischen Bankenmarkt sind daher nicht möglich.

Tabelle 1-15
Ausgewählte Effizienzstudien für den europäischen Bankenmarkt

Autor	Zeitraum	Unternehmensgröße	Ergebnis
Altunbas u. a.[166]	1989-1997	alle Größenklassen	sehr kleine Banken und Banken zwischen 1 und 5 Mrd. € Aktiva erzielen economies of scale
Sheldon[167]	1993-1997	Größenklassen bis 4,5 Mrd. US-$ Aktiva	economies of scale können nicht nachgewiesen werden
Schure/Wagenvoort[168]	1993-1997	alle Größenklassen	economies of scale sind eher von geringer Bedeutung
Huizinga/Nelissen/ Vennet[169]	1994-1998	alle Größenklassen	economies of scale finden sich für Banken aller Größenklassen; auch für Großbanken

Quelle: Eigene Darstellung.

Aufgrund der zunehmenden Integration nationaler Kapitalmärkte wird vielfach eine Angleichung der Effizienz europäischer Banken untereinander erwartet.[170] Betrachtet man jedoch Untersuchungen für einzelne europäische Länder, zeigt sich, daß Effizienzunterschiede nicht nur zwischen Banken unterschiedli-

166 Vgl. Altunbas, Y. u. a.: Efficiency in European banking, in: European Economic Review, Vol. 45, 2001, No. 10, S. 1931–1955.

167 Vgl. Sheldon, G.: Efficiency and scale economies in European banking – a cross-country comparison, unveröffentlichtes Paper.

168 Vgl. Schure, P., Wagenvoort, R.: Economies of scale and efficiency in European banking – new evidence, in: Economic and Financial Reports, No. 1, o. O. 1999.

169 Vgl. Huizinga, H. P., Nelissen, J. H. M., Vander Vennet, R.: Efficiency effects of bank mergers and acquisitions in Europe, in: Tinbergen Institute (Hrsg.): Discussion Paper, No. 88/3, o. O. 2001.

170 Vgl. Altunbas, Y., Chakravarty, S. P.: Efficiency measures and the banking structure in Europe, in: Economics Letters, Vol. 60, 1998, No. 2, S. 205–208.

cher Unternehmensgröße, sondern insbesondere zwischen Banken verschiedener Herkunftsländer bestehen.[171]

Trotz der Bemühungen um einen einheitlichen europäischen Bankenmarkt ist es also bisher kaum zu einer (erhofften) Konvergenz unternehmerischer Effizienz von Banken unterschiedlicher Herkunftsländer gekommen. Lediglich eine leichte Angleichung ist festzustellen. Bestehende Effizienzunterschiede sind daher vermutlich auf länderspezifische Faktoren zurückzuführen.[172]

Ungeachtet der ambivalenten Untersuchungsergebnisse bleibt der trade-off zwischen (möglichen) Effizienzgewinnen und Zuwächsen an Marktmacht bei horizontalen Unternehmenszusammenschlüssen bestehen. In der Literatur findet dieser trade-off Ausdruck in der Kontroverse zwischen Anhängern der Structure-conduct-performance-Hypothese und Vertretern der Efficiency-Hypothese.[173]

Für Angehörige der ersten Gruppe fördert eine Erhöhung der Marktkonzentration kollusives Verhalten auf Unternehmensseite und erhöht deren Anstrengungen, Marktmacht zum eigenen Vorteil auszunutzen.[174] In Bezug auf den europäischen Bankenmarkt finden *Molyneux/Forbes* für den Zeitraum von 1986–1989 hierfür empirische Evidenz.[175] Unter besonderer Berücksichtigung von Marktzutrittsschranken können europäische Banken nach *Vander Vennet* in den Jahren 1991–1992 Monopolgewinne als Folge ausgeübter Marktmacht extrahieren.[176]

---

[171] Untersuchungsergebnisse für einzelne europäische Länder finden sich bei Molyneux, P., Altunbas, Y., Gardener, E. P. M.: Efficiency in European banking, Chichester 1996, S. 193 ff.

[172] Vgl. Casu, B., Molyneux, P.: A comparative study of efficiency in European banking, in: Wharton School Financial Institutions Center (Hrsg.): Working Paper, No. 17, o. O. 2000.

[173] Einen guten Überblick bieten Berger, A. N., Hannan, T. H.: The price-concentration relationship in banking, in: The Review of Economics and Statistics, Vol. 71, 1989, No. 2, S. 291–299.

[174] Eine mathematische Modellierung findet sich bei Neumann, M.: Competition policy – history, theory and practice, Cheltenham 2001, S. 74 ff.

[175] Vgl. Molyneux, P., Forbes, W.: Market structure and performance in European banking, in: Applied Economics, Vol. 27, 1995, No. 2, S. 155–159.

[176] Vgl. Vander Vennet, R.: Concentration, efficiency and entry barriers as determinants of EC bank profitability, in: Journal of International Financial Markets, Institutions & Money, Vol. 4, 1994, No. 3/4, S. 21–46.

Als Grundlage wirtschaftspolitischer Handlungsempfehlungen lassen sich die Ergebnisse dieser Studien aber allenfalls eingeschränkt verwenden. Neben den genannten Arbeiten existieren nämlich Untersuchungen, die entgegengesetzte Resultate liefern. *Goldberg/Rai*[177] und *Huizinga/Nelissen/Vander Vennet*[178] finden in ihren Studien keine Anhaltspunkte für gestiegene Marktmacht bei europäischen Banken. Nach Ansicht von *Goldberg/Rai* ist eine restriktivere Beurteilung bei Fusionsentscheidungen daher nicht gerechtfertigt, zumal ihren Ergebnissen nach größere Banken im Vergleich zu kleineren Konkurrenten nicht per se effizient produzieren, kleinere Banken also durchaus in Konkurrenz zu großen Wettbewerbern treten können.[179] Anders *Altunbas/Gardener/Molyneux*: In einer Studie über europäische Bankenmärkte kommen sie zu dem Ergebnis, daß größere Banken in der überwiegenden Zahl der Fälle auf einem höheren Effizienzniveau produzieren, ohne daß sie damit jedoch eine Aussage über gestiegene Marktmacht verbinden.[180]

In Bezug auf das Wettbewerbsverhalten europäischer Banken finden *Bikker/Groeneveld* keine Anzeichen, daß sich einzelne Banken wie ein Monopolist verhalten, also in erheblichem Umfang Marktmacht ausüben (können).[181] Gleichwohl verfügen Banken über einen individuellen Verhaltensspielraum und agieren somit unter den Bedingungen monopolistischer Konkurrenz,[182] wobei das Ausmaß dieses Verhaltensspielraums von Land zu Land variiert.

---

[177] Vgl. Goldberg, L. G., Rai, A.: The structure-performance relationship for European banking, in: Journal of Banking & Finance, Vol. 20, 1996, No. 4, S. 754–771.

[178] Vgl. Huizinga, H. P., Nelissen, J. H. M., Vander Vennet, R.: Efficiency effects of bank mergers and acquisitions in Europe, in: Tinbergen Institute (Hrsg.): Discussion Paper, No. 88/3, o. O. 2001.

[179] Ein ähnliches Resultat findet *Bikker*, nach dessen Untersuchungsergebnissen große europäische Banken doppelt so ineffizient sind wie kleine, wenngleich die Ineffizienzen insgesamt 1997 um 45 Prozent unter dem Niveau von 1990 lagen. Er folgert daher, daß Deregulierung, Liberalisierung und monetäre Integration den Wettbewerbsdruck für europäische Banken allgemein erhöht und diese gezwungen haben, Ineffizienzen nachhaltig zu verringern. Vgl. Bikker, J. A.: Efficiency and cost differences across countries in a unified European banking market, in: Kredit und Kapital, Vol. 35, 2002, No. 3, S. 344–380.

[180] Vgl. Altunbas, Y., Gardener, E. P. M., Molyneux, P.: Cost economics and efficiency in EU banking systems, in: Gardener, E. P. M., Falzon, J. (Hrsg.): Strategic challenges in European banking, London 2000, S. 8–40.

[181] Vgl. Bikker, J. A., Groeneveld, J. M.: Competition and concentration in the EU banking industry, in: Kredit und Kapital, Vol. 33, 2000, No. 1, S. 62–98.

[182] Vgl. auch Kapitel 3, B. II.

Für den deutschen Bankenmarkt liefern *Molyneux/Lloyd-Williams/Thornton*[183] sowie *De Bandt/Davis*[184] ähnliche Resultate: Die Wettbewerbssituation deutscher Banken ist demnach im Untersuchungszeitraum Ende der 80er bis Mitte der 90er Jahre durch Angebotsbedingungen monopolistischer Konkurrenz charakterisiert. Eine neuere Untersuchung von *Hempell* bestätigt dieses Ergebnis.[185] Interessanterweise deuten alle Studien darauf hin, daß kleinere Banken im Vergleich zu größeren Konkurrenten tendenziell über mehr Marktmacht verfügen. Dies widerspricht der herkömmlichen Sichtweise, nach der größere Marktanteile mit einem höheren Maß an Marktmacht einhergehen.[186]

Wie die Untersuchungen für den deutschen Markt zeigen, lassen sich jedoch zum gegenwärtigen Zeitpunkt trotz einer geringeren Zahl an Banken und eines in den letzten Jahren leicht gestiegenen Konzentrationsgrades für die Gruppe der deutschen Privatbanken keine Anzeichen einer verringerten Wettbewerbsintensität bzw. gestiegene Möglichkeiten für eine Ausnutzung von Marktmacht feststellen.[187]

2. Verbundvorteile

Economies of scope liegen vor, wenn es einem Unternehmen möglich ist, eine Vielzahl an Produkten zu niedrigeren Kosten anzubieten, als mehrere Unternehmen, die lediglich auf die Produktion eines dieser Güter spezialisiert sind.[188] Da Banken als Mehrproduktunternehmen eine Vielzahl verschiedener Produkte

---

[183] Vgl. Molyneux, P., Lloyd-Williams, D. M., Thornton, J.: Competitive conditions in European banking, in: Journal of Banking & Finance, Vol. 18, 1994, No. 3, S. 445–459.

[184] Vgl. De Bandt, O., Davis, E. P.: Competition, contestability and market structure in European banking sectors on the eve of EMU, in: Journal of Banking & Finance, Vol. 24, 2000, No. 6, S. 1045–1066.

[185] Vgl. Hempell, H. S.: Testing for competition among German banks, in: Economic Research Centre of the Deutsche Bundesbank (Hrsg.): Discussion Paper, No. 4, Frankfurt a. M. 2002.

[186] Alle hier angeführten Studien analysieren das Wettbewerbsverhalten deutscher Banken anhand der *Panzar/Rosse*-Statistik. Vgl. Panzar, J. C., Rosse, J. N.: Testing for monopoly equilibrium, in: Journal of Industrial Economics, Vol. 35, 1987, No. 4, S. 443–456.

[187] Vgl. hierzu auch Lang, G.: Wettbewerbsverhalten deutscher Banken – eine Panelanalyse auf Basis der Rosse-Panzar-Statistik, in: Jahrbuch für Wirtschaftswissenschaften, Bd. 48, 1997, S. 21–38.

[188] Zum Konzept der economies of scope allgemein vgl. Panzar, J. C., Willig, R. D.: Economies of scope, in: The American Economic Review, Vol. 71, 1981, No. 2, S. 268–272.

und Dienstleistungen anbieten, kann eine (Universal-)Bank ein derartiges Angebot u. U. kostengünstiger bereitstellen als mehrere Spezialbanken.[189]

Im Bankenbereich existieren Verbundvorteile durch die Nutzung bereits bestehender Vertriebskanäle für zusätzliche Produkte. Economies of scope lassen sich also dadurch realisieren, daß Banken z. B. zusätzlich (Lebens-)Versicherungen über ihr Filialnetz vertreiben, was bisher reinen Finanzdienstleistern vorbehalten war. Die Existenz von economies of scope kann somit als ein Erklärungsansatz für die Entstehung von Allfinanzkonzernen angesehen werden.

In ihrer empirischen Untersuchung können *Lang/Welzel* jedoch keine nennenswerten Anzeichen von Verbundvorteilen für den deutschen Bankenmarkt nachweisen.[190] Ihren Ausführungen zufolge könnten große Banken sogar Kostenvorteile realisieren, wenn sie ihr Provisionsgeschäft in eigenständige Unternehmen ausgliederten. Indem *Lang/Welzel* ihre Betrachtung auf die Kostenseite von Banken reduzieren, finden sie keine Rechtfertigung für das – für den deutschen Bankenmarkt typische – Universalbankenprinzip. Die Autoren merken zwar zu Recht an, daß das breite Angebot von Universalbanken Aspekte der Risikodiversifizierung beinhaltet, die aufgrund des Untersuchungsdesigns nicht berücksichtigt werden (könnten), sehen sich aber durch das Verhalten vieler Banken bestätigt, die durch die Gründung spezieller Tochterunternehmen (z. B. im Bereich der Vermögensverwaltung) selbst ihren Zweifel an Verbundvorteilen zum Ausdruck bringen würden. Dieses Argument überzeugt jedoch nicht, da es die Tatsache unberücksichtigt läßt, daß für die Gründung von Tochterunternehmen oftmals der Aufbau interner Organisationsstrukturen oder steuerliche Aspekte ursächlich sein können.

Kritisch erscheint darüber hinaus eine isolierte Betrachtung der Kostenseite: Wie bereits angedeutet, ergeben sich insbesondere durch die Nutzung bestehender Vertriebswege für zusätzliche Produkte neue Erlöspotentiale, die bei einer alleinigen Berücksichtigung der Kostenseite unbeachtet bleiben. Für die Existenz von economies of scope finden *Lang/Welzel* jedoch in einer weiteren Studie Hinweise.[191] Bei sogenannten Megafusionen sieht *Lenel* im allgemeinen das

---

[189] Vgl. hierzu und z. T. im Folgenden Christl, J.: Economies of scale in der Bankwirtschaft – produzieren große Banken kostengünstiger als kleine? In: CA-Quarterly, o. J., 1990, H. 4, S. 18–22, hier S. 19 f.

[190] Vgl. Lang, G., Welzel, P.: Größe und Kosteneffizienz im deutschen Bankensektor, in: Zeitschrift für Betriebswirtschaft, 67. Jg., 1997, H. 3, S. 269–283, hier S. 270.

[191] Da dieser Untersuchung aber nur Daten bayerischer Genossenschaftsbanken zugrunde liegen, ist eine Übertragbarkeit der Ergebnisse auf die Gesamtheit deutscher Universalbanken problematisch. Vgl. Lang, G., Welzel, P.: Efficiency and technical progress in banking – empirical results for a panel of German cooperative banks, in: Journal of Banking & Finance, Vol. 20, 1996, No. 6, S. 1003–1023.

Auftreten von economies of scope als wahrscheinlich an, wenn es durch den Zusammenschluß z. B. zu einer besseren (Aus-)Nutzung der gemeinsamen Infrastruktur kommt,[192] wie dies bei Banken in Form des Filialnetzes in erster Linie der Fall ist.

II. Auswirkungen auf Branchenebene

Im Rahmen einer fusionsrechtlichen Beurteilung sind durch horizontale Zusammenschlüsse drei Probleme zu berücksichtigen:[193] (1) Das neue Unternehmen kann durch die Zusammenlegung der bisher getrennten Geschäftsbereiche (zusätzliche) Marktmacht erlangen. (2) Indem mit der Reduzierung der Anzahl unabhängiger Wettbewerber die Marktkonzentration steigt, wächst zudem die Gefahr eines abgestimmten Verhaltens zwischen den verbleibenden Anbietern. (3) Da die Fusionspartner künftig in keinem Wettbewerbsverhältnis mehr zueinander stehen, können sich schließlich – abhängig von der Größe der beteiligten Unternehmen – Rückwirkungen auf die Marktbedingungen ergeben.

Diese drei Probleme treten nicht getrennt voneinander auf, sondern bedingen sich in der Regel vielmehr gegenseitig: (Negative) Rückwirkungen auf die Marktbedingungen infolge sinkender Wettbewerbsintensität werden sich z. B. nur dann ergeben, wenn das neue Unternehmen durch den Zusammenschluß über ein höheres Maß an Marktmacht verfügt. Mit sinkender Anbieterzahl steigt die Neigung für ein abgestimmtes Verhalten oder zumindest eine bewußte Orientierung an einem Unternehmen (meist dem Marktführer), je größer die Marktmacht dieses Unternehmens ist.

Ziel der Europäischen Kommission ist es, im Rahmen ihrer Entscheidungen die Funktionsfähigkeit des Wettbewerbs zu gewährleisten. Die Aufrechterhaltung funktionsfähigen Wettbewerbs wird dabei nicht als Selbstzweck angesehen, sondern dient als Garant für eine bestmögliche Konsumentenversorgung, indem Unternehmen zu einer Reduzierung ihrer Kosten und ständigen Verbesserung ihres Angebots angehalten werden.[194] Neben möglichen Folgen für die Gesamtwohlfahrt ist für die Kommission daher insbesondere die Frage nach Auswirkungen für die Konsumenten von hohem Stellenwert, also die Frage, inwieweit durch den Zusammenschluß eine möglichst optimale Konsumenten-

---

[192] Vgl. Lenel, H. O.: Zu den Megafusionen in den letzten Jahren, in: ORDO, Bd. 51, 2001, S. 1–31, hier S. 11.

[193] Vgl. Tirole, J.: The theory of industrial organization, 10. Aufl., Cambridge (Ma.) 1998, S. 65 ff.

[194] Vgl. Kantzenbach, E.: Unternehmenskonzentration und Wettbewerb, in: Wirtschaft und Wettbewerb, 44. Jg., 1994, H. 4, S. 294–302.

versorgung in Zukunft gefährdet sein könnte. Negative Rückwirkungen auf die Angebotsbedingungen können sich dadurch ergeben, daß es zu Preissteigerungen angebotener Produkte und Dienstleistungen kommt oder niedrigere Qualität zu den bisherigen Preisen angeboten wird.[195]

Zur Erzielung größtmöglicher wirtschaftlicher Wohlfahrt dient der Wettbewerbspolitik im allgemeinen gesamtwirtschaftliche Effizienz als Beurteilungsmaßstab. Dabei sind Fusionen aus dem Blickwinkel der Wettbewerbspolitik jedoch nicht grundsätzlich negativ zu beurteilen; vielmehr kann es durch Zusammenschlüsse auch zu Effizienzgewinnen kommen. Gelingt es Banken z. B. durch einen Zusammenschluß bisher nicht genutzte Kosteneinsparungen zu nutzen, kann dies den Druck auf Konkurrenten erhöhen, ihre Effizienz ebenfalls zu erhöhen, mit der Folge, daß es gesamtwirtschaftlich zu Kostenersparnissen kommt; bei ausreichendem Wettbewerb geben Anbieter möglicherweise einen Teil ihrer Vorteile in Form niedrigerer Preise bzw. gestiegener Qualität bei konstanten Preisen an ihre Kunden weiter.

Der Begriff der Effizienz umfaßt mit allokativer und produktiver Effizienz dabei zwei Aspekte: Allokative Effizienz meint eine Situation, in der das Angebot den Präferenzen der Konsumenten entspricht und sich Preise langfristig den Grenzkosten nähern, während produktive Effizienz eine Realisierung möglicher Kostensenkungspotentiale aufgrund von Größenvorteilen, also in erster Linie der Nutzung von economies of scale, fordert.

Die Frage, ob, und in welchem Maße mögliche zusammenschlußbedingte Effizienzgewinne im Rahmen einer fusionsrechtlichen Beurteilung Berücksichtigung finden sollen, ist in der Literatur nicht eindeutig geklärt. Im Gegensatz zu den Merger Guidelines des US-Antitrust Law bieten die Vorschriften der Europäischen Fusionskontrolle keine Formulierungen, die eine direkte Abwägung zwischen Effizienz- und Wettbewerbsaspekten erlauben.[196] Nach dem Wortlaut des 13. Erwägungsgrundes der FKVO hat die Kommission bei ihrer Entscheidungsfindung zwar die Forderungen des Art. 2 EGV[197] und

---

[195] Inwieweit für den deutschen Bankenmarkt die ersten beiden Probleme relevant sein könnten, vgl. *Kapitel 5.*

[196] Vgl. U. S. Department of Justice and the Federal Trade Commission (Hrsg.): Horizontal merger guidelines, 08.04.1997, S. 30 ff. Vgl. auch Sunshine, S. C.: Clearing a bank merger through the Department of Justice – the 1992 horizontal merger guidelines, in: Banking Law Journal, Vol. 110, 1993, May/June, S. 188–203. Ein Vergleich zwischen europäischem und US-amerikanischem Wettbewerbsrecht findet sich bei Camesasca, P. D.: The explicit efficiency defense in merger control – does it make the difference? In: European Competition Law Review, Vol. 20, 1999, No. 1, S. 14–28.

[197] Art. 2 EGV nennt als Vertragsziel eine harmonische wirtschaftliche Entwicklung innerhalb der Gemeinschaft, u. a. verbunden mit einem hohen Beschäftigungsstand, inflationsfreiem Wirtschaftswachstum und einem hohen Grad an Wettbewerbsfähigkeit.

Art. 158 EGV[198] zu berücksichtigen; diese anderen wettbewerbsfremden Kriterien sind gegenüber dem Wettbewerbsprinzip aber nachrangig.[199]

Darüber, wie Art. 2 I FKVO zu interpretieren ist, herrscht jedoch keineswegs Klarheit.[200] So fordert *Bechthold* eine Abwägung zwischen positiven und negativen Auswirkungen eines Zusammenschlusses:[201] Dessen Untersagung solle nur dann erfolgen, wenn die negativen Folgen einer Marktbeherrschung die positiven Effekte eines Zusammenschlusses (über-)kompensieren. Welche Schwierigkeiten mit derartigen Interpretationsspielräumen verbunden sind, ist jedoch evident.[202]

Eine Abschätzung darüber, inwieweit und in welchem Umfang Effizienzaspekte in der bisherigen Entscheidungspraxis der Europäischen Kommission Berücksichtigung gefunden haben, ist deshalb schwierig, weil wettbewerbliche und wettbewerbsfremde Auswirkungen innerhalb eines einstufigen Verfahrens beachtet werden müssen.[203] Eine Berücksichtigung kann daher nur in den Auslegungsgrenzen des Art. 2 III FKVO erfolgen. Wettbewerbsfremde Aspekte finden nach *Kinne* bei der Bestimmung des räumlich relevanten Marktes, bei Aussagen über die Marktzutrittswahrscheinlichkeit potentieller Konkurrenten

---

[198] Art. 158 EGV enthält eine strukturpolitische Generalklausel, deren Ziel eine Steigerung der unternehmerischen Wettbewerbsfähigkeit ist.

[199] Vgl. Kinne, K.: Effizienzvorteile in der Zusammenschlußkontrolle – eine vergleichende Analyse der deutschen, europäischen und US-amerikanischen Wettbewerbspolitik, Baden-Baden 2000, S. 121 f.

[200] Nach Art. 2 I b FKVO hat die Kommission bei ihrer Prüfung die „Entwicklung des technischen und wirtschaftlichen Fortschritts, sofern diese dem Verbraucher dient und den Wettbewerb nicht behindert" zu beachten. Eine ausführliche Diskussion, inwieweit die Europäische Fusionskontrolle bereits eine ‚efficiency defence' enthält, findet sich bei Röller, L.-H., Stennek, J., Verboven, F.: Efficiency gains from mergers, in: Wissenschaftszentrum Berlin für Sozialforschung (Hrsg.): Discussion Paper, No. 9, o. O. 2000, hier S. 66 ff.

[201] Vgl. Bechthold, R.: Abwägung zwischen wettbewerblichen Vor- und Nachteilen eines Zusammenschlusses in der europäischen Fusionskontrolle, in: Europäische Zeitschrift für Wirtschaftsrecht, 7. Jg., 1996, H. 13, S. 389–393.

[202] Zu der Diskussion, inwieweit einzelne Vorschriften der FKVO als industriepolitisches „Einfallstor" genutzt werden können, vgl. z. B. Opgenhoff, C.: Die europäische Fusionskontrolle zwischen Wettbewerbsrecht und Industriepolitik, Frankfurt a. M. u. a. 2001, S. 204 ff. und Schmidt, C. R.: Die „Entwicklung des technischen und wirtschaftlichen Fortschritts" – der Konflikt Wettbewerbspolitik-Industriepolitik in der Europäischen Fusionskontrolle, Baden-Baden 1992.

[203] Vgl. Noel, P.-E.: Efficiency considerations in the assessment of horizontal mergers under European and U.S. antitrust law, in: European Competition Law Review, Vol. 18, 1997, No. 8, S. 498–519.

und bei Einschätzungen über den Abbau einer marktbeherrschenden Stellung Beachtung.[204]

Eine in Zukunft (weiter) zunehmende Integration der Märkte und damit verbundene steigende Größe der Absatzgebiete läßt jedoch eine stärkere Gewichtung von Größen- und Verbundvorteilen innerhalb der Entscheidungspraxis erwarten. Eine mögliche Gefahr liegt dabei in einer zu optimistischen Einschätzung zukünftiger Marktverhältnisse. Sollte sich die Beurteilung der weiteren Marktentwicklung als falsch herausstellen, entfiele ex post auch die Grundlage, auf der ein Zusammenschluß freigegeben wurde.

[204] Vgl. hierzu und im Folgenden Kinne, K.: Effizienzvorteile in der Zusammenschlußkontrolle – eine vergleichende Analyse der deutschen, europäischen und US-amerikanischen Wettbewerbspolitik, Baden-Baden 2000, S. 139.

Kapitel 2:
Banken in der Europäischen Fusionskontrolle

Nachdem die Europäische Kommission bereits 1973 dem Rat der Europäischen Gemeinschaft einen Vorschlag zur einheitlichen Regelung von Unternehmenszusammenschlüssen vorgelegt hatte,[205] verabschiedete der Rat am 21. Dezember 1989 endgültig die „Verordnung Nr. 4064/89 des Rates über die Kontrolle von Unternehmenszusammenschlüssen."[206] Mit Inkrafttreten dieser sogenannten Europäischen Fusionskontrollverordnung am 21. September 1990 wurde eine bis dahin vorhandene Lücke im europäischen Wettbewerbsrecht geschlossen.[207] Eine systematische Beurteilung und Kontrolle von Unternehmenszusammenschlüssen auf europäischer Ebene ist seitdem möglich.[208] Ziel der

---

205 Vgl. Europäische Kommission (Hrsg.): Vorschlag einer Verordnung (EWG) des Rates über die Kontrolle von Unternehmenszusammenschlüssen, in: Abl. EG C 92/1–7 vom 31.10.1973. Für einen geschichtlichen Abriß vgl. z. B. Ritter, L., Braun, W. D., Rawlinson, F.: EEC competition law – a practitioner's guide, Deventer 1991, S. 332 ff.; Ehlermann, C.-D.: Die Europäische Fusionskontrolle – erste Erfahrungen, in: Wirtschaft und Wettbewerb, 41. Jg., 1991, H. 7/8, S. 535–545 und sehr ausführlich Elland, W.: The merger control regulation (EEC) No. 4064/89, in: European Competition Law Review, Vol. 11, 1990, No. 3, S. 111–118.

206 Vgl. Verordnung Nr. 4064/89 des Rates über die Kontrolle von Unternehmenszusammenschlüssen, in: Abl. EG L 395/1–12 vom 21.12.1989, berichtigt in: Abl. EG L 73/34 vom 20.03.1990, geändert durch die Verordnung Nr. 1310/97 des Rates zur Änderung der Verordnung Nr. 4064/89 des Rates über die Kontrolle von Unternehmenszusammenschlüssen, in: Abl. EG L 180/1–6 vom 30.06.1997, berichtigt in: Abl. EG L 3/16 vom 07.01.1998 und 40/17 vom 13.02.1998.

207 Da der ursprüngliche EWG-Vertrag keine Zusammenschlußkontrolle vorgesehen hatte, umfaßte das europäische Wettbewerbsrecht bis zu diesem Zeitpunkt nur ein generelles Kartellverbot (Art. 81 EGV) und eine Mißbrauchskontrolle einer marktbeherrschenden Stellung (Art. 82 EGV). Vgl. Schmidt, I.: Wettbewerbspolitik und Kartellrecht – eine Einführung, 7. Aufl., Stuttgart 2001, S. 236 und Bishop, S., Walker, M.: Economics of E. C. competition law – concepts, application and measurement, London 1999, S. 139.

208 Auf Basis des Urteils des Europäischen Gerichtshofes im Fall Continental-Can übte die Europäische Kommission zwar eine Kontrolle von Unternehmenszusammenschlüssen aus, eine Grundlage für eine umfassende und systematische Bewertung war hierdurch jedoch nicht gegeben. Vgl. Rösler, P.: Implementierung einer Fusionskontrolle im europäischen Binnenmarkt – Auswirkungen auf das deutsche Recht der Unternehmenszusammenschlüsse, Frankfurt a. M u. a. 1994, S. 2.

Fusionskontrolle ist der Erhalt wettbewerblicher Strukturen, die als Garant für ein marktgerechtes Angebot bei kostenoptimaler Produktion und somit größtmöglichem Wohlstand angesehen werden.

Trotz der Unterschiede zwischen Kreditinstituten und Unternehmen anderer Wirtschaftszweige beinhaltet die Europäische Fusionskontrollverordnung nur wenige Sonderregelungen für die Beurteilung von Unternehmenszusammenschlüssen, an denen Banken beteiligt sind.

A. Theoretische Grundlagen

Unternehmenszusammenschlüsse sind nach der Fusionskontrollverordnung durch die Europäische Kommission zu untersagen, wenn sie eine „beherrschende Stellung begründen oder verstärken."[209] Voraussetzung für eine Beurteilung durch die Kommission ist jedoch zunächst deren Zuständigkeit. Nur wenn ein angemeldeter Zusammenschluß von den Vorschriften der Fusionskontrollverordnung erfaßt wird, liegt die Entscheidungshoheit bei der Europäischen Kommission; andernfalls verbleibt die Entscheidungsbefugnis bei den Behörden der Mitgliedstaaten, in denen die betreffenden Unternehmen ihren Sitz haben. Für das Verhältnis nationalstaatlicher Fusionskontrollen und der Europäischen Fusionskontrolle gilt nach Art. 21 II FKVO grundsätzlich das Ausschließlichkeitsprinzip.[210] Ziel dieser One-stop-shop-Regel ist es, Zusammenschlüsse ab einer bestimmten Größe nur durch die europäische Behörde und nicht durch mehrere nationale überprüfen zu lassen.[211] Da Unternehmen auf diese Weise nicht Entscheidungen unterschiedlicher nationaler Behörden abwarten müssen, sind niedrigere Transaktionskosten und eine höhere Rechtssicherheit für die Unternehmen zu erwarten.

Das Ausschließlichkeitsprinzip des Art. 21 II FKVO garantiert, daß von der Europäischen Kommission freigegebene Zusammenschlüsse nicht durch nationales Recht nachträglich untersagt werden dürfen. Grundsätzlich sind nationale Vorschriften außer Kraft gesetzt, wenn die Schwellenwerte der Fusionskon-

---

[209] Vgl. Art. 2 III FKVO.

[210] Zu den Ausnahmeregelungen vgl. z. B. Schultz, K.-P., Wagemann, M.: Kartellrechtspraxis und Kartellrechtsprechung 1999/2000, 15. Aufl., Köln 2000, S. 218 ff. und Rittner, F.: Wettbewerbs- und Kartellrecht – eine systematische Darstellung des deutschen und europäischen Rechts für Studium und Praxis, 6. Aufl., Heidelberg 1999, S. 345 und S. 363.

[211] Vgl. Cook, C. J., Kerse, C. S.: EEC merger control – regulation 4064/89, London 1996, S. 12 f. und S. 60 f.

trollverordnung erreicht sind, so daß bei Zuständigkeit der Kommission eine Doppelkontrolle nach nationalem und gemeinschaftsweitem Recht verhindert wird. Kommt die Kommission im Rahmen ihrer (Vor-)Prüfung zu dem Schluß, daß ein Zusammenschluß nicht unter die Vorschriften der Verordnung fällt, stellt sie dies nach Art. 6 I a FKVO fest.[212]

I. Gemeinschaftsweite Bedeutung

Die Fusionskontrollverordnung findet nach Art. 1 I FKVO nur Anwendung auf Unternehmenszusammenschlüsse von *gemeinschaftsweiter Bedeutung*. Unter welchen Voraussetzungen ein Zusammenschluß gemeinschaftsweite Bedeutung im Sinne der Verordnung erlangt, ist in Art. 1 II und III FKVO abgegrenzt. Dabei kommt den quantitativen Aufgreifkriterien entscheidende Bedeutung zu. Diese Werte bestimmen, welche Zusammenschlüsse in den Kompetenzbereich der Kommission fallen und damit der nationalen Überprüfung entzogen werden. Bei den Aufgriffsschwellen des Art. 1 II FKVO handelt es sich um drei umsatzbezogene Größen, die kumulativ vorliegen müssen. Die ersten beiden Kriterien beziehen sich auf einen gebietsunabhängigen bzw. gemeinschaftsweiten Umsatz, wohingegen das dritte Kriterium auf eine bestimmte Höhe des gemeinschaftsweiten Gesamtumsatzes abstellt.

Ein Zusammenschluß hat dann gemeinschaftsweite Bedeutung, wenn

a) „ein weltweiter Gesamtumsatz aller beteiligten Unternehmen zusammen von mehr als 5 Milliarden ECU und

b) ein gemeinschaftsweiter Gesamtumsatz von mindestens zwei beteiligten Unternehmen von jeweils mehr als 250 Millionen ECU [erzielt wird];

dies gilt nicht, wenn die am Zusammenschluß beteiligten Unternehmen jeweils mehr als zwei Drittel ihres gemeinschaftsweiten Gesamtumsatzes in einem und demselben Mitgliedstaat erzielen.“[213]

Durch diese drei Bedingungen sollen nur Zusammenschlüsse von der Europäischen Fusionskontrollverordnung erfaßt werden, die ein ausreichend hohes wirtschaftliches Gewicht besitzen und deren Zusammenschluß nachhaltige

---

[212] Vgl. Rösler, P.: Implementierung einer Fusionskontrolle im europäischen Binnenmarkt – Auswirkungen auf das deutsche Recht der Unternehmenszusammenschlüsse, Frankfurt a. M u. a. 1994, S. 19 ff.

[213] Art. 1 II FKVO.

Auswirkungen auf die Wettbewerbsstruktur des europäischen Binnenmarktes haben könnte.[214]

Erreicht ein Zusammenschluß nicht die unter Art. 1 II FKVO aufgeführten Schwellenwerte, so erlangt er dennoch gemeinschaftsweite Bedeutung, wenn die Kriterien des Art. 1 III FKVO erfüllt sind.[215] Ein Zusammenschluß hat demnach gemeinschaftsweite Bedeutung, wenn

a) „der weltweite Gesamtumsatz aller beteiligten Unternehmen zusammen mehr als 2,5 Milliarden ECU beträgt,

b) der Gesamtumsatz aller beteiligten Unternehmen in mindestens drei Mitgliedstaaten jeweils 100 Millionen ECU übersteigt,

c) in jedem von mindestens drei von Buchstabe b) erfaßten Mitgliedstaaten der Gesamtumsatz von mindestens zwei beteiligten Unternehmen jeweils mehr als 25 Millionen ECU beträgt und

d) der gemeinschaftsweite Gesamtumsatz von mindestens zwei beteiligten Unternehmen jeweils 100 Millionen ECU übersteigt;

dies gilt nicht, wenn die beteiligten Unternehmen jeweils mehr als zwei Drittel ihres gemeinschaftsweiten Gesamtumsatzes in ein und demselben Mitgliedstaat erzielen.“[216]

---

[214] Hintergrund der 2/3-Regel ist, daß Zusammenschlüsse, deren wirtschaftliche Folgen lediglich innerhalb eines Mitgliedstaates zum Tragen kommen, von der nationalen Behörde entschieden werden (sollen).

[215] Dieser Absatz ist im Rahmen der Novellierung der Verordnung 1997 eingeführt worden.

[216] Art. 1 III FKVO.

Mit Einführung der Mehrfachnotifikation im Jahr 1997 behob die Kommission eine bis dahin bestehende Schwachstelle.[217] Mit Hilfe des Art. 1 III FKVO werden Zusammenschlüsse erfaßt, bei denen die Voraussetzungen des Art. 1 II FKVO nicht gegeben sind, die aber Anmeldebedingungen mehrerer nationaler Behörden erfüllen.[218] Da derartige Zusammenschlüsse ebenfalls für die Gemeinschaft von wirtschaftlicher Relevanz sein können, wird ihnen gemeinschaftsweite Bedeutung zuerkannt, wenn die vier angeführten Bedingungen kumulativ vorliegen.[219]

II. Der Zusammenschlußbegriff

Neben den quantitativen Aufgreifkriterien kommt dem Zusammenschlußbegriff selbst für die Frage der Anwendung des Art. 1 FKVO erhebliche Bedeutung zu.

Die Definition des Zusammenschlußbegriffs erfolgt in Art. 3 FKVO. Als Beteiligte eines Zusammenschlusses werden zunächst Unternehmen aufgeführt. Eine Erweiterung des Beteiligtenkreises erfolgt auf „eine oder mehrere Personen, die bereits mindestens ein Unternehmen kontrollieren."[220]

Die Fusionskontrollverordnung nennt mit Fusion, Kontrollerwerb und Gründung eines Gemeinschaftsunternehmens drei Tatbestandsmerkmale eines Zusammenschlusses. Mit diesen drei Tatbeständen wird ein Erwägungsgrund der Fusionskontrollverordnung konkretisiert, der vorsieht, den „Begriff des Zusammenschlusses [..] so zu definieren, daß er nur Handlungen erfaßt, die zu einer dauerhaften Veränderung der Struktur der beteiligten Unternehmen führen."[221] Derartige durch Zusammenschluß bewirkte strukturelle Veränderungen sind oft Ausdruck eines Umstrukturierungsprozesses auf den betroffenen Märkten. Kommt die Kommission zu der Entscheidung, daß der Zusammenschluß keine beherrschende Stellung begründet, ist er hingegen mit der Fusionskontrollverordnung vereinbar und der angemeldete Zusammenschluß wird freigegeben.

---

[217] Zur Kritik an der aktuellen Regelung und den Vorschlägen im Grünbuch der Europäischen Kommission vgl. Lampert, T.: Kompetenzabgrenzung zwischen nationaler und europäischer Fusionskontrolle, in: Wirtschaft und Wettbewerb, 52. Jg., 2002, H. 5, S. 449–458, hier S. 452 f.

[218] Vgl. Huggenberger, T.: Die marktbeherrschende Stellung in der Fusionskontrolle der EG, Bern u. a. 2000, S. 50 f.

[219] Die bereits angesprochen 2/3-Regelung des Art. 1 II FKVO gilt hier ebenfalls.

[220] Art. 3 I b FKVO.

[221] Erwägungsgrund Nr. 23 der FKVO.

1. Fusion

Nach Art. 3 I a FKVO ist der Tatbestand des Zusammenschlusses erfüllt, wenn „zwei oder mehr bisher voneinander unabhängige Unternehmen fusionieren.“ Der Begriff der Fusion wird in der Verordnung jedoch nicht definiert. Er richtet sich nach herrschender Meinung nach Art. 3 und 4 der dritten Verschmelzungsrichtlinie[222] der EG.[223] Im Fall der Verschmelzung durch Aufnahme kommt es zum Erwerb sämtlicher Aktiva und Passiva eines Unternehmens durch ein anderes Unternehmen, wodurch die rechtliche und wirtschaftliche Selbständigkeit des erworbenen Unternehmens endet. Kommt es zu einer Verschmelzung durch Neugründung, so erfolgt dies durch die Übertragung der Aktiva und Passiva von zwei oder mehr Unternehmen auf ein neues Unternehmen.

2. Kontrollerwerb

Aufgrund des schnellen und relativ unproblematischen Erwerbs von Anteilen börsennotierter Unternehmen ist dies die am häufigsten realisierte Art externen Unternehmenswachstums. Dem Anteilserwerb kommt in der Entscheidungspraxis der Kommission daher auch die größte Bedeutung zu. Im Gegensatz zum deutschen Kartellrecht kennt die Fusionskontrollverordnung jedoch keine Schwellenwerte, ab denen ein Anteilserwerb als Fusion zu werten ist.[224]

Der Begriff des Kontrollerwerbs wird in Art. 3 III FKVO definiert. Kontrolle kann durch Rechte, Verträge oder andere Mittel begründet werden, durch die die *Möglichkeit* besteht, „einen bestimmenden Einfluß auf die Tätigkeit eines Unternehmens auszuüben.“ Dabei gilt der Erwerb von Anteilsrechten oder Vermögenswerten nach der Fusionskontrollverordnung dann als Zusammenschluß, wenn ein oder mehrere Unternehmen durch diesen Erwerb die unmittelbare oder mittelbare Kontrolle über die Gesamtheit oder über Teile eines oder mehrerer Unternehmen erwerben. Kontrolle setzt dabei einen lenkenden Einfluß auf alle wesentlichen Handlungen eines anderen Unternehmens voraus.[225] Zu diesen zählen u. a. alle Entscheidungen und Beschlüsse der Geschäftsführung,

---

[222] Vgl. Europäischer Rat (Hrsg.): Dritte Richtlinie des Rates gemäß Art. 54 III g des Vertrages betreffend die Verschmelzung von Aktiengesellschaften, in: Abl. EG L 295/36–43 vom 20.10.1978.

[223] Vgl. Huggenberger, T.: Die marktbeherrschende Stellung in der Fusionskontrolle der EG, Bern u. a. 2000, S. 56 f. und die dort angegebene Literatur.

[224] Vgl. § 37 III GWB.

[225] Vgl. Jones, C., Gonzalez-Diaz, E.: The EEC merger regulation, London 1992, S. 6 f.

die die Unternehmensstrategie sowie finanzielle und personelle Fragen betreffen.[226]

Im Fall einer Aktiengesellschaft führt der Erwerb von 50 Prozent plus einer Aktie zur alleinigen Kontrolle,[227] wobei ein potentieller Erwerb der Aktien ohne die mit diesen verbundenen Stimmrechte jedoch nicht ausreicht.

Unter bestimmten Umständen können zudem Minderheitsbeteiligungen den Tatbestand des Kontrollerwerbs erfüllen. Dies ist regelmäßig dann gegeben, wenn vertragliche Absprachen, Vereinbarungen oder faktische Umstände es ermöglichen, daß der Erwerber strategische Entscheidungen blockieren kann und so bestimmenden Einfluß auf die Tätigkeit des Unternehmens hat. Der Inhaber einer Minderheitsbeteiligung kann die Kontrolle über ein Unternehmen erlangen, wenn die restlichen Anteile des Unternehmens breit gestreut sind und die Präsenz der Anteilseigner bei den Hauptversammlungen relativ gering ist. Auf diese Weise reicht bereits der Besitz einer Minderheitsbeteiligung, um Beschlüsse faktisch alleine und unabhängig von anderen Anteilseignern fassen bzw. blockieren zu können.

Im Fall Societe Generale de Belgique/Generale de Banque bspw. wollte die Societe Generale de Belgique ihre bestehende Beteiligung von fast 21 Prozent an der Generale de Banque auf knapp 26 Prozent erhöhen. Um die Frage der alleinigen Kontrolle zu beantworten, untersuchte die Kommission die Präsenz der Anteilseigner auf den Hauptversammlungen der vergangenen zwei Jahre. Mit Hilfe des bereits bestehenden Anteils verfügte die Societe Generale de Belgique über ca. 45 Prozent der anwesenden Stimmrechte. Die geplante Erhöhung der Anteile hätte zu einem Zuwachs von ca. zehn Prozentpunkten geführt, so daß die Societe Generale de Belgique bei Projektion der Hauptversammlungspräsenz die alleinige Kontrolle über die Generale de Banque inne gehabt hätte. Die Kommission stellte aus diesem Grund das Vorliegen eines Zusammenschlusses im Sinne der Fusionskontrollverordnung fest.[228]

---

[226] Vgl. Rösler, P.: Implementierung einer Fusionskontrolle im europäischen Binnenmarkt – Auswirkungen auf das deutsche Recht der Unternehmenszusammenschlüsse, Frankfurt a. M u. a. 1994, S. 49.

[227] Vgl. Europäische Kommission (Hrsg.): Cas n°IV/M.296 – Credit Lyonnais/BFG Bank, 11.01.1993, Rn. 3, öffentliche Version.

[228] Vgl. Europäische Kommission (Hrsg.): Cas n°IV/M.343 – Societe Generale de Belgique/Generale de Banque, 03.08.1993, Rn. 1 ff. und Rn. 22, öffentliche Version.

3. Gemeinschaftsunternehmen

Mit der Novellierung der Fusionskontrollverordnung[229] wurde die bis dahin vorgenommene Unterscheidung zwischen konzentrativen und kooperativen Gemeinschaftsunternehmen aufgegeben.[230] Nach Art. 3 II FKVO stellt die Bildung eines Gemeinschaftsunternehmens seither einen Zusammenschluß dar, wenn das Gemeinschaftsunternehmen auf Dauer alle Funktionen einer selbständigen wirtschaftlichen Einheit erfüllt (Vollfunktions-Gemeinschaftsunternehmen).[231] Bei Überschreiten der Aufgriffsschwellen des Art. 1 FKVO werden somit alle Gemeinschaftsunternehmen auf ihre strukturellen Auswirkungen hin untersucht, unabhängig davon, welche juristischen Vereinbarungen zwischen den beteiligten Unternehmen bestehen.[232]

Gemeinschaftsunternehmen werden von mindestens zwei Unternehmen gemeinsam kontrolliert. Sind die Gründer bei der wirtschaftlichen Leitung des Gemeinschaftsunternehmens aufeinander angewiesen, so handelt es sich um eine gemeinsame Kontrolle im Sinne der Verordnung. Bei zwei Gründungsgesellschaften ist dies der Fall, wenn beide jeweils 50 Prozent der Anteile am Gemeinschaftsunternehmen halten oder beide berechtigt sind, die gleiche Personenzahl in Entscheidungsgremien des Gemeinschaftsunternehmens zu entsenden.[233]

Damit ein Gemeinschaftsunternehmen als Zusammenschluß im Sinne der Verordnung gilt, muß es insbesondere als eigenständiger Anbieter und Nachfrager am Markt auftreten, sowie finanziell und personell unabhängig sein.[234] Dient das Gemeinschaftsunternehmen lediglich der Wahrnehmung von Hilfs-

---

[229] Vgl. Europäische Kommission (Hrsg.): Verordnung (EG) Nr. 1310/97 des Rates zur Änderung der Verordnung (EWG) Nr. 4064/89 des Rates über die Kontrolle von Unternehmenszusammenschlüssen, in: Abl. EG L 180/1–6 vom 09.07.1997.

[230] Vgl. Bartosch, A.: Happy Birthday – 10 Jahre Europäische Fusionskontrolle, in: Betriebs-Berater, 55. Jg., 2000, H. 38, S. 1897–1901, hier S. 1899.

[231] Von der FKVO nicht erfaßt bleiben auch weiterhin Teilfunktions-Gemeinschaftsunternehmen. Vgl. z. B. Huggenberger, T.: Die marktbeherrschende Stellung in der Fusionskontrolle der EG, Bern u. a. 2000, S. 72 und die dort angegebene Literatur.

[232] Vgl. ausführlich zu Gemeinschaftsunternehmen Montag, F., Heinemann, K.: Die europäische Fusionskontrolle in der Praxis, in: Zeitschrift für Wirtschaftsrecht, 13. Jg., 1992, H. 19, S. 1367–1379, hier S. 1369 ff.

[233] Vgl. Duursma, D.: Fusionskontrolle bei Banken – europäische und nationale Regelungen der Zusammenschlußkontrolle, Wien 1999, S. 78 und Europäische Kommission (Hrsg.): Bekanntmachung der Kommission über den Begriff des Zusammenschlusses der Verordnung (EWG) Nr. 4064/89 des Rates vom 21.12.1989 über die Kontrolle von Unternehmenszusammenschlüssen, in: Abl. EG C 385/5–11 vom 31.12.1994, Rn. 20.

[234] Vgl. Drauz, G., Schroeder, D.: Praxis der europäischen Fusionskontrolle, 2. Aufl., Köln 1994, S. 51 f.

funktionen für die Gründungsunternehmen (Teilfunktions-Gemeinschaftsunternehmen), so ist das Kriterium der Selbständigkeit nicht erfüllt und die Gründung des Gemeinschaftsunternehmens wird nach der Verordnung nicht als Zusammenschluß angesehen. Teilfunktions-Gemeinschaftsunternehmen unterliegen aber weiterhin als kooperatives Gemeinschaftsunternehmen dem Art. 81 EGV.[235]

B. Berücksichtigung von Branchenbesonderheiten

Ziel der Fusionskontrolle ist die Erhaltung wettbewerblicher Strukturen. Unternehmenszusammenschlüssen wird die Freigabe grundsätzlich verweigert, wenn während der Prüfung Sachverhalte festgestellt werden, die mit dieser Zielsetzung nicht vereinbar sind.

Im Vergleich zu Unternehmen anderer Wirtschaftszweige zeichnen sich Unternehmen des Kreditsektors durch einige Besonderheiten aus. So bildet z. B. der Handel mit Unternehmensanteilen für viele Banken einen wichtigen Geschäftsbereich. Erwerben Banken hierzu Eigentum an anderen Unternehmen, so ist damit je nach Anteilshöhe ein unterschiedlich hohes Maß an Einflußmöglichkeiten verbunden, d. h., Banken haben abseits des herkömmlichen Geschäftsbereichs die Möglichkeit, andere Unternehmen zu beeinflussen. Ursächlich hierfür können Beteiligungen an Nichtbanken, die Vertretung von Stimmrechten und personelle Verflechtungen sein.

Für Kredit- und Finanzunternehmen gelten bei Zusammenschlüssen grundsätzlich dieselben Vorschriften, die auch auf Unternehmen anderer Wirtschaftszweige angewendet werden. Um den Charakteristika dieser Unternehmen jedoch Rechnung zu tragen, enthält die Europäische Fusionskontrolle neben den allgemeinen Vorschriften einige Sonderregelungen für Unternehmen des Kreditsektors, die sich insbesondere auf die Berechnung der Umsatzerlöse und die Auslegung des Begriffs des Kontrollerwerbs beziehen.[236]

---

[235] Vgl. Stockenhuber, P.: Europäisches Kartellrecht, Wien 1999, S. 164.

[236] Diese Sonderregelungen finden sich in Art. 3 V a-c FKVO (Kontrollerwerb) und in Art. 5 III a FKVO (Berechnung der Umsatzerlöse).

I. Umsatzberechnung bei Banken

Um zu entscheiden, ob die in Art. 1 II und III FKVO aufgeführten Schwellenwerte bei einem Zusammenschluß erreicht werden, muß zunächst geklärt werden, wessen Umsatz in die Berechnung einfließen soll. Der verwendete Begriff der beteiligten Unternehmen wird dabei durch eine Mitteilung der Kommission konkretisiert.[237] Demnach gelten bei einer Fusion grundsätzlich alle fusionierenden Unternehmen als Beteiligte. Bei einem Kontrollerwerb sind dies sowohl das unmittelbar die Kontrolle erwerbende als auch das erworbene Unternehmen. Die Umsätze des veräußernden Unternehmens werden nicht berücksichtigt, da dieses mit Abschluß der Transaktion über keine Möglichkeit der Einflußnahme mehr verfügt. Im Fall gemeinsamer Kontrolle ist zu differenzieren, ob es sich um eine Neugründung handelt oder nicht. Im ersten Fall gelten nur die Gründerunternehmen als Beteiligte, im Fall eines Erwerbs gemeinsamer Kontrolle durch ein bereits existierendes Gemeinschaftsunternehmen wird neben den Mutterunternehmen dieses Gemeinschaftsunternehmen selbst als beteiligtes Unternehmen angesehen.[238]

Für die Entscheidung, ob die in Art. 1 FKVO aufgeführten Umsatzgrößen im konkreten Fall erfüllt sind, ist der Gesamtumsatz der an dem Zusammenschluß beteiligten Unternehmen zu ermitteln. Dazu sind unter Berücksichtigung von Erlösschmälerungen und unmittelbar auf den Umsatz bezogener Steuern „die Umsätze zusammenzuzählen, welche die beteiligten Unternehmen im letzten Geschäftsjahr mit Waren und Dienstleistungen erzielt haben.“[239]

Art. 5 III a FKVO enthält für Kredit- und sonstige Finanzinstitute Sonderbestimmungen. Für die Definition, was unter Kredit- und sonstigen Finanzinstituten zu verstehen ist, wird auf Legaldefinitionen unterschiedlicher EG-Richtlinien zurückgegriffen. Im Sinne der Ersten Bankenkoordinierungsrichtlinie sind Kreditinstitute Unternehmen, deren Tätigkeit darin besteht, Einlagen oder andere rückzahlbare Gelder des Publikums entgegenzunehmen und Kredite

---

[237] Vgl. Europäische Kommission (Hrsg.): Mitteilung der Kommission über den Begriff der beteiligten Unternehmen in der Verordnung (EWG) Nr. 4064/89 des Rates über die Kontrolle von Unternehmenszusammenschlüssen, in: Abl. EG C 66/14–24 vom 02.03.1998.

[238] Vgl. hierzu und für die Miteinbeziehung konzernverbundener Unternehmen Stokkenhuber, P.: Europäisches Kartellrecht, Wien 1999, S. 168 f. und ausführlich Europäische Kommission (Hrsg.): Mitteilung der Kommission über den Begriff der beteiligten Unternehmen in der Verordnung (EWG) Nr. 4064/89 des Rates über die Kontrolle von Unternehmenszusammenschlüssen, in: Abl. EG C 66/14–24 vom 02.03.1998, Rn. 21 f.

[239] Art. 5 I FKVO.

auf eigene Rechnung zu gewähren.[240] Finanzinstitute sind nach der Zweiten Bankenkoordinierungsrichtlinie Unternehmen, die kein Kreditinstitut (im Sinne der Ersten Bankenkoordinierungsrichtlinie) sind und deren Haupttätigkeit darin besteht, Beteiligungen zu erwerben oder eines oder mehrere der im Anhang der Richtlinie aufgeführten Geschäfte zu betreiben.[241]

Wie eingangs erläutert, ist für die Kompetenzverteilung zwischen Kommission und nationalen Behörden die Umsatzhöhe der beteiligten Unternehmen von entscheidender Bedeutung. Während der Umsatz als unternehmerische Kennzahl für Unternehmen abseits der Finanzbranche eine taugliche Größe zur Ermittlung der wirtschaftlichen Bedeutung darstellt, ist das Umsatzkriterium bei Kredit- und Finanzinstituten hierfür ungeeignet.[242] An die Stelle des Umsatzes tritt bei Zusammenschlüssen von Kredit- und Finanzinstituten als möglichst objektiv und relativ leicht zu ermittelnde Größe die Summe aus unterschiedlichen Ertragsposten. Diese setzt sich aus Zinserträgen, Erträgen aus Wertpapieren, Provisionserträgen, Nettoerträgen aus Finanzgeschäften und sonstigen betrieblichen Erträgen zusammen.[243]

II. Transitorische Beteiligungen

Kredit- und Finanzinstitute halten oftmals ein relativ umfangreiches Portefeuille an Unternehmensbeteiligungen. Bei Beteiligungen ist zwischen transitorischem und nichttransitorischem Anteilsbesitz zu unterscheiden, also zwischen

---

[240] Vgl. Europäischer Rat (Hrsg.): Erste Richtlinie des Rates zur Koordinierung der Rechts- und Verwaltungsvorschriften über die Aufnahme und Ausübung der Tätigkeit der Kreditinstitute, in: Abl. EG L 322/30–37 vom 12.12.1977, Art. 1.

[241] Dies sind u. a. Ausleihungen (Kredite u. ä.), Finanzierungsleasing, Dienstleistungen zur Durchführung des Zahlungsverkehrs, Ausgabe und Verwaltung von Zahlungsmitteln, Bürgschaften und Eingehung von Verpflichtungen, Handel für eigene Rechnung oder im Auftrag der Kundschaft (Geldmarktinstrumente, Geldwechselgeschäfte, Termin- und Optionsgeschäfte, Wechselkurs- und Zinssatzinstrumente, Wertpapiergeschäfte), Teilnahme an der Wertpapieremission und den diesbezüglichen Dienstleistungen, Unternehmensberatung (über Kapitalstruktur, industrielle Strategie, Zusammenschlüsse, Übernahme von Unternehmen), Geldmaklergeschäfte im Interbankenmarkt, Portfolioverwahrung und -verwaltung, Wertpapieraufbewahrung und -verwaltung, sowie Handelsauskünfte und Schließfachverwaltungsdienste. Vgl. Europäischer Rat (Hrsg.): Zweite Richtlinie des Rates zur Koordinierung der Rechts- und Verwaltungsvorschriften über die Aufnahme und Ausübung der Tätigkeit der Kreditinstitute und zur Änderung der Richtlinie 77/780 EWG, in: Abl. EG L 386/1–13 vom 15.12.1989, Art. 1 Ziffer 6.

[242] Vgl. Duursma, D.: Fusionskontrolle bei Banken – europäische und nationale Regelungen der Zusammenschlußkontrolle, Wien 1999, S. 43.

[243] Vgl. ausführlich Europäischer Rat (Hrsg.): Richtlinie des Rates über den Jahresabschluß und den konsolidierten Abschluß von Banken und anderen Finanzinstituten, in: Abl. EG L 372/1–17 vom 08.12.1986.

vorübergehenden Beteiligungen und solchen, bei denen zumindest mit ausreichender Wahrscheinlichkeit von einem dauerhaftem Erwerb ausgegangen werden kann.

Als Ziel der Fusionskontrollverordnung ist bereits die Erhaltung kompetitiver Wettbewerbsstrukturen genannt worden, so daß vor diesem Hintergrund ebenso die Bankenklausel des Art. 3 V a FKVO zu würdigen ist. Ziel der Klausel ist nicht die Sicherung und Privilegierung des Effektengeschäfts der Banken als Selbstzweck. Durch die Bankenklausel soll vielmehr die möglichst friktionslose Funktionsweise des Marktes für Unternehmensbeteiligungen und deren Handel gewährleistet werden.[244] Die Ausnahmeregelung des Art. 3 V a FKVO bezieht sich folgerichtig auf transitorische Beteiligungen und stellt diese unter bestimmten Bedingungen von der Zusammenschlußkontrolle frei.

Hintergrund der Bankenklausel ist gerade die Überlegung, daß Banken von den Kontrollrechten, die sie durch den transitorischen (Teil-)Erwerb an anderen Unternehmen erlangen, in der Regel keinen Gebrauch machen, sondern diese Rechte (direkt) an ihre Auftraggeber bzw. Kunden weiterreichen. Besitzen Beteiligungen den Charakter eines Durchgangserwerbs, ändert sich an der wirtschaftlichen Struktur des Unternehmens (zunächst) nichts. Bei Anwendung der Fusionskontrolle auch auf diese Art des Anteilerwerbs, würde der Handel mit Wertpapieren stark behindert.[245] Um dies zu vermeiden, sind der Anteilserwerb von Kredit- und Finanzinstituten unter bestimmten Voraussetzungen von der Fusionskontrollverordnung freigestellt.

Diese Freistellung gilt für Kreditinstitute, sonstige Finanzinstitute und Versicherungen, zu deren gewöhnlicher Geschäftstätigkeit der Handel mit Wertpapieren auf eigene oder fremde Rechnung zählt. Der Anteilserwerb an anderen Unternehmen fällt nicht unter den Zusammenschlußbegriff der Verordnung, wenn er vorübergehender Natur ist und die Anteile zum Zweck der Weiterveräußerung erworben wurden. Diese muß innerhalb eines Jahres erfolgen; die Frist kann allerdings auf Antrag des Unternehmens von der Kommission verlängert werden. Dazu muß der Nachweis seitens der Institute erbracht werden, daß eine Veräußerung innerhalb des vorgeschriebenen Zeitraums unzumutbar wäre. Die mit dem Erwerb der Unternehmensanteile verbundenen Stimmrechte dürfen dabei nur ausgeübt werden, um die (Teil-)Veräußerung der Anteile vorzubereiten. Jede Stimmrechtsausübung, die mit anderer Intention verbunden ist, insbesondere um das Wettbewerbsverhalten des Unternehmens zu beeinflussen, ist nach der Verordnung nicht gestattet.

---

[244] Vgl. hierzu und im Folgenden Duursma, D.: Fusionskontrolle bei Banken – europäische und nationale Regelungen der Zusammenschlußkontrolle, Wien 1999, S. 89.

[245] Vgl. Krimphove, D.: Europäische Fusionskontrolle, Köln 1991, S. 265.

Eine Anwendung und Umsetzung im Sinne der Verordnung setzt voraus, daß die Behörde zwischen wettbewerbsrelevanten und anderen Stimmrechtsausübungen unterscheiden kann. Dieser Abgrenzungsversuch erweist sich jedoch als wenig praktikabel, da jede Ausübung der Stimmrechte, gleich welcher Art, eine Veränderung bzw. Beeinflussung der Unternehmensstrategie und letztlich auch des Wettbewerbsverhaltens bewirkt.[246] Die Verordnung erlaubt die Ausübung der Stimmrechte dann, wenn der (Teil-)Verkauf der Unternehmensanteile betroffen ist. Für diesen Fall kann ebenfalls nicht angenommen werden, daß das zukünftige Wettbewerbsverhalten des Unternehmens unabhängig von dieser Entscheidung ist. Die Monopolkommission ist der Ansicht, daß die durch den (Teil-)Erwerb der Unternehmensanteile erworbenen Stimmrechte im Rahmen der Bankenklausel daher generell nicht ausgeübt werden können.[247]

Eine allgemeingültige Lösung für die Probleme der Stimmrechtsausübung wird sich kaum finden lassen. Ob die Ausübung der Stimmrechte in Einklang mit der Bankenklausel steht oder nicht, kann nur im Einzelfall entschieden werden.[248]

Als wenig hilfreich hat sich bei der Klärung der diskutierten Probleme die bisherige Rechtsprechung erwiesen. Sowohl bei Kelt/American Express als auch im Fall Deutsche Bank/Commerzbank/J. M. Voith kam es nicht zur Anwendung der Bankenklausel. Im ersten Fall waren nach der Einschätzung der Kommission keine Anzeichen erkennbar, ob die Banken ihre Anteile vor Ablauf eines Jahres wieder veräußern würden.[249] Im zweiten Fall fand die Klausel keine Anwendung, da die Banken innerhalb des Verfahrens ausdrücklich erklärten, mit Hilfe ihrer Stimmrechte das Wettbewerbsverhalten von J. M. Voith beeinflussen zu wollen.[250]

Auf eine andere Problematik im Zusammenhang mit der Ausübung bzw. dem Ausübungsverzicht der Stimmrechtsanteile weist *Stockenhuber* hin.[251] Obwohl

---

[246] Vgl. Axster, O., Scherer, P.: EEC merger control – „credit institutions or other financial institutions“, in: Butterworths Journal of International Banking and Financial Law, Vol. 6, 1991, S. 246–249, hier S. 248.

[247] Vgl. Monopolkommission: Konzeption einer europäischen Fusionskontrolle, Sondergutachten 17, Baden-Baden 1989, Tz. 75.

[248] Vgl. hierzu Rathjen, H.-H.: Transitorische Beteiligungen von Banken an Nichtbank-Unternehmen unter deutschem und EG-Zusammenschlußkontrollrecht, Ammersbek bei Hamburg 1995, S. 162 f.

[249] Vgl. Europäische Kommission (Hrsg.): Case No IV/M.116 – Kelt/American Express, 20.08.1991, Rn. 6, öffentliche Version.

[250] Vgl. Europäische Kommission (Hrsg.): Fall Nr. IV/M.891 – Deutsche Bank/Commerzbank/J. M. Voith, 23.04.1997, Rn. 7, öffentliche Version.

[251] Zu der Kritik vgl. Stockenhuber, P.: Die Europäische Fusionskontrolle – das materielle Recht, Baden-Baden 1995, S. 182 f.

die Bank die Möglichkeit der Unternehmenskontrolle habe, könne sie diese aufgrund des Art. 3 V a FKVO nicht wahrnehmen. Bei einer derartigen Konstellation bliebe unklar, wer die (faktische) Kontrolle über das Unternehmen besitze. In einer derartigen Situation kann ein Eigentümer einer Minderheitsbeteiligung – zumindest für ein Jahr – die Kontrolle über das Unternehmen innehaben. In diesem Fall stellt sich die Frage, ob dies als Zusammenschluß im Sinne der Verordnung gewertet und bei der Kommission angezeigt werden muß.

Gründe für transitorische Bankbeteiligungen sind zahlreich. Bei Neugründungen von Aktiengesellschaften oder im Rahmen von Kapitalerhöhungen zeichnen eine oder mehrere Banken junge Aktien eines Unternehmens, um diese zu einem späteren Zeitpunkt zu veräußern. In der Regel tragen sie dabei das Risiko, alle übernommenen Aktien vollständig abzusetzen. Kommt es nach Abschluß der Emission aufgrund fehlender Nachfrage zu einem Absinken des Kurses, müssen die Restbestände in das eigene Portefeuille übernommen werden, wenn ein Verlust bei der Weiterveräußerung vermieden wollen soll. Für welchen Zeitraum die Banken die so erlangten Anteile halten (müssen), richtet sich nach der weiteren Kursentwicklung. Da das Gesamtvolumen einer Emission auf die Mitglieder eines Konsortiums aufgeteilt wird, ist es allerdings eher unwahrscheinlich, daß eine aufgrund einer fehlgeschlagenen Emission erworbene Beteiligung eine fusionskontrollrechtliche Stärke erreicht.[252]

Aus Gründen der Kurspflege erhöhen Banken gegebenenfalls einen bereits bestehenden Anteil an einem Unternehmen bzw. gehen eine neue Beteiligung ein. Als Kurspflege werden dabei alle Maßnahmen bezeichnet, die ein Ansteigen oder Absinken eines börsennotierten Aktienkurses verhindern oder zumindest abschwächen sollen. Selbst bei Berücksichtigung von möglichen Altbeständen ist die Gefahr, durch Aktienerwerb aus Kurspflegemaßnahmen eine fusionskontrollrechtlich relevante Beteiligungshöhe zu erreichen, ebenfalls eher gering.[253]

Sind Nichtbanken aufgrund finanzieller Schwierigkeiten nicht in der Lage, ihren Kreditverpflichtungen Folge zu leisten, können (Gläubiger-)Banken Anteile an dem Unternehmen übernehmen, um so einen möglichen Konkurs abzuwenden. Ursache für dieses Verhalten ist in erster Linie die Vermeidung eines

---

[252] Vgl. hierzu und im Folgenden Rathjen, H.-H.: Transitorische Beteiligungen von Banken an Nichtbank-Unternehmen unter deutschem und EG-Zusammenschlußkontrollrecht, Ammersbek bei Hamburg 1995, S. 24 ff. und die dort angegebene Literatur.

[253] Dies gilt insbesondere deshalb, weil es relativ schwierig ist, einen Kursverlauf entgegen der allgemeinen Markteinschätzung zu beeinflussen.

eigenen finanziellen Schadens und weniger ein wohlwollendes Handeln gegenüber dem Unternehmen.[254]

Darüber hinaus erwerben Banken Anteile von Unternehmen, die in eine finanzielle Schieflage geratenen sind, um diese nach einer (erfolgreichen) Sanierung wieder zu veräußern, wie das Beispiel der Deutschen Bank AG und Klöckner & Co. KGaA aus dem Jahr 1988 zeigt. Nachdem bei Klöckner durch Rohöltermingeschäfte Verluste aufgetreten waren, die das Eigenkapital überstiegen, bewahrte die Deutsche Bank Klöckner vor dem Konkurs, indem sie finanzielle Mittel für eine Kapitalerhöhung aufbrachte. Nach der Umwandlung in eine Aktiengesellschaft war die Deutsche Bank Alleingesellschafter von Klöckner und konnte den erfolgreichen Abschluß der Sanierung bereits im Dezember 1988 verkünden.

Die Kommission spricht sich allerdings gegen eine Anwendung des Art. 3 V FKVO auf Sanierungsfusionen aus. Sie begründet ihre Haltung mit dem wirtschaftlichen Einfluß, den Banken während des Umstrukturierungsprozesses auf unternehmerische Entscheidungen und die strategische Marktausrichtung haben.[255] Die Gefahr eines bestimmenden Einflusses durch Banken sieht die Kommission insbesondere deshalb, weil dem betreffenden Unternehmen bei einem finanziellen Rückzug der Banken der Bankrott droht. Darüber hinaus hält die Kommission einen (erfolgreichen) Sanierungsabschluß innerhalb des angegebenen Zeitraums von einem Jahr für unrealistisch.[256] Trotz dieser Sichtweise dürfen nach *Plaß* Sanierungsfusionen nicht per se vom Anwendungsbereich der Bankenklausel ausgenommen werden.[257] Um die Bankenklausel anzuwenden, darf ein Zusammenschluß *tatsächlich* nicht länger als ein Jahr dauern. Eine ab-

---

[254] Vgl. Purrucker, M.: Banken in der kartellrechtlichen Fusionskontrolle, Berlin 1982, S. 36.

[255] Zuletzt scheint die Kommission hiervon abzuweichen und sich der US-amerikanischen Sichtweise anzunähern. Vgl. hierzu Fiedler, P.: EG-Kommission erleichtert Voraussetzungen für Sanierungsfusionen, in: Europäische Zeitschrift für Wirtschaftsrecht, 12. Jg., 2001, H. 19, S. 585–589. Welche Beeinflussung vom US-amerikanischen auf das Europäische Wettbewerbsrecht ausgeht, zeigen Fleischer, H., Körber, T.: Der Einfluß des US-amerikanischen Antitrustrechts auf das Europäische Wettbewerbsrecht, in: Wirtschaft und Wettbewerb, 51. Jg., 2001, H. 1, S. 6–18.

[256] Vgl. Europäische Kommission (Hrsg.): Bekanntmachung der Kommission über den Begriff des Zusammenschlusses der Verordnung (EWG) Nr. 4064/89 des Rates vom 21.12.1989 über die Kontrolle von Unternehmenszusammenschlüssen, in: Abl. EG C 385/5–11 vom 31.12.1994, Rn. 45.

[257] Vgl. Plaß, G.: Die Zusammenschlußkontrolle von Versicherungen und Kreditinstituten nach der Europäischen Fusionskontrollverordnung, Frankfurt a. M. u. a. 1997, S. 45.

schließende Beurteilung ist folglich erst nach Wiederveräußerung und nicht bereits zum Zeitpunkt des Anteilserwerbs möglich.[258]

Wie die beschriebenen Ursachen und Motive für transitorische Beteiligungen verdeutlichen, handelt es sich mehrheitlich um keinen langfristigen Beteiligungsbesitz.

C. Die materielle Prüfung des Zusammenschlusses

Bei der Entscheidung über die Freigabe eines angemeldeten Zusammenschlusses hat die Europäische Kommission nach Maßgabe des Art. 2 II und III FKVO zu berücksichtigen, ob durch den Zusammenschluß eine marktbeherrschende Stellung entsteht oder verstärkt wird.[259] Ist dies zu erwarten, so hat eine Untersagung des Zusammenschlusses zu erfolgen.[260]

Den Begriff der marktbeherrschenden Stellung definiert die Fusionskontrollverordnung nicht. Um eine einheitliche Auslegung des gemeinschaftlichen Rechts zu gewährleisten, verwendet die Kommission im Rahmen ihrer Entscheidungen die Definition, die sich für den gleichlautenden Begriff des Art. 82 EGV gebildet hat, und folgt den von ihr und dem Europäischen Gerichtshof (EuGH) hierfür entwickelten Kriterien.

Bei der Fusionskontrolle handelt es sich – anders als bei der Mißbrauchsaufsicht des Art. 82 EGV – um keine Verhaltenskontrolle. Im Rahmen der Fusionskontrollverordnung kommt es bei Entscheidungen daher nicht auf das gegenwärtige Wettbewerbsverhalten der Unternehmen an, sondern auf eine Prognose struktureller Veränderungen des betreffenden Marktes. Es muß die Frage beantwortet werden, ob bei Genehmigung des Zusammenschlusses eine Entstehung oder Verstärkung einer marktbeherrschenden Stellung zu *erwarten*

[258] Gegen eine Anwendbarkeit der Bankenklausel könnte der Art. 3 V b FKVO sprechen, da dieser Unternehmenskrisen bereits regelt.

[259] Vgl. hierzu und im Folgenden z. B. Huggenberger, T.: Die marktbeherrschende Stellung in der Fusionskontrolle der EG, Bern u. a. 2000, S. 117 ff.

[260] Abseits der Frage nach der beherrschenden Stellung verlangt Art. 2 III FKVO zudem die Prüfung, ob ein Zusammenschluß wirksamen Wettbewerb im Gemeinsamen Markt oder in einem wesentlichen Teil desselben erheblich behindert. Da in der bisherigen Entscheidungspraxis diesem Punkt keine eigene Bedeutung beigemessen wurde, wird an dieser Stelle nicht weiter darauf eingegangen. Verantwortlich für diesen einschränkenden Zusatz dürfte die französische Position sein, nach der ein Zusammenschluß erst bei Ausnutzung einer marktbeherrschenden Stellung verboten werden sollte. Vgl. Schultz, K.-P., Wagemann, M.: Kartellrechtspraxis und Kartellrechtsprechung 1999/2000, 15. Aufl., Köln 2000, S. 247 f.

ist. Eine wichtige Rolle kommt somit der Beurteilung potentiellen Wettbewerbs zu. Die Höhe von Markteintrittschranken und damit verbunden die Möglichkeit zukünftiger Markteintritte findet daher eine besondere Berücksichtigung.[261]

Nach der Vorstellung des EuGH ist mit einer marktbeherrschenden Stellung eine

„wirtschaftliche Machtstellung eines Unternehmens gemeint, die dieses in die Lage versetzt, die Aufrechterhaltung eines wirksamen Wettbewerbs auf dem relevanten Markt zu verhindern, indem sie ihm die Möglichkeit verschafft, sich seinen Wettbewerbern, seinen Abnehmern und letztlich den Verbrauchern gegenüber in einem nennenswerten Umfang unabhängig zu verhalten."[262]

Neben der vom EuGH und der Kommission entwickelten Definition einer marktbeherrschenden Stellung bietet der Enumerativkatalog des Art. 2 I b FKVO durch seine Vermutungskriterien Anhaltspunkte, wie der Begriff der marktbeherrschenden Stellung näher bestimmt werden kann.[263]

Wenngleich es Ziel der Fusionskontrollverordnung ist, die Verstärkung bzw. Entstehung einer marktbeherrschenden Stellung zu verhindern, hat die Kommission im Rahmen einzelner Entscheidungen den Standpunkt vertreten, einen Zusammenschluß zu genehmigen, wenn durch diesen eine lediglich temporäre Marktbeherrschung begründet wird. Ebenso kann nach ihrer Meinung ein Zusammenschluß untersagt werden, wenn dieser dazu geeignet ist, eine zukünftige marktbeherrschende Stellung zu begründen.[264] Ausgehend von der aktuellen Wettbewerbssituation ist es notwendig, Prognosen über die allgemeine Marktentwicklung, wie über unternehmensspezifische Veränderungen (z. B. Marktanteile) zu erstellen. Die mit diesem Vorgehen verbundenen Schwierigkeiten sind offensichtlich, da derartige Einschätzungen naturgemäß vage und relativ unbestimmt bleiben müssen.[265]

---

[261] Vgl. Duursma, D.: Europäische – nationale Fusionskontrolle im Bankenbereich, Linz 1997, S. 107 und die dort angegebene Literatur.

[262] Vgl. Europäischer Gerichtshof (Hrsg.): United Brands Company und United Brands Continentaal BV/Kommission („Chiquita Bananen"), 14.02.1978, Rs. 27/76, Rn. 2. Eine inhaltlich weitgehend übereinstimmende Definition stammt von der *Kommission*. Vgl. Europäische Kommission (Hrsg.): Case No IV/M.53 – Aerospatiale-Alenia/de Havilland, 02.10.1991, in: Wirtschaft und Wettbewerb, 42. Jg., 1992, H. 2, S. 163–188, hier S. 186 f.

[263] Vgl. hierzu Kapitel 3.

[264] Für eine ausführliche Behandlung mit dieser Problematik vgl. Stockenhuber, P.: Die Europäische Fusionskontrolle – das materielle Recht, Baden-Baden 1995, S. 231 ff.

[265] Vgl. z. B. Stockenhuber, P.: Die Europäische Fusionskontrolle – das materielle Recht, Baden-Baden 1995, S. 221.

Eine in der Entscheidungspraxis der Kommission häufig angewandte Möglichkeit ist die Freigabe eines angemeldeten Zusammenschlusses unter Bedingungen oder Auflagen.[266] Diese erlauben es der Kommission einen Zusammenschluß freizugeben, dessen für die Funktionsfähigkeit des Wettbewerbs möglicherweise negativen Auswirkungen jedoch einzudämmen.[267]

Als Grundlage für Kapitel 3 und 4 war es Ziel dieses Kapitels, die wichtigsten Vorschriften der Europäischen Fusionskontrollverordnung vorzustellen, wobei besonderes Augenmerk auf den für Bankenzusammenschlüsse relevanten Besonderheiten lag. Neben einer im Vergleich zu Unternehmen anderer Wirtschaftszweige abweichenden Art der Umsatzberechnung, sieht die Verordnung mit Art. 3 V a FKVO eine Sonderregelung für Bankbeteiligungen mit transitorischem Charakter vor. Wenngleich für transitorischen Beteiligungsbesitz vielfältige Gründe existieren, kam es in der Vergangenheit bisher zu keiner Anwendung dieser Vorschrift.

---

[266] Vgl. Art. 6 II FKVO.

[267] Vgl. hierzu z. B. Hirsbrunner, S.: Fusionskontrolle der Kommission im Jahre 1996, in: Europäische Zeitschrift für Wirtschaftsrecht, 8. Jg., 1997, H. 24, S. 748–755, hier S. 754 und Fuchs, A.: Zusagen, Auflagen und Bedingungen in der europäischen Fusionskontrolle, in: Wirtschaft und Wettbewerb, 46. Jg., 1996, H. 4, S. 269–286.

Kapitel 3: Kriterien zur Bestimmung von Marktmacht

Die Betrachtung konzentriert sich im Folgenden auf Bankenfusionen im engeren Sinne, also auf horizontale Zusammenschlüsse von Kreditinstituten, die zuvor auf demselben sachlich und räumlich relevanten Markt tätig waren. Als Folge des Zusammenschlusses reduziert sich die Anzahl der im Markt verbleibenden Wettbewerber. Es besteht die Gefahr einer geringeren Wettbewerbsintensität, die zu einer verschlechterten Konsumentenversorgung mit reduzierter Angebotsvielfalt, höheren Preisen und schlechterem Service führen kann.

Externes Unternehmenswachstum ist mit den Vorschriften der FKVO unvereinbar, wenn der Unternehmenszusammenschluß eine marktbeherrschende Stellung begründen oder verstärken würde, durch die wirksamer Wettbewerb zumindest in einem wesentlichen Teil des Gemeinsamen Marktes erheblich behindert wird.[268]

Die Feststellung einer Begründung oder Verstärkung einer marktbeherrschenden Stellung ist Grundlage für eine Untersagung bzw. notwendige Bedingung.[269] Maßstab einer Entscheidung ist folglich nicht nur eine Verhinderung einer marktbeherrschenden Stellung für den Zeitraum kurz nach einer Freigabe, sondern auch mittel- bis langfristig. Dies erschwert eine Entscheidung und fundierte Begründung zusätzlich und ist deshalb besonders bedeutsam, weil das europäische Wettbewerbsrecht keine Möglichkeit einer späteren Entflechtung bietet.[270]

---

[268] Vgl. Art. 2 III FKVO und Kapitel 2.

[269] Die Behinderungsklausel des Art. 2 III FKVO scheint für die Kommission eine synonyme Beschreibung für den Begriff der marktbeherrschenden Stellung zu sein. Vgl. Cook, C. J., Kerse, C. S.: EEC merger control – regulation 4064/89, London 1991, S. 68.

[270] Vgl. Bach, A.: Der Marktbeherrschungsbegriff in der EG-Fusionskontrolle, auch im Vergleich zum deutschen Kartellrecht, in: Wirtschaft und Wettbewerb, 43. Jg., 1993, H. 10, S. 804–817, hier S. 808.

A. Der relevante Markt

Ob durch einen Zusammenschluß eine Begründung oder Verstärkung einer marktbeherrschenden Stellung zu erwarten ist, kann nur sinnvoll beantwortet werden, wenn die Stellung der am Zusammenschluß beteiligten Unternehmen in einem zuvor als relevant festgelegten Markt geprüft wird. Bei einer engen Abgrenzung des relevanten Marktes ergeben sich eher hohe Marktanteile, die den Nachweis einer marktbeherrschenden Stellung erleichtern et vice versa. So einfach dieser Zusammenhang ist, so schwierig gestaltet sich im konkreten Fall eine adäquate Abgrenzung. Für die Wettbewerbspolitik ist daher – ebenso wie für industriepolitische Fragestellungen – die Abgrenzung des relevanten Marktes von großer Bedeutung.[271] Üblicherweise ist die Marktabgrenzung in sachlicher, räumlicher und zeitlicher Hinsicht vorzunehmen, wobei in erster Linie die sachliche und räumliche Marktabgrenzung von Interesse sind.

I. Sachliche Abgrenzung

Zur Abgrenzung des sachlich relevanten Marktes existieren verschiedene Verfahren, die jedoch alle problembehaftet sind.[272] Die Kommission untersucht bei ihren Entscheidungen in erster Linie die Substituierbarkeit unterschiedlicher Produkte.[273] Ein hohes Maß an Substituierbarkeit zwischen verschiedenen Produkten spricht dabei für ihre Zugehörigkeit zum selben sachlich relevanten

---

[271] Vgl. Kantzenbach, E., Krüger, R.: Zur Frage der richtigen Abgrenzung des sachlich relevanten Marktes bei der wettbewerbspolitischen Beurteilung von Unternehmenszusammenschlüssen, in: Wirtschaft und Wettbewerb, 40. Jg., 1990, H. 6, S. 472–481, hier S. 472.

[272] Vgl. zu dieser Problematik allgemein Baum, H.: Der relevante Markt als Problem der Wettbewerbspolitik, in: Wirtschaft und Wettbewerb, 30. Jg., 1980, H. 6, S. 401–407. Aufgrund der Schwierigkeiten erachtet es *Knöpfle* als unnötig, den relevanten Markt sachlich und räumlich abzugrenzen. Vgl. Knöpfle, R.: Ist es für die Beurteilung, ob ein Unternehmen eine marktbeherrschende Stellung hat, notwendig, den relevanten Markt zu bestimmen? In: Der Betrieb, 40. Jg., 1990, H. 27/28, S. 1385–1393, hier S. 1391. Diese Minderheitsposition wird im Folgenden jedoch nicht weiter diskutiert.

[273] Vgl. Europäische Kommission (Hrsg.): 22. Bericht über die Wettbewerbspolitik 1992, Brüssel 1993, Tz. 232.

Markt.[274] Als anschauliche Abgrenzungsmerkmale dienen vielfältige Kriterien, wie Preise, Konsumentenpräferenzen, physikalische Eigenschaften, etc.[275]

Unterstellt man die Austauschbarkeit von zwei Produkten, so ist von einer Wettbewerbsbeziehung zwischen diesen auszugehen. Anbieter des einen Produkts werden folglich durch das Angebot des anderen Produkts in ihrem individuellen Handlungsspielraum beeinflußt.[276] In welchem Maße die beiden Produkte austauschbar sind bzw. inwieweit deren Austauschbarkeit unterstellt wird, ist – unabhängig von dem zugrunde gelegten Verfahren – mit einem Werturteil verbunden. Eine wissenschaftlich exakte Methode kann es nicht geben und somit auch nicht *den* relevanten Markt.[277]

1. Abgrenzungsmodelle

a) Das Bedarfsmarktkonzept

Ebenso wie auf nationaler hat sich auch auf europäischer Ebene für die Abgrenzung des sachlich relevanten Marktes das Bedarfsmarktkonzept als wichtigstes Konzept durchgesetzt. Bei diesem Konzept, das auf Überlegungen von *Arndt* und *Abbott* zurückgeht, gehören alle Produkte, die aus Sicht der Nachfrager bei der Deckung des betrachteten Bedarfs als – zumindest kurzfristig – austauschbar angesehen werden, zu dem relevanten Markt.[278] Die Kommission definiert darauf basierend den sachlich relevanten Produktmarkt als Gesamtheit aller „Erzeugnisse und/oder Dienstleistungen, die von den Verbrauchern hin-

---

[274] Darüber hinaus können heterogene Wettbewerbsbedingungen einen eigenen relevanten Markt begründen, auch dann, wenn die Austauschbarkeit der Produkte gegeben ist. Vgl. Europäische Kommission (Hrsg.): 21. Bericht über die Wettbewerbspolitik 1991, Brüssel 1992, S. 401. Zur Kritik heterogener Wettbewerbsbedingungen als Abgrenzungskriterium vgl. Kerber, W.: Die Europäische Fusionskontrollpraxis und die Wettbewerbskonzeption der EG, Bayreuth 1994, S. 33.

[275] Für einen allgemeinen Überblick vgl. Jones, C., Gonzales-Diaz, E.: The EEC merger regulation, London 1992, S. 110–117.

[276] Vgl. hierzu und den folgenden Ausführungen Reichelt, G.: Die Ermittlung einer marktbeherrschenden Stellung aus ökonomischer Sicht, Gießen 1987, S. 4 ff. und die dort angegebene Literatur.

[277] Als extreme Ausprägungen existiert somit einerseits die Annahme eines Elementarmarktes und andererseits die Vorstellung eines Totalmarktes. Vgl. Schengber, R. A.: Marktabgrenzung und Machtmessung – eine Analyse von Methoden und Indikatoren für das Koordinationsmängel-Diagnosekonzept, Köln 1996, S. 109 f.

[278] Vgl. Arndt, H.: Anpassung und Wettbewerb am Markt, in: Jahrbücher für Nationalökonomie und Statistik, Bd. 170, 1958, S. 217–286, hier S. 224 und Abbott, C.: Qualität und Wettbewerb, München 1958, S. 96 f.

sichtlich ihrer Eigenschaften, Preise und ihres vorgesehenen Verwendungszwecks als austauschbar oder substituierbar angesehen werden."[279]

Um das Bedarfsmarktkonzept anwenden zu können, sind im Vorfeld Überlegungen in Bezug auf Produkteigenschaften und ihre nutzenstiftende Wirkung vorzunehmen, auf deren Basis eine Marktabgrenzung erfolgt. Anschließend werden die Anbieter, die eben die auf dem sachlich relevanten Markt zusammengefaßten Produkte oder Dienstleistungen anbieten, als aktuelle Anbieter gruppiert.[280]

b) Kreuzpreiselastizität

Auch mit Hilfe der Kreuzpreiselastizität wird versucht, Aussagen über die Substituierbarkeit von Produkten zu treffen. Hintergrund dieses Konzepts ist die Überlegung, bei Preiserhöhungen die Reaktion der Nachfragerseite zu beobachten und so Rückschlüsse auf Ausweichmöglichkeiten und damit auch den sachlich relevanten Markt zu ziehen. Kommt es bereits bei einer geringen Preissteigerung zu einer deutlichen Verlagerung der Nachfrage von dem betrachteten Produkt hin zu einem anderen, werden beide Produkte einem gemeinsamen Markt zugeordnet. Bei der Beurteilung der Substitutionsbereitschaft versucht die Kommission nicht, die Sichtweise eines idealisierten Durchschnittsverbrauchers einzunehmen, sondern möglichst die tatsächliche Bereitschaft der Nachfrager durch Umfragen, Erhebungen und Statistiken zu ermitteln.[281]

Obwohl das Konzept der Kreuzpreiselastizität bei genauer Durchführung eine relativ exakte Marktabgrenzung liefert, liegt gerade hier auch seine Schwäche. Um etwa die Frage zu beantworten, auf welchem Markt eine marktbeherrschende Stellung durch einen Unternehmenszusammenschluß entsteht, haben sich derartige theoretische Konzepte in der Praxis als wenig operabel erwiesen.[282] Trotz der Bemühungen, die tatsächliche Sichtweise der

---

[279] Europäische Kommission (Hrsg.): Bekanntmachung der Kommission über die Definition des relevanten Marktes im Sinne des Wettbewerbsrechts der Gemeinschaft, in: Abl. EG C 372/5–13 vom 09.12.1997, Rn. 7.

[280] Vgl. Schmidt, F.: Institutionelle Markteintrittsschranken, potentielle Konkurrenz und Unternehmensverhalten – ein Beitrag zur Endogenisierung der Marktstruktur, Berlin 1998, S. 20.

[281] Vgl. auch Traugott, R.: Zur Abgrenzung von Märkten, in: Wirtschaft und Wettbewerb, 48. Jg., 1998, H. 9, S. 929–939, hier S. 930.

[282] Vgl. Wolf, D.: Der relevante Markt – Wettbewerb macht nicht an den Grenzen halt, in: Wirtschaftsstudium, 24. Jg., 1995, H. 12, S. 977–978. Zu Vorschlägen, statistische Methoden zu verbessern vgl. Wills, H.: Market definition – how stationarity tests can improve accuracy, in: European Competition Law Review, Vol. 23, 2002, No. 1, S. 4–6.

Nachfrager in Erfahrung zu bringen, besitzt die Kommission in der Praxis selten eine exakte Vorstellung tatsächlicher (Markt-)Gegebenheiten; eine empirische Absicherung der Beurteilung ist oft nur unzureichend möglich, zumal für eine Beurteilung nur ein relativ kurzer Zeitraum zur Verfügung steht.[283] Das Konzept der Kreuzpreiselastizität baut zudem auf die subjektive Vorauswahl an Gütern, die bereits für das Bedarfsmarktkonzept zueinander in Beziehung gesetzt wurden.[284]

c) Flexibilität der Angebotsanpassung

Eine Betrachtung der aktuellen Wettbewerber reicht nicht aus, um bei Entscheidungen im Rahmen der Zusammenschlußkontrolle zu einem umfassend abgesicherten Urteil zu kommen. Damit auch potentielle Anbieter Berücksichtigung finden (können), wird das Bedarfsmarktkonzept modifiziert.[285] So bezieht das US-amerikanische Justizministerium bereits seit Anfang der 80er Jahre Unternehmen im Markteingangsbereich („immediate entrants") in die Entscheidungen mit ein.[286] In ähnlicher Form erfolgt dies auch durch die Europäische Kommission.[287] Dem marktnahen Bereich sind nach der Abgrenzung der Monopolkommission alle Wettbewerber zuzuordnen,[288] die

- aus Sicht der Nachfrager langfristige Substitute anbieten können (langfristige Substitutionskonkurrenz),
- als potentielle Konkurrenten über Kapazitäten verfügen, um bei steigenden Marktpreisen in Konkurrenz zu dem Unternehmen zu treten und

---

[283] Vgl. Stockenbauer, P.: Die Europäische Fusionskontrolle – das materielle Recht, Baden-Baden 1995, S. 195.

[284] Das Beispiel des Zellophan-Falls im US-amerikanischen Kartellrecht zeigt, daß eine Abgrenzung des relevanten Marktes mit Hilfe der Kreuzpreiselastizität auch zu fehlerhaften Ergebnissen führen kann, wenn durch das Unternehmen bereits Marktmacht ausgeübt worden ist. Vgl. zu diesem Beispiel ausführlicher Traugott, R.: Zur Abgrenzung von Märkten, in: Wirtschaft und Wettbewerb, 48. Jg., 1998, H. 9, S. 929–939, hier S. 930.

[285] Vgl. Traugott, R.: Zur Abgrenzung von Märkten, in: Wirtschaft und Wettbewerb, 48. Jg., 1998, H. 9, S. 929–939, hier S. 931.

[286] Vgl. U. S. Department of Justice and the Federal Trade Commission (Hrsg.): Horizontal merger guidelines, 08.04.1997, S. 25–30.

[287] Vgl. Europäische Kommission (Hrsg.): Bekanntmachung der Kommission über die Definition des relevanten Marktes im Sinne des Wettbewerbsrechts der Gemeinschaft, in: Abl. EG C 372/5–13 vom 09.12.1997, Rn. 20.

[288] Vgl. Monopolkommission: Ökonomische Kriterien für die Rechtsanwendung, Hauptgutachten 1982/1983, Baden-Baden 1984, Tz. 611 f.

- durch andere Produkte über Verbundvorteile verfügen und so Kostenvorteile realisieren können.

Da es sich bei potentiellen Konkurrenten per Definition um Anbieter handelt, die noch nicht am Markt tätig sind, stellt sich die Frage, innerhalb welcher Zeitspanne der Markteintritt erfolgen muß, damit gerechtfertigter Weise zum gegenwärtigen Zeitpunkt von einem potentiellen Konkurrenten ausgegangen werden kann.[289]

Die Einbeziehung eines marktnahen Bereichs ermöglicht die Berücksichtigung einer größeren Anzahl an Wettbewerbsbeziehungen. Für sich allein genommen erhöht sich hierdurch die Genauigkeit der abgeleiteten Aussagen, da eine umfassendere Würdigung der tatsächlichen Wettbewerbssituation erfolgt. Auf der anderen Seite ist diese (vermeintlich höhere) Exaktheit jedoch mit Schwächen bei der Vorgehensweise verbunden.[290] Die Einschätzung eines späteren Markteintritts ist dabei ebenso schwierig, wie die Beurteilung der späteren wirtschaftlichen Leistungsfähigkeit eines potentiellen Wettbewerbers.

2. Bankleistungsmärkte

Banken – und insbesondere Universalbanken – bieten eine Vielzahl unterschiedlicher Produkte an, die Bedürfnissen vielfältiger Kundengruppen angepaßt sind und aufgrund ihrer unterschiedlichen Ausrichtung nicht als Substitute angesehen werden können. Als Konsequenz kann auch nicht von *dem* Markt für Bankenleistungen gesprochen werden.[291] Um im weiteren Verlauf der Arbeit die Entscheidungspraxis der Europäische Kommission adäquat nachvollziehen und beurteilen zu können, wird im Folgenden der Abgrenzungspraxis der Europäischen Kommission gefolgt.

---

[289] Die Merger Guidelines sehen grundsätzlich einen Zeitraum von zwei Jahren für einen Markteintritt seit der ersten Ankündigung bis zur Erlangung einer signifikanten Wettbewerbsposition vor. Vgl. U. S. Department of Justice and the Federal Trade Commission (Hrsg.): Horizontal merger guidelines, 08.04.1997, S. 27 f.

[290] Zur Kritik dieses Konzepts vgl. Kantzenbach, E., Krüger, R.: Zur Frage der richtigen Abgrenzung des sachlich relevanten Marktes bei der wettbewerbspolitischen Beurteilung von Unternehmenszusammenschlüssen, in: Wirtschaft und Wettbewerb, 40. Jg., 1990, H. 6, S. 472–481, hier S. 480 f.

[291] Vgl. hierzu und den weiteren Ausführungen Duursma, D.: Fusionskontrolle bei Banken – europäische und nationale Regelungen der Zusammenschlußkontrolle, Wien 1999, S. 138.

a) Entscheidungspraxis der Europäischen Kommission

Mit Blick auf das Bedarfsmarktkonzept hat die Abgrenzung der unterschiedlichen Märkte aus Sicht der Nachfrager zu erfolgen. Entscheidendes Kriterium ist hierbei die Frage der Substituierbarkeit. Benutzt nur eine spezielle Nachfragergruppe ein bestimmtes Produkt, so kann sie auch selbst zum Abgrenzungskriterium werden. Eine nach diesem Merkmal vorgenommene Unterscheidung in Privat- und Geschäftskundschaft ist in der Literatur jedoch umstritten. Während *Duursma*[292] sie aufgrund einer geringeren Reagibilität und Markttransparenz sowie eines niedrigeren Leistungsvolumens innerhalb der Gruppe der Privatkundschaft für gerechtfertigt hält, bezweifelt *Plaß*[293], ob der Verbraucherkreis ein geeignetes Abgrenzungskriterium ist, da ein Teil der Produkte (z. B. Darlehen) an Angehörige beider Kundenkreise verkauft wird.

Bei Produkten und Dienstleistungen einer Universalbank unterscheidet die Europäische Kommission mit dem Geschäftskunden-, dem Privatkundengeschäft, dem Investmentbanking sowie dem Bereich Geldmarkt- und Wertpapiergeschäft vier Teilmärkte. Kriterien für diese Abgrenzung sind die unterschiedliche Zusammensetzung der Nachfrageseite, die Art und der Aufbau des Angebots sowie die verschiedenen Vertriebskanäle.[294] Innerhalb des Geschäftskunden- und des Privatkundengeschäfts nimmt die Kommission grundsätzlich eine Unterteilung – analog der Bilanzsystematik – in das Einlagen- und das Kreditsegment vor. Den Bereich des Kreditsegments faßt sie dabei sehr weit: Hierzu zählt sie alle Geschäfte, bei denen eine Vertragspartei einen Zahlungsaufschub gegen Entgelt bewirkt. Eine weitere Differenzierung erscheint für unterschiedliche Finanzierungsarten mit Blick auf die jeweilige Finanzierungsdauer sinnvoll, da aus Sicht der Verbraucher je nach Bedarf kurz-, mittel- oder langfristige Kredite nicht substituierbar sind.[295] *Tabelle 3-1* zeigt die Abgrenzung der vier Teilmärkte sowie deren einzelne Segmente mit Produktbeispielen.

---

[292] Vgl. Duursma, D.: Fusionskontrolle bei Banken – europäische und nationale Regelungen der Zusammenschlußkontrolle, Wien 1999, S. 141 f.

[293] Vgl. Plaß, G.: Die Zusammenschlußkontrolle von Versicherungen und Kreditinstituten nach der Europäischen Fusionskontrollverordnung, Frankfurt a. M. u. a. 1997, S. 157.

[294] Vgl. Europäische Kommission (Hrsg.): Fall Nr. IV/M.873 – Bank Austria/Creditanstalt, 11.03.1997, Rn. 15, öffentliche Version.

[295] Vgl. Plaß, G.: Die Zusammenschlußkontrolle von Versicherungen und Kreditinstituten nach der Europäischen Fusionskontrollverordnung, Frankfurt a. M. u. a. 1997, S. 160 f.

Tabelle 3-1
Abgrenzung des Marktes für Bankleistungen

Teilmarkt	Segmente des Teilmarktes	Produkte
Privatkunden	Einlagen	Girokonten, Sparkonten, Fondsanlagen, Termineinlagen, u. a.
	Kredite	Konsumenten-, Kundenkredite, wie z. B. Kontokorrentkredite, unterschiedlich gesicherte Kredite
	Dienstleistungen	Abwicklung des Zahlungsverkehrs (Kreditkarten, (Euro-)Scheckausgabe, Geldausgabeautomaten, u. a.), sonst. Dienstleistungen (Wertpapierdepots, Fondsverwaltung, Vermögensverwaltung)
Geschäftskunden	Einlagen	Girokonten, Festgeldkonten, Termineinlagen
	Kredite	kurzfristige Kredite (Betriebsmittelkredite), langfristige Kredite (Investitionskredite)
	Dienstleistungen	Abwicklung des Zahlungsverkehrs (insb. elektronische Bankdienstleistungen), Dokumentengeschäft (Inkasso von Schecks; Wechsel), Außenhandelsfinanzierung
Investmentbanking	M&A-Beratung, IPO, Aktien- und Anleiheemission	
Geld- und Wertpapiermarkt	Handel (Aktien, Anleihen, Derivate), Devisen- und Valutageschäft, Wertpapierverwahrung	

Aufgrund des individuellen Beratungscharakters im Bereich des Investmentbanking sowie des Geld- und Wertpapiermarkts ist auf einen Produktausweis verzichtet worden.
Quelle: Verschiedene Entscheidungen der Europäischen Kommission, eigene Darstellung.

Unabhängig von ihrer eigenen Abgrenzung verzichtet die Kommission in der überwiegenden Zahl der Fälle auf eine exakte Marktabgrenzung und löst das Problem daher oft wie folgt:

„[...] it is unnecessary to reach a final conclusion on the question of product and geographic reference market definition. The Commission has examined the effect of the operation on the market as a whole as well as on sub-markets and has reached the conclusion that irrespective of market definition the notified concentration will not create or strengthen a dominant position as a result of which effective competition would be significantly impeded.“[296]

Unabhängig von ihrer Einteilung in vier Teilmärkte sieht die Europäische Kommission die vielfältigen Bankprodukte als voneinander verschieden an. Eine produktbezogene Marktdefinition erachtet die Kommission dennoch als nicht geeignet:

„Each banking product is distinct, but the degree of substitutability between different products is difficult to appreciate. There is no substitutability between certain banking product groups but the divisions between other are far less clear. Banks do not generally offer only one type of account or loan so there is a strong linkage between the different product groups within the retail banking sector.“[297]

Mit dieser Sichtweise berücksichtigt die Kommission, daß Banken Kunden selten nur ein Produkt oder eine Dienstleistung anbieten. Trotz dieser Vorstellung orientiert sich die Kommission bei der Abgrenzung des relevanten Marktes im Privatkundenbereich am Bedarfsmarktkonzept. Die Idee, mehrere Produkte zu bündeln und als relevanten Markt zu definieren, hat – im Gegensatz zum US-amerikanischen Wettbewerbsrecht – in das europäische Wettbewerbsrecht keinen Eingang gefunden.

b) Cluster

Das Konzept der Cluster stammt aus dem US-Antitrust Law.[298] Im Gegensatz zu der bis dahin üblichen Abgrenzungsmethode legte der Supreme Court im Fall „United States v. Philadelphia National Bank“ lediglich den Bereich des Commercial Banking als relevanten Markt zugrunde und faßte damit mehrere unterschiedliche nicht-substituierbare Dienstleistungen und Produkte zu einem relevanten Markt zusammen.[299]

---

[296] Europäische Kommission (Hrsg.): Case No IV/M.112 – EDS/SD Scicon, 17.07.1991, S. 3, öffentliche Version und ebenso Europäische Kommission (Hrsg.): Case No IV/M.391 – BAI/Banca Popolare di Lecco, 20.12.1993, Rn. 8, öffentliche Version.

[297] Europäische Kommission (Hrsg.): Case No IV/M.342 – FORTIS/CGER, 15.11.1993, Rn. 21, öffentliche Version.

[298] Vgl. Supreme Court (Hrsg.): United States v. Philadelphia National Bank, o. O. 17.06.1963.

[299] Für eine übersichtliche Beschreibung der Merger Guidelines und des Begriffs der Marktabgrenzung vgl. Simons, J. J., Williams, M. A.: The renaissance of market definition, in: The Antitrust Bulletin, Vol. 38, 1993, S. 799–857.

Indem der Supreme Court die Gültigkeit des Cluster unterstellt, geht er von folgendem Kundenverhalten aus: Im Fall einer Preiserhöhung für ein Produkt (oder eine Dienstleistung), sucht ein Kunde einen neuen Anbieter für sämtliche Produkte und Dienstleistungen des Cluster, anstatt nach einer günstigeren Alternative für eben dieses eine Produkt (oder diese eine Dienstleistung) zu suchen.

Aufgrund differenzierter Zielsetzungen ist das Vorgehen des Supreme Court in der Folge jedoch nicht unumstritten geblieben:[300] Während Bankenvertreter sich die Sichtweise des Gerichts zu eigen machten, unterteilt das United States Department of Justice (USDOJ) den Cluster in wesentliche Bestandteile.[301] Trotz der unterschiedlichen Abgrenzungen hat das Department of Justice jedoch allenfalls auf den Märkten für ungesicherte Darlehen an kleine Geschäfte sowie an mittelgroße Unternehmen negative Wettbewerbsfolgen festgestellt.[302]

Die Existenz von Cluster-Märkten wird angenommen, wenn die betrachteten Unternehmen eine Vielzahl an Dienstleistungen und Produkten anbieten, wie dies typischerweise auch bei Geschäftsbanken der Fall ist. Beziehen Kunden mehrere Produkte von einem Anbieter, so führt dies zu einer Reduktion von Transaktionskosten. Erachten es Bankkunden z. B. als vorteilhaft, Giro-, Sparkonten und Kreditkarten von ein und derselben Bank zu beziehen, bilden diese Produkte ein Cluster.[303]

So begründete auch der Supreme Court die Entwicklung des Cluster mit den Erleichterungen, die ein umfassendes Angebot an Dienstleistungen und Produkten für Kunden bietet.[304] Insbesondere durch das breite Angebot vielfältiger Produkte und Dienstleistungen an einem Ort differenzieren sich Geschäftsbanken von anderen Finanzdienstleistern. Indem die gesamte Produktpalette „aus einer Hand" angeboten wird, kann sich ein Teil der Kunden darüber hinaus Zu-

---

300 So schlägt *Bronsteen* zumindest eine Aufteilung des Cluster in Einlagen- und Kreditmärkte vor. Vgl. Bronsteen, P.: Product market definition in commercial bank merger cases, in: The Antitrust Bulletin, Vol. 30, 1985, S. 677–694, hier S. 679.

301 Die Vorstellung, die Nachfrage nach Produkten bzw. Dienstleistungen erfolge gebündelt, wird auch von *Gelfand/Wolken* abgelehnt. Die von ihnen festgestellte Nachfrage nach dem Cluster erweist sich jedoch als nicht signifikant. Vgl. Gelfand, M. D., Wolken, J. D.: Do consumers „cluster" their banking services? In: Board of Governors of the Federal Reserve System (Hrsg.): Working Papers in Banking, Finance and Microeconomics, No. 4, o. O. 1986, S. 21 f.

302 Vgl. Greenspan, M. A., Colclough, J. T.: The relevant product market for banking acquisitions, in: The Antitrust Bulletin, Vol. 41, 1996, S. 453–464, hier S. 454.

303 Vgl. Veljanovski, C.: Banking mergers – transaction costs and market definition, in: European Competition Law Review, Vol. 21, 2000, No. 4, S. 195–198, hier S. 196.

304 Vgl. Supreme Court (Hrsg.): United States v. Phillipsburg National Bank, o. O. 29.06.1970.

gang zu bestimmten Produkten erschließen, die ihnen ansonsten nicht zur Verfügung stünden. Kunden, die über keine nennenswerten Sicherheiten verfügen, erhalten mit höherer Wahrscheinlichkeit einen Kredit von einer Bank, wenn sie bereits in der Vergangenheit Transaktionen mit dieser Bank abgewickelt haben, als von einem Spezialinstitut, mit dem sie bislang keine Geschäftskontakte hatten. Der Supreme Court geht daher davon aus, daß „the cluster of products and services termed to commercial banking has economic significance well beyond the various products and services involved.“[305]

Damit eine Annahme von Cluster-Märkten gerechtfertigt erscheint, müssen folgende Voraussetzungen gelten: Verteilen Kunden ihre Nachfrage nach verschiedenen Produkten auf mehrere Banken, ist dies zwangsläufig mit Kosten verbunden. Zusätzlich müssen diese Kosten im Verhältnis zu denen des Cluster relativ hoch sein, damit Banken die Kosten, die durch ein breiteres Angebot im Vergleich zur Spezialisierung entstehen, kompensieren können. Die Nachfrage nach einzelnen Komponenten des Cluster muß darüber hinaus vom Preis des gesamten Cluster abhängen und nicht ausschließlich von dem Preis dieses einen Produkts.[306]

Eine empirische Untersuchung von *Gelfand/Wolken* für das Segment der Unternehmenskunden liefert keine Bestätigung für eine Konzentration finanzieller Transaktionen auf eine Bank.[307] Weder große Unternehmen, noch Unternehmen kleinerer und mittlerer Größe konzentrieren ihre Nachfrage nach Finanzprodukten auf ein Institut. Eine empirisch nicht signifikante Bestätigung für eine gebündelte Nachfrage findet sich lediglich für private Haushalte in ländlichen Gegenden und Märkten, die sich durch eine höhere Konzentration auszeichnen.

Neuere Untersuchungen für den US-amerikanischen Markt zeigen ähnliche Ergebnisse, fallen jedoch etwas differenzierter aus:[308] So ist der Anteil an Konten und Darlehen, den Kunden bei ihrer „Hauptbank“ unterhalten bzw. in Anspruch nehmen, zwischen 1989 und 1998 von 56 Prozent auf 47 Prozent ge-

---

[305] Supreme Court (Hrsg.): United States v. Phillipsburg National Bank, o. O. 29.06.1970. Auch abgedruckt bei Greenspan, M. A., Colclough, J. T.: The relevant product market for banking acquisitions, in: The Antitrust Bulletin, Vol. 41, 1996, S. 453–464, hier S. 457.

[306] Vgl. Veljanovski, C.: Banking mergers – transaction costs and market definition, in: European Competition Law Review, Vol. 21, 2000, No. 4, S. 195–198, hier S. 196.

[307] Vgl. Gelfand, M. D., Wolken, J. D.: Do consumers „cluster“ their banking services? In: Board of Governors of the Federal Reserve System (Hrsg.): Working Papers in Banking, Finance and Microeconomics, No. 4, o. O. 1986, S. 21.

[308] Vgl. hierzu und zu den folgenden Ausführungen Amel, D. F., Starr-McCluer, M.: Market definition in banking – recent evidence, in: The Federal Reserve Board (Hrsg.): Finance and Economics Discussion Series, No. 16, o. O. 2001.

sunken, wobei sich der Anteil verschiedener Konten- und Darlehensarten unterschiedlich entwickelt hat. Die Annahme eines Cluster erscheint mit Blick auf diese Ergebnisse wenig gerechtfertigt. Sie stützen vielmehr die Haltung des United States Department of Justice, das, im Gegensatz zum United States Federal Reserve Board (USFRB), die Idee des Cluster ablehnt.

In letzter Zeit ist jedoch auch das USFRB von seiner strengen Sichtweise abgerückt, indem es Informationen über spezielle Produktfamilien im Bereich von Bankeinlagen zusätzlich zu der traditionellen Analyse bei der Entscheidungsfindung beachtet.[309] Das USFRB versucht damit neueren Entwicklungen im Bankgeschäft Rechnung zu tragen.[310]

Eine der Annahmen des Cluster-Konzepts sind hohe Transaktionskosten bei Institutswechseln, die Bankkunden veranlassen, unterschiedliche Produkte bei einem Institut nachzufragen. Technische Neuerungen (E-Banking) sowie andere Transaktionsgewohnheiten von Kunden (stärkere Nutzung elektronischer Zahlungsmöglichkeiten) und neue Wettbewerber (Onlinebanken), verändern die Wettbewerbsbedingungen stetig.[311] Führen neue Rahmenbedingungen zu niedrigeren Transaktionskosten, entfällt auch eine der Grundannahmen des Cluster-Ansatzes. Ob daher am Konzept des Cluster festgehalten werden sollte, ist zumindest fraglich.[312] Zur Veranschaulichung soll die Kostenentwicklung eines durchschnittlichen Zahlungsvorgangs dienen. Eine Zahlung über das Internet kostet maximal 13 US-Cent, während bei Ausführung über einen PC mit bankeigener Software 26 US-Cent anfallen. Bei Nutzung des Telefonbanking steigen sie auf 54 US-Cent. Wird der gleiche Vorgang in einer Filiale abgewickelt, steigen die Kosten sogar auf 1,08 US-Dollar.[313]

Gleichwohl finden sich – entgegen dieser Überlegungen – auch Untersuchungen, die trotz gesunkener Transaktionskosten weiterhin die Vorstellung des Cluster zugrundelegen. Anders als viele Studien schreiben *Cyrnak/Hannan* einer lokalen Marktabgrenzung weiterhin hohe Bedeutung zu. Ursächlich ist ein von ihnen gefundener hoher Zusammenhang zwischen lokaler Marktkonzentra-

---

[309] Vgl. Guerin-Calvert, M. E.: Current merger policy – banking and ATM network mergers, in: The Antitrust Bulletin, Vol. 41, 1996, S. 289–322, hier Fn. 14.

[310] Vgl. hierzu auch Kwast, M. L.: Bank mergers – what should policy makers do? In: Journal of Banking & Finance, Vol. 23, 1999, No. 2–4, S. 629–636, hier S. 635 f.

[311] Vgl. Biehl, A. R.: The extent of the market for retail banking deposits, in: The Antitrust Bulletin, Vol. 47, 2002, S. 91–106, hier S. 92.

[312] Vgl. Smith, B. W., Ryan, M. W.: The changing nature of antitrust enforcement in banking's new era, in: The Antitrust Bulletin, Vol. 41, 1996, S. 481–488.

[313] Vgl. Nehmzow, C.: The internet will shake banking's medieval foundations, in: Journal of Internet Banking and Commerce, Vol. 2, 1997, No. 2, o. S.

tion und dem Zinssatz für Unternehmenskredite.[314] Gegen die Ablehnung des Cluster-Konzepts wenden sich ebenso *Kwast/Starr-McCluer/Wolken*, deren Ergebnisse auf folgenden Beobachtungen ruhen:[315] Private Haushalte sowie Unternehmen kleinerer und mittlerer Größe konzentrieren den größten Teil ihrer Nachfrage auf eine Bank. Beide Nachfragergruppen haben ihr Verhalten in den letzten Jahren trotz technischer Neuerungen zudem nur geringfügig geändert.[316]

Inwieweit durch den Cluster das tatsächliche Nachfrageverhalten von Kunden widergespiegelt wird, läßt sich somit auch auf Basis der vorliegenden empirischen Studien nicht eindeutig beantworten. Es finden sich sowohl Belege für Cluster als auch für separate Produktmärkte. Die Entscheidung für oder gegen das Cluster-Konzept reflektiert damit eher eine bestimmte wettbewerbstheoretische bzw. -politische Haltung als eine Frage der richtigen oder falschen Sichtweise.

Wenngleich das Konzept des Cluster von der Europäischen Kommission abgelehnt wird, ist die Frage von Interesse, ob es eine Alternative zum aktuellen Vorgehen der Europäischen Kommission darstellen könnte: Überträgt man die Idee des Cluster auf die gegenwärtige Entscheidungspraxis der Kommission, existiert ein Cluster, wenn ein Anbieter den Preis für diesen anheben kann, ohne daß Kunden ihre Nachfrage auf Unternehmen verlagern, die nur eine Auswahl oder auch alle Produkte oder Dienstleistungen aus dem Cluster anbieten.

Ob das Konzept eine alternative Vorgehensweise darstellen könnte, ist jedoch eher zweifelhaft. Die Idee des Cluster bietet keine wesentlichen Vorteile und wirft zudem eine Reihe neuer Probleme auf: Bankkunden besitzen zwar eine Präferenz, bestimmte Produkte von *einem* Institut zu beziehen, was die Annahme eines Cluster stützt. Die relative Bedeutung einer exklusiven Nutzung hat durch zusätzliche Bankverbindungen im Zeitablauf jedoch abgenommen. Ein erheblicher Schwachpunkt des Konzepts liegt zudem in der Nichtberück-

---

[314] Vgl. Cyrnak, A. W., Hannan, T. H.: Is the cluster still valid in defining banking markets? Evidence from new data source, in: The Antitrust Bulletin, Vol. 44, 1999, S. 313–331.

[315] Vgl. Kwast, M. L., Starr-McCluer, M., Wolken, J. D.: Market definition and the analysis of antitrust in banking, in: The Antitrust Bulletin, Vol. 42, 1997, S. 973–995, hier S. 993 ff.

[316] *Kwast/Starr-McCluer/Wolken* gestehen jedoch ein, daß (zumindest) für den Bereich des Electronic-Banking Forschungsbedarf besteht. Insbesondere Aussagen über die Akzeptanz und die Intensität der Nutzung seien noch nicht ausreichend abgesichert, um stichhaltige Schlußfolgerungen ziehen zu können. Auswirkungen auf die Marktabgrenzung seien daher noch relativ vage und unbestimmt.

sichtigung von Near-banks bzw. Non-banks.[317] Gerade sie stellen zunehmend Alternativen für Nachfrager dar, insbesondere wenn es sich um eher standardisierte und wenig beratungsintensive Produkte handelt.

II. Räumliche Abgrenzung

Das Bedarfsmarktkonzept als grundsätzliche Methode zur Abgrenzung des sachlich relevanten Marktes kann auch zur räumlichen Marktabgrenzung herangezogen werden. Demnach zählen alle Standorte derjenigen Anbieter zum räumlich relevanten Markt, deren Angebot von den Nachfragern bei ihrer Auswahlentscheidung Berücksichtigung findet.[318] Der räumlich relevante Markt wird somit durch die Nachfrager und die Reichweite ihrer Auswahlentscheidung determiniert.[319]

Nach Definition der Kommission umfaßt „der geographisch relevante Markt [..] das Gebiet, in dem die beteiligten Unternehmen die relevanten Produkte oder Dienstleistungen anbieten, in dem die Wettbewerbsbedingungen hinreichend homogen sind und das sich von benachbarten Gebieten durch spürbar unterschiedliche Wettbewerbsbedingungen unterscheidet."[320]

---

[317] Für den US-amerikanischen Markt halten *Amel/Hannan* diesem Argument jedoch entgegen, daß die Wettbewerbsintensität zwischen Banken und Non-Banks im Markt für Einlagen mittelständischer Konsumenten nicht ausreichend hoch ist, um diese Institute als Wettbewerber anzusehen und sie folglich im Rahmen der Marktabgrenzung zu berücksichtigen. Sie halten daher den Bereich des Commercial Banking für eine adäquate Marktabgrenzung, so wie es beim Cluster-Konzept der Fall ist. Vgl. Amel, D. F., Hannan, T. H.: Defining banking markets according to principle recommended in the Merger Guidelines, in: The Antitrust Bulletin, Vol. 45, 2000, S. 615–639, hier S. 617 und S. 638 f. sowie Amel, D. F., Hannan, T. H.: Establishing banking market definitions through estimation of residual deposit supply equations, in: Journal of Banking & Finance, Vol. 23, 1999, No. 11, S. 1667–1690.

[318] Zur Diskussion, inwieweit die Kommission bei Zusammenschlüssen, an denen nur Unternehmen beteiligt sind, deren Sitz außerhalb der Gemeinschaft liegt, ebenfalls zuständig ist, vgl. z. B. Weitbrecht, A.: Die Kontrolle weltweiter Unternehmenszusammenschlüsse durch die Europäische Union und die USA, in: Schwarze, J. (Hrsg.): Europäisches Wettbewerbsrecht im Zeichen der Globalisierung, Schriftenreihe Europäisches Recht, Politik und Wirtschaft, Bd. 268, Baden-Baden 2002, S. 63–76 und Montag, F., Kaessner, R.: Neuere Entwicklungen in der Fallpraxis der europäischen Fusionskontrolle, in: Wirtschaft und Wettbewerb, 47. Jg., 1997, H. 10, S. 781–794, hier S. 785 ff.

[319] Vgl. Kottmann, E.: Die räumliche Abgrenzung des relevanten Marktes – eine ökonomische Untersuchung unter Berücksichtigung der wettbewerbspolitischen Praxis in der europäischen Zusammenschlußkontrolle, Baden-Baden 2000, S. 80.

[320] Europäische Kommission (Hrsg.): Bekanntmachung der Kommission über die Definition des relevanten Marktes im Sinne des Wettbewerbsrechts der Gemeinschaft, in: Abl. EG C 372/5–13 vom 09.12.1997, Rn. 8.

Bei der räumlichen Abgrenzung unterscheidet die Kommission zwischen örtlichen, regionalen, nationalen, gemeinschaftsweiten und weltweiten Märkten.[321] Die Analyse der Wettbewerbsbedingungen beinhaltet dabei allgemeine Merkmale sowohl der Angebots- als auch der Nachfrageseite. Zu den Indikatoren auf der Angebotsseite zählen u. a.:[322]

- die geographische Verteilung der Marktanteile,
- die geographische Struktur der relativen Preise,
- die Marktzutrittsschranken,
- die Standorte größerer Anbieter,
- die Vertriebssysteme und
- die Transportkosten.

Für die Nachfrageseite kommen Aspekte in Betracht, die die Präferenzen der Verbraucher betreffen bzw. beeinflussen, wie z. B.:[323]

- nationale Markentreue und Konsumgewohnheiten,
- Werbung,
- kulturelle Unterschiede und
- Markentreue sowie die Kaufgewohnheiten der Verbraucher.

Anfangs hatte die Kommission in der Fusionskontrolle ein Instrument gesehen, um den wirtschaftlichen Integrationsprozeß zwischen den Mitgliedstaaten zu unterstützen und wenn möglich zu beschleunigen. Auf die Dynamik des Gemeinsamen Marktes vertrauend, grenzte die Kommission bereits vor der rechtlichen Verwirklichung des Binnenmarktes den relevanten Markt oftmals

---

321 Für eine Übersicht möglicher Unterscheidungskriterien vgl. Europäische Kommission (Hrsg.): 22. Bericht über die Wettbewerbspolitik 1992, Brüssel 1993, Tz. 239 ff.

322 Vgl. Europäische Kommission (Hrsg.): 23. Bericht über die Wettbewerbspolitik 1993, Brüssel 1994, Tz. 279 und Tz. 283; Europäische Kommission (Hrsg.): 22. Bericht über die Wettbewerbspolitik 1992, Brüssel 1993, Tz. 237 und Rösler, P.: Implementierung einer Fusionskontrolle im europäischen Binnenmarkt – Auswirkungen auf das deutsche Recht der Unternehmenszusammenschlüsse, Frankfurt a. M. 1994, S. 113 f.

323 Vgl. Europäische Kommission (Hrsg.): 23. Bericht über die Wettbewerbspolitik 1993, Brüssel 1994, Tz. 279 und Tz. 281.

gemeinschaftsweit ab. Aufgrund damit gemachter Erfahrungen ist die Kommission zuletzt jedoch von dieser Entscheidungspraxis zum Teil abgerückt.[324]

Wie bereits angedeutet, bestimmt in erster Linie die ökonomische Entfernung die Ausdehnung des räumlich relevanten Marktes: Private Bankkunden nutzen die Filialstruktur ihrer Bank tendenziell innerhalb einer engen Umgebung. Im Privatkundengeschäft (Retail-Banking) ist daher eher von vielen regionalen oder sogar lokalen als von nationalen Märkten auszugehen. Empirische Evidenz liefert die Studie von *Amel/Starr-McCluer* für den US-amerikanischen Markt.[325] Auch wenn Bankkunden für einige Produkte größere Entfernungen zurücklegen, ist diese Tendenz bei Kernprodukten (Giro-, Sparkonten etc.) nicht erkennbar. Die Nachfrage nach diesen erfolgt lokal.[326]

Im Gegensatz dazu grenzt die Kommission den Markt im Retail-Banking national ab. Sie versucht damit die unterschiedlichen Wettbewerbsbedingungen in den einzelnen Mitgliedstaaten in ausreichendem Maße zu berücksichtigen.[327] Darüber hinaus betont sie die Bedeutung, die ein möglichst umfassendes Filialnetz für einen Anbieter hat, um optimal am Markt vertreten zu sein. Diese Sichtweise wird die Kommission sicher auch in Zukunft beibehalten. Eine weitere Marktabgrenzung ist trotz einer wachsenden Internationalisierung und verstärkter Ausrichtung vieler Banken auf den Gemeinsamen Markt eher unwahrscheinlich. Die Neigung der Kommission, auch im Retail-Banking von nationalen Märkten auszugehen, wird jedoch in der Literatur nicht einstimmig geteilt.[328]

Vorschläge für eine engere Marktabgrenzung basieren auf der Überlegung, zwischen distributionsbezogenen Aspekten und den Produkten an sich zu unterscheiden. Unabhängig davon, ob ein Anbieter homogene Bedingungen für be-

---

[324] Vgl. Mische, H.: Nicht-wettbewerbliche Faktoren in der europäischen Fusionskontrolle – Wettbewerbspolitik zwischen Schutzpolitik und Gestaltung, Baden-Baden 2001, S. 325 f. und die dort genannte Literatur. Zudem verzichtet die *Kommission* auf eine genaue Abgrenzung, wenn dies ihrer Meinung nach nicht erforderlich ist. Vgl. Europäische Kommission (Hrsg.): Case No IV/M.112 – EDS/SD Scicon, 17.07.1991, S. 3, öffentliche Version.

[325] Vgl. Amel, D. F., Starr-McCluer, M.: Market definition in banking – recent evidence, in: The Federal Reserve Board (Hrsg.): Finance and Economics Discussion Series, No. 16, o. O. 2001.

[326] Ähnliche Ergebnisse finden auch Kwast, M. L., Starr-McCluer, M., Wolken, J. D.: Market definition and the analysis of antitrust in banking, in: The Antitrust Bulletin, Vol. 42, 1997, S. 973–995.

[327] Vgl. z. B. Europäische Kommission (Hrsg.): Case No IV/M.1029 – Merita/Nordbanken, 10.12.1997, Rn. 11, öffentliche Version.

[328] Vgl. hierzu und im Folgenden OECD (Hrsg.): Mergers in financial services, Paris 2000, S. 256.

stimmte Produkte auf dem nationalen Markt offeriert, unterhalten vor allem private Haushalte und Unternehmen kleiner und mittlerer Größe Bankverbindungen nur innerhalb einer „vernünftigen" räumlichen Entfernung. Will man Aussagen über potentielle Konkurrenten treffen oder Ausweichmöglichkeiten von Bankkunden abschätzen, so erscheint eine engere als eine nationale Marktabgrenzung sinnvoll.

Eng verbunden mit einer adäquaten Marktabgrenzung ist die Beobachtung, inwieweit technologische Entwicklungen eine Veränderung der Marktstruktur und des räumlich relevanten Marktes bewirken können. Technologische Neuerungen haben in der Regel bei einer engeren Marktabgrenzung größere Auswirkungen als bei einer weiten Marktdefinition. Angebotsseitige Änderungen wie z. B. das Electronic-Banking senken Transaktionskosten und beeinflussen somit die Höhe bestehender Marktzutrittsschranken. Für nationale Konkurrenten steigt der Anreiz eines Markteintritts ebenso wie für ausländische Anbieter. Ein Markteintritt kann im Bereich des Retail-Banking gleichzeitig – bedingt durch den technischen Fortschritt – mit einer verringerten Größe des Filialnetzes erfolgen, da Kunden zudem einen Großteil an einfachen Dienstleitungen ohne persönlichen Kontakt „vor Ort" abwickeln können.[329] Steigt die Wahrscheinlichkeit eines Markteintritts durch potentielle Konkurrenten aufgrund von sinkenden Transaktionskosten, so hat dies auch Auswirkungen auf wettbewerbsrechtliche Beurteilungen von Bankenfusionen (vgl. *Kapitel 1*).

Auch wenn die Europäische Kommission ihre Entscheidungspraxis eher langsam an technologische Neuerungen anpaßt, bleiben diese nicht unberücksichtigt:

„The Commission has examined the network-effect of the merger in all the Belgian provinces and regions. The new entity will have from [...] of the outlets in Western Flanders up to [...] of the outlets in Hainaut and Namur/Walloon Brabant. Even if the new entity will have the strongest market network in Belgium, this will not confer on it a dominant position since consumers will have sufficient competitors' banking outlets at hand. Furthermore, the existence of cash-dispensers, electronic banking and telephone banking minimise the effect of any strong position in this respect."[330]

---

[329] Als Beispiel, wie technologische Entwicklungen Marktzutrittsschranken senken können, mögen an dieser Stelle Onlinebanken dienen, die gänzlich ohne ein Filialnetz auskommen.

[330] Europäische Kommission (Hrsg.): Case No IV/M.1172 – Fortis AG/Generale Bank, 24.06.1998, Rn. 22, öffentliche Version. An Stelle der eckigen Klammern befinden sich Angaben über Anteile, die zwischen 24 und 28 Prozent bzw. 35 und 39 Prozent lagen.

B. Traditionelle Beurteilungskriterien

Auf der Grundlage der sachlichen und räumlichen Marktabgrenzung prüft die Kommission, inwieweit durch eine Freigabe des Zusammenschlusses eine marktbeherrschende Stellung auf dem relevanten Markt begründet oder verstärkt und so wirksamer Wettbewerb erheblich behindert würde.

Die Definition einer marktbeherrschenden Stellung wurde bereits in Kapitel 2 angesprochen. Schwierigkeiten ergeben sich hierbei u. a. durch einzelne Formulierungen, die unterschiedliche Interpretationen zulassen. So geht der EuGH von einer marktbeherrschenden Stellung aus, wenn ein Unternehmen über einen Verhaltensspielraum verfügt, der es ihm erlaubt, sich gegenüber Wettbewerbern oder der Marktgegenseite in wesentlichem Umfang unabhängig zu verhalten.[331] Nach dieser Abgrenzung ist nicht davon auszugehen, daß sich überhaupt ein Unternehmen – von einem staatlich geschützten Monopol einmal abgesehen – vollständig unabhängig verhalten kann. Vielmehr verfügen Unternehmen oftmals über einen gewissen autonomen Handlungsspielraum.[332]

Um den Begriff der marktbeherrschenden Stellung zu konkretisieren und einen möglichen Handlungsspielraum zu identifizieren, bedient sich die Kommission verschiedener Kriterien. Eine Operationalisierung wird dabei insbesondere durch die in Art. 2 I b FKVO aufgeführten Strukturmerkmale versucht. Um entscheiden zu können, ob im Einzelfall von einer marktbeherrschenden Stellung ausgegangen werden kann, bedarf es einer intensiven Prüfung und Würdigung der Gesamtsituation. Sind lediglich einzelne Kriterien erfüllt, so reicht dies für eine Untersagung nicht aus.[333]

Von der Zusammenschlußkontrolle sollen nur solche Handlungen erfaßt werden, die eine dauerhafte Veränderung des Status quo bewirken. Somit hat

---

[331] Diese Definition des EuGH kann mittlerweile als „Standardformel“ bezeichnet werden. Vgl. z. B. Rösler, P.: Der Begriff der marktbeherrschenden Stellung in der europäischen Fusionskontrolle, in: Neue Zeitschrift für Gesellschaftsrecht, 3. Jg., 2000, H. 17, S. 857–904, Fn. 11.

[332] Diese Aussage trifft zumindest auf Märkte mit heterogenen Produkten zu. Vgl. Fehl, U., Schmidtchen, D.: Wettbewerbstheoretische Aspekte der Mißbrauchsaufsicht über Autobahntankstellen, in: Wirtschaft und Wettbewerb, 36. Jg., 1986, H. 7/8, S. 572–586, hier S. 576 f.

[333] Eine Übersicht traditioneller Methoden und empirischer Verfahren zur Messung von Marktmacht findet sich bei Baker, J. B., Bresnahan, T. F.: Empirical methods of identifying and measuring market power, in: Antitrust Law Journal, Vol. 61, 1992, S. 3–16.

die Kommission bei ihrer Beurteilung die *langfristigen* Auswirkungen auf die Marktstruktur zu betrachten und zu berücksichtigen.[334]

Im Folgenden werden nur die im Rahmen der bisherigen Entscheidungspraxis wichtigsten Kriterien erläutert. Als weitere Beurteilungskriterien berücksichtigt die Kommission Wahlmöglichkeiten für Lieferanten und Abnehmer, die Entwicklung von Angebot und Nachfrage, Nachfragemacht der Marktgegenseite sowie die Entwicklung des technischen und wirtschaftlichen Fortschritts.[335]

I. Marktanteil

Ein zentrales Entscheidungskriterium für die Kommission bei der Beurteilung von horizontalen Unternehmenszusammenschlüssen ist die Marktstellung des neuen Unternehmens. Bei ihrer Entscheidungsfindung hat die Kommission zwar eine Vielzahl an Kriterien zu berücksichtigen; für den Nachweis einer marktbeherrschenden Stellung spielt der Marktanteil – ebenso wie im deutschen Wettbewerbsrecht – jedoch eine besonders große, wenn nicht sogar die wichtigste Rolle.[336] Gleichwohl war der Marktanteil in der Entscheidungspraxis der Kommission bisher nie alleine für die Annahme einer marktbeherrschenden Stellung ausschlaggebend.[337]

Zusammenschlüsse sind mit dem Gemeinsamen Markt vereinbar, wenn der gemeinsame Marktanteil der beteiligten Unternehmen im Gemeinsamen Markt oder in einem wesentlichen Teil desselben 25 Prozent nicht überschreitet.[338] Der

---

[334] Im Anschluß an die Prüfung einer möglichen Einzelmarktbeherrschung untersucht die Kommission in einem zweiten Schritt, ob der Zusammenschluß zu einer oligopolistischen Marktbeherrschung führen kann. Vgl. hierzu Europäische Kommission (Hrsg.): Case No IV/M.190 – Nestle/Perrier, 22.07.1992, öffentliche Version und auch Bach, A.: Der Marktbeherrschungsbegriff in der EG-Fusionskontrolle, auch im Vergleich zum deutschen Kartellrecht, in: Wirtschaft und Wettbewerb, 43. Jg., 1993, H. 10, S. 804–817, hier S. 815 ff.

[335] Für eine ausführliche Darstellung dieser Kriterien vgl. z. B. Rösler, P.: Implementierung einer Fusionskontrolle im europäischen Binnenmarkt – Auswirkungen auf das deutsche Recht der Unternehmenszusammenschlüsse, Frankfurt a. M. u. a. 1994, S. 130 ff.

[336] Vgl. Europäische Kommission (Hrsg.): 21. Bericht über die Wettbewerbspolitik 1991, Brüssel 1992, S. 408 und Erwägungsgrund Nr. 15 der FKVO.

[337] Vgl. Huggenberger, T.: Die marktbeherrschende Stellung in der Fusionskontrolle der EG, Bern u. a. 2000, S. 174.

[338] Vgl. Siragusa, M., Subiotto, R.: Ein Jahr Fusionskontrolle – eine Zwischenbilanz aus Sicht des Praktikers, in: Wirtschaft und Wettbewerb, 31. Jg., 1991, H. 11, S. 872–887, hier S. 886.

Umkehrschluß gilt jedoch nicht. Ebensowenig, wie die Kommission von einer Art Untergrenze ausgeht, existiert auch keine Obergrenze, ab der eine marktbeherrschende Stellung – quasi automatisch – unterstellt wird.[339] Die Prüfung weiterer Strukturkriterien erübrigt sich nicht. Von einem hohen Marktanteil grundsätzlich auf Marktmacht zu schließen, ist unzweckmäßig.[340]

Ein hoher Marktanteil wird somit als notwendige, nicht jedoch auch hinreichende Bedingung für eine marktbeherrschende Stellung angesehen. Diese Sichtweise hat nicht nur Eingang in die wettbewerbspolitische Beurteilung von Unternehmenszusammenschlüssen, sondern auch in die industrieökonomische Literatur gefunden.[341]

Die Kommission beurteilt sowohl die absolute als auch die relative Positionierung des Unternehmens. Für einen quantitativen Anhaltspunkt dient im Folgenden die bisherige Entscheidungspraxis der Kommission. Derartige Aussagen besitzen keine Allgemeingültigkeit, liefern aber immerhin einen Eindruck von der Größenordnung, ab der die Kommission Probleme für die Funktionsfähigkeit des Wettbewerbs sieht.[342] So unterstellt sie eine marktbeherrschende Stellung bei Marktanteilen von über 50 Prozent und einem gleichzeitigen Marktanteil des nächstgrößeren Wettbewerbers von weniger als 20 Prozent.[343] Ob ein Marktanteil von 44 Prozent und ein gleichzeitiger Abstand von mehr als 30 Prozent auf den zweitgrößten Anbieter ausreicht, um eine marktbeherrschende Stellung zu vermuten, kann nach Meinung der Kommission als „zumindest zweifelhaft" angesehen werden.[344]

Um die Aussagekraft von Marktanteilen zu erhöhen, ist die Dynamik des jeweiligen Marktes in die Entscheidung einzubeziehen. Auf stark wachsenden und innovativen Märkten sind hohe Marktanteile für die Einschätzung wesent-

---

[339] Vgl. Kerber, W.: Die Europäische Fusionskontrollpraxis und die Wettbewerbskonzeption der EG, Bayreuth 1994, S. 60.

[340] Vgl. Baker, S., Wu, L.: Applying the market definition guidelines of the European Commission, in: European Competition Law Review, Vol. 19, 1998, No. 5, S. 273–280, hier S. 278. Für das US-amerikanische Wettbewerbsrecht vgl. z. B. Hay, G. A.: Market power in antitrust, in: Antitrust Law Journal, Vol. 60, 1992, No. 3, S. 807–827, hier S. 825 ff.

[341] Vgl. z. B. Scherer, F. M., Ross, D.: Industrial market structure and economic performance, 3. Aufl., Boston u. a. 1990, S. 428 f.

[342] Vgl. Bach, A.: Der Marktbeherrschungsbegriff in der EG-Fusionskontrolle, auch im Vergleich zum deutschen Kartellrecht, in: Wirtschaft und Wettbewerb, 43. Jg., 1993, H. 10, S. 804–817, hier S. 810 und die dort angegebenen Entscheidungen.

[343] Vgl. Europäische Kommission (Hrsg.): Caso n. IV/M.62 – Eridania/ISI, 30.07.1991, Rn. 26, öffentliche Version.

[344] Vgl. Europäische Kommission (Hrsg.): Fall Nr. IV/M.12 – Varta/Bosch, 31.07.1991, Rn. 58, öffentliche Version.

lich weniger bestimmend. Marktanteilsverschiebungen können sich relativ kurzfristig ergeben. Ebenso bietet sich kleineren Unternehmen eher die Möglichkeit, zu Lasten (größerer) Konkurrenten zu expandieren. Bei einem stagnierenden oder sogar rückläufigen Marktvolumen sind hohe Marktanteile wesentlich kritischer zu beurteilen. Marktanteilsverschiebungen sind hier relativ selten, da die Strukturen in einem ausgereiften Markt in der Regel sehr stabil sind.

Mit Hilfe des Marktanteils scheint eine marktbeherrschende Stellung relativ elegant und einfach konkretisierbar zu sein. So leicht und problemlos eine Orientierung jedoch fällt, so schwierig kann eine Einzelfallentscheidung sein.[345] Voraussetzung ist zunächst eine exakte Abgrenzung des relevanten Marktes. Aufgrund von vielfältigen miteinander konkurrierenden Abgrenzungsmethoden, verlieren die abgeleiteten Aussagen schnell an Bedeutung.

Banken agieren auf verschiedenen Märkten, auf denen sie häufig unterschiedlich starke Wettbewerbspositionen einnehmen. Eine Betrachtung darf daher nicht auf einen einzelnen Markt bzw. ein einzelnes Marktsegment reduziert werden. Um ein aussagekräftiges Urteil über die Marktstellung zu erhalten, muß vielmehr die Positionierung auf sämtlichen Märkten in die Beurteilung einbezogen werden.

Sowohl im europäischen als auch im US-amerikanischen Wettbewerbsrecht wird von einer positiven Korrelation zwischen einem hohen Marktanteil und Marktmacht ausgegangen.[346] Besitzen die an einem Zusammenschluß beteiligten Banken durchweg Marktanteile, die auch nach dem Zusammenschluß keine wettbewerbspolitischen Bedenken hervorrufen, so ist der Zusammenschluß mit den jeweiligen Vorschriften in der Regel vereinbar. Da die Höhe der Marktanteile jedoch von der Marktabgrenzung abhängig ist, empfehlen *Canoy/Weigand* eine leicht veränderte wettbewerbspolitische Vorgehensweise.[347] Bei diesem Ansatz steht weniger die Betrachtung des Marktanteils als Strukturkriterium im Mittelpunkt. Anstatt im Anschluß an eine Einzelmarktbeherrschung in einem zweiten Schritt eine oligopolistische Marktbeherrschung zu prüfen, schlagen *Canoy/Weigand* eine Betrachtung vor, die auf einem breiteren Marktbegriff basiert und stärker die Möglichkeit einbezieht, daß Unternehmen eine starke

---

[345] Vgl. zu der allgemeinen Problematik der Aussagekraft von Marktanteilen als Marktmachtindikatoren Berg, H.: Zur (Un-)Brauchbarkeit des Marktanteils als Marktmachtindikator, in: Wettbewerb in Recht und Praxis, 32. Jg., 1986, H. 4, S. 187–191.

[346] *Kurtz/Rhoades* weisen für den US-amerikanischen Bankenmarkt zudem nach, daß mit wachsendem Marktanteil die Ertragskraft eines Unternehmens steigt. Vgl. Kurtz, R. D., Rhoades, S. A.: A note on the market share-profitability relationship, in: Review of Industrial Organization, Vol. 7, 1992, No. 1, S. 39–50.

[347] Vgl. Canoy, M., Weigand, J.: How relevant is the relevant market? Lessons from recent antitrust cases, bisher unveröffentlicht.

Marktposition auf verbundenen Märkten nutzen, um auf dem (eigentlich) relevanten Markt die Wettbewerbsintensität zu verringern.

Nach Ansicht von *Canoy/Weigand* führt dies zu einer stärkeren Berücksichtigung weiterer wichtiger Überlegungen, wie z. B. Markteintrittsschranken. Abgesehen vom letzten Aspekt berücksichtigt die Kommission durchaus die angesprochenen Aspekte. Marktzutrittsschranken sind ebenso fester Bestandteil einer wettbewerbspolitischen Analyse wie die Untersuchung der Marktposition im Zeitablauf. Dem indirekten Vorwurf, die Kommission beschränke sich zu sehr auf den Marktanteil als Beurteilungsmaßstab, kann nur insofern zugestimmt werden, als die beiden Autoren eine stärkere Gewichtung zusätzlicher Kriterien fordern. Der Vorteil einer breiteren Marktabgrenzung liegt ihrer Meinung nach in der fehlenden Notwendigkeit, den relevanten Markt *exakt* abzugrenzen, da wettbewerbshemmende Einflüsse oftmals von verbundenen Märkten ausgehen. Ergebnis einer breiteren Marktabgrenzung ist somit eine geringere Fehleranfälligkeit bei kleineren Änderungen des eigentlich relevanten Marktes.[348]

Um eine fundierte Beurteilung zu erhalten, beschränkt die Kommission ihre Analyse der Marktanteile nicht auf den Zeitpunkt des Zusammenschlusses. Die Betrachtung erfolgt vielmehr dynamisch und berücksichtigt die Marktanteilsentwicklung in der Vergangenheit.[349] Ist die Stellung der beteiligten Unternehmen durch einen rückläufigen Marktanteil gekennzeichnet, so kann dies für ein defensives Fusionsmotiv sprechen und wettbewerbspolitische Beachtung dergestalt erfahren, daß ein höherer Marktanteil des neuen Unternehmens zugelassen wird.

Erreicht das neue Unternehmen auf dem betrachteten Markt den absolut größten Marktanteil, so führt dies nicht zwingend zu einer Untersagung. Berücksichtigt man die Marktanteile der verbleibenden Konkurrenten und deren Entwicklung in der Vergangenheit, kann dies mögliche wettbewerbspolitische Bedenken beseitigen. Läßt die Wettbewerbsposition der Konkurrenten mit hoher Wahrscheinlichkeit ein schnelles Erodieren der (vermeintlich) marktbeherrschenden Stellung erwarten, so verringert sich die Skepsis gegenüber dem Zusammenschluß.

---

[348] Vgl. Canoy, M., Weigand, J.: How relevant is the relevant market? Lessons from recent antitrust cases, bisher unveröffentlicht, S. 23.

[349] Vgl. Schuster, H.: Kriterien zur Bestimmung von Marktmacht und Marktbeherrschung, in: Seidenfus, H. S. (Hrsg.): Marktmacht und marktbeherrschende Verhaltensweisen im Verkehr, Beiträge aus dem Institut für Verkehrswissenschaft an der Universität Münster, H. 42, Göttingen 1966, S. 9–33, hier S. 15.

Als eine Aufholfusion bezeichnet man einen Zusammenschluß, bei dem der Marktanteil des neuen Unternehmens unter dem des größten Konkurrenten bleibt. Die Kommission sieht dies positiv, da sich das neue Unternehmen durch den Zusammenschluß dem Marktführer nähert und nach ihren Vorstellungen ein (zusätzlicher) starker Wettbewerber entsteht.[350]

Wie bereits erwähnt, kommt der Marktanteilsanalyse eine besondere Bedeutung zu. Obwohl eine Reihe weiterer Faktoren bei der Entscheidungsfindung durch die Kommission berücksichtigt wird, läßt sich grundsätzlich feststellen, daß die zusätzlich angeführten Argumente relativ stark sein müssen, wenn trotz eines niedrigen Marktanteils eine marktbeherrschende Stellung angenommen wird. Ebenso bedarf es umgekehrt einer ausführlichen Analyse und kritischen Diskussion anderer Kriterien, wenn ein Zusammenschluß trotz eines hohen gemeinsamen Marktanteils der Fusionspartner freigegeben werden soll.[351]

II. Marktzutrittsschranken und potentieller Wettbewerb

Führt ein Zusammenschluß nach Einschätzung der Kommission zu einer marktbeherrschenden Stellung, ist dies nicht gleichbedeutend mit seiner Untersagung. Zeichnet sich ein Markt durch niedrige Marktzutrittsschranken[352] aus, so kann ein Unternehmen eine starke Marktstellung nicht ausnutzen, weil es den Markteintritt anderer Unternehmen fürchten muß. Potentielle Konkurrenten hindern das Unternehmen also an der Ausübung seiner marktbeherrschenden Stellung.[353] Bei Berücksichtigung potentieller Konkurrenten genügt jedoch nicht allein die *Möglichkeit* eines Markteintritts; dieser muß vielmehr mit hoher Wahrscheinlichkeit und zeitnah erfolgen. Angebotsbedingungen, mit denen andere Unternehmen in den Markt eintreten, müssen zudem geeignet sein, den Verhaltensspielraum des etablierten Anbieters zu begrenzen bzw. erheblich zu reduzieren. Als potentielle Wettbewerber sind dabei nicht nur echte Newcomer

---

[350] Vgl. Huggenberger, T.: Die marktbeherrschende Stellung in der Fusionskontrolle der EG, Bern u. a. 2000, S. 177. Die erhöhte Gefahr eines abgestimmten Verhaltens aufgrund einer gesunkenen Anzahl an Marktteilnehmern wird hier nicht weiter verfolgt.

[351] Vgl. Jones, C., Gonzalez-Diaz, E.: The EEC merger regulation, London 1992, S. 133 f.

[352] Die Begriffe Markteintrittsschranke, -eintrittsbarriere und -zutrittsbarriere werden im weiteren synonym verwendet.

[353] Vgl. z. B. Ramrath, S.: Die „überragende" Marktstellung als Merkmal der Fusionskontrolle – Marktmachtkonzept versus Ressourcentheorie, in: FIW (Hrsg.): FIW-Schriftenreihe, H. 84, Köln u. a. 1979, S. 47.

zu berücksichtigen, sondern auch Unternehmen, die bereits auf getrennten Märkten tätig sind oder als Anbieter auf benachbarten Märkten agieren.[354]

Gleichwohl können Unternehmenszusammenschlüsse auch zu einer Entstehung oder Erhöhung von Markteintrittsschranken führen. Potentiellen Konkurrenten wird der Zutritt zum betreffenden Markt somit erschwert oder sogar verwehrt. Da sich Marktzutrittsschranken und das Ausmaß potentieller Konkurrenten bedingen, erfolgt eine simultane Beurteilung beider Kriterien. Während der Marktanteil Aussagen über die Positionierung gegenüber aktuellen Wettbewerbern zuläßt, erlaubt die Berücksichtigung von Markteintrittsschranken Angaben über die Relevanz von potentiellen Konkurrenten. Es handelt sich somit auch um ein marktstrukturbezogenes Kriterium.[355]

Marktzutrittsschranken sind nicht nur bei der Bestimmung einer marktbeherrschenden Stellung von Bedeutung. Sie können auch ursächlich für die Annahme räumlich getrennter Märkte sein. So können z. B. unterschiedliche nationale Regelungen oder Standards, Handelsbeschränkungen oder hohe Transportkosten räumlich getrennte Märkte begründen.[356]

Bei ihrer Untersuchung unterscheidet die Kommission – wie das Bundeskartellamt – zwischen institutionellen, strukturellen und strategischen Markteintrittsschranken. Erstere entstehen z. B. aufgrund von rechtlichen Regelungen, wie Zöllen oder staatlicher Monopolvergabe, Qualifikationsnachweisen, Genehmigungserfordernissen oder Patenten.[357] Zu den rechtlichen Markteintrittsbarrieren zählen auch aufsichtsrechtliche Barrieren. So ist z. B. für das Betreiben von Bankgeschäften eine Erlaubnis des zuständigen Aufsichtsamtes erforderlich, da es sich beim Bankenmarkt um einen regulierten Markt handelt.[358] Dennoch haben Deregulierungsbemühungen und die zunehmende Verflechtung der Finanzmärkte verstärkt für ein Absinken der Marktzutrittsschranken gesorgt. Insbesondere für ausländische Banken ist es leichter geworden, in anderen Ländern als Anbieter aufzutreten. Die Einführung

---

[354] Vgl. Bach, A.: Der Marktbeherrschungsbegriff in der EG-Fusionskontrolle, auch im Vergleich zum deutschen Kartellrecht, in: Wirtschaft und Wettbewerb, 43. Jg., 1993, H. 10, S. 804–817, hier S. 813.

[355] Vgl. auch Bundeskartellamt (Hrsg.): Auslegungsgrundsätze zur Prüfung von Marktbeherrschung in der deutschen Fusionskontrolle, Bonn 2000, S. 25.

[356] Vgl. z. B. Kerber, W.: Die Europäische Fusionskontrollpraxis und die Wettbewerbskonzeption der EG, Bayreuth 1994, S. 37 ff.

[357] Vgl. Lüttig, F.: Die Rolle der Marktzutrittsschranken im Fusionskontrollrecht der Bundesrepublik Deutschland und der USA – eine Untersuchung zur Fortentwicklung der deutschen Fusionskontrolle, Baden-Baden 1992, S. 124 ff.

[358] Für den Geltungsbereich des Gesetzes über das Kreditwesen (KWG) ist dies das Bundesaufsichtsamt für das Kreditwesen. Vgl. § 32 I KWG.

des Euro hat darüber hinaus Markteintrittsschranken in vielen europäischen Finanzmärkten weiter reduziert.[359]

Eine wesentlich größere Rolle bei den Entscheidungen der Kommission spielen jedoch strukturelle und strategische Marktzutrittsbarrieren.[360] Die Grundlage für die positive Theorie von Marktzutrittsschranken bilden die Arbeiten von *Bain*.[361] Allgemein definiert *Bain* als Marktzutrittsschranke die Differenz zwischen den Durchschnittskosten und dem Verkaufspreis, den ein etabliertes Unternehmen dauerhaft durchsetzen kann, ohne hierdurch den Markteintritt potentieller Konkurrenten zu induzieren.[362]

Formen struktureller Markteintrittsbarrieren sind nach *Bain* absolute Kosten-, Betriebsgrößen- und Produktdifferenzierungsvorteile, die etablierte Unternehmen gegenüber Newcomern besitzen.[363] Sie beruhen auf Entscheidungen bestehender Unternehmen, die, unabhängig von der Existenz potentieller Konkurrenten, bereits in der Vergangenheit getroffen wurden.

Absolute Kostenvorteile können für einen etablierten Anbieter u. a. durch eine bevorzugte Verfügbarkeit über für den Output erforderliche Ressourcen entstehen. Je größer der daraus resultierende Nachteil in Form höherer Kosten ist, der Newcomern entsteht, desto höher die Marktzutrittsbarriere.[364] In vielen Geschäftsbereichen von Banken spielen beispielsweise Investitionen in Humankapital eine wesentliche Rolle. Ihnen kommt aufgrund der besonderen Geschäftsbeziehungen – in erster Linie sei hier an das benötigte Vertrauen zwischen Bank und Kunden gedacht – eine große Bedeutung zu. Newcomer besitzen daher in der Regel einen Nachteil beim Aufbau eines qualifizierten

---

[359] Vgl. Group of Ten (Hrsg.): Report on consolidation in the financial sector, o. O. 2001, S. 25.

[360] Für einen ausführlichen Überblick rechtlicher und tatsächlicher Marktzutrittsschranken siehe Jickeli, J.: Marktzutrittsschranken im Recht der Wettbewerbsbeschränkungen, Baden-Baden 1990, S. 154 ff.

[361] Die Arbeiten von *Bain* bauen auf dem Struktur-Verhalten-Ergebnis-Paradigma der Harvard-School auf. Nach dem Ansatz der Harvard-School beeinflußt die gegenwärtige Marktstruktur das Verhalten der Marktakteure. Auf Seiten der Anbieter betrifft dies neben anderen Wettbewerbsparametern in erster Linie das Preissetzungsverhalten. Das Verhalten der Marktakteure determiniert schließlich das Marktergebnis. Vgl. Bain, J. S.: Barriers to new competition, Cambridge (Ma.) 1956 und auch Jickeli, J.: Marktzutrittsschranken im Recht der Wettbewerbsbeschränkungen, Baden-Baden 1990, S. 16 ff.

[362] Vgl. Bain, J. S.: Barrieres to new competition, Cambridge (Ma.) 1956, S. 7. Für eine gute Einführung in die Theorie der Marktzutrittsschranken vgl. Weizsäcker, C. C. von: Barriers to entry – a theoretical treatment, Berlin u. a. 1980.

[363] Vgl. Bain, J. S.: Barriers to new competition, Cambridge (Ma.) 1956, S. 53 ff., S. 114 ff. und S. 144 ff.

[364] Vgl. Longree, H.-M.: Marktzutrittsschranken und potentielle Konkurrenten unter wettbewerbspolitischem Aspekt, Essen 1982, S. 40.

Humankapitalstocks gegenüber etablierten Konkurrenten und müssen oft überproportional hohe Aufwendungen für die Akquirierung entsprechenden Personals vornehmen.[365]

Betriebsgrößenvorteile (economies of scale) können ebenfalls Markteintrittsschranken begründen. Economies of (large) scale production beziehen sich auf Eigenschaften von Produktionsfunktionen und lassen Aussagen über Veränderungen des Outputs bei gleichmäßiger Variation sämtlicher Inputfaktoren zu. Ist ein Markt durch steigende Skalenerträge charakterisiert, so erhöht sich der Output überproportional zur Inputsteigerung.[366] Inwieweit economies of scale auf den betrachteten Märkten von Bedeutung sind, wurde bereits in Kapitel 1 diskutiert.[367]

Aufgrund der Kostenstruktur benötigt eine Bank eine Mindestanzahl an Kunden pro Filiale, um profitabel arbeiten zu können. Neben einem ausreichend großen Filialnetz stellt also die Notwendigkeit, möglichst schnell einen umfangreichen Kundenstamm aufzubauen, eine Marktzutrittsschranke für einen neuen Wettbewerber dar. Einem etablierten Unternehmen bietet sich somit ein Wettbewerbsvorteil, da er notwendige Investitionen bereits in der Vergangenheit vorgenommen hat, die nun nicht mehr entscheidungsrelevant sind.[368]

Strategische Marktzutrittsschranken sind – im Gegensatz zu strukturellen Markteintrittsschranken – an ein bestimmtes unternehmerisches Verhalten ge-

---

[365] Vgl. o. V.: Deutschen Bank verärgert Privatkunden, in: FAZ, 18.06.2001, Nr. 138, S. 13 und S. 34. Vergleichbar mußte die Allianz bei der Akquisition der Dresdner Bank einigen Mitarbeitern der Investmentabteilung Dresdner Kleinwort Wasserstein neben den hohen Gehältern auch hohe Bonizusagen machen, um sie nicht an einen Konkurrenten zu verlieren. Vgl. Keidel, S.: Dresdner hält Top-Manager der Investmentsparte, in: FAZ, 30.07.2001, Nr. 144, S. 21.

[366] Hiervon sind eventuell auftretende Stückkostendegressionen zu unterscheiden. Ist eine Kostenfunktion u. a. durch Fixkosten gekennzeichnet, so führt eine Verteilung der Fixkosten auf eine steigende Stückzahl c. p. zu sinkenden Stückkosten. Ein derartiger „Kostensenkungseffekt" ist bei absolut betrachtet kleinen Ausbringungseinheiten am größten. Vgl. Schmidt, F.: Institutionelle Markteintrittsschranken, potentielle Konkurrenz und Unternehmensverhalten – ein Beitrag zur Endogenisierung der Marktstruktur, Berlin 1998, S. 39.

[367] Vgl. Kapitel 1, C und für eine ausführliche Darstellung und Würdigung des Konzepts der economies of scale z. B. Longree, H.-M.: Marktzutrittsschranken und potentielle Konkurrenten unter wettbewerbspolitischem Aspekt, Essen 1982, S. 24 ff.

[368] Vgl. Group of Ten (Hrsg.): Report on consolidation in the financial sector, o. O. 2001, S. 24 f.

knüpft.[369] Sie entstehen aufgrund von strategischen Unternehmensentscheidungen, die etablierte Anbieter als Reaktion auf die Existenz potentieller Konkurrenten treffen.

Im Markt etablierte Unternehmen haben gegenüber Newcomern Vorteile, wenn Kunden für Produkte (und Dienstleistungen) etablierter Anbieter ausgeprägte Präferenzen besitzen.[370] Neben (positiven) Erfahrungen, die in der Vergangenheit mit den bisher verwendeten Produkten gemacht wurden, spielt die Identifikation mit den jeweiligen Produkten eine große Rolle.[371] Durch Werbung und Serviceleistungen schaffen etablierte Unternehmen Präferenzen und so einen hohen Grad an Markentreue. Gelingt es einem Unternehmen, ein Image zu kreieren, das von (potentiellen) Wettbewerben nicht imitiert oder anderweitig kompensiert werden kann, führt dies zu Marktzutrittsschranken.[372] Ebenso kann das Renommee einer bereits etablierten Marke oder das Ansehen eines Unternehmens zu einer Markteintrittsschranke für einen Newcomer werden. Für Bankgeschäfte ist dies sicher von großer Bedeutung, so daß Vertrauen im Bereich finanzieller Transaktionen einer der entscheidenden Erfolgsfaktoren für Banken ist.

Für etablierte Unternehmen kann es sinnvoll sein, auf einen drohenden Markteintritt mit einer Ausweitung der Produkte und Dienstleistungen oder Erhöhung des Werbeetats zu reagieren, um einen Markteintritt zu verhindern.[373] Newcomer müssen bei einem Markteintritt einen wesentlich größeren Betrag für Werbung veranschlagen, um schnell einen möglichst hohen Bekanntheitsgrad zu erreichen. Für etablierte Anbieter stellen Ausgaben in der Vergangenheit sunk costs dar und sind somit entscheidungsirrelevant. Die Entscheidung über einen Markteintritt sowie der Aufbau einer Marke und eines bestimmten Images

---

[369] Die bekannteste Form strategischer Markteintrittsschranken ist nach *Bain* das limit pricing. Mit Hilfe eines bestimmten Preises gelingt es etablierten Unternehmen, den Markteintritt potentieller Konkurrenten zu verhindern. Als weitere strategische Marktzutrittsschranken können nach *Bain* auch Reservekapazitäten dienen, durch die zusätzlich auftretende Nachfrage zügig und günstiger bedient werden kann, als hierzu ein potentieller Anbieter nach Markteintritt zu leisten im Stande wäre. Vgl. hierzu Schmidt, I., Engelke, H.: Marktzutrittsschranken und potentieller Wettbewerb, in: Wirtschaftswissenschaftliches Studium, 18. Jg., 1989, H. 9, S. 399–404, hier S. 400.

[370] Zu den verschiedenen Arten von Produktdifferenzierung vgl. Jickeli, J.: Marktzutrittsschranken im Recht der Wettbewerbsbeschränkungen, Baden-Baden 1990, S. 186 ff.

[371] Vgl. Schmidt, I., Engelke, H.: Marktzutrittsschranken und potentieller Wettbewerb, in: Wirtschaftswissenschaftliches Studium, 18. Jg., 1989, H. 9, S. 399–404, hier S. 400.

[372] Vgl. Jickeli, J.: Marktzutrittsschranken im Recht der Wettbewerbsbeschränkungen, Baden-Baden 1990, S. 200.

[373] Vgl. Schmalensee, R.: Entry deterrence in the ready-to-eat breakfast cereal industry, in: Bell Journal of Economics, Vol. 9, 1978, No. 2, S. 305–327, hier S. 313.

ist für potentielle Konkurrenten hingegen mit irreversiblen Kosten verbunden.[374]

Grundidee von Produktdifferenzierungsvorteilen etablierter Anbieter ist die Annahme, daß sich Produkte trotz vieler Gemeinsamkeiten in einigen (wesentlichen) Bestandteilen unterscheiden. Dadurch kommt es zwar aus Nachfragersicht zu einer reduzierten Substituierbarkeit zwischen den Produkten; diese ist jedoch nicht so gering, als daß für die jeweiligen Güter ein eigener Markt abzugrenzen wäre.[375]

Obwohl Produktdifferenzierung also einen von Konkurrenten nur unvollkommen kontrollierbaren Verhaltensspielraum schafft, können dennoch viele Konkurrenten im „gleichen" Markt tätig sein. Da auf diese Weise Charakteristika der vollkommenen Konkurrenz und eines Monopols vereint werden, hat sich hierfür der Begriff der monopolistischen Konkurrenz gebildet.[376]

Die Neu-Positionierung eines bereits etablierten Produktes ist in der Regel nicht bzw. nur zu unverhältnismäßig hohen Kosten möglich. Für einen etablierten Anbieter kann es daher sinnvoll sein, einem drohenden Markteintritt durch eine Erweiterung der Produktpalette oder einer Erhöhung des Werbebudgets zuvorzukommen.[377] Unternehmen machen sich die Vorteile einer Produktdifferenzierung zu eigen und versuchen, sich aktiv von Konkurrenten abzuheben und sich so einen Handlungsspielraum zu erschließen. Obwohl Produktdifferenzierungsvorteile zu den strukturellen Markteintrittsschranken zählen, sind Unternehmen an einer Nutzung dieser Vorteile im Rahmen ihrer strategischen Ausrichtung interessiert.[378] Auch wenn Marktzutrittsschranken Kennzeichen des jeweils betrachteten Marktes sind, bestehen strategische

---

374 Vgl. Baumol, W. J., Panzar, J. C., Willig, R. D.: Contestable markets and the theory of industry structure, New York u. a. 1982, S. 290. Vertreter der Chicago School würden dieser Ansicht jedoch widersprechen, da ihrer Meinung nach das Renommee einer Marke keine Marktzutrittsschranke darstellt. Vgl. z. B. Demsetz, H.: Barriers to entry, in: The American Economic Review, Vol. 72, 1982, No. 1, S. 47–57, hier S. 50.

375 Vgl. Schmidt, F.: Institutionelle Markteintrittsschranken, potentielle Konkurrenz und Unternehmensverhalten – ein Beitrag zur Endogenisierung der Marktstruktur, Berlin 1998, S. 58 und die dort angegebene Literatur.

376 Vgl. Chamberlin, E. H.: The theory of monopolistic competition, Cambridge (Ma.) 1933.

377 Vgl. Schmalensee, R.: Entry deterrence in the ready-to-eat breakfast cereal industry, in: Bell Journal of Economics, Vol. 9, 1978, No. 2, S. 305–327, hier S. 313.

378 Vgl. Longree, H.-M.: Marktzutrittsschranken und potentielle Konkurrenten unter wettbewerbspolitischem Aspekt, Essen 1982, S. 33.

Markteintrittsschranken in erster Linie zu Gunsten einzelner Anbieter und sind somit nicht als besondere Ausprägung der Marktstruktur anzusehen.[379]

Die von *Stigler* verwendete Definition von Marktzutrittsschranken ist enger gefaßt als die von *Bain*.[380] Nach *Stigler* zeigen sich Marktzutrittsschranken in der Differenz der Produktionskosten, die einem im Markt etablierten Unternehmen im Vergleich zu einem eintrittswilligen Unternehmen bei gleicher Outputmenge entstehen.[381] Für *Stigler* zählen wachsende Skalenerträge, z. B. hervorgerufen durch eine effiziente Unternehmensstruktur eines etablierten Unternehmens, nicht als Marktzutrittsschranke, da andere bereits im Markt befindliche Unternehmen in gleicher Weise davon betroffen sind wie Newcomer.[382]

Zusammenfassend ist festzuhalten, daß Markteintrittsbarrieren aufgrund der praktischen Bedeutung als wichtigstes Beurteilungskriterium nach dem Marktanteil anzusehen sind.[383] Bei der Beurteilung von Unternehmenszusammenschlüssen werden sie folgerichtig umfassend von der Kommission berücksichtigt.[384]

III. Finanzkraft und wirtschaftliche Macht

Mit Hilfe des Merkmals Finanzkraft und wirtschaftlicher Macht versucht die Kommission, sämtliche finanziellen Mittel eines Unternehmens zu berücksichtigen; insbesondere die Gelegenheit zur Eigen- und Fremdfinanzierung und den

---

[379] Vgl. Jickeli, J.: Marktzutrittsschranken im Recht der Wettbewerbsbeschränkungen, Baden-Baden 1990, S. 18.

[380] Vgl. Stigler, G. J.: The organization of industry, Homewood (Il.) 1968, S. 67.

[381] Einen guten Überblick unterschiedlicher Definitionen und eine Kurzeinführung in die Thematik bietet Demsetz, H.: Barriers to entry, in: The American Economic Review, Vol. 72, 1982, No. 1, S. 47–57.

[382] Vgl. Dirrheimer, M. J.: Marktkonzentration und Wettbewerbsverhalten von Unternehmen – empirische Untersuchung ausgewählter Märkte der Bundesrepublik Deutschland, Frankfurt a. M. 1981, S. 91.

[383] Vgl. Jickeli, J.: Marktzutrittsschranken im EG-Kartellrecht (Teil 2), in: Wirtschaft und Wettbewerb, 42. Jg., 1992, H. 3, S. 195–209, hier S. 206.

[384] In der Literatur existieren verschiedene wettbewerbstheoretische Ansätze zu Markteintrittsschranken. Zwei Vertreter der Chicago School sind bspw. *Stigler* und *Demsetz*. Mit der Contestable-markets-Theorie haben *Baumol* u. a. *Bains* Konzept weiterentwickelt. In der Literatur hat sich bisher jedoch keine Auffassung durchgesetzt. Vgl. hierzu und zu einem Kurzüberblick der unterschiedlichen Ansätze z. B. Jickeli, J.: Marktzutrittsschranken im EG-Kartellrecht (Teil 1), in: Wirtschaft und Wettbewerb, 42. Jg., 1992, H. 3, S. 101–114.

Zugang zum internationalen Kapitalmarkt.[385] Die Finanzkraft eines Unternehmens sind finanzielle Ressourcen, die taktische Maßnahmen gegenüber Konkurrenten ermöglichen.[386] Eine im Vergleich zu Wettbewerbern hohe Finanzkraft eröffnet dem Unternehmen einen Verhaltensspielraum, wenn sie aktuelle Wettbewerber entmutigt oder potentielle Konkurrenten abschreckt, in den Markt einzutreten.

Bei der Beurteilung von Unternehmenszusammenschlüssen hat das Kriterium der Finanzkraft als Entscheidungsgrundlage bisher eine eher untergeordnete Rolle gespielt. Die reine „Abschreckungstheorie", nach der eine hohe Finanzkraft potentielle Wettbewerber von einem Markteintritt abschreckt und auch aktuelle Wettbewerber von einer (zu) aggressiven (Preis-)Strategie abhält, wird in der Literatur mehrheitlich abgelehnt.[387] Beachtung findet das Merkmal der Finanzkraft vor allem in Verbindung mit anderen Kriterien.[388] So wird die finanzielle Ausstattung insbesondere bei der Beurteilung potentieller Konkurrenten und der Untersuchung bestehender Marktzutrittsschranken berücksichtigt.[389]

Da es wirtschaftliche Macht einem Unternehmen langfristig ermöglicht, den Wettbewerb zu beeinflussen, umfaßt sie mehr als die reine Finanzkraft an sich. Unternehmensgröße oder ein hoher Konzentrationsgrad allein genügen folglich nicht, um einem Unternehmen wirtschaftliche Macht nachzuweisen. Eine bestehende hohe Finanzkraft kann durch einen Zusammenschluß jedoch verstärkt werden und eine bereits existierende starke Stellung gegenüber Konkurrenten

---

[385] Vgl. hierzu Rösler, P.: Der Begriff der marktbeherrschenden Stellung in der europäischen Fusionskontrolle, in: Neue Zeitschrift für Gesellschaftsrecht, 3. Jg., 2000, H. 17, S. 857–904, hier S. 861.

[386] Zur Konkretisierung des Begriffs zählen insbesondere Kriterien wie der Gewinn, der Cash-flow, das Eigenkapital, die Dividende oder auch bestehende Bankverbindungen. Vgl. z. B. FIW (Hrsg.): Marktbeherrschung in der Fusionskontrolle – Checkliste des Bundeskartellamtes in deutsch, englisch und französisch, FIW-Dokumentation, H. 15, Köln u. a. 1990, S. 8 f.

[387] Vgl. z. B. Marko, V.: Die erhebliche Behinderung wirksamen Wettbewerbs durch marktbeherrschende Unternehmen im Sinne des Art. 2 der EG-Fusionskontrollverordnung Nr. 4064/89, o. O. 1992, S. 79 f.

[388] Als eigenständiges Kriterium ist der Begriff der Finanzkraft weitgehend ungeeignet, da er zu unbestimmt ist. Würde man bei Vorliegen einer hohen Finanzkraft quasi automatisch auf eine marktbeherrschende Stellung schließen, so müßten Unternehmen, die sich teilweise in staatlichem Besitz befinden, aufgrund des finanziellen Rückhalts durch die betreffende Gebietskörperschaft als marktbeherrschend angesehen werden.

[389] Finanzkraft und wirtschaftliche Macht erlangen am ehesten in Märkten Bedeutung, die aufgrund einer grundsätzlich hohen Innovationsrate hohe Forschungsausgaben von jedem Unternehmen erfordern, wie dies z. B. in der Computer- und insbesondere Chipindustrie der Fall ist. Ein hohes Maß an finanziellen Ressourcen ermöglicht zudem einen Preisverdrängungswettbewerb (predatory pricing).

verbessern, so daß die Position eines Unternehmens immer relativ zu denen der Konkurrenten zu beurteilen ist.[390]

Der Finanzkraft kommt bei Banken eine hohe Bedeutung zu. Im Gegensatz zu anderen Branchen – so z. B. im Bereich vieler Getränke- oder Nahrungsmittelindustrien – sind die überwiegende Zahl der Geschäftsbereiche von Banken in hohem Maße von der konjunkturellen Gesamtsituation abhängig. Die Nachfrage nach Produkten und Dienstleistungen aus dem Kredit- oder Emissionsgeschäft, aber auch dem Bereich von IPOs verläuft stark prozyklisch mit der allgemeinen wirtschaftlichen Situation. Eine Quersubventionierung zwischen verschiedenen Geschäftssegmenten ist problematisch. Aus diesem Grund stellt eine hohe Finanzkraft einen wichtigen Wettbewerbsfaktor für Banken dar und sollte besonders gewürdigt werden.

IV. Zugang zu Beschaffungs- und Absatzmärkten

Erlangen die an einem Zusammenschluß beteiligten Unternehmen einen bevorzugten Zugang zu Beschaffungs- oder Absatzmärkten, so kann dies ebenfalls eine marktbeherrschende Stellung begründen. In erster Linie trifft dieses Kriterium Unternehmen des produzierenden Gewerbes. Besitzt ein Unternehmen einen exklusiven Zugang zu benötigten Rohstoffen oder Vorprodukten, so kann es zu Marktschließungseffekten kommen. Von Marktschließungseffekten spricht man immer dann, wenn es einem Unternehmen gelingt, Konkurrenten den Zugang zu einem wichtigen Teilmarkt oder auch dem gesamten Markt zu versperren. So kann z. B. die Errichtung bzw. die Erhöhung von Markteintrittsschranken einen sogenannten Marktschließungseffekt nach sich ziehen. Ursächlich können nach der Entscheidungspraxis des Bundeskartellamtes hierfür vertikale Integration, Angebot von Komplettsystemen oder ressourcenbedingte Wettbewerbsvorteile sein.[391]

Verflechtungen mit Lieferanten oder Abnehmern können Zugangserleichterungen zu Beschaffungs- und Absatzmärkten bieten. Je nach Ausmaß alternativer Belieferungsmöglichkeiten kann sich hierdurch eine Verstärkung einer marktbeherrschenden Stellung ergeben.[392] Für Banken kann ein dichtes Filial-

---

[390] Vgl. Rösler, P.: Implementierung einer Fusionskontrolle im europäischen Binnenmarkt – Auswirkungen auf das deutsche Recht der Unternehmenszusammenschlüsse, Frankfurt a. M. u. a. 1994, S. 129.

[391] Vgl. Bundeskartellamt (Hrsg.): Auslegungsgrundsätze zur Prüfung von Marktbeherrschung in der deutschen Fusionskontrolle, Bonn 2000, S. 19 ff.

[392] Inwieweit dies bei Banken und ihrem teilweise sehr umfangreichen Beteiligungsbesitz zutrifft, wird im nächsten Kapitel ausführlich erörtert.

netz einen Wettbewerbsvorteil gegenüber Konkurrenten darstellen,[393] da auf diese Weise eine optimale Versorgung der (Privat-)Kunden gewährleistet wird. Je nach räumlicher Präsenz der beteiligten Unternehmen vor einem Zusammenschluß kann eine Fusion somit zu einer Stärkung der Wettbewerbsposition im Anschluß an den Zusammenschluß führen. Daß es durch Synergieeffekte zu einer marktbeherrschenden Stellung kommen kann, ist zwar grundsätzlich denkbar, aufgrund der gegenwärtigen Filialdichte jedoch nicht zu erwarten, zumal für Kunden Ausweichmöglichkeiten in ausreichendem Maße gegeben sind. Auch wenn Banken die Bedeutung des Filialnetzes als Vertriebskanal in den letzten Jahren aus Kosten- und Rentabilitätsgründen zu verringern versuchen, erwartet jedes zweite Kreditinstitut in Deutschland, daß Bankfilialen als Vertriebsweg eine tragende Säule bleiben, wenngleich sie einen relativen Rückgang der Bedeutung im Vergleich zum Online-Banking sehen.[394]

Ein großes Filialnetz bietet Banken nicht nur die Möglichkeit, den Absatz von Produkten und Dienstleistungen zu steigern, so daß Kundenkontakte in diesem Sinne nicht nur als Absatzkanal dienen. Übertragen auf produzierende Unternehmen stellen Kundenkontakte zudem den Beschaffungsmarkt von Banken dar. Da die Entgegennahme von Einlagen Grundvoraussetzung für sämtliche Aktivgeschäfte ist, kann ein dichtes Filialnetz aus diesem Grund einen strategischen Wettbewerbsvorteil bedeuten.

V. Verflechtungen und sonstige Kriterien

Intensive Beziehungen zu anderen Marktakteuren können Auswirkungen auf die Wettbewerbsintensität haben. Als eine Art Intensivierung enger Unternehmensbeziehungen können Verflechtungen zwischen den jeweiligen Unternehmen angesehen werden.[395] Neben gesellschaftsrechtlichen Verflechtungen können auch personelle, rechtliche oder wirtschaftliche Beziehungen eine Reduzierung der Wettbewerbsintensität bewirken.[396] Zu unterscheiden sind Verflechtungen zwischen wichtigen Wettbewerbern untereinander und solchen mit

---

[393] Vgl. Bach, A.: Der Marktbeherrschungsbegriff in der EG-Fusionskontrolle, auch im Vergleich zum deutschen Kartellrecht, in: Wirtschaft und Wettbewerb, 43. Jg., 1993, H. 10, S. 804–817, hier S. 812.

[394] Vgl. o. V.: Vertrieb – Filialen verlieren an Bedeutung, in: Die Bank, 26. Jg., 2002, H. 8, S. 508.

[395] Nach Ansicht der Kommission und auch des Bundeskartellamtes können Verflechtungen allein jedoch keine marktbeherrschende Stellung begründen.

[396] Vgl. FIW (Hrsg.): Marktbeherrschung in der Fusionskontrolle – Checkliste des Bundeskartellamtes in deutsch, englisch und französisch, FIW-Dokumentation, H. 15, Köln u. a. 1990, S. 13 f.

Kunden. Wechselseitige Beziehungen zu aktuellen oder auch potentiellen Wettbewerbern führen in der Regel zu einem verminderten Wettbewerbsdruck zwischen eben diesen Unternehmen, während es bei Verflechtungen mit Kunden zu einer niedrigeren Wettbewerbsintensität auf dem jeweiligen Kundenmarkt kommen kann.

In der Vergangenheit wurden Verflechtungen in Verbindung mit anderen Kriterien untersucht und bewertet. Sie ermöglichen einem finanzstarken Unternehmen z. B. zusätzliche finanzielle Spielräume oder können eine Errichtung neuer oder Erhöhung bestehender Markteintrittsschranken bewirken.[397] Inwieweit Verflechtungen mit anderen Unternehmen im Bankensektor von Bedeutung sind, wird im nächsten Kapitel erläutert.

VI. Zwischenfazit

Die Kommission verwendet unterschiedliche Strukturkriterien, um zu untersuchen, ob ein Zusammenschluß eine marktbeherrschende Stellung begründet oder verstärkt. Nicht als alleinige Grundlage einer Entscheidung, aber als wichtigstes Kriterium dient ihr der Marktanteil in absoluter und relativer Betrachtung. Für den Bankenbereich spielen daneben die Finanzkraft der beteiligten Unternehmen und Charakteristika des betrachteten Marktes – hier in erster Linie Marktzutrittsschranken – eine wesentliche Rolle. Darüber hinaus stellt ein dichtes Filialnetzes für eine Bank einen Wettbewerbsvorteil dar, wenngleich die Bedeutung dieses Vertriebswegs mit zunehmender Akzeptanz und Verbreitung des Online-Banking tendenziell abnehmen wird.

Grundsätzlich bedient sich die Kommission nicht eines einzigen Kriteriums als Maßstab für ihre Beurteilung, sondern einer Vielzahl von Kriterien, deren einzelne Gewichtung von Fall zu Fall unterschiedlich ausfällt.

---

[397] Vgl. auch Bundeskartellamt (Hrsg.): Auslegungsgrundsätze zur Prüfung von Marktbeherrschung in der deutschen Fusionskontrolle, Bonn 2000, S. 24.

Kapitel 4: Marktmacht von Banken?

Im vorangegangenen Kapitel wurde diskutiert, welche Kriterien bei der Beurteilung, ob ein Zusammenschluß eine marktbeherrschende Stellung begründet oder verstärkt, in erster Linie angewendet werden. Um die wirtschaftliche Macht von Banken richtig einschätzen zu können, sehen insbesondere Bankenkritiker diese Kriterien jedoch als unzureichend und unvollständig an. Sie erachten vielmehr die Besonderheiten der Branche als (zusätzliche) Möglichkeit für Banken, wirtschaftliche Macht zu erlangen.

Eine differenzierte Auseinandersetzung mit den Argumenten von Bankenkritikern, die Banken u. a. Mißbrauch ihrer wirtschaftlichen Macht vorwerfen, ist in erster Linie deshalb so schwierig, weil innerhalb der Diskussion oftmals nicht klar unterschieden wird, auf welche Ebene sich die Argumente beziehen. So meint etwa der häufig verwendete Begriff Bankenmacht entweder Einflußmöglichkeiten des Bankensystems, also der Banken als Gesamtheit oder die Machtposition einzelner Institute, insbesondere der privaten Großbanken.[398] Für eine adäquate Erörterung der Thematik ist daher eine Differenzierung zwischen Mikro- und Makroebene notwendig.[399] Da bei Unternehmenszusammenschlüssen in erster Linie die wirtschaftliche Macht der beteiligten Unternehmen von Interesses ist, findet bei der folgenden Diskussion eine Fokussierung auf die Mikroebene statt.

Argumente von Bankenkritikern zielen nicht nur auf den Bereich des Firmenkundengeschäfts; sie betreffen auch das Geschäft mit Privatkunden: Banken sehen sich hier dem Vorwurf ausgesetzt, ihre wirtschaftliche Machtposition zum Schaden ihrer Privatkunden auszunutzen. Insbesondere wird ihnen vorgeworfen, Kunden mit Hilfe ihres universalbanktypischen Sortimentangebots durch

---

[398] Gemeint sind hier Deutsche Bank, HypoVereinsbank, Dresdner Bank und Commerzbank.

[399] Vgl. Wixforth, H., Ziegler, D.: Bankenmacht – universal banking and German industry in historical perspective, in: Cassis, Y., Feldman, G. D., Olsson, U. (Hrsg.): The evolution of financial institutions and markets in twientieth-century Europe, Aldershot u. a. 1995, S. 249–272, hier S. 254 ff.

die Schaffung ausgeprägter Präferenzen an sich zu binden und ihnen durch eine intransparente Gebührenstruktur einen Bankwechsel zu erschweren.[400]

Die Angebotsstruktur des deutschen Bankenmarktes stellt sicher, daß auch bei einem Zusammenschluß mehrerer deutscher Großbanken[401] die Versorgung der Privatkunden nicht gefährdet wäre. Fortan steht daher das Verhältnis von Banken zu (Industrie-)Unternehmen im Mittelpunkt der Untersuchung.[402]

A. Ursachen von Einflußmöglichkeiten

Ursächlich für die vielfältige Kritik an den deutschen Universalbanken ist u. a. das Ausmaß ihrer Geschäftstätigkeit, also die Gelegenheit, in sämtlichen Geschäftsbereichen sowohl des Einlagen- und Kreditgeschäfts als auch des Wertpapiergeschäfts tätig zu sein. Im Kern zielt die Kritik meist auf das Verhältnis zwischen Banken und Nichtbanken. Umfangreiche Einflußmöglichkeiten der Großbanken werden besonders dort vermutet, wo enge Verflechtungen mit (Industrie-)Unternehmen bestehen, also wo Banken etwa personell oder vertraglich mit anderen Unternehmen verbunden sind.

Obwohl das Kreditgeschäft zu den traditionellen Geschäftsbereichen zählt und innerhalb der Diskussion über Einflußmöglichkeiten von Banken weniger intensiv auf diesen Bereich eingegangen wird, sehen sich Banken vereinzelt Kritik ausgesetzt, die sich auf grundsätzliche Besonderheiten zwischen Kreditgebern und -nehmern zurückführen läßt.[403]

---

[400] Vgl. Mülhaupt, L.: Das Problem der Bankenmacht in wettbewerbspolitischer Sicht, in: Die Betriebswirtschaft, 40. Jg., 1980, H. 4, S. 513–526, hier S. 519.

[401] Vgl. hierzu Kapitel 5.

[402] Zur Macht der Banken im Konsumentengeschäft vgl. ausführlich Vogelsang, M.: Die Macht der Banken – ein gesellschaftspolitisches Problem in der Analyse moderner ökonomischer Theorieansätze, München 1995, insbesondere S. 108 ff.

[403] Vgl. hierzu und zu den folgenden Ausführungen Herrhausen, A.: Macht der Banken, in: Revue d'Allemagne et des pays de langue allemande, Straßbourg 1990, S. 175–194, hier S. 179 f. und Pohl, M.: Zur Macht der Großbanken – die Quellenlage im Archiv der Deutschen Bank, in: Holtfrerich, C.-L. (Hrsg.): Arbeitspapiere des Arbeitskreises für Bankgeschichte, Nr. 4, 1997.

I. Besonderheiten des Kreditgeschäfts

Das Kreditgeschäft als Finanzierungsmöglichkeit ist insbesondere für Unternehmen kleinerer und mittlerer Größe von besonderer Bedeutung, da ihnen der Zugang zu alternativen Finanzierungsformen häufig verschlossen ist.[404] Bei Kreditverhandlungen erlangen Banken Einblick in die finanziellen Verhältnisse eines Unternehmens. Diese umfangreichen Informationen bilden die Basis für eine Ablehnung oder Bewilligung des Antrages, die zusätzlich an Zusagen oder ein bestimmtes Verhalten seitens des Kreditnehmers geknüpft sein kann. Kreditinstitute lassen sich z. B. oftmals das Recht einräumen, daß ohne ihre Zustimmung keine wesentlichen Entscheidungen getroffen werden, die ihre eigene Position als Fremdkapitalgeber direkt oder indirekt betreffen. Insbesondere sind dies Entscheidungen über größere Investitionen oder die Aufnahme zusätzlichen Fremdkapitals, in einzelnen Fällen zudem das Management betreffende Personalfragen. Durch Vertragsgestaltung haben Banken die Möglichkeit, über unternehmensinterne Entscheidungen zu bestimmen, die über die reine Finanzierung hinausgehen, wie z. B. Investitionsfragen.

(Mitsprache-)Rechte dieser Art bedeuten für Unternehmen einen weitreichenden Eingriff in interne Prozesse. Es stellt sich die Frage, warum Unternehmen derartige Vertragsbestandteile akzeptieren. Die grundsätzliche Zustimmung und insbesondere das Ausmaß der eingeräumten Einflußnahme ist vermutlich von der wirtschaftlichen Situation des jeweiligen Unternehmens abhängig. In erster Linie werden Unternehmen in finanziell schwierigen Situationen mangels alternativer Finanzierungsmöglichkeit bereit sein, für sie nachteilige Vertragsbestandteile zu akzeptieren. Lehnen sie die Forderungen der Bank ab, riskieren sie, in Verhandlungen mit einer anderen Bank kein Angebot unterbreitet zu bekommen. Dieses Problem stellt sich in geringerem Maße für Unternehmen mit vergleichsweise guter Bonität, da sie aufgrund ihrer Attraktivität für die jeweilige Bank leichter einen Bankwechsel vornehmen können.[405] Dazu muß es Unternehmen jedoch möglich sein, potentiellen Kreditgebern ihre Kreditwürdigkeit anzuzeigen. Verfügen Unternehmen durch die Notierung an einer Wertpapierbörse über ein Rating, fällt ihnen dies relativ leicht. Von dem Problem sind daher vor allem Unternehmen kleinerer und mittlerer Größe betroffen, die verstärkt auf Bankkredite als Finanzierungsmöglichkeit angewiesen sind, sowie

---

[404] Vgl. Europäische Kommission (Hrsg.): Enterprises' access to finance, Commission Staff Working Paper, No. 1667, Brüssel 2001, S. 6 und Weber, M.: Bankenmarkt Deutschland – I. Der Strukturwandel, in: Die Bank, 26. Jg., 2002, H. 6, S. 398–404, hier S. 400.

[405] Vgl. hierzu auch Mülhaupt, L.: Das Problem der Bankenmacht in wettbewerbspolitischer Sicht, in: Die Betriebswirtschaft, 40. Jg., 1980, H. 4, S. 513–526, hier S. 519 f.

Unternehmen, die als GmbH firmieren oder die Rechtsform einer nicht börsengehandelten Aktiengesellschaft aufweisen.[406]

Aus diesen Überlegungen folgt, daß umfangreichere Einflußmöglichkeiten verstärkt bei kleineren Unternehmen sowie Unternehmen mit geringer Bonität existieren. Inwieweit hieraus ein wettbewerbliches Problem entstehen kann, ist jedoch fraglich: Gerade bei diesen Unternehmen ist nämlich zu vermuten, daß ihre Marktposition tendenziell weniger stark ausgeprägt ist. Selbst wenn es zu einer Einflußnahme durch Banken kommt, können negative Folgen für die Wettbewerbsintensität auf den jeweiligen Unternehmensmärkten als eher gering eingeschätzt werden.

Machen Banken von der Möglichkeit Gebrauch, Kreditanträge abzulehnen, werden sie oftmals der Willkür bezichtigt und es wird ihnen vorgeworfen, Anträge von Unternehmen mit guter Bonität abzulehnen. Bankenvertreter begegnen diesem Vorwurf:[407] Wenn ein Vertrag unnötigerweise abgelehnt werde, verstoße eine Bank gegen das (eigene) Ziel der Gewinnmaximierung. Darüber hinaus haben Banken die Einlagen ihrer Kunden umsichtig zu verwalten; ein negativer Bescheid eines Kreditantrags erfolge daher u. a. zu deren Schutz. Eine im Einzelfall differenzierte Bonitätsbeurteilung durch potentielle Kreditgeber ist somit lediglich Ausdruck eines unterschiedlichen Risikobegriffs und nicht ein Anzeichen versuchter Machtausübung.[408]

Als Resümee ist festzuhalten, daß Banken im Bereich des Kreditgeschäfts über Einflußpotentiale verfügen, die in erster Linie aus der Möglichkeit individueller Vertragsgestaltung resultieren. Eine Feststellung dieser Einflußpotentiale ist indes nicht mit deren systematischer Ausnutzung gleichbedeutend. Banken müssen vielmehr abwägen, inwieweit sie versuchen, Einflußpotentiale auszunutzen. Ist es einem Unternehmen relativ kurzfristig möglich, eine Bankbeziehung zu beenden, riskiert die Bank nicht nur den Verlust des Kunden im Kreditgeschäft, sondern reduziert auch die Wahrscheinlichkeit, in anderen Geschäftsfeldern eine langfristige Zusammenarbeit aufzubauen. Eine über den Bereich der Kreditfinanzierung hinausgehende Kooperation bietet jedoch oft eine

---

[406] Zu den Möglichkeiten, mit Hilfe von Kreditbeziehungen Kreditnehmer zu überwachen und an den Kreditgeber zu binden, vgl. Borner, H.: Die Kreditbeziehung als Mittel zur Verhaltensbeeinflussung, in: Kredit und Kapital, Vol. 32, 1999, No. 3, S. 461–480.

[407] Vgl. Herrhausen, A.: Macht der Banken, in: Universität des Saarlandes (Hrsg.): Saarbrücker Universitätsreden, Nr. 24, Saarbrücken 1987, S. 11 ff.

[408] Vgl. Herrhausen, A.: Großbanken und Ordnungspolitik, in: Die Bank, 12. Jg., 1988, H. 3, S. 120–129, hier S. 125 f.

lukrativere Rendite.[409] Die Strategie, ein Darlehen als Einstieg für weitere Geschäftsbeziehungen zu nutzen, scheint für den deutschen Markt erfolgversprechend. Nach Erfahrungen von Bankenvertretern stellt für viele Unternehmen ein Darlehen das Hauptmotiv für eine neue Bankverbindung dar.[410]

Eine Bank muß daher sorgfältig zwischen dem Ziel einer kurzfristigen Gewinnsteigerung, also einem möglicherweise kurzfristig erfolgreichen Ausnutzen vorhandener Einflußmöglichkeiten und einem weitgehenden Verzicht auf diese Einflußmöglichkeiten abwägen. Ein Verzicht erhöht jedoch die Chance, cross-selling zu betreiben, also provisionsträchtige Produkte und Dienstleistungen abzusetzen. Banken haben daher von sich aus ein Interesse, ihr Einflußpotential in diesem Bereich nicht zum Nachteil ihrer Kunden auszunutzen, so daß eine derartige Gefahr als gering einzuschätzen ist. Diese Einschätzung wird durch Statements von Bankenseite gestützt. So setzt die Deutschen Bank nach einer offiziellen Aussage ihr Kreditgeschäft bewußt ein, um „strategische Allianzen mit Kunden zu schließen und Mandate im Beratungs-, Wertpapier- und Transaktionsdienstleistungsgeschäft zu gewinnen.“[411] Um die Chancen eines Engagements in andern Geschäftssegmenten nicht zu schmälern, ist es unwahrscheinlich, daß Einflußmöglichkeiten aus dem Kreditgeschäft zum Schaden der Kunden eingesetzt werden.

Abseits des Kreditgeschäfts existieren weitere Bereiche, die Kritikern Anlaß geben, Banken umfangreiche Einflußmöglichkeiten zu unterstellen (v. a. Depotstimmrechte, Beteiligungen an Nichtbanken, Aufsichtsratsmandate). Obgleich sich die einzelnen Kritikpunkte auf unterschiedliche Bereiche beziehen, läßt sich die Problematik im Grunde auf die exponierte Informationsposition einer Bank zurückführen.

---

[409] Ursächlich für eine niedrige Verzinsung im Markt für Unternehmenskredite ist, neben den von Banken nicht zu beeinflussenden Anforderungen an die Eigenkapitalunterlegung, insbesondere auch der hohe Verwaltungsaufwand. Deutsche Kreditinstitute erzielen auf dem Markt für Unternehmenskredite bestenfalls eine kostendeckende Verzinsung. So betrug die Zinsmarge der Deutschen Bank 2001 lediglich ein Prozent, während z. B. der US-Finanzkonzern Citigroup eine Zinsmarge von 4,2 Prozent erwirtschaftete. Vgl. Otto, P.: Für Banken ist der Kunde noch kein König, in: Handelsblatt, 10.07.2002, Nr. 130, S. 28.

[410] Vgl. Frühauf, M.: Banken – Firmenkredite werden teurer, in: Handelsblatt, 03.09.2001, Nr. 169, S. 35.

[411] Deutsche Bank (Hrsg.): Geschäftsbericht 2001, o. O. 2002, S. 25.

II. Asymmetrische Informationsverteilung und Agency-Theorie

Das Ideal des vollkommenen Marktes geht u. a. von der Annahme unendlich schneller Reaktionsgeschwindigkeit der Wirtschaftssubjekte aus. Als logische Konsequenz verfügen alle handelnden Akteure zu jedem Zeitpunkt über den gleichen Wissensstand. Um den Realitätsgehalt dieses neoklassischen Modells zu erhöhen, berücksichtigt die Property-rights-Theorie Transaktionskosten als ein zentrales Element. So sorgen z. B. Informationskosten für einen unterschiedlichen Informationsstand einzelner Marktteilnehmer, so daß deren Handeln von verschiedenen Aktionsparametern bestimmt wird.

Der Transaktionskostenbegriff wird in der Literatur nicht einheitlich definiert. Grundsätzliches Unterscheidungsmerkmal ist jedoch die Differenzierung in Kostenbestandteile, die in Bezug auf den Zeitpunkt des Vertragsabschlusses ex ante bzw. ex post anfallen (können).

Zu den wichtigsten Formen von Transaktionskosten zählen:[412]

- Anbahnungskosten bedingt durch Informationssuche und -verarbeitung,
- Verhandlungskosten,
- Abwicklungskosten und
- Kontrollkosten.

Für das Verhältnis von Kreditgeber und -nehmer sind Transaktionskosten von großer Bedeutung: Da beide Vertragsparteien vor Vertragsabschluß in der Regel über unterschiedliche Informationen verfügen, versucht eine Bank vor Kreditvergabe die wirtschaftliche Situation und somit die Qualität des potentiellen Kreditnehmers möglichst genau zu ermitteln, also das Risiko eines finanziellen Engagements gering zu halten. Eine exakte Einschätzung der Situation und damit Abschätzung des eigenen Risikos ist für den Kreditgeber ex ante jedoch unmöglich, da bestimmte Entwicklungen, wie z. B. Branchenaussichten vom Kreditnehmer in der Regel genauer eingeschätzt werden können.[413]

---

[412] Vgl. z. B. Arrow, K. J.: The organisation of economic activity – issues pertinent to the choice of market versus non-market allocation, in: Joint Economic Commitee (Hrsg.): The analysis and evaluation of public expenditures – the PPB system, Vol. 1, Washington 1969, S. 47–64, hier S. 48 f. und Richter, R., Furubotn, E. G.: Neue Institutionenökonomik, 2. Aufl., Tübingen 1999, S. 47 ff. und die dort angegebene Literatur.

[413] Die Grundlagen der Theorie asymmetrisch verteilter Informationen gehen zurück auf Akerlof, G. A.: The market for „lemons" – quality uncertainty and the market mechanism, in: The Quarterly Journal of Economics, Vol. 84, 1970, No. 3, S. 488–500.

Doch selbst nach Vertragsabschluß verfügen Kreditgeber und Kreditnehmer nicht über gleiche Informationen. Da ein Prinzipal Handlungen und Verhalten des Agenten nicht genau beobachten kann, ist es letzterem möglich, den Auftraggeber durch nicht vertragskonforme Handlungen nach Vertragsschluß zu schädigen und es kommt zu den aus der Principal-agency-Theorie bekannten Problemen.[414]

So kann ein Kreditnehmer nach Abschluß des Kreditvertrages das Risiko eines Projekts erhöhen. Ist das Projekt erfolgreich, realisiert er einen höheren Ertrag, ohne daß der Kreditgeber an diesem partizipiert. Scheitert das Projekt, führt dies zu Verlusten des Kreditgebers und -nehmers.[415] Es besteht also eine ungleiche Chancen-Risiko-Verteilung zwischen den Vertragsparteien zugunsten des Kreditnehmers.

Kreditgeber haben ein Interesse an der Reduzierung bzw. im Idealfall vollständigen Beseitigung bestehender Informationsasymmetrien, um das eigene finanzielle Risiko zu verringern. Zusätzliche Informationen über einen Kreditnehmer senken nicht nur das Risiko für eine Bank,[416] sondern verschaffen ihr auch einen Wettbewerbsvorteil gegenüber Konkurrenten. Dank einer höheren Informationsdichte befindet sich eine Bank nämlich in einer (quasi-)monopolistischen Stellung. Nach einer Untersuchung der *Europäischen Kommission* ist es Banken aus dieser Position heraus möglich, höhere Zinsspannen aufrechtzuerhalten, als dies in einer Situation frei verfügbarer Informationen möglich wäre.[417]

Während eine Bank aus der Position eines Kreditgebers an einer möglichst umfassenden Verringerung von Informationsasymmetrien interessiert ist, gilt dies für das Verhältnis zwischen ihr und anderen Banken (outside banks) nicht: Besitzt eine Bank exklusive Informationen über ein Unternehmen, also einen

---

[414] Zu diesem als moral hazard bezeichneten Verhalten vgl. z. B. Arrow, K. J.: The economics of agency, in: Pratt, J. W., Zeckhause, R. J. (Hrsg.): Principals and agents – the structure of business, Boston 1985, S. 37–51; Vogelsang, M.: Die Macht der Banken – ein gesellschaftspolitisches Problem in der Analyse moderner ökonomischer Theorieansätze, München 1995, S. 180 ff. und Spremann, K.: Agent and principal, in: Bamberg, G., Spremann, K. (Hrsg.): Agency theory, information and incentives, Berlin u. a. 1987, S. 3–37.

[415] Der Problembereich der adversen Selektion, der insbesondere durch Verhaltensunsicherheit hervorgerufen wird, soll an dieser Stelle nicht diskutiert werden. Vgl. hierzu z. B. Machauer, A.: Bankverhalten in Kreditbeziehungen, Wiesbaden 1999, S. 9 f.

[416] So sieht *Albach* eine kreditgebende Bank durch tägliches Kreditmonitoring über laufende Zahlungsposten auf dem gleichen Informationsniveau wie das Unternehmen selbst. Vgl. Albach, H.: Bankbeziehungen und Wettbewerbsfähigkeit, in: Zeitschrift für Betriebswirtschaft, 68. Jg., 1998, Ergänzungsheft 2, S. 1–27, hier S. 3 f.

[417] Vgl. Europäische Kommission (Hrsg.): Enterprises' access to finance, Commission Staff Working Paper, No. 1667, Brüssel 2001, S. 23.

Vorsprung gegenüber Konkurrenten, ist sie vielmehr um Exklusivität im Geschäftsverkehr mit diesem Unternehmen bemüht, um den Wettbewerbsvorsprung zu wahren.

Den Untersuchungsergebnissen der Kommission zufolge gelingt es Banken bei Vorliegen eines Informationsvorsprungs einen monopolistischen Preisaufschlag durchzusetzen. Dieses Ergebnis als Prämisse vorausgesetzt, stellt sich die Frage nach dem Verhaltenskalkül der Marktgegenseite, den Kreditnehmern. Annahmegemäß sind sie in erster Linie an günstigen Konditionen und hier insbesondere an niedrigen Zinssätzen interessiert. Am wahrscheinlichsten sind vorteilhafte Konditionen für einen Kreditnehmer, wenn mehrere Banken als mögliche Kreditgeber in Konkurrenz zueinander treten. Demzufolge haben Unternehmen ein Interesse, mit mehreren Banken Geschäftsbeziehungen zu unterhalten, um auf diese Weise ihre Verhandlungsposition zu verbessern. Dabei veröffentlichen Unternehmen solange zusätzliche (interne) Informationen und lassen damit verstärkt Rückschlüsse auf ihre Bonität zu, wie es dadurch zu einem Absinken des Kreditzinssatzes kommt, den das Unternehmen tragen muß.[418]

Dennoch sind bestimmte Konstellationen denkbar, in denen sich *eine* Bankverbindung als vorteilhaft für das Unternehmen erweist.[419] So kann der Erhalt finanzieller Mittel z. B. an Zusagen gebunden sein, die u. a. eine exklusive Stellung des Kreditgebers voraussetzen. Nur indem das Unternehmen den Forderungen der Bank nachkommt und – zumindest faktisch – eine exklusive Bankbeziehung eingeht, kann es eine drohende Kreditrationierung abwenden.[420]

---

[418] Für einen Überblick, welche Möglichkeiten Banken haben, die Bonität von Unternehmen einzuschätzen, vgl. z. B. Deckers, M.: Zukunftsorientierte Kreditentscheidung im mittelständischen Firmenkundengeschäft, München 1990, S. 35 ff.

[419] In diesem Zusammenhang weist *Mayer* darauf hin, daß sich bei steigendem Wettbewerbsdruck auf dem Bankenmarkt die Effizienz nicht erhöht. Seiner Meinung nach, ist nicht mit sinkenden Zinsen und einem erhöhten Kreditangebot zu rechnen. Vgl. Mayer, C.: New issues in corporate finance, in: European Economic Review, Vol. 32, 1988, No. 5, S. 1167–1189 und auch Petersen, M. A., Rajan, R. G.: The effect of credit market competition on lending relationships, in: The Quarterly Journal of Economics, Vol. 110, 1995, No. 2, S. 407–443, hier S. 442.

[420] Für eine ausführlichere Diskussion der Vorteile einer Hausbankbeziehung siehe Elsas, R.: Die Bedeutung der Hausbank – eine ökonomische Analyse, Wiesbaden 2001, S. 12.

B. Hausbankbeziehungen

In einem bankdominierten Finanzsystem existieren zwischen Unternehmen und Banken oft enge Verbindungen. Für diese meist historisch gewachsenen Beziehungen hat sich in Deutschland der Begriff der Hausbankbeziehung etabliert.[421] Bevor auf wettbewerbspolitische Probleme im Zusammenhang mit Hausbankbeziehungen eingegangen werden kann, ist es notwendig, deren wesentliche Charakteristika und Besonderheiten zu erläutern:[422]

- Hausbanken stellen einen großen, wenn nicht sogar den größten Anteil der Kreditfinanzierung eines Unternehmens und führen viele der sonstigen (Finanz-)Dienstleistungen für das jeweilige Unternehmen aus.
- Die Beziehung zwischen Unternehmen und der Hausbank ist langfristig angelegt. Neben ausgeprägten finanziellen sind so oft sehr enge persönliche Beziehungen zwischen Bank- und Unternehmensvertretern zu erklären. In Verbindung mit der exponierten Informationslage erlangt die Hausbank auf diese Weise eine einflußreiche Position.
- Bei finanzieller Schieflage kommt der Hausbank eine „besondere Verantwortung" zu (Versicherungsfunktion).

Da sich die dauerhafte und sehr umfangreiche Kooperation zwischen Bank und Unternehmen nicht nur auf den Bereich der Kreditfinanzierung erstreckt, sondern auf vielfältige Dienstleistungen der Bank, ist ein Wechsel der Hausbank relativ selten.[423] Dies erklärt zudem den hohen Informationsstand einer

---

[421] Für den Begriff Hausbank wird im englischen gelegentlich die wörtliche Übersetzung „housebank" verwendet. Der Begriff „main bank" findet in diesem Zusammenhang ebenfalls Verwendung, bezieht sich jedoch eher auf das japanische Finanzsystem. Wenngleich dieses Parallelen zu dem deutschen Universalbankensystem aufweist, ist ein Vergleich zwischen beiden nur begrenzt möglich. Vgl. hierzu z. B. Sheard, P.: The main bank system and corporate monitoring and control in Japan, in: Journal of Economic Behaviour and Organization, Vol. 11, 1989, S. 399–422 sowie Aoki, M., Patrick, H., Sheard, P.: The Japanese main bank system – an introductory overview, in: Aoki, M., Patrick, H. (Hrsg.): The Japanese main bank system, Oxford u. a. 1994, S. 1–50.

[422] Vgl. Fischer, K.: Hausbankbeziehungen als Instrument der Bindung zwischen Banken und Unternehmen – eine theoretische und empirische Analyse, Regensburg 1990, S. 3 ff.; Elsas, R.: Die Bedeutung der Hausbank – eine ökonomische Analyse, Wiesbaden 2001, S. 12 und Terrahe, J.: Die Zukunft des Hausbankprinzips – engere oder lockere Bank-Kunden-Bindung? In: Engels, W. (Hrsg.): Organisation der Banken und des Bankenmarktes, Frankfurt a. M. 1988, S. 145–166, hier S. 148 und S. 156.

[423] Vgl. o. V.: Hausbankprinzip prägt Investitionen, in: FAZ, 23.07.2002, Nr. 168, S. 11 und o. V.: Ansätze zur Gestaltung des Netzes von Bankverbindungen durch eine Unternehmung, in: Schmalenbachs Zeitschrift für betriebswirtschaftliche Forschung, 40. Jg., 1988, H. 9, S. 739–767, hier S. 741.

Hausbank und ist für den Wettbewerbsvorteil gegenüber Konkurrenten verantwortlich.[424]

In englischsprachigen Publikationen findet sich anstelle der wörtlichen Übersetzung ‚housebank' häufig der Ausdruck ‚relationship lending'.[425] Ob Erkenntnisse aus diesem Bereich für die vorliegende Arbeit genutzt werden können, hängt davon ab, inwieweit die beiden Konzepte deckungsgleich sind. Aus diesem Grund werden die Parallelen der beiden Ansätze kurz aufgezeigt.[426]

Das Konzept des relationship lending beschäftigt sich ebenfalls mit dem Verhältnis von Kreditnehmern und -gebern. Parallel zu den Überlegungen bei Hausbankbeziehungen stehen hier ebenfalls Aspekte intertemporaler Vertragsgestaltung im Mittelpunkt der Untersuchungen.[427] Von besonderem Interesse ist dabei, inwieweit es für Banken attraktiv ist, langfristige Beziehungen zu Unternehmen einzugehen. Finanziell sind derartige Beziehungen attraktiv, wenn Banken durch sie einen Vorteil erlangen, der es ihnen ermöglicht, einen vom Wettbewerb nicht hinreichend kontrollierten Spielraum – z. B. im Rahmen ihrer Preisgestaltung – zu nutzen. Für Banken kann es daher vorteilhaft sein, zu Beginn einer Geschäftsbeziehung „Anlaufverluste" zu tolerieren, wenn sich diese zu einem späteren Zeitpunkt der Kundenbeziehung kompensieren lassen.

Nach *Petersen/Rajan* können mehrere Faktoren für diese Form von Marktmacht ursächlich sein:[428] So können Banken durch private Informationen, die sie während einer Kreditbeziehung erhalten, ex post über Marktmacht verfügen. Gleichzeitig geben *Petersen/Rajan* jedoch zu Bedenken, daß ein derartiger

---

[424] Erstmals betonen *Kane/Malkiel*, daß Banken durch intensive Beziehungen zu Unternehmen einen Wettbewerbsvorsprung gegenüber Konkurrenten erlangen. Vgl. Kane, E. J., Malkiel, B. G.: Bank portfolio allocation, deposit variability and the availability doctrine, in: The Quarterly Journal of Economics, Vol. 79, 1965, No. 1, S. 113–134.

[425] Vgl. z. B. Ongena, S., Smith, D. C.: Bank relationships – a review, in: Harker, P. T., Zenios, S. A. (Hrsg.): Performance of financial institutions – efficiency, innovation, regulation, Cambridge 2000, S. 221–258.

[426] Nach oft vertretener Auffassung lassen sich das deutsche und das US-amerikanische Bankensystem als bank- bzw. marktbasiertes Finanzsystem klassifizieren. Zumindest bei der Kreditfinanzierung von Unternehmen kleiner und mittlerer Größe bestehen jedoch nicht unwesentliche Parallelen. Die Berücksichtigung US-amerikanischer Literatur ist daher gerechtfertigt. Vgl. hierzu auch Körting, T.: Bankbeziehungen kleiner und mittlerer Unternehmen in Deutschland – eine Zusammenfassung empirischer Ergebnisse, in: Szczesny, A. (Hrsg.): Kreditrisikomessung und Kreditrisikomanagement, Baden-Baden 2001, S. 37–55, hier S. 53.

[427] Vgl. Elsas, R., Krahnen, J. P.: Is relationship lending special? Evidence from credit-file data in Germany, in: Center for Financial Studies (Hrsg.): Working Paper, No. 5, o. O. 1998.

[428] Vgl. hierzu und im Folgenden Petersen, M. A., Rajan, R. G.: The effect of credit market competition on lending relationships, in: The Quarterly Journal of Economics, Vol. 110, 1995, No. 2, S. 407–443, hier S. 417 f.

Wettbewerbsvorteil im Zeitablauf schwindet, da die dem (Kapital-)Markt zur Verfügung stehenden Unternehmensinformationen sukzessive zunehmen und den Vorteil exklusiver Informationen erodieren lassen.

Inwieweit diese Feststellung korrekt ist, kann nicht eindeutig beantwortet werden. Das Konzept ist zwar einerseits analytisch nachvollziehbar, indem die Autoren einen Prozeß ständiger Informationsverarbeitung unterstellen. Andererseits konkretisieren sie jedoch nicht den Vorgang, der für einem Abbau des Informationsvorsprungs verantwortlich ist. Vorstellbar ist hier grundsätzlich ein „normaler" Lernprozeß, bei dem sich die Marktteilnehmer an Vergangenheitsdaten des Unternehmens orientieren. Ein derartiger Lernprozeß ist jedoch nicht identisch mit einer zeitgleichen Verfügbarkeit von Informationen für die kreditgebende Bank und andere Kapitalmarktakteure. Mit Hilfe einer engen oder sogar exklusiven Beziehung zu einem Unternehmen kann eine Bank einen Informationsvorsprung durchaus bewahren. Gleichwohl sprechen die hohen Anforderungen an die Offenlegung unternehmensrelevanter Informationen gegen einen langfristigen Wettbewerbsvorsprung für eine (Haus-)Bank.

Das Ausmaß an Informationsasymmetrien zwischen (Haus-)Banken und anderen potentiellen externen Kapitalmarktakteuren empirisch zu bewerten, ist mangels Daten kaum möglich. Dennoch hat der Einwand eines im Zeitablauf abnehmenden Wettbewerbsvorteils von *Petersen/Rajan* seine Berechtigung, wenngleich Überlegungen dieser Art in erster Linie börsennotierte Aktiengesellschaften betreffen. Daß Banken mittels exklusiver Informationen über Marktmacht gegenüber Unternehmen kleiner und mittlerer Größe sowie nichtbörsennotierten Aktiengesellschaften verfügen, bleibt jedoch festzuhalten.

Eine andere Quelle für Marktmacht ist die räumliche Verteilung von Banken auf lokalen Märkten. Verfügen Banken über eine starke Marktpräsenz, also ein hohes Maß an physischer Kundennähe, besitzen sie einen Vorteil gegenüber Konkurrenten, die weniger stark am Markt vertreten sind. Verantwortlich für diesen Wettbewerbsvorteil sind in erster Linie niedrigere Transaktions- und Überwachungskosten, die sich aus der räumlichen Nähe ergeben. Zudem ist die Bereitschaft für einen Institutswechsel auf Unternehmensseite aufgrund hoher Such- und Informationskosten relativ gering, wenn der lokale Markt durch eine geringe Anzahl an Anbietern charakterisiert ist.

Die inhaltlichen Parallelen zwischen den Konzepten des relationship lending und einer Hausbankbeziehung finden sich in der Literatur in weitgehend deckungsgleichen Begriffsdefinitionen wieder. So definieren *Elsas/Krahnen*: „A financial relationship is effectively a long term commitment in which lenders develop an informational privilege vis-à-vis both the market and competing banks. For the lender, such a close financial relationship yields a certain degree of ex post bargaining power."[429]

Noch etwas weiter gefaßt ist das Konzept des relationship banking, das neben Banken auch andere Finanzintermediäre beinhaltet.[430] Abgesehen von dieser Erweiterung ist das Konzept des relationship banking inhaltsgleich mit dem des relationship lending, wie die Definition von *Berger* deutlich macht, der drei Hauptmerkmale für das relationship banking nennt:[431]

- Ein Finanzintermediär erhält Informationen, die über das Maß öffentlicher Informationen hinausgehen.
- Dieser Informationsfluß erfolgt über einen längeren Zeitraum und umfaßt viele Wechselbeziehungen mit dem Kreditnehmer und die Zusammenarbeit bei vielen Finanzleistungen.
- Die Informationen bleiben vertraulich.

Aufgrund der hohen Übereinstimmung der beiden Konzepte wird im weiteren nicht zwischen relationship banking und relationship lending unterschieden. Zudem erweist sich eine Gleichstellung des Konzepts des relationship lending mit dem einer Hausbankbeziehung als bedarfsgerecht: „Relationship lending with long-term commitment and informational monopoly by the lender has some similarity with the so-called housebanking principle."[432]

I. Relevanz

Wettbewerbspolitische Überlegungen zu Hausbankbeziehungen sind nur dann sinnvoll, wenn diese auch heutzutage noch für die Beziehung zwischen Banken und Unternehmen von Bedeutung sind.

---

[429] Elsas, R., Krahnen, J. P.: Collateral, default risk and relationship lending – an empirical study on financial contracting, in: Center for Financial Studies (Hrsg.): Working Paper, No. 13, o. O. 1999, S. 2.

[430] Vgl. Carey, M., Post, M., Sharpe, S. A.: Does corporate lending by banks and finance companies differ? Evidence on specialization in private debt contracting, in: Journal of Finance, Vol. 53, 1998, No. 3, S. 845–878.

[431] Vgl. Berger, A. N.: The „big picture" of relationship-based finance – discussion comments, in: Blanton, J. L., Williams, A., Rhine, S. L. W. (Hrsg.): Business access to capital and credit, Chicago 1999, S. 390–400, hier S. 390 f.

[432] Elsas, R., Krahnen, J. P.: Is relationship lending special? Evidence from credit-file data in Germany, in: Center for Financial Studies (Hrsg.): Working Paper, No. 5, o. O. 1998, S. 4. Eine äquivalente Verwendung der beiden Begriffe erfolgt zudem durch Elsas, R.: Die Bedeutung der Hausbank – eine ökonomische Analyse, Wiesbaden 2001, S. 14.

Seit den 70er Jahren nehmen Unternehmen für unterschiedliche Dienstleistungen verschiedene Banken in Anspruch. Ursächlich für dieses Verhalten war nach *Bergendahl/Lindblom* u. a. ein zunehmender Wettbewerb zwischen den Banken.[433] Multi-banking stellte für viele Unternehmen zu der bis dahin vorherrschenden Form des single-banking eine finanziell attraktive Alternative dar. Die Entwicklung neuer Finanzierungsinstrumente und zunehmende Möglichkeiten der Verbriefung von Verbindlichkeiten, z. B. durch asset backed securities (ABS) oder Pfandbriefe, sind seit Mitte der 80er Jahre für viele Unternehmen eine häufig genutzte Finanzierungsalternative. Der Grad der Abhängigkeit von einer einzigen Bank ist somit zurückgegangen, wenngleich ABS oder Pfandbriefe als alternative Formen der Unternehmensfinanzierung für einen Großteil der Unternehmen immer noch eine eher untergeordnete Rolle spielen.[434] Alternative Finanzierungsformen bzw. der direkte Zugang zum Kapitalmarkt stehen aufgrund finanzierungsformabhängiger Kosten eher größeren Unternehmen zur Verfügung.[435] Um gehaltvolle Aussagen über die Relevanz und Bedeutung von Bankbeziehungen zu erhalten, ist daher die Unternehmensgröße zu berücksichtigen.

Die Verschuldungsstruktur von Unternehmen in Abhängigkeit ihrer Größe untersuchen *Harhoff/Körting*.[436] Ausgewählte Ergebnisse der Studie sind in *Tabelle 4-1* zusammengefaßt.

---

[433] Vgl. Bergendahl, G., Lindblom, T.: The future of relationship banking, in: Gardener, E. P. M., Falzon, J. (Hrsg.): Strategic challenges in European banking, London 2000, S. 152–173, hier S. 153.

[434] Für das Finanzierungs- und Verschuldungsverhalten deutscher Unternehmen und für die im internationalen Vergleich immer noch geringe Bedeutung alternativer Finanzierungsinstrumente sind administrative Hemmnisse eher von untergeordneter Bedeutung. Vgl. hierzu o. V.: Die Beziehung zwischen Bankkrediten und Anleihemarkt in Deutschland, in: Deutsche Bundesbank (Hrsg.): Monatsbericht, Januar 2000, S. 33–48, hier S. 36 ff.

[435] Im Gegensatz zu kleineren Betrieben besitzen größere Unternehmen die Möglichkeit, sich teilweise über Pensionsrückstellungen oder Anleihen zu finanzieren.

[436] Vgl. Harhoff, D., Körting, T.: Lending relationships in Germany – empirical results from survey data, in: Journal of Banking & Finance, Vol. 22, 1998, No. 10/11, S. 1317–1354.

Tabelle 4-1
Konzentration bei der Kreditaufnahme von Unternehmen kleiner und mittlerer Größe

	Anzahl an Unternehmen	Anteil am gesamten Fremdkapital ...		Anzahl verschiedener Bankbeziehungen	Anzahl an Unternehmen mit einer Bankverbindung (%)
		... bereitgestellt durch die wichtigste Bank	... bereitgestellt durch die fünf wichtigsten Banken		
Zahl der Arbeitnehmer		Durchschnitt	Durchschnitt	Durchschnitt	
<5	299	80,12	92,43	1,64	**55,85**
5–9	246	78,20	93,65	1,80	**46,34**
10–49	353	74,32	94,02	**2,06**	36,83
50–99	108	69,68	92,69	2,46	20,37
100–249	78	62,63	93,91	2,76	23,08
250–500	43	61,68	96,02	**2,95**	**18,60**
gesamt	1.127	**74,98**[a]	93,46	**2,01**[a]	**40,73**[a]

[a] Gewichteter Durchschnitt.
Quelle: In Anlehnung an Harhoff, D., Körting, T.: Lending relationships in Germany – empirical results from survey data, in: Journal of Banking & Finance, Vol. 22, 1998, No. 10/11, S. 1317–1354, hier S. 1334, eigene Darstellung.

Der Studie nach besitzen durchschnittlich ca. 41 Prozent der Unternehmen kleiner und mittlerer Größe nur eine Bankverbindung. Dieser Anteil liegt innerhalb der Gruppe von Unternehmen mit bis zu fünf Arbeitnehmern bei knapp 56 Prozent, wohingegen der Anteil bei Unternehmen mit 250 bis 500 Arbeitnehmern weniger als 19 Prozent beträgt.[437]

Der Anteil an Unternehmen mit nur einer einzigen Bankverbindung nimmt mit wachsender Unternehmensgröße ab. Parallel dazu steigt die durchschnittliche Anzahl verschiedener Bankverbindungen pro Unternehmen mit zunehmender Größe der Unternehmen. Durchschnittlich besitzen Unternehmen mit 10 bis 49 Arbeitnehmern ca. zwei Bankverbindungen. Unternehmen mit 250 bis 500 Arbeitnehmern unterhalten geschäftliche Verbindungen zu durchschnittlich fast drei Banken. Über alle Größenklassen hinweg beläuft sich der gewichtete Durchschnitt auf zwei Bankverbindungen. Eine positive Beziehung zwischen

[437] Eine einzige Bankverbindung stellt den optimalen Transfermechanismus finanzieller Mittel von Investoren zu Unternehmen dar, wenn kostenverursachende Informationsasymmetrien zwischen Investoren und Projektinsidern existieren. Vgl. Diamond, D. W.: Financial intermediation and delegated monitoring, in: Review of Economic Studies, Vol. 51, 1984, S. 393–414.

Unternehmensgröße und Anzahl an unterschiedlichen Bankverbindungen ist unverkennbar.

Ähnliche Resultate finden sich ebenso bei einem Vergleich internationaler Untersuchungen, deren Ergebnisse in *Tabelle 4-2* dargestellt sind.

Tabelle 4-2

Bankbeziehungen im internationalen Vergleich

Land	USA[438]	Japan[439]	Deutschland[440]	Deutschland[441]	Italien[442]	Norwegen[443]	USA[444]
Unternehmensgröße	klein	klein	klein	mittel	mittel	mittel	groß
Zeitraum	1987	1992	1997	'92-'97	'89-'93	'79-'95	'80-'90
Umsatz (in Mio. US-$)	1	<1,3/>1,3	5	56,4	116	150[a]	1.502
Stichprobe	3.404	126/309	994	200	Ø 1.000	Ø 111	Ø 250
Ø Anzahl Bankbeziehungen	1,4	2,9/3,1	1,8	6	16,4	1,4	5,2

[a] Marktwert Eigenkapital.

Größe nach Umsatz in Mio. US-$: klein (< 25), mittel (25–250), groß (>250).

Ø bezeichnet den Durchschnitt über die einzelnen Jahre des Beobachtungszeitraums.

Quelle: In Anlehnung an Elsas, R.: Die Bedeutung der Hausbank – eine ökonomische Analyse, Wiesbaden 2001, S. 69. Eine ähnliche Tabelle findet sich bei Ongena, S., Smith, D. C.: What determinates the number of bank relationships? Cross-country evidence, in: Norwegian School of Management (Hrsg.): Working Paper, No. 4, o. O. 1998, S. 31, eigene Darstellung.

---

438 Vgl. Petersen, M. A., Rajan, R. G.: The benefits of lending relationships – evidence from small business data, in: Journal of Finance, Vol. 49, 1994, No. 1, S. 3–37.

439 Vgl. Horiuchi, T.: The effect of firm status on banking relationships and loan syndication, in: Aoki, M., Hugh, P. (Hrsg.): The Japanese main bank system, Oxford 1994, S. 258–294.

440 Vgl. Harhoff, D., Körting, T.: Lending relationships in Germany – empirical results from survey data, in: Journal of Banking & Finance, Vol. 22, 1998, No. 10/11, S. 1317–1353.

441 Vgl. Elsas, R., Krahnen, J. P.: Is relationship lending special? Evidence from credit-file data in Germany, in: Center for Financial Studies (Hrsg.): Working Paper, No. 5, o. O. 1998.

442 Vgl. Detragiache, E., Garella, P., Guiso, L.: Multiple versus single banking relationships – theory and evidence, in: Journal of Finance, Vol. 55, 2000, No. 3, S. 1133–1161.

443 Vgl. Ongena, S., Smith, D. C.: What determinates the number of bank relationships? Cross-country evidence, in: Norwegian School of Management (Hrsg.): Working Paper, No. 4, o. O. 1998.

444 Vgl. Houston, J. F., James, C. M.: Bank information monopolies and the mix of private and public debt claims, in: Journal of Finance, Vol. 51, 1996, No. 5, S. 1863–1889.

Aussagekräftig ist zudem, wie hoch der Anteil an den Gesamtschulden ist, den die Hausbank finanziert. Nach *Tabelle 4-1* stellt die wichtigste Bank einem Unternehmen durchschnittlich drei Viertel des gesamten Kreditvolumens zur Verfügung. Bei kleinen Unternehmen ist dieser Anteil dabei am höchsten und sinkt mit zunehmender Unternehmensgröße. Während Unternehmen mit bis zu fünf Arbeitnehmern gut 80 Prozent ihres Fremdkapitals von der wichtigsten Bank erhalten, beläuft sich dieser Anteil bei Unternehmen mit 250 bis 500 Arbeitnehmern nur noch auf knapp 62 Prozent. Dies ist nicht weiter überraschend, da mit steigender Unternehmensgröße die durchschnittliche Anzahl an Bankverbindungen zunimmt. Auffällig ist jedoch hier die Höhe des Anteils von fast 62 Prozent, wenn man berücksichtigt, daß nur gut 18 Prozent der Unternehmen innerhalb dieser Größenklasse eine einzige Bankverbindung besitzen. Mit anderen Worten: Auch wenn mehrere Bankverbindungen existieren, erfolgt die Abwicklung des überwiegenden Teils der Kreditfinanzierung mit Hilfe eines Instituts. Die anderen Bankkontakte werden meist für die Abwicklung des Zahlungsverkehrs in Anspruch genommen. Zwar nehmen Unternehmen im Rahmen dieser Geschäftsbeziehungen auch Fremdmittel bei diesen Banken auf, gemessen am Gesamtvolumen sind diese Kredite jedoch unbedeutend.[445]

Neben diesen Besonderheiten ist ebenfalls interessant, in welchem Maße Unternehmen die „Hauptleistung" von Banken, nämlich die Finanzierung in Form von Krediten, im Vergleich zu anderen Finanzierungsformen in Anspruch nehmen. Um Aussagen über die Entwicklung von (Haus-)Bankbeziehungen treffen zu können, benötigt man einen Indikator, da die wirtschaftliche Bedeutung von Hausbankbeziehungen nicht direkt gemessen werden kann. Die zuvor getroffenen Feststellungen lassen den Anteil der Bankverbindlichkeiten an der Gesamtverschuldung eines Unternehmens als geeigneten Indikator für die Bedeutung von Banken als Kreditgeber erscheinen.[446]

Mit zunehmender Unternehmensgröße nimmt die Bedeutung von Bankkrediten innerhalb der Finanzierungsstruktur grundsätzlich ab, so daß parallel dazu mit steigender Unternehmensgröße die Bedeutung von Banken als Kreditgeber sinkt (vgl. *Abbildung 4-1*).[447]

---

[445] Vgl. Doberanzke, V.: Exklusive Finanzierung mittelständischer Unternehmen, Wiesbaden 1993, S. 32 f.

[446] Vgl. Seger, F.: Banken, Erfolg und Finanzierung – eine Analyse für deutsche Industrieunternehmen, Wiesbaden 1997, S. 121.

[447] Vgl. o. V.: Die Beziehung zwischen Bankkrediten und Anleihemarkt in Deutschland, in: Deutsche Bundesbank (Hrsg.): Monatsbericht, Januar 2000, S. 33–48, hier S. 39 f.

Abbildung 4-1
Bankkredite nach Unternehmensgröße, 1987–1998

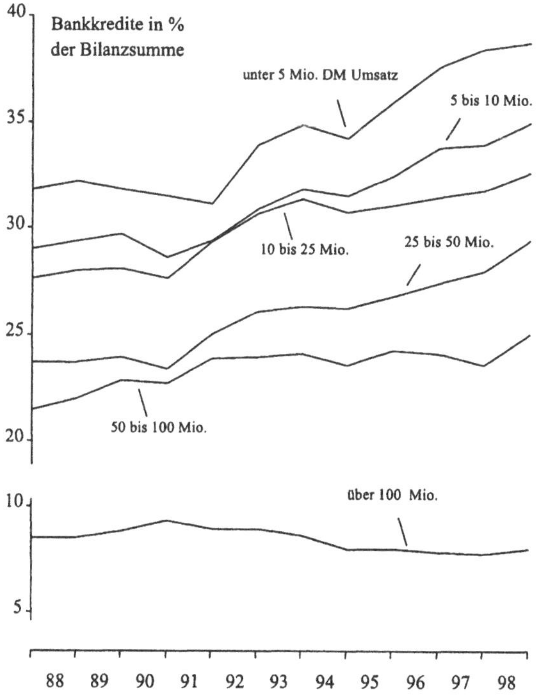

Quelle: O. V.: Bankbilanzen, Bankenwettbewerb und geldpolitische Transmission, in: Deutsche Bundesbank (Hrsg.): Monatsbericht, September 2001, S. 51–70, hier S. 63, eigene Darstellung.

Der Anteil von Bankkrediten an den Passiva bei Betrieben mit einem Jahresumsatz von unter 5 Mio. DM betrug 1998 fast 39 Prozent. Dieser Anteil lag 1987 bei knapp 32 Prozent, was einen Anstieg innerhalb dieser Zeit um fast 22 Prozent entspricht. Eine ähnliche Entwicklung ist für Unternehmen mit einem Jahresumsatz von bis zu 100 Mio. DM festzustellen, wobei das Wachstum jedoch von einem niedrigeren Niveau aus erfolgte. Die prozentuale Steigerung fällt größenklassenabhängig etwas geringer aus. Eine Ausnahme bilden Unternehmen mit einem Jahresumsatz von mehr als 100 Mio. DM. Innerhalb dieser Größenklasse ist der Anteil der Bankkredite an den Passiva von 8,5 Prozent auf knapp 8 Prozent gesunken, was einem Rückgang von gut 5 Prozent entspricht.

Festzuhalten bleibt folgendes: Hausbankbeziehungen sind gegenwärtig in Deutschland (immer noch) häufig.[448] Sie bilden insbesondere innerhalb der Gruppe kleiner und mittelgroßer Unternehmen ein wesentliches Element der Bank-Unternehmens-Beziehung.[449] Aussagen über die sinkende Bedeutung von Hausbankbeziehungen gelten daher vor allem für große Unternehmen.[450] Um daraus wetbewerbspolitischen Handlungsbedarf abzuleiten, ist zunächst jedoch zu klären, inwieweit durch die herausragende Position der Hausbank Probleme in Form einer Abhängigkeit resultieren können.

II. Vor- und Nachteile

Als Erklärung für die Existenz von Hausbankbeziehungen dient oft der Verweis auf die traditionell engen Verflechtungen von Industrieunternehmen und Banken. Dies allein kann jedoch nicht als Begründung für deren hohe Relevanz genügen.[451]

Um die Existenz von Hausbankbeziehungen zu begründen, ist vielmehr nach dem Nutzen für die Vertragspartner zu fragen. Allgemein werden Banken in Anspruch genommen, um Vorteile zu realisieren, die mit der Einschaltung eines Finanzintermediärs zwischen Kapitalgeber und -nehmer entstehen.[452] Gleichwohl kann damit noch nicht erklärt werden, wie Hausbankbeziehungen entstehen, da die angesprochenen Vorteile keine Besonderheit von Hausbanken sind.

---

[448] Vgl. Fehr, B., Steltzner, H.: „Das Gerede vom Ende der Hausbank ist doch Quatsch", in: FAZ, 28.05.2002, Nr. 121, S. 18.

[449] Vgl. Quack, S., Hildebrandt, S.: Hausbank or fournisseur? Bank services for small and medium sized enterprises in Germany and France, in: Wissenschaftszentrum Berlin für Sozialforschung (Hrsg.): Discussion Paper, No. 102, o. O. 1995, hier S. 19.

[450] Vgl. Seger, F.: Banken, Erfolg und Finanzierung – eine Analyse für deutsche Industrieunternehmen, Wiesbaden 1997, S. 121.

[451] Für einen kurzen Abriß historischer Entwicklungen markt- und bankbasierter Finanzsysteme verschiedener Länder vgl. Allen, F., Gale, D.: Comparing financial systems, London 2000, S. 25–45.

[452] Zu nennen sind hier in erster Linie die Möglichkeit der Losgrößen-, Fristen- und Risikotransformation. Vgl. hierzu z. B. Machauer, A.: Bankverhalten in Kreditbeziehungen, Wiesbaden 1999, S. 34 und Spicher, T.: Kapitalmarkt, unvollständige Verträge und Finanzintermediäre – eine modellgestützte Analyse zu Existenzbegründung, zukünftiger Ausrichtung und möglichen Verhaltensstrategien von Banken an Kapital- und Kreditmärkten, Köln 1997, S. 18 ff.

Im Vergleich zu normalen Bankbeziehungen müssen Hausbankbeziehungen dennoch zusätzliche Vorteile bieten.[453]

Informationsasymmetrien und das zeitliche Auseinanderfallen von Leistung und Gegenleistung erhöhen die Unsicherheit eines Kreditgebers. Als Folge kann es zu einer Einschränkung der Funktionsfähigkeit des Preismechanismus oder zu Rationierungsphänomenen kommen. Aufgrund ihres Informationsvorteils sind Banken in der Lage, diese Folgen zu mildern oder sogar zu vermeiden.[454] Hausbankbeziehungen werden daher oft positiv beurteilt, da enge Geschäftsverbindungen Informationsvorteile gegenüber Konkurrenten besonders groß werden lassen, die Unsicherheit für Hausbanken reduzieren und somit deren wirtschaftliches Risiko senken. Als Konsequenz sind günstigere (Zins-)Konditionen für Unternehmen mit Hausbankbeziehung denkbar; Risikoprämien für erwartete opportunistische Verhaltensweisen können gesenkt werden, die Gefahr einer Kreditrationierung ist geringer. Der Vorteil eines derartigen Verhaltens liegt für eine Bank in der langfristig angelegten Geschäftsbeziehung, durch die sie ein höheres Maß an Planungssicherheit gewinnt und die die Wahrscheinlichkeit zukünftiger Zahlungseingänge erhöht.

Zugleich kann sich der vermeintliche Vorteil eines Informationsvorsprungs aus Sicht eines Unternehmens ins Gegenteil verkehren: Da sich mit zunehmender Beziehungsdauer die Informationsdichte einer Bank erhöht, wächst die Gefahr einer Abhängigkeit. Die Beendigung der aktuellen und Aufbau einer neuen Hausbankbeziehung verursacht auf Unternehmensseite hohe Aufwendungen in Form von Informations- bzw. Such- und Wechselkosten. Dieses Wissen verleiht der Bank einen gewissen Grad an (Monopol-)Macht.[455] Eine Hausbank kann versuchen, über dem Marktniveau liegende Zinsen durchzusetzen und auf diese Weise eine Entschädigung für ihre eigenen Leistungen zu erlangen, die allgemein in einer verbesserten intertemporalen Vertragsgestaltung liegen.

---

453 Eine theoretische Abhandlung der aus Unternehmenssicht optimalen Anzahl an Bankverbindungen findet sich bei Detragiache, E., Garella, P., Guiso, L.: Multiple versus single banking relationship – theory and evidence, in: Journal of Finance, Vol. 55, 2000, No. 3, S. 1133–1161.

454 Vgl. Diamond, D. W.: Financial intermediation and delegated monitoring, in: Review of Economic Studies, Vol. 51, 1984, S. 393–414 und Diamond, D. W.: Reputation acquisition in debt markets, in: Journal of Political Economy, Vol. 97, 1989, No. 4, S. 828–861.

455 Vgl. z. B. Diamond, P. A.: A model of price adjustment, in: Journal of Economic Theory, Vol. 3, 1971, No. 2, S. 156–168.

Insgesamt sind drei Formen einer Kompensation denkbar, die auch kumulativ auftreten können:[456]

- Die Leistung der Hausbank wird direkt durch höhere Zinsen abgegolten, mit anderen Worten es gelingt ihr, Monopolrenten durchzusetzen.
- Es erfolgt eine indirekte Kompensation, indem die Hausbank Erträge aus anderen Geschäftsbereichen erzielt (cross-selling) und so Quersubventionierung betreiben kann.
- Aufgrund des Informationsvorsprunges kommt es zu einer qualitativen Aufwertung des Kreditportfolios der Bank und somit zu einer anderen Form indirekter Kompensation.

Sollte die Bank versuchen, ihre Monopolmacht durchzusetzen, bleibt dem Unternehmen die Möglichkeit eines Institutswechsels. Dieser Einwand läßt jedoch die Gefahr eines Reputationsverlustes unberücksichtigt, da der Versuch eines Bankwechsels von einer neuen Bank als negatives Signal aufgefaßt werden kann.[457] Indem anderen Banken die hohe Informationsdichte der Haubank nicht oder nur zu unverhältnismäßig hohen Kosten zur Verfügung steht, kann eine neue Bank lediglich das Verhalten des Unternehmens beobachten, ohne dessen Beweggründe zu kennen. Somit muß sie in Betracht ziehen, daß die Beziehung aufgrund eines erhöhten (Kredit-)Risikos durch die Hausbank beendet worden ist. Die gegenwärtige Hausbankbeziehung wird für das Unternehmen somit zu einer Marktaustrittsschranke, da es bei einem Institutswechsel riskiert, bei der neuen Bank (outside bank) keinen Kredit zu erhalten.[458]

Welche Auswirkungen eine enge Bank-Unternehmens-Beziehung auf Zinskonditionen hat, läßt sich auf der Basis theoretischer Argumente nicht eindeutig abschätzen, vielmehr lassen sich sowohl für einen steigenden als auch einen sinkenden Zinssatz Argumente finden. In welchem Umfang darüber hinaus Rückwirkungen stattfinden, ist ebenfalls nicht eindeutig festzustellen:

---

[456] Vgl. Elsas, R.: Die Bedeutung der Hausbank – eine ökonomische Analyse, Wiesbaden 2001, S. 243. Zu den beiden ersten Punkten vgl. auch Elsas, R., Krahnen, J. P.: Is relationship lending special? Evidence from credit-file data in Germany, in: Center for Financial Studies (Hrsg.): Working Paper, No. 5, o. O. 1998, S. 17 f.

[457] Vgl. Lehmann, E., Neuberger, D.: Do lending relationships matter? Evidence from bank survey data in Germany, in: Journal of Economic Behavior and Organization, Vol. 45, 2001, No. 4, S. 339–359, hier S. 356.

[458] Vgl. Allen, F., Gale, D.: Comparing financial systems, London 2000, S. 333.

Nach *Petersen/Rajan*[459] liegt der größte Vorteil einer engen Bindung an einen Kreditgeber aus Unternehmenssicht in einer erhöhten Verfügbarkeit an Fremdfinanzierungsmitteln.[460] Auswirkungen auf den Zinssatz existieren, sind jedoch von geringerer Bedeutung. Der Studie nach sollten kleine Unternehmen daher freiwillig ihre Fremdfinanzierung auf einen oder wenige Kreditgeber konzentrieren und so die skizzierten Vorteile realisieren.

Berger/Udell[461] verwenden den gleichen Datensatz wie *Petersen/Rajan*, beschränken ihre Untersuchung jedoch auf Kontokorrentkredite. Sie zeigen einen negativen Zusammenhang zwischen der Dauer einer Geschäftsbeziehung und der Höhe des Zinssatzes für Kontokorrentkredite, so daß es im Verlauf einer geschäftlichen Beziehung zu einem sinkenden Zinssatz kommt. Darüber hinaus müssen Unternehmen mit zunehmender Länge der Beziehung weniger Sicherheiten stellen, um einen Kredit zu erhalten.[462]

Diese Beobachtung finden *Petersen/Rajan* ebenfalls in einem späteren Modell, in dem sie jedoch zwei gegenläufige Zinseffekte modellieren.[463] Da der monopolistische Preissetzungsspielraum positiv mit dem relativen Informationsvorsprung korreliert, wächst dieser im Zeitverlauf. Durch die intensivere Bindung des Unternehmens an die Hausbank erhöht sich für sie die Möglichkeit, einen steigenden Zinssatzes durchzusetzen. Auf der anderen Seite verringert sich durch das steigende Informationsniveau für den Kreditgeber das Ausfallrisiko und es kommt tendenziell zu einem Absinken des Zinssatzes als Ausdruck eines geringeren Risikoaufschlags. Insgesamt dominiert nach ihrer Untersuchung der zweite Effekt, mit der Folge eines sinkenden Zinssatzes.

---

[459] Vgl. Petersen, M. A., Rajan, R. G.: The benefits of lending relationships – evidence from small business data, in: Journal of Finance, Vol. 49, 1994, No. 1, S. 3–37.

[460] Nach *Cole* dehnen Banken ihr finanzielles Engagement eher bei Unternehmen aus, mit denen bereits Geschäftsbeziehungen bestehen. Wenngleich die Länge der Beziehung nach *Cole* nicht entscheidend ist, wird jedoch klar, daß hierdurch Anreize an die Unternehmen zur Intensivierung bestehender (Single-bank)-Verbindungen gesetzt werden. Vgl. Cole, R. A.: The importance of relationships to the availability of credit, in: Journal of Banking & Finance, Vol. 22, 1998, No. 6–8, S. 959–977.

[461] Vgl. Berger, A. N., Udell, G. F.: Relationship lending and lines of credit in small firm finance, in: Journal of Business, Vol. 68, 1995, No. 3, S. 351–381.

[462] Die Unterschiede zu der Studie von *Petersen/Rajan* – trotz Verwendung desgleichen Datensatzes – lassen sich wahrscheinlich auf die unterschiedliche Einbeziehung verschiedener Kreditarten zurückführen.

[463] Vgl. Petersen, M. A., Rajan, R. G.: The effect of credit market competition on lending relationships, in: The Quarterly Journal of Economics, Vol. 110, 1995, No. 2, S. 407–443.

Dies ist auch das Ergebnis einer Studie von *Boot/Thakor.*[464] Ähnlich wie *Berger/Udell*[465] treffen sie Aussagen über die Besicherung von Krediten. In ihrem Modell müssen Unternehmen ebenfalls nur zu Beginn einer Bankbeziehung Kreditsicherheiten stellen. Neben einem Absinken des Zinssatzes entfällt nach erfolgreichem Abschluß eines Projektes zudem die Forderung nach Sicherheiten.

Entgegengesetzte Ergebnisse liefern *Greenbaum/Kanatas/Venezia*[466] sowie *Sharpe*[467]. Beide Untersuchungen finden einen im Verlauf einer Bankbeziehung ansteigenden Zinssatz.[468] Während *Petersen/Rajan* und *Boot/Thakor* von einem steigenden Informationsvorsprung sowie von einer reduzierten Unsicherheit für die Hausbank ausgehen, sinkt im Modell von *Greenbaum/Kanatas/Venezia* mit der Zeit die Qualitätsunsicherheit über einen Kreditnehmer für *alle* Banken und es kommt zu einem sinkenden Informationsvorsprung der Hausbank.

Die Modelle sehen sich aufgrund ihrer Annahmen umfangreicher Kritik ausgesetzt: Ein Informationsvorsprung der Hausbank sollte über die Möglichkeit, einen monopolistischen Preissetzungsspielraum zu nutzen, positiv mit dem Zinssatz korreliert sein. Ein sinkender Informationsvorsprung, wie er bei *Greenbaum/Kanatas/Venezia* modelliert wird, läßt daher aufgrund eines sinkenden Preissetzungsspielraums einen sinkenden Zinssatz vermuten. Warum es in einer derartigen Situation, in der sich das Ausmaß an Unsicherheit nicht nur für die Hausbank, sondern ebenso für andere Banken reduziert, zu einem steigenden Zinssatz kommen soll, ist allerdings nicht klar.

---

[464] Vgl. Boot, A. W. A., Thakor, A. V.: Moral hazard and secured lending in an infinitely repeated credit market game, in: International Economic Review, Vol. 35, 1994, No. 4, S. 899–920.

[465] Vgl. Berger, A. N., Udell, G. F.: Relationship lending and lines of credit in small firm finance, in: Journal of Business, Vol. 68, 1995, No. 3, S. 351–381.

[466] Vgl. Greenbaum, S. I., Kanatas, G., Venezia, I.: Equilibrium loan pricing under the bank-client-relationship, in: Journal of Banking & Finance, Vol. 13, 1989, No. 2, S. 221–235. Ähnlich Boot, A. W. A., Greenbaum, S. I.: Bank regulation, reputation and rents – theory and political implications, in: Mayer, C., Vives, X. (Hrsg.): Capital markets and financial intermediation, Cambridge 1993, S. 262–285.

[467] Vgl. Sharpe, S. A.: Asymmetric information, bank lending, and implicit contract – a stylized model of customer relationships, in: Journal of Finance, Vol. 45, 1990, No. 4, S. 1069–1087.

[468] Nach einer Untersuchung von *Weinstein/Yafeh* haben japanische Unternehmen mit einer engen (Hausbank-)Beziehung hohe Finanzierungskosten. Dies unterstreicht die Vermutung, daß es einer Bank gelingt, höhere Zinsen gegenüber einem Unternehmen durchzusetzen, wenn dieses nur zu einer Bank intensive Verbindungen unterhält. Vgl. Weinstein, D. E., Yafeh, Y.: On the costs of a bank-centered financial system – evidence from the changing main bank relations in Japan, in: Journal of Finance, Vol. 53, 1998, No. 2, S. 635–672.

Im Gegensatz zu den dargestellten Studien, deren Ergebnisse mit Hilfe von Daten für den US-amerikanischen Markt abgeleitet wurden, zeigen Untersuchungen, denen europäische bzw. deutsche Daten zugrunde liegen, andere Resultate. So können *Harhoff/Körting*[469] keinen Einfluß der Beziehungsdauer auf den Zinssatz nachweisen; in erster Linie hängt dieser vielmehr vom Alter und von der Größe des Unternehmens ab. Gleichwohl bestätigt ihre Studie die Resultate in Bezug auf Kreditsicherheiten und -verfügbarkeit. Enge Beziehungen zu Banken reduzieren für den Kreditnehmer die Gefahr, in ihrer Kreditnachfrage rationiert zu werden.[470]

Der implizite Vertrag zwischen einem Unternehmen und seiner Hausbank bietet für das Unternehmen den Vorteil, in finanziell angespannten Situationen auf eine bewährte Geschäftsbeziehung zurückgreifen zu können. Dadurch bekommt es nicht nur überhaupt finanzielle Mittel zur Verfügung gestellt, sondern zudem zu Konditionen, die günstiger sind als eine alternative Mittelaufnahme.[471] Als Gegenleistung ist das Unternehmen bereit, in Niedrigzinsphasen einen Aufschlag zu akzeptieren. Diesen Aufschlag sieht die *Deutsche Bundesbank* jedoch nicht als Folge monopolistischer Preissetzungsspielräume, sondern interpretiert ihn als Versicherungsprämie.

Ebenfalls keinen signifikanten Unterschied in der Zinsgestaltung von Hausbanken und Nichthausbanken finden *Elsas/Krahnen*.[472] Unterschiede lassen sich ihren Ergebnissen nach lediglich in der Verfügbarkeit von Krediten feststellen. Hausbanken stellen in Deutschland ihren Kunden auch dann noch zusätzliche Kredite zur Verfügung, wenn sich deren Rating verschlechtert.[473] Ist ein Unternehmen in einer finanziell schwierigen Lage, so nimmt der Finanzierungsanteil der Hausbank zu, während sich der Kreditanteil anderer Banken verringert.

---

[469] Vgl. Harhoff, D., Körting, T.: Lending relationships in Germany – empirical results from survey data, in: Journal of Banking & Finance, Vol. 22, 1998, No. 10/11, S. 1317–1353.

[470] Zur Thematik der Kreditrationierung vgl. Gischer, H.: Kreditmärkte, Investitionsentscheidungen und Grenzen der Geldpolitik, Baden-Baden 1988, S. 91 und grundlegend Stiglitz, J. E., Weiss, A.: Credit rationing in markets with imperfect information, in: The American Economic Review, Vol. 71, 1981, No. 3, S. 393–410.

[471] Vgl. hierzu und zur folgenden Argumentation o. V.: Zum Zusammenhang zwischen Kreditzinsen deutscher Banken und Marktzinsen, in: Deutsche Bundesbank (Hrsg.): Monatsbericht, März 2002, S. 53–66, hier S. 57.

[472] Vgl. Elsas, R., Krahnen, J. P.: Is relationship lending special? Evidence from credit-file data in Germany, in: Center for Financial Studies (Hrsg.): Working Paper, No. 5, o. O. 1998.

[473] Einschränkend ist aber anzumerken, daß dies nur für die Reduzierung des Ratings um eine Bonitätsklasse gilt. Vgl. Elsas, R., Krahnen, J. P.: Is relationship lending special? Evidence from credit-file data in Germany, in: Center for Financial Studies (Hrsg.): Working Paper, No. 5, o. O. 1998, S. 34.

Parallel zu der Möglichkeit, Monopolrenten abzuschöpfen, wird in der Literatur auf die Hold-up-Problematik hingewiesen. Damit ist eine Situation gemeint, in der es dem Unternehmen aufgrund des hohen Informationsstandes der Hausbank nicht möglich ist, die Geschäftsbeziehung zur Bank zu lösen.[474] Das Unternehmen ist mit Blick auf die Wahlmöglichkeiten seiner Bankverbindungen „eingeschlossen" (locked in), wodurch die Hausbank zusätzliches Machtpotential erlangt.

Versucht ein Unternehmen eine zusätzliche Kreditbeziehung aufzubauen, so verlangt die neue Bank vom Unternehmen in der Regel Sicherheiten. Im Gegensatz zu Konkurrenten haben Hausbanken eine bessere Übersicht über die Qualität der unterschiedlichen Vermögensgegenstände eines Unternehmens. Als grundsätzlich erster Ansprechpartner für Kredite sind sie in der Lage, sich qualitativ hochwertige Vermögenspositionen als Sicherheiten einräumen zu lassen. Einer neuen Bank kann ein Unternehmen somit oft nur Sicherheiten von geringerer Qualität anbieten, was einen Bankwechsel bzw. die Etablierung einer weiteren (Neben-)Bankverbindung erschwert.[475]

Die Überlegungen zu dieser Problematik sind intuitiv nachvollziehbar und führen zu brauchbaren Ergebnissen. Es existieren jedoch auch Untersuchungen, die ein anderes Bild vermitteln. So läßt die Studie von *Ongena/Smith*[476] Zweifel an der grundsätzlichen Gültigkeit der Theorie des lock-in aufkommen. Ihrem Modell zufolge ist es Unternehmen sehr wohl möglich, Bankbeziehungen zu beenden, ehe die Gefahr eines lock-in entsteht.[477] Da es sich um börsennotierte Unternehmen handelt, sind die Untersuchungsergebnisse aber zu relativieren. Die getroffene Feststellung, daß große Unternehmen zudem eher Bankverbindungen ohne finanziellen Schaden beenden können, ist besonders deshalb zu vermuten, weil sie über ein externes Rating verfügen, was die Kreditaufnahme bei anderen Banken erleichtert.[478] Die von *Ongena/Smith* untersuchten Unternehmen erwirtschafteten einen *durchschnittlichen* Umsatz von 741 Mio. Norwegischen Kronen, so daß es sich zudem um Unternehmen handelt, die nicht

---

[474] Vgl. z. B. Boot, A. W. A.: Relationship banking – what do we know? In: Journal of Financial Intermediation, Vol. 9, 2000, No. 1, S. 7–25, hier insbesondere S. 16 ff.

[475] Vgl. Lehmann, E., Neuberger, D.: Do lending relationships matter? Evidence from bank survey data in Germany, in: Journal of Economic Behavior and Organization, Vol. 45, 2001, No. 4, S. 339–359, hier S. 355.

[476] Vgl. Ongena, S., Smith, D. C.: The duration of bank relationships, in: Journal of Financial Economics, Vol. 61, 2001, No. 3, S. 449–475.

[477] Die Untersuchung bezieht sich zwar auf 383 an der Oslo Stock Exchange gelistete Unternehmen. Neben Kontinentaleuropa sind intensive Bank-Unternehmens-Beziehungen jedoch auch in Skandinavien von großer Bedeutung.

[478] Die Gefahr eines lock-in sieht *Burghof* eher bei kleineren Unternehmen. Vgl. Burghof, H.-P.: Credit and information in universal banking, in: Schmalenbachs Business Review, Vol. 52, 2000, No. 3, S. 282–309, hier S. 302.

zwingend unter die klassische Definition kleiner und mittlerer Unternehmen fallen.[479]

Um die Frage zu beantworten, inwieweit Hausbanken durch ihren Status einen Vorteil gegenüber Konkurrenten erlangen, ist von entscheidendem Interesse, ob (Haus-)Bankbeziehungen einen ökonomischen Wert darstellen.

Erweist sich die Vermutung als richtig, sollte sich bei börsennotierten Unternehmen der Wegfall einer derartigen Beziehung – zumindest kurzfristig – auch im Kursverlauf nachweisen lassen. *Slovin/Sushka/Polonchek* beobachten daher die Kursreaktionen von Unternehmen nach Bekanntgabe der Insolvenz einer Bank, die mit den betreffenden Unternehmen in enger Geschäftsverbindung stand.[480] Im Ergebnis sind Bankbeziehungen von besonderem Wert, wenn die Bank Hauptkreditgeber für das Unternehmen ist bzw. dem Unternehmen einen hohen Kreditanteil zur Verfügung stellt. Da der Wert an sich von der jeweiligen Beziehung und dem Austausch privater Informationen abhängig und in ihr inkorporiert ist, geht er mit dem Abbruch der Geschäftsbeziehung unwiederbringlich verloren. Die beobachtete negative Kursreaktion interpretieren die Autoren wie folgt: Als „Gegenleistung" für die privaten Informationen hat die Bank dem Unternehmen gute Kreditkonditionen geboten. Indem dieser Vorteil nun mit der Bankinsolvenz entfällt, antizipieren die Marktteilnehmer höhere Kreditkosten in der Zukunft und so einen geringeren Gegenwartswert des Unternehmens.

Insbesondere für nicht-börsennotierte Unternehmen, die zudem über einen schlechten Zugang zum Kapitalmarkt verfügen, ist eine intensive Bankverbindung von ökonomischem Wert.[481] Von höherer Relevanz ist dieser Sachverhalt somit in erster Linie abermals für Unternehmen kleiner und mittlerer Größe.

Eine ähnliche Untersuchung führen *Yamori/Murakami* für den japanischen Markt durch.[482] Sie verwenden als Indikator ebenfalls die Aktienkursreaktion der betreffenden Unternehmen auf die Bekanntgabe der Insolvenz ihrer (Haupt-) Geschäftsbank. Im Ergebnis hängt der ökonomische Wert einer Bankbeziehung nach *Yamori/Murakami* von der Intensität der Beziehung, der Stellung der

---

[479] Ein Euro entsprach ungefähr 7,8 Norwegischen Kronen.

[480] Vgl. Slovin, M. B., Sushka, M. E., Polonchek, J. A.: The value effect of bank durability – borrowers as bank stakeholders, in: Journal of Finance, Vol. 48, 1993, No. 1, S. 247–266.

[481] Vgl. Diamond, D. W.: Monitoring and reputation – the choice between bank loans and directly placed debt, in: Journal of Political Economy, Vol. 99, 1991, No. 4, S. 689–721.

[482] Vgl. Yamori, N., Murakami, A.: Does bank relationship have an economic value? The effect of main bank failure on client firms, in: Economics Letters, Vol. 65, 1999, No. 1, S. 115–120.

Bank im Kreditgeschäft des Unternehmens und davon ab, ob die Bank Anteilseigner an dem Unternehmen ist. Diese Ergebnisse sind zwar intuitiv nachvollziehbar, weisen jedoch Schwächen auf.[483]

So erweist sich die fehlende Unterscheidung, ob die Bank eine Beteiligung an dem Unternehmen hielt oder nicht, als ein Schwachpunkt der Untersuchung. Für den Fall, daß die Bank Anteilseigner an dem Unternehmen gewesen ist, läßt sich eine negative Reaktion des Aktienkurses bei Bekanntgabe der Insolvenz insbesondere auf Angebotsphänomene zurückführen. In Erwartung eines zukünftigen Überangebots kommt es bereits bei Bekanntgabe der Insolvenz zu Kursrückgängen.

Wenngleich die Ergebnisse im Detail nicht hinreichend gehaltvoll sind, bleibt für eine (Haus-)Bankbeziehung dennoch die Existenz eines ökonomischen Werts zu vermuten. Das Wissen um den Wert einer intensiven Beziehung kann eine Bank folglich nutzen, um eigene Interessen durchzusetzen, womit sich der Bank also eine Möglichkeit der Einflußnahme bietet. Die Arbeiten von *Slovin/Sushka/Polonchek* und *Yamori/Murakami* sind aufgrund des Untersuchungsdesigns auf börsennotierte Aktiengesellschaften beschränkt. Eine direkte Übertragung auf Unternehmen kleiner und mittlerer Größe ist dabei nicht unproblematisch, erscheint jedoch nicht abwegig, da bei ihnen tendenziell eine höhere Abhängigkeit angenommen werden kann, d. h., daß eine enge (Haus-)Bankbeziehung für sie einen größeren „Wert" darstellt, als daß bei großen bzw. börsennotierten Unternehmen der Fall ist.[484]

III. Zwischenfazit

Eindeutige Aussagen über die Zinsgestaltungen innerhalb von Hausbankbeziehungen lassen sich nicht machen. Es finden sich sowohl Argumente für einen sinkenden als auch für einen steigenden Zinssatz. Von einem erheblichen Gewicht innerhalb des Beziehungsgeflechts zwischen Unternehmen und Banken ist dennoch auszugehen.[485] Dies gilt insbesondere für Beziehungen zu Unternehmen kleiner und mittlerer Größe. Da sich trotz empirischer Untersuchungen keine eindeutigen Aussagen über die Zinsgestaltung formulieren lassen, erscheint dies auf den ersten Blick unbefriedigend, ist mit Rücksicht auf die

---

[483] So ist nicht klar, ob und wenn ja, welche Abhängigkeiten zwischen den Determinanten existieren. *Yamori/Murakami* machen z. B. keine Aussagen über Autokorrelation oder Heteroskedastizität.

[484] Vgl. hierzu auch Kapitel 4, B. I.

[485] Vgl. o. V.: Geldpolitik und Investitionsverhalten – eine empirische Untersuchung, in: Deutsche Bundesbank (Hrsg.): Monatsbericht, Juli 2002, S. 41–55, hier S. 54.

schwindende Bedeutung des Preiswettbewerbs in der Bankenbranche jedoch zu relativieren.[486] Gleichwohl bleibt festzuhalten, daß Banken durch enge Bindungen zu Unternehmen Machtpotentiale besitzen, deren Quantifizierung mit Blick auf eine zusammenschlußrechtliche Beurteilung jedoch schwierig bzw. unmöglich ist. Als nicht-meßbare Größe könnten enge Bank-Unternehmens-Beziehungen innerhalb der Fusionskontrolle daher lediglich im Rahmen einer Gesamtwürdigung des jeweiligen Einzelfalls berücksichtigt werden. Da genaue Aussagen über das Ausmaß des Machtpotentials nicht möglich sind, sollte auf eine zu starke Gewichtung dieses Arguments jedoch verzichtet werden.

C. Beteiligungen von Banken an Nichtbanken

Neben der Möglichkeit, über Kreditbeziehungen Einfluß auf Unternehmen auszuüben, haben Banken die Gelegenheit, ihr Machtpotential durch Unternehmensbeteiligungen zu erweitern. In welchem Umfang sich Banken am Eigenkapital von Nichtbanken beteiligen dürfen, ist – je nach gesetzlichen Vorschriften – sehr verschieden, wobei Deutschland und die USA bis vor kurzem zwei Extreme darstellten. Während es Banken in Deutschland freigestellt ist, sich am Eigenkapital von Nichtbanken zu beteiligen, bestand in den USA durch den Glass-Steagall-Act von 1933 bis 1999 ein Beteiligungsverbot.[487]

I. Motive für Beteiligungen

Wie bereits kurz erläutert, gibt es vielfältige Motive für Unternehmensbeteiligungen, die in *ungeplante* und *geplante* Beteiligungen unterschieden wer-

---

[486] Vgl. Geigant, F.: Banken, in: Oberender, P. (Hrsg.): Marktstruktur und Wettbewerb in der Bundesrepublik Deutschland – Branchenstudien zur deutschen Volkswirtschaft, München 1984, S. 537–576, hier S. 570.

[487] Obgleich der Glass-Steagall-Act de facto 1999 durch den Gramm-Leach-Bliley-Act zum Großteil aufgehoben wurde, haben Einlagen- und Kreditbanken weiterhin nur begrenzte Möglichkeiten, sich am Eigenkapital von Industrieunternehmen zu beteiligen. Vgl. hierzu Krainer, J.: The separation of banking and commerce, in: Federal Reserve Bank of San Francisco (Hrsg.): Economic Review, o. O. 2000, S. 15–25, hier S. 18.

den.[488] Abseits der reinen Finanzanlage führen Bankenvertreter als Gründe für geplante Beteiligungen eine Diversifikation des Ertragsrisikos sowie eine Absicherung und Verstetigung der eigenen Erträge an.[489] Mögliche Mindereinnahmen oder sogar Verluste aus dem Kredit- oder Emissionsgeschäft sollen durch Erträge in Form von Dividendenzahlungen der Beteiligungsunternehmen ausgeglichen werden.[490] Als zusätzliche Motive für Beteiligungen an Nichtbanken werden in der Literatur u. a. folgende Gründe genannt:[491]

- Paketerwerb im Auftrag Dritter,
- Umstrukturierung bzw. Neuordnung gesellschaftsrechtlicher Verhältnisse und
- Abwehr ausländischer Investoren, um eine Überfremdung deutscher Unternehmen zu vermeiden.

Neben geplanten Beteiligungen müssen Banken in einigen Fällen ungeplante Beteiligungsverhältnissen eingehen. Eine ungeplante Beteiligung kann z. B. entstehen, wenn sich Banken verpflichtet haben, im Rahmen einer Emission oder Kapitalerhöhung nicht plazierte Unternehmensanteile in den eigenen Bestand zu übernehmen. Eine ungeplante Beteiligung kann ebenso aus kurspflegenden Maßnahmen resultieren,[492] wobei es unerheblich ist, ob diese aufgrund vertraglicher Zusagen oder freiwillig durchgeführt werden. Stützungskäufe sollen sowohl für das Unternehmen selbst als auch für die Emissionsbank Imageverluste verhindern. Neben der Erreichung eines positiven Standings kann auch

---

[488] Für eine umfassende Übersicht vgl. Immenga, U.: Beteiligungen von Banken in anderen Wirtschaftszweigen, 2. Aufl., Baden-Baden 1978, S. 60 ff.; o. V.: Grundsatzfragen der Kreditwirtschaft, in: Bundesministerium der Finanzen (Hrsg.): Schriftenreihe, Nr. 28, o. O. 1979, Tz. 277; Schuster, L.: Macht und Moral der Banken, Bern 1977, S. 35 ff. und Rathjen, H.-H.: Transitorische Beteiligungen von Banken an Nichtbank-Unternehmen unter deutschem und EG-Zusammenschlußkontrollrecht, Ammerbeck bei Hamburg 1995, S. 24 ff.

[489] Vgl. Breuer, R.-E.: The role of financial intermediaries and capital markets, in: Hopt, K. J. u. a. (Hrsg.): Comparative corporate Governance – the state of the art and emerging research, Oxford 1998, S. 537–545, hier S. 538 und auch Monopolkommission: Mehr Wettbewerb ist möglich, Hauptgutachten 1973/1975, Baden-Baden 1976, Tz. 555.

[490] Vgl. Münchow, M.-M.: Bankenmacht oder Kontrolle durch Banken – eine institutionenökonomische Analyse der Beziehung zwischen Banken und Unternehmen in Deutschland, Hamburg 1995, S. 141.

[491] Vgl. z. B. Böhm, J.: Der Einfluß der Banken auf Großunternehmen, Hamburg 1992, S. 19 und die dort angegebene Literatur sowie Lichtenberg, P.: Die Beteiligungspolitik der Banken, in: Zeitschrift für das gesamte Kreditwesen, 27. Jg., 1974, H. 5, S. 180–182.

[492] Vgl. hierzu und den folgenden Ausführungen Sigg, D.: Kartellrechtliche Probleme der Beteiligungen von Banken im Nichtbankenbereich, Bern 1984, S. 35 ff.

die Werterhaltung des eigenen Portfolios Auslöser für kurspflegende Maßnahmen sein.[493] Die Möglichkeiten einer erfolgreichen Beeinflussung eines Aktienkurses sind jedoch – von kurzfristigen Effekten abgesehen – eng begrenzt.

Eine ungeplante Beteiligung kann zudem durch finanzielle Schieflage eines Unternehmens entstehen. Ist dieses nicht mehr in der Lage, seine Kredite zu bedienen, kann es für eine Bank sinnvoll sein, ihr Kreditengagement in Eigenkapital umzuwandeln. Eine Bankbeteiligung erfolgt in diesem Fall unter dem Aspekt der Gewinnmaximierung bzw. Verlustminimierung. Grundsätzlich wird eine Bank einer Beteiligung nur dann zustimmen, wenn sie davon überzeugt ist, diese Anteile zumindest mittelfristig gewinnbringend verkaufen zu können. Ähnlich sind Beteiligungen zu werten, bei denen es einer Bank auf die Werterhaltung bereits bestehender Engagements ankommt.

Eine Ausnahme von der Maxime, derartige Beteiligungen nur dann einzugehen, wenn berechtigte Aussicht auf eine erfolgreiche Unternehmenssanierung besteht, bilden insbesondere in Deutschland drohende Zusammenbrüche von Unternehmen, die unter besonderer Beachtung der Öffentlichkeit und somit im Mittelpunkt politischen Interesses stehen. Insbesondere wenn der Verlust einer Vielzahl an Arbeitsplätzen droht, wird von den Gläubigerbanken in der Regel Hilfe erwartet. Ob derartige „Rettungsaktionen" betriebs- oder volkswirtschaftlich sinnvoll sind, wird daher in der Regel nicht diskutiert.[494]

Im Rahmen dieser Arbeit ist in erster Linie von Interesse, inwieweit Banken Beteiligungen mit dem Ziel einer Unternehmensbeeinflussung eingehen. Kritiker begründen ihre ablehnende Haltung mit dem Hinweis, daß es sich hierbei um Geschäfte abseits des eigentlichen Kerngeschäfts von Banken handele. Da sich sowohl für geplante als auch für ungeplante Beteiligungen Gründe finden lassen, die auf eine geschäftspolitische Motivation schließen lassen, ist Kritik in dieser allgemeinen Form jedoch nicht haltbar.[495] Vielmehr ist zu diskutieren, in welchem Umfang Beteiligungen Banken die Möglichkeit zur Einflußnahme ge-

---

[493] So mußte die Deutsche Bank ihren Anteil am Gerling-Konzern im März 2002 im Rahmen einer Kapitalerhöhung von 30 Prozent auf 34,5 Prozent aufstocken, um die bereits bestehende Beteiligung nicht abschreiben zu müssen. Vgl. o. V.: Deutsche Bank rettet Gerling Rück, in: Handelsblatt, 14.03.2002, Nr. 52, S. 36.

[494] Als Beispiel ist hier der Holzmann-Konzern zu nennen. Obwohl die Gläubigerbanken 1999 auf Druck der Politik ein Sanierungskonzept erarbeiteten, stand der Konzern 2002 vor dem endgültigen finanziellen Aus. Vgl. Heilmann, D. H.: Unternehmen müssen auch sterben dürfen, in: Handelsblatt, 11.03.2002, Nr. 49, S. 1 und S. 9 sowie Hellwig, M.: Banken zwischen Politik und Markt – worin besteht die volkswirtschaftliche Verantwortung der Banken? In: Perspektiven der Wirtschaftspolitik, Vol. 1, 2000, No. 3, S. 337–356.

[495] Vgl. Immenga, U.: Beteiligungen von Banken in anderen Wirtschaftszweigen, 2. Aufl., Baden-Baden 1978, S. 78 f.

ben, und welche Folgen für die Wettbewerbsposition einer Bank daraus resultieren.

II. Wettbewerbsprobleme von Bankbeteiligungen an Nichtbanken

Der Beteiligungsbesitz von Banken an Nichtbanken wird aus unterschiedlichen Gründen kritisiert. Grundsätzlich bezieht sich die Kritik auf Situationen, in denen Banken als Eigner von Beteiligungen Dritten gegenüberstehen. Kritiker befürchten aus den Beteiligungsverhältnissen Nachteile für Dritte, wenn Banken aus ihrem Beteiligungsbesitz ungerechtfertigte Vorteile ziehen. Trotz vielfältiger Kritikpunkte sind im Rahmen dieser Arbeit nur Fragestellungen von Interesse, die einen Bezug zu wettbewerbspolitischen Problemen aufweisen.[496] Ausgangspunkt der Überlegungen sind dabei Einflußmöglichkeiten von Banken auf Unternehmen, an denen sie beteiligt sind. Im Zentrum steht dabei regelmäßig die Befürchtung, durch Beteiligungen könnte es zu einer Verringerung der Wettbewerbsintensität auf Bankenmärkten und Nichtbankenmärkten kommen.

1. Einflüsse auf Bankenmärkte

Zentraler Kritikpunkt ist die Frage, ob Banken durch ihr Beteiligungsportefeuille systematische Wettbewerbsvorteile im Vergleich zu Konkurrenten erlangen, die keine Anteile an Nichtbanken halten. Grundidee ist die Überlegung, nach der Unternehmensbeteiligungen eine Art Absatzkanal für andere Bankprodukte bzw. -dienstleistungen bilden können. Wettbewerbspolitisch bedenklich ist eine derartige Situation, wenn Geschäftsbeziehungen in erster Linie deshalb existieren, weil eine Bank Anteilseigner an dem Unternehmen ist, und nicht aufgrund überlegener wirtschaftlicher Leistungskraft.

Ungeachtet dieser Ausführungen ist natürlich nicht jeder Wettbewerbsvorsprung einer Bank gegenüber Konkurrenten auf ein anti-kompetitives Verhalten zurückzuführen. Generell kann die Bevorzugung eines Kreditinstituts durch ein Unternehmen auch andere Ursachen haben und z. B. auf dessen wirtschaftlicher Überlegenheit beruhen. So lassen sich bspw. auch Hausbankbeziehungen auf

---

[496] Insgesamt lassen sich die Aspekte den Bereichen des Anlegerschutzes, des Wettbewerbs sowie der Unternehmenskontrolle und -finanzierung zuordnen. Eine ausführliche Auflistung der verschiedenen Kritikpunkte findet sich bei Haas, J.: Der Anteilsbesitz der Kreditwirtschaft an Nichtbanken, Saarland 1994, S. 40 ff. Eine Mischform von Fremd- und Eigenkapital stellt nach *Münchow* eine effiziente Lösung bei der Finanzierung spezifischer Sach- oder Humankapitalinvestitionen dar. Vgl. Münchow, M.-M.: Bankenmacht oder Kontrolle durch Banken – eine institutionenökonomische Analyse der Beziehung zwischen Banken und Unternehmen in Deutschland, Hamburg 1995, S. 135 f.

die wirtschaftliche Stärke einer Bank zurückführen. Ebenso können intensive Geschäftsbeziehungen zwischen Banken und Nichtbanken entstehen, ohne daß Banken an den jeweiligen Unternehmen beteiligt sind, wie dies z. B. bei historisch bedingten Beziehungen oftmals der Fall ist. Unabhängig davon, entstehen konkurrierenden Kreditinstituten hier ebenfalls Wettbewerbsnachteile, wenn diese langjährigen Geschäftsbeziehungen zur Errichtung von Marktzutrittsschranken führen.

Aus welchen Beweggründen Beteiligungen erworben wurden, ist mangels öffentlichem Zugang zu bankinternen Informationen kaum zu ermitteln. Nach Einschätzung der *Monopolkommission* nutzen Banken Beteiligungen, um sich den Zugang zu anderen – insbesondere sehr provisionsträchtigen – Geschäften zu erleichtern bzw. zu sichern. In erster Linie gilt dies für das Konsortial-[497] und Auslandsgeschäft.[498] Im Einzelfall folgt hieraus eine Bevorzugung gegenüber einer konkurrierenden Bank, die nicht an dem Unternehmen beteiligt ist, auch wenn diese annähernd gleiche Konditionen anbietet. Für konkurrierende Banken bedeutet dies im Bereich des Konsortialgeschäfts einen erschwerten Zugang bzw. eine reduzierte Konsortialquote, während im Kreditgeschäft ein begrenztes Kreditvolumen die Folge ist. Da dieser Vorteil allein auf die Unternehmensbeteiligung zurückzuführen ist,[499] kann die Existenz systematischer Wettbewerbsvorteile mittels Beteiligungen vermutet werden. Kommt es durch Präferenzbildung zu einer Reduzierung oder sogar Ausschaltung des Preis- und Qualitätswettbewerbs, so steht der Bank ein vom Wettbewerb nicht ausreichend kontrollierter Freiheitsspielraum zur Verfügung.[500] Kreditinstitute können nach Auskunft von Bankenvertretern ein derartiges Privileg bereits bei einer Beteiligungshöhe von fünf Prozent erreichen.[501]

---

[497] Als Konsortialgeschäfte bezeichnet man Geschäfte, die von mehreren Banken durchgeführt werden, die sich zu diesem Zweck zusammenschließen (Konsortium); Beispiele für Konsortialgeschäfte sind die Betreuung eines Börsengangs und das Effektenemissionsgeschäft. Vgl. bspw. Eichwald, B., Pehle, H.: Die Kreditarten, in: Hagen, J. von, Stein, J. H. von (Hrsg.): Geld-, Bank- und Börsenwesen, 40. Aufl., Stuttgart 2000, S. 742–814, hier S. 774 f.

[498] Vgl. hierzu und dem folgenden Argument Monopolkommission: Mehr Wettbewerb ist möglich, Hauptgutachten 1973/1975, Baden-Baden 1976, Tz. 563.

[499] Das Vorliegen vergleichbarer Konditionen wird hier regelmäßig unterstellt.

[500] Vgl. Sigg, D.: Kartellrechtliche Probleme der Beteiligungen von Banken im Nichtbankenbereich, Bern 1984, S. 159.

[501] Vgl. Monopolkommission: Mehr Wettbewerb ist möglich, Hauptgutachten 1973/1975, Baden-Baden 1976, Tz. 563.

Eine ähnliche Sichtweise vertritt auch *Münchow*.[502] Während für eine Beeinflussung des Managements ein Anteilsbesitz von (mindestens) 25 Prozent Voraussetzung ist, genügt ein relativ geringer Anteil, um z. B. Einfluß auf die Auftragsvergabe im Markt für Bankdienstleistungen nehmen zu können. Aus diesem Grund sind im weiteren Verlauf der Arbeit auch Beteiligungen zu beachten, die deutlich unter der aktienrechtlich bedeutsamen Höhe von 25 Prozent liegen.[503]

Bei Beteiligungen über 25 Prozent kann eine Bank mit Hilfe ihrer Sperrminorität Mehrheitsentscheidungen auf der Hauptversammlung blockieren und so direkt Einfluß ausüben, während dies bei Beteiligungen unter 25 Prozent nicht möglich ist.[504] Da bei Hauptversammlungen das stimmberechtigte Kapital jedoch nicht vollständig vertreten ist, reduziert sich der für eine direkte Beeinflussung erforderliche Anteil. Je höher der Anteil im Streubesitz befindlicher Aktien ist, desto größer sind die Möglichkeiten eines einzelnen Aktionärs, Einfluß zu nehmen, wenngleich dessen Anteil am Nominalkapital – absolut betrachtet – relativ gering ausfällt. Die Wahrnehmung von Stimmrechtsvertretungen durch depotführende Banken kann das Einflußpotential von Beteiligungen zudem noch verstärken.[505] Beteiligungen versetzen eine Bank zusätzlich in eine Position, aus der sie indirekt Einfluß auf die Wahl des Aufsichtsrats und somit auf das Unternehmen insgesamt nehmen kann.[506]

Für die Behauptung, Banken gingen Beteiligungen an Nichtbanken ein, um Einfluß auf diese Unternehmen ausüben zu können, lassen sich theoretische Argumente leicht finden. Inwieweit diese bereits ausreichend sind, um die (bloße) Existenz von Beteiligungen an Nichtbanken im Rahmen einer fusionsrechtlichen Beurteilung als Begründung oder Verstärkung von Marktmacht auf Seiten der Bank werten zu können, ist jedoch mehr als zweifelhaft. Für einen möglichen Handlungsbedarf, ist in einem zweiten Schritt der Nachweis eines (Macht-)Mißbrauchs notwendig. Diesen abzuleiten, ist aber schwierig, da hierfür in erster Linie Informationen notwendig sind, über die Außenstehende nicht verfügen. Um zumindest Indizien für die oben genannte Behauptung anzuführen,

---

[502] Vgl. Münchow, M.-M.: Bankenmacht oder Kontrolle durch Banken – eine institutionenökonomische Analyse der Beziehung zwischen Banken und Unternehmen in Deutschland, Hamburg 1995, S. 163.

[503] Mit Hilfe von Kreuzbeteiligungen, Verflechtungen und Schachtelbeteiligungen ist eine Einflußnahme trotz relativ geringer Unternehmensanteile möglich. Vgl. hierzu z. B. Adams, M.: Cross holdings in Germany, in: Journal of Institutional and Theoretical Economics, Vol. 155, 1999, No. 1, S. 80–109.

[504] Vgl. Brendel, G.: Zur Macht der Banken in Deutschland – eine empirisch-historische Untersuchung, Münster 2001, S. 54.

[505] Vgl. auch Kapitel 4, D.

[506] Vgl. hierzu Kapitel 4, E.

folgt eine Auseinandersetzung mit Argumenten von Bankenvertretern. Sie begegnen dem Vorwurf, Unternehmensbeteiligungen gezielt aus Gründen der Einflußnahme und strategischer Vorteile zu erwerben, mit dem Hinweis, daß Beteiligungen nur dem Aufbau werthaltiger Finanzanlagen und nicht dem Ziel einer industriellen Betätigung bzw. einer gezielten Unternehmensbeeinflussung dienten.[507]

Einen Nachweis bzw. eine Erklärung für eine verringerte Wettbewerbsintensität im Bankenmarkt aufgrund von Beteiligungen findet *Tröge*.[508] Bankbeteiligungen können für eine Reduzierung des Wettbewerbs im Markt für Bankenleistungen verantwortlich sein und so zu höheren Kosten für Unternehmen führen. Ursächlich ist hierfür ein Machtzuwachs im Markt für Unternehmenskredite. Indem die Bank häufiger Kredite an dieses Unternehmen vergibt, führen Bankbeteiligungen zu einer Intensivierung geschäftlicher Beziehungen. Der Zugang zu diesem Geschäftssegment wird durch diese strategischen Marktzutrittsschranken für andere Banken erschwert.

Das Modell von *Tröge* basiert auf einem Auktionswettbewerb. Besitzen zwei Banken Anteile in gleicher Höhe an einem Unternehmen, würden die beiden Banken in einem Bieterwettbewerb gegeneinander antreten und es käme zu einem sinkenden Zinssatz. Eine derartige Situation ist jedoch unwahrscheinlich: Ist eine Bank bereits Anteilseigner an einem Unternehmen, existiert für eine andere Bank kein Anreiz, sich ebenfalls an diesem Unternehmen zu beteiligen, da es ansonsten zu dem beschriebenen Effekt eines sinkenden Zinssatzes käme.

Dennoch lassen sich Situationen empirisch beobachten, in denen zwei (oder mehrere) Banken Beteiligungen an demselben Unternehmen besitzen. Da der Effekt eines sinkenden Zinssatzes im Modell ausbleibt, vermutet *Tröge* keine strategischen Ziele als Grund für den Anteilsbesitz, wenn es sich um nominell annähernd gleich große Beteiligungen handelt. Die Vermutung, daß oftmals nur eine einzige Bank an einem Unternehmen beteiligt ist, läßt sich anhand der Kapitalverflechtungen der 100 größten Unternehmen teilweise beobachten und

---

507 Vgl. Herrhausen, A.: Macht der Banken, in: Revue d'Allemagne et des pays de langue allemande, Straßbourg 1990, S. 175–194, hier S. 183 f.

508 Vgl. Tröge, M.: Industry ownership of banks and credit market competition, in: Wissenschaftszentrum Berlin für Sozialforschung (Hrsg.): Discussion Paper, No. 36, o. O. 1997, hier insbesondere S. 9 f.

nachvollziehen.[509] Betrachtet man nur die Beteiligungen von Aktienbanken, so findet sich jeweils nur eine Bankbeteiligung pro Unternehmen.[510]

Eine Sonderrolle nehmen jedoch die Versicherungskonzerne Allianz AG und Münchener Rückversicherungsgesellschaft AG ein. In beiden Fällen sind mehrere Banken Anteilseigner in nicht unerheblicher Größenordnung (vgl. *Tabelle 4-3*).

Tabelle 4-3
Verflechtungen zwischen Banken und Versicherungen, 1998 und 2001

	Allianz AG		Münchener Rück AG	
Anteilseigner	1998	2001	1998	2001
Deutsche Bank AG	9,3	7,0	10,0	7,2
Dresdner Bank AG	10,0	- [b]	9,3	23,0 [c]
HypoVereinsbank AG [a]	6,8	6,2	13,3	13,3

[a] 1998 noch als Bayerische Hypo- und Vereinsbank AG.
[b] Die Dresdner Bank ist seit der Übernahme durch die Allianz eine Tochtergesellschaft der Allianz.
[c] Nach dem Zusammenschluß Allianz/Dresdner besitzt der Allianz-Konzern ca. 23 Prozent.
Quelle: Monopolkommission: Wettbewerbspolitik in Netzstrukturen, Hauptgutachten 1998/1999, Baden-Baden 2000, S. 251 ff.; Deutsche Bank (Hrsg.): Verzeichnis des Anteilsbesitzes 2001, o. O. 2002, S. 172; Hypo-Vereinsbank (Hrsg.): Geschäftsbericht 2001, o. O. 2002, S. 72 und Dresdner Bank (Hrsg.): Geschäftsbericht 2001, o. O. 2002, S. 42, eigene Darstellung.

Das Modell von *Tröge* beinhaltet eine Reihe von relativ starken Vereinfachungen, so z. B. die Annahme nicht-stimmberechtigten Eigenkapitals.[511] Eine Bank unterbreitet zudem nur dann ein Kreditangebot, wenn sie die Qualität des Projekts kennt, die Gefahr eines winner`s curse[512] folglich nicht existiert. Eine Berücksichtigung zusätzlicher realitätsnäherer Annahmen dürfte jedoch nicht in

[509] Vgl. Monopolkommission: Wettbewerbspolitik in Netzstrukturen, Hauptgutachten 1998/1999, Baden-Baden 2000, S. 251 ff.

[510] Eine Ausnahme bilden die Continental AG (Deutsche Bank AG 8,4 Prozent, Dresdner Bank AG 13 Prozent), die Linde AG (Commerzbank AG 10,2 Prozent, Deutsche Bank AG 10,1 Prozent) und die Metallgesellschaft AG (Deutsche Bank AG 13 Prozent, Dresdner Bank AG 12,6 Prozent).

[511] Vgl. Tröge, M.: Industry ownership of banks and credit market competition, in: Wissenschaftszentrum Berlin für Sozialforschung (Hrsg.): Discussion Paper, No. 36, o. O. 1997, hier insbesondere S. 10.

[512] In diesem Zusammenhang bezeichnet winner`s curse eine Situation, in der sich eine Bank im Auktionswettbewerb gegen eine andere Bank durchgesetzt hat. Zeigt sich nach der Auktion jedoch, daß das Kreditgeschäft für die Bank mit einem finanziellen Verlust verbunden ist, so stellt sich der Gewinn des Auktionswettbewerbs ex-post als nachteilig heraus.

einer verringerten Aussagekraft des Modells resultieren. Einer der Gründe für eine reduzierte Wettbewerbsintensität ist der bessere Informationszugang mittels der Beteiligung. Kommt es zusätzlich zu einem weiteren Anstieg der Informationsdichte, z. B. durch Bankenvertreter in Aufsichtsgremien, dürfte dies ebenfalls zu einer Verstärkung der von *Tröge* festgestellten Effekte führen.

Industriebeteiligungen werden in nennenswertem Umfang nur von Großbanken gehalten. Eine Bündelung von Einflußpotentialen erfolgt dadurch in erster Linie bei wenigen finanzstarken Kreditinstituten. Probleme für die Wettbewerbspolitik sehen *Neuberger/Neumann* in dieser Tatsache aber nicht.[513] Mögliche Bedenken gegen Unternehmensbeteiligungen von Banken verwerfen sie mit dem Hinweis auf die Bestreitbarkeit des Bankenmarktes, was ihrer Meinung nach das Entscheidungskriterium darstellen sollte. Ohne dieses Argument grundsätzlich ablehnen zu wollen, ist jedoch fraglich, ob die Argumentation auf den Markt für Bankleistungen zutrifft. Selbst wenn ein Markteintritt durch eine andere Bank erfolgreich verläuft, ist fraglich, ob sie als alternativer Anbieter für diejenigen Unternehmen angesehen werden kann, an denen eine andere Bank beteiligt ist. Führt die Beteiligung zu einer Bevorzugung der beteiligten Bank, spielt die Zahl konkurrierender Banken nämlich lediglich eine untergeordnete Rolle.

Darüber hinaus zeichnet sich gerade der Bankenmarkt durch zum Teil hohe Marktzutrittsschranken aus. Sie kommen einerseits in der relativ hohen Regulierungsdichte zum Ausdruck und bestehen auf der anderen Seite durch die Marktbesonderheiten. Newcomer müssen beim Versuch eines Markteintritts hohe Anfangsinvestitionen vornehmen, die sowohl aus dem Aufbau eines möglichst flächendeckenden Filialnetzes mit qualifiziertem Personal als auch aus hohen Ausgaben für Marketingaktivitäten resultieren. Im Sinne von *Baumol/Panzar/Willig* handelt es sich daher nicht um einen bestreitbaren Markt.[514] Das Argument von *Neuberger/Neumann* ist aus diesem Grund wenig überzeugend.

Bei der Diskussion darf auch die Position der Unternehmen als Kreditnehmer auf der Marktgegenseite nicht unberücksichtigt bleiben. Insbesondere bei großen Industrieunternehmen ist nämlich anzunehmen, daß sie Banken als Verhandlungspartner annähernd gleichwertig gegenüberstehen, da der Wettbewerb

---

[513] Vgl. Neuberger, D., Neumann, M.: Banking and antitrust – limiting industrial ownership by banks? In: Journal of Institutional and Theoretical Economics, Vol. 147, 1991, No. 1, S. 188–199.

[514] Vgl. Baumol, W. J., Panzar, J. C., Willig, R. D.: Contestable markets and the theory of industry structure, New York u. a. 1982, S. 5 f.

um (Groß-)Kunden sehr intensiv ist.[515] Anders sieht im Gegensatz dazu die Situation bei Unternehmen kleiner und mittlerer Größe aus, die sich gegenüber Banken in einer vergleichsweise schlechten (Verhandlungs-)Position befinden.

2. Auswirkungen auf Nichtbankenmärkte

Neben Einflüssen auf Bankenmärkte werden negative Einflüsse durch Beteiligungen zudem für den Wettbewerb auf Nichtbankenmärkten befürchtet.[516] Wie andere Anteilseigner haben Banken ein Interesse an einer erfolgreichen Geschäftsentwicklung der Unternehmen. Ist dieses einem geringen Wettbewerbsdruck ausgesetzt, könnte die Bank als Anteilseigner aufgrund höherer Gewinne des Unternehmens von höheren Ausschüttungen profitieren. Insbesondere wenn ein Unternehmen auf einem relativ engen Markt agiert bzw. eine starke Position innehat, könnte eine beteiligte Bank versuchen, Einfluß auf das Unternehmen auszuüben. Ist der Markt hingegen durch die Struktur eines weiten Oligopols charakterisiert, kann ein einzelnes Unternehmen allenfalls einen geringen Einfluß auf den am Markt durchsetzbaren Preis nehmen. Da in einer derartigen Situation negative Folgen für die Wettbewerbsintensität unwahrscheinlich sind, sind Bankbeteiligungen aus wettbewerbspolitischer Sicht wenig bedenklich, wenn die Marktstruktur des Nichtbankenmarktes die eines weiten Oligopols aufweist.

Hält eine Bank Anteile an unterschiedlichen Unternehmen der gleichen Branche, so verdient dies besondere Berücksichtigung. Da bei einer geringen Wettbewerbsintensität sowohl die Unternehmen als auch die Bank als Anteilseigner auf höhere Gewinne hoffen können, besteht die Gefahr eines abgestimmten Verhaltens zwischen den jeweiligen Unternehmen. Eine Bank profitiert nicht nur direkt über höhere Dividendenzahlungen am wirtschaftlichen Erfolg der Unternehmen. Sie kann unter Umständen höhere Zinsen und Gebühren durchsetzen, wenn die Unternehmen einem weniger hohen Wettbewerbs- und somit geringerem Kostendruck ausgesetzt sind.

Indem Banken oft ein wichtiger oder sogar der wichtigste Kreditgeber für ihre Beteiligungsunternehmen sind, haben sie ein Interesse am wirtschaftlichen Erfolg des Unternehmens. Dabei ist die Größe des Unternehmens von Bedeutung, da es einen Unterschied macht, ob eine Beteiligung an einem kleinen oder großen Unternehmen besteht. Während sich große Unternehmen besser einer

---

[515] Vgl. o. V.: Grundsatzfragen der Kreditwirtschaft, in: Bundesministerium der Finanzen (Hrsg.): Schriftenreihe, Nr. 28, o. O. 1979, Tz. 285 und Tz. 522.

[516] Vgl. Baums, T.: Verbindungen von Banken und Unternehmen im amerikanischen Wirtschaftsrecht, Tübingen 1992, S. 66 sowie Sigg, D.: Kartellrechtliche Probleme der Beteiligungen von Banken im Nichtbankenbereich, Bern 1984, S. 164 ff.

Einflußnahme widersetzen können, besteht bei kleineren Unternehmen eher die Gefahr, in eine Abhängigkeit zu gelangen, da es ihnen oftmals an Finanzierungsalternativen mangelt.

Bankbeteiligungen haben wettbewerbspolitisch relevante Auswirkungen, wenn sie zu einer bevorzugten Behandlung der Unternehmen führen, an denen eine Bank beteiligt ist. Durch günstige Konditionen könnten Banken versucht sein, dem betreffenden Unternehmen einen Wettbewerbsvorsprung zu verschaffen. Diese Gefahr besteht theoretisch, ihre praktische Relevanz ist jedoch als gering anzusehen. Vergeben Banken z. B. besonders günstige Kredite, schaden sie direkt ihrem eigenen Kerngeschäft. Der Vorteil einer möglicherweise auf diese Weise erhöhten Dividendengutschrift gegenüber zwangsläufig damit verbundenen Mindereinnahmen im Bereich des Zinsgeschäfts ist mehr als fraglich.

Inwieweit Beteiligungen an Industrieunternehmen die Wettbewerbsintensität im Nichtbankenmarkt senken, untersuchen *Neuberger/Neumann*.[517] Sie sehen eine Bankbeteiligung vor allem als krisenfeste Finanzierungsquelle für das Unternehmen. Ihrer Meinung nach ist eine Bankbeteiligung daher in erster Linie im Interesse der anderen Unternehmenseigner. Aus Sicht des Unternehmens ist diese Argumentation richtig. Obgleich einem Unternehmen durch eine Bank als Anteilseigner Vorteile entstehen (können), sind wettbewerbspolitische Bedenken mit diesem einfachen Hinweis nicht zu entkräften. Soweit Banken Unternehmensbeteiligungen freiwillig eingehen – und davon ist zunächst regelmäßig auszugehen –, kann Banken mit ihrem Engagement die Verfolgung eigener Ziele unterstellt werden.

Ob es zu wettbewerbshemmenden Effekten auf Nichtbankenmärkten kommt, hängt nach *Neuberger/Neumann* entscheidend von der Struktur auf dem Bankenmarkt ab.[518] Zeichnet sich dieser durch wettbewerbliche Strukturen aus, erwarten sie keine Verschlechterung der Wettbewerbssituation. Aussagen über mögliche Folgen auf dem Nichtbankenmarkt hängen somit von der Beurteilung der Wettbewerbsintensität auf dem Bankenmarkt ab.[519] Doch selbst wenn Banken über ein gewisses Maß an monopolistischer Marktmacht verfügen sollten, sind nach *Neuberger/Neumann* wettbewerbsschädliche Auswirkungen auf Nichtbankenmärkten unwahrscheinlich, falls dies nicht mit der Interessenlage der Bank korrespondiert. Wie oben jedoch bereits ausgeführt, kann eine geringe

---

[517] Vgl. Neuberger, D., Neumann, M.: Banking and antitrust – limiting industrial ownership by banks? In: Journal of Institutional and Theoretical Economics, Vol. 147, No. 1, 1991, S. 188–199.

[518] Vgl. hierzu und den folgenden Ausführungen Neuberger, D., Neumann, M.: Banking and antitrust – limiting industrial ownership by banks? In: Journal of Institutional and Theoretical Economics, Vol. 147, 1991, No. 1, S. 188–199, hier S. 194 f.

[519] Vgl. hierzu Kapitel 1.

Wettbewerbsintensität durchaus dem Bankenkalkül entsprechen, so daß diese Argumentation eher skeptisch zu sehen ist.

Gesetzliche Beschränkungen aus wettbewerbspolitischen Motiven sind nach *Neuberger/Neumann* wenig sinnvoll. Sie sehen Bankbeteiligungen als Form vertikaler Integration an,[520] die umfangreiche Effizienzgewinne auf zweifache Weise erzeugen: Einerseits leiten sie Spareinlagen in Unternehmensbeteiligungen und tragen auf der anderen Seite zur Senkung von Tranksaktionskosten bei. Ursächlich ist hierfür eine kostengünstigere Ausübung der Kontrollfunktion, die eine Bank im Vergleich zu vielen Kreditgebern zu leisten im Stande ist.[521]

Gegen die Argumentation, Bankbeteiligungen führten zu Effizienzgewinnen, spricht jedoch der lange Zeitraum, über den die meisten Beteiligungen gehalten werden.[522] Da diese Anteile dem Aktienmarkt und so dem Markt für Unternehmenskontrolle faktisch entzogen sind, schützen sie – je nach Anteilshöhe – das Unternehmen vor einer feindlichen Übernahme. In Verbindung mit oftmals bestehenden Überkreuzbeteiligungen zwischen der Bank und dem Unternehmen ist gerade nicht gesichert, daß Spareinlagen einer effizienten Verwendung zugeführt werden, da der Status quo auf diese Weise konserviert wird.

Zudem ist nicht eindeutig, ob es durch Unternehmensbeteiligungen zu einer Reduktion von Transaktionskosten kommt, so wie es nach *Neuberger/Neumann* regelmäßig und quasi zwangsläufig der Fall zu sein scheint. Ob sie insgesamt zu einer gestiegenen Effizienz führen, ist überdies nicht allein von geringeren Transaktionskosten abhängig. Bei einer derartigen Abschätzung ist ebenfalls zu berücksichtigen, inwieweit mögliche Effizienzgewinne durch negative Effekte einer Beteiligung geschmälert oder sogar überkompensiert werden. Gelingt es einer Bank mit Hilfe ihrer Beteiligung gegenüber dem Unternehmen Einfluß geltend zu machen (z. B. indem sie höhere Zinssätze durchsetzen kann), ist ein Gesamteffekt ex ante nicht eindeutig zu quantifizieren.

---

[520] Vertikale Integration ist hier als der Erwerb der Vermögensrechte eines Lieferanten (oder eines Abnehmers) zum Zweck der Erlangung residualer Kontrollrechte zu verstehen. Vgl. Grossman, S. J., Hart, O. D.: The costs and benefits of ownership – a theory of vertical and lateral integration, in: Journal of Political Economy, Vol. 94, 1986, No. 4, S. 691–719, hier S. 716 und Mülbert, P. O.: Bank equity holdings in non-financial firms and corporate governance – the case of German universal banks, in: Hopt, K. J. u. a. (Hrsg.): Comparative corporate governance – the state of the art and emerging research, Oxford 1998, S. 445–497, hier S. 463.

[521] Vgl. Neuberger, D.: Kreditvergabe durch Banken – mikroökonomische Theorie und gesamtwirtschaftliche Implikationen, Tübingen 1994, S. 85 f.

[522] Vgl. auch Tabelle 4-4 in Kapitel 4, C. III.

Auf die Frage, welche Auswirkungen eine wachsende Konzentration auf dem Bankenmarkt für die Marktstruktur von Nichtbankenmärkten hat, sind zwei Hypothesen denkbar:

Nach *Petersen/Rajan* erleichtern Banken, die über Marktmacht verfügen, jungen Unternehmen den Zugang zu Krediten, um zu einem späteren Zeitpunkt, wenn sich diese Unternehmen am Markt etabliert haben, höhere Einnahmen durch sie realisieren zu können.[523] In Fortführung dieses Gedankengangs verwehren Banken zur Wahrung des eigenen Ziels der Gewinnmaximierung im Zeitablauf anderen Newcomern der betreffenden Branche den Zugang zu Krediten, damit es nicht zu einer gestiegenen Wettbewerbsintensität auf diesem Markt kommt. So soll verhindert werden, daß Newcomer in Konkurrenz zu etablierten Unternehmen treten, mit denen die Bank bereits langjährige Geschäftsbeziehungen unterhält. Eine steigende Konzentration auf dem Nichtbankenmarkt ist die Folge eines derartigen Verhaltens.

Ebenso ist aber denkbar, daß Banken stets junge Unternehmen als Kreditnehmer bevorzugen, da diese mit einem neueren Kapitalstock ausgestattet sind und mit Hilfe innovativer Technologien etablierte Anbieter vom Markt verdrängen. Eine Bank könnte deshalb bemüht sein, verstärkt mit diesen Unternehmen geschäftliche Beziehungen aufzubauen, um ihr zukünftiges Kreditgeschäft zu stärken. In diesem Fall käme es zu einer Art Rotationssystem, bei dem Geschäftsbeziehungen zu älteren Unternehmen sukzessive durch Beziehungen zu jüngeren Unternehmen der gleichen Branche ersetzt werden. Im Einklang mit dieser Hypothese hat eine höhere Konzentration auf dem Bankenmarkt keine oder sogar positive Folgen für die Wettbewerbsintensität auf Nichtbankenmärkten.

Welches von den beiden Szenarien wahrscheinlicher ist bzw. mit welchem Effekt bei zunehmender Marktmacht auf dem Bankenmarkt zu rechnen ist, läßt sich nur auf Basis empirischer Untersuchungen schließen.

So weist z. B. *Cetorelli* eine zunehmende Konzentration auf Nichtbankenmärkten bei steigender Machtkonzentration innerhalb des Bankenmarktes nach.[524] Dies gilt besonders für Industriezweige, die in hohem Maße von externen Finanzierungsmitteln abhängen. Der Effekt wird in denjenigen Ländern abgeschwächt, die über ein relativ gut entwickeltes Finanzsystem verfügen, was

---

[523] Vgl. Petersen, M. A., Rajan, R. G.: The effect of credit market competition on lending relationships, in: The Quarterly Journal of Economics, Vol. 110, 1995, No. 2, S. 407–443.

[524] Vgl. hierzu und den folgenden Ausführungen Cetorelli, N.: Does bank concentration lead to concentration in industrial sectors? In: Federal Reserve Bank of Chicago (Hrsg.): Working Paper, No. 1, o. O. 2001.

sich im Ergebnis mit alternativen Finanzierungsmöglichkeiten für die betreffenden Unternehmen erklären läßt.[525]

Für die These, daß Kreditinstitute Beteiligungen an Nichtbanken aus Gründen der Einflußnahme eingehen, könnte auch folgende Beobachtung sprechen: Zwischen der Existenz eines Großaktionärs auf Seiten der Nichtbank und einer Bankbeteiligung bei diesem Unternehmen läßt sich ein negativer Zusammenhang beobachten.[526] Eine Erklärung hierfür ist, daß es einer Bank bei Existenz eines Großaktionärs nicht möglich ist, die von ihr gewünschten Einfluß- bzw. Kontrollmöglichkeiten zu erlangen. Hinweise, die diese Vermutung stützen, liefert *Streitferdt*.[527] Er zeigt das Einflußpotential von Banken auf, wobei als Ziel einer Beteiligung insbesondere die Möglichkeit der Unternehmensbeeinflussung deutlich wird, Banken also nur als alleiniger Großaktionär Interesse an einer Beteiligung haben.[528]

III. Das Beispiel der Deutschen Bank AG

Im Jahr 1976 betrug der Anteil deutscher Banken an Nichtbanken 1,3 Prozent am gezeichneten Kapital.[529] Seitdem ist er kontinuierlich gesunken und er-

---

[525] Die zuvor beschriebene Gefahr einer wachsenden Konzentration auf Nichtbankenmärkten gilt daher nur in eingeschränktem Maße für das deutsche Finanzsystem.

[526] Für einen empirischen Nachweis vgl. Münchow, M.-M.: Bankenmacht oder Kontrolle durch Banken – eine institutionenökonomische Analyse der Beziehung zwischen Banken und Unternehmen in Deutschland, Hamburg 1995, S. 159 f.

[527] Vgl. Streitferdt, F.: Warum beteiligen sich Banken an anderen Unternehmen? In: Manuskripte aus den Instituten für Betriebswirtschaftslehre der Universität Kiel, Nr. 513, o. O. 1999, S. 20 und S. 24.

[528] Vgl. hierzu auch Tröge, M.: Industry ownership of banks and credit market competition, in: Wissenschaftszentrum Berlin für Sozialforschung (Hrsg.): Discussion Paper, No. 36, o. O. 1997.

[529] Der Anteil bezieht sich auf die Beteiligungen der zehn größten privaten Banken an allen Kapitalgesellschaften in der Bundesrepublik Deutschland. Vgl. Bundesverband deutscher Banken (Hrsg.): Macht der Banken – Daten, Fakten, Argumente, Köln 1995, S. 1–28, hier S. 9. Der Anteil lag 1986 bei 0,7 Prozent, 1988 bei 0,6 Prozent und 1993 bei 0,5 Prozent. Vgl. o. V.: Die Macht der Banken – Anhörung im Bundestag – ZBB-Dokumentation, in: Zeitschrift für Bankrecht & Bankwirtschaft, 6. Jg., 1994, H. 1, S. 69–100, hier S. 71 und Röller, W.: Die Macht der Banken, in: Zeitschrift für das gesamte Kreditwesen, 43. Jg., 1990, H. 1, S. 16–18, hier S. 16.

reichte 1994 nur noch 0,4 Prozent.[530] Aufgrund des relativ niedrigen Anteils und der aufgezeigten Tendenz weisen Bankenvertreter den Vorwurf großer Einflußmöglichkeiten auf Nichtbanken zurück.[531] Obwohl diese Zahlen eine erste Vorstellung von der Größenordnung liefern, sind sie aufgrund ihres hohen Aggregationsniveaus jedoch nicht geeignet, klare Aussagen über die Wettbewerbswirkungen des Beteiligungsbesitzes einer einzelnen Bank zu formulieren.

Unabhängig von dem insgesamt geringen Anteil, kann der Beteiligungsbesitz *einzelner* Kreditinstitute durchaus recht umfangreich ausfallen, wie das Beispiel der Deutschen Bank zeigt.[532] Es handelt sich dabei zwar um einen Einzelfall, dennoch liefert das Beispiel für die Thematik brauchbare Ergebnisse.

Der Beteiligungsbesitz der Deutschen Bank AG verteilte sich im Jahr 2000 auf insgesamt 1.905 Unternehmen.[533] Da regelmäßig Beteiligungen an großen (Industrie-)Unternehmen im Mittelpunkt der Kritik stehen, beschränkt sich die Darstellung in *Tabelle 4-4* auf Beteiligungen der Deutschen Bank an den jeweils 100 größten Unternehmen in Deutschland für den Zeitraum von 1978 bis 2000.[534]

---

530 Berücksichtigt man lediglich an Börsen notierte Aktiengesellschaften, so ergibt sich ein etwas anderes Bild. Während Banken 1960 etwa sechs Prozent aller im Umlauf befindlichen Aktien hielten, stieg dieser Wert bis 1995 auf zehn Prozent. Vgl. Streitferdt, F.: Eine ökonomische Analyse von Bankbeteiligungen, Stuttgart 2002, S. 136 und die dort angegebene Literatur. Da in Deutschland jedoch nur etwa 20 Prozent aller Aktiengesellschaften börsennotiert sind, führt eine derartige Reduzierung nicht dazu, den tatsächlichen Beteiligungsbesitz möglichst gut abzubilden, sondern überzeichnet diesen.

531 Vgl. Arndt, F.-J.: „Macht der Banken" gegen Macht der Fakten – Anmerkungen zu einer DGB-Publikation, in: Die Bank, 10. Jg., 1986, H. 12, S. 641–643.

532 Die Deutsche Bank dient als Beispiel, da sie zum einen das größte deutsche Kreditinstitut ist. Zum anderen verfügt sie – sowohl auf die Anzahl, als auch den Wert der Beteiligungen bezogen – über den umfangreichsten Beteiligungsbesitz.

533 Darin enthalten sind Zweckgemeinschaften, assoziierte Unternehmen und sowohl in den Konzernabschluß einbezogene als auch nicht einbezogene Unternehmen.

534 Über den direkten Beteiligungsbesitz bestehen zusätzlich indirekte Beteiligungen an einer Reihe weiterer Industrieunternehmen; so existieren über die Beteiligung an der DaimlerChrysler AG z. B. indirekte Beteiligungen an der MTU GmbH oder der Deutschen Aerospace AG (ehemals MBB GmbH).

Tabelle 4-4

Beteiligungen der Deutschen Bank AG an den 100 größten Unternehmen (in % des Grundkapitals)

	1978	1980	1982	1984	1986	1988	1990	1992	1994	1996	1998	2000
Daimler Benz AG [c]	28,5	28,5	28,5	28,5	28,1	28,2	28,3	28,3	24,4	24,5	12,7	13,6
Karstadt AG	>25	>25	>25	>25	>25	>25	>25	>25	10	10		
Metallgesellschaft AG [d]	>8,3[a]	~13,1[a]	~8,8[a]	~8,8[a]	~10,6[a]	~10,7[a]	7,3[a]	7,3[a]	13,1	16,6	13,0	9,3
Phillip Holzmann AG	>25	>25	>35	>35	>25	35,4	30	30	25,9	25,9	20,9	19,7
Continental AG [e]	10	10	10	10	10	10	10	10	10,3	10,3	8,4	8,3
VEW AG	6,3[a]	6,3[a]	6,3[a]	6,3[a]	6,3[a]	6,3[a]	>6,3[a]	6,3[a]	6,3[a]	6,3[a]	6,3[a]	6,3
Horten AG	18,8[a]	18,8[a]	18,8[a]	18,8[a]	18,8[a]	18,8[a]	25,4[a]	25,1[a]				
Hapag Lloyd AG	>25	>25	>25	>25	>25	12,5[a]	12,5	12,5	10	10		
Bergmann E. W. AG	>25	>25	>25	>25	36,5	36,5	36,5					
AMB AG								0,6[a]	5	5		
Dresdner Bank AG								0,8[a]	0,8[a]	0,8[a]		
Münchener Rück AG									10	10	10	9,7
Allianz AG							~12,5[a]	~12,5[a]	10	>10	9,3	7,3
Linde AG						~10	~10	~10	~10	~10	10,1	10,1
Südzucker AG							~20	~20	12,8	12,8	12,9	11,4
Gerling-Konzern AG								30[b]	30	30	30	30
Bayerische Vereinsbank AG										4,9		
Deutsche Unilever GmbH							11,2[a]	11,2[a]	11,2[a]			
Degussa AG	10	10					~1,0[a]	~1,0[a]				
Victoria Holding AG							1,2[a]	1,2[a]				
Klöckner-Humboldt-Deutz AG [g]						41,5[a]	41,1[a]	41,1[a]	31,8	44,7	25,8	25,4
Zahnradfabrik Friedrichsh. AG							7,5					
Klöckner-Werke AG						~19,6[a]						
AEG AG [h]			<10	<10	15,7[a,f]	15,8[a,f]	22,6[a,f]	22,8[a,f]	19,6[a,f]	24,5[a,f]	12,7[a,f]	13,6[a,f]
Nixdorf Computer AG			25									
Beteiligungsanzahl	10	10	11	10	10	13	18	19	17	17	12	12
Durchschnittliche Anteilshöhe	>18,2	>18,7	>19,8	>19,2	>20,1	>20,8	>17,1	>15,6	14,2	>15,1	14,3	13,7

[a] Kapitalanteil zum Teil indirekt.
[b] In diesem Jahr nicht unter den 100 größten Unternehmen.
[c] Nach der Fusion zwischen der Daimler-Benz AG und der Chrysler Corp. firmiert das neue Unternehmen seit 1998 als DaimlerChrysler AG.
[d] Seit 2000 firmiert die Metallgesellschaft AG als mg technologies ag.
[e] Ehemals Continental Gummiwerke AG.
[f] Beteiligung indirekt über Daimler-Benz AG. Seit 1996 sind alle operativen Bereiche der ehemaligen AEG AG in der EHG Elektroholding GmbH gebündelt, die eine 100 %ige Tochtergesellschaft der DaimlerChrysler AG ist.
[g] Seit 1997 firmiert das Unternehmen als Deutz AG.
[h] In 1984 AEG-Telefunken AG.
Quelle: Monopolkommission: Hauptgutachten, laufende Jahrgänge; Deutsche Bank (Hrsg.): Verzeichnis des Anteilsbesitzes 2000, o. O. 2001, S. 160 ff.; Deutsche Bank (Hrsg.): Geschäftsberichte, laufende Jahrgänge; Böhm, J.: Der Einfluß der Banken auf Großunternehmen, Hamburg 1992, S. 231 f. und Unternehmensauskünfte, Prozentwerte auf eine Nachkommastelle gerundet, eigene Darstellung.

Auffallend ist zunächst der lange Zeitraum, über den die meisten Beteiligungen durchschnittlich gehalten werden. Wie bereits angedeutet, spricht dies gegen das Argument von Bankenvertretern, Beteiligungen dienten ausschließlich als Finanzanlage. Vielmehr erfährt die Vermutung, Banken nutzten Beteiligungen zur Erschließung und Sicherung von Kundenbeziehungen und somit zu einer Absatzverstetigung anderer Bankprodukte, zusätzliche Unterstützung.

Ob und inwieweit Anteilseigner Einfluß auf ein Unternehmen ausüben können, ist grundsätzlich abhängig von der Anteilshöhe und den damit verbundenen Stimmrechtsanteilen. Aussagen über den Einfluß einzelner Anteilseigner können daher nur auf der Grundlage der jeweiligen Struktur des Anteilsbesitzes sinnvoll vorgenommen werden.

Tabelle 4-5
Beteiligungsstruktur der Deutschen Bank AG an den 100 größten Unternehmen, 1980, 1990 und 2000

	1980		1990		2000	
Beteiligungs-höhe in %	Anzahl	kumuliert (%)	Anzahl	kumuliert (%)	Anzahl	Kumuliert (%)
bis 9,99	1	10,0	5	27,8	5	41,7
10–19,99	4	50,0	5	55,6	5	83,3
20–24,99	-	50,0	2	66,7	-	83,3
25–49,99	5	100,0	6	100,0	2	100,0
50–74,99	-		-		-	
75–100	-		-		-	
Summe	10		18		12	

Quelle: Tabelle 4-4, eigene Darstellung.

Tabelle 4-5 zeigt den Anteilsbesitz gruppiert nach unterschiedlichen Beteiligungsquoten. Die absolute Beteiligungsanzahl hat sich in der ersten Hälfte des Betrachtungszeitraums fast verdoppelt. Von 1990 bis 2000 hat dann ein Rückgang auf zwölf Beteiligungen stattgefunden. Obgleich im Jahr 2000 die absolute Zahl an Beteiligungen somit nur um zwei über der von 1980 liegt, läßt sich eine Verschiebung innerhalb der Beteiligungsstruktur feststellen. Während 1980 die Hälfte der Beteiligungen an den 100 größten Unternehmen eine Beteiligungsquote unterhalb von 25 Prozent aufwies, betrug dieser Anteil 1990 ca. 67 Prozent und stieg bis auf fast 84 Prozent im Jahr 2000. Es erfolgte also eine Reduzierung größerer Anteilspakete zugunsten kleinerer und zeigt einen Rückgang des Einflußpotentials bei großen Unternehmen.[535] Eine geschäftspolitische Kontrolle im aktienrechtlichen Sinne als Ziel der Beteiligungspolitik anzunehmen, erscheint aus diesem Blickwinkel nicht vernünftig. Vielmehr ist zu vermuten, daß Banken an einer zusätzlichen Möglichkeit der Informationsgewin-

[535] Eine Zusammenstellung der Beteiligungsstruktur deutscher Banken allgemein findet sich bei Streitferdt, F.: Eine ökonomische Analyse von Bankbeteiligungen, Stuttgart 2002, S. 138.

nung interessiert sind und darüber hinaus eine möglichst zuverlässige Basis für den Absatz von Produkten und Dienstleistungen sicherstellen wollen.[536]

Ob ähnliche Aussagen auch für Beteiligungen an Unternehmen abseits der Gruppe der 100 größten Unternehmen getroffen werden können, kann mangels Daten nicht abschließend geklärt werden.[537] Von besonderem Interesse ist deshalb, welchen Anteil Beteiligungen an großen Unternehmen am Gesamtportefeuille einnehmen.

Tabelle 4-6

Wesentliche Anteile der Deutschen Bank im Nichtbankenbereich, 2000

	Anteil am Kapital in %[a]	Marktwert in Mio. €, Stand: 31.12.2000
BHS tabletop AG	28,9	8
NÜRNBERGER Beteiligungs-AG [b]	26,4	304
DEUTZ AG	25,4	43
Phillipp Holzmann AG	19,6	33
Deutsche Beteiligungs AG	15,3	85
Phoenix AG	13,1	24
DaimlerChrysler AG	12,1	5.312
Südzucker AG [c]	11,4	199
Linde AG [b]	10,1	613
WMF AG [b]	10,1	23
Motor-Columbus AG	9,9	92
Münchener Rückversicherungs-Gesellschafts AG	9,7	6.521
mg technologies ag	9,3	212
Heidelberger Zement AG [d]	9,2	267
LEONI AG	8,8	17
Vossloh AG [b]	8,4	18
Continental AG	7,8	175
Allianz AG [b]	4,2	3.987
Summe		17.933

[a] Einschließlich der von Spezialfonds gehaltenen Anteile.
[b] Teilweise Kapitalanlagen der Versicherungsgesellschaften.
[c] Anteil am stimmberechtigten Kapital 14,2 Prozent.
[d] Anteil am stimmberechtigten Kapital 8,9 Prozent.
Quelle: Deutsche Bank (Hrsg.): Geschäftsbericht 2000, o. O. 2001, S. 93, eigene Darstellung.

[536] Vgl. hierzu auch Seger, F.: Banken, Erfolg und Finanzierung – eine Analyse für deutsche Industrieunternehmen, Wiesbaden 1997, S. 81.

[537] Die Deutsche Bank AG veröffentlicht erst seit dem Jahr 2000 ein Verzeichnis ihres gesamten Anteilsbesitzes. Aussagen über langfristige Veränderungen sind daher nicht möglich sind. Vgl. dennoch Deutsche Bank (Hrsg.): Verzeichnis des Anteilsbesitzes 2000, o. O. 2001.

Der Marktwert börsennotierter Wertpapiere der Deutschen Bank betrug Ende 2000 insgesamt 61,5 Mrd. Euro.[538] Den größten Teil nahmen mit 38,4 Mrd. Euro Schuldverschreibungen und andere festverzinsliche Wertpapiere ein.[539] Der wertmäßig größte Teil des Beteiligungsbesitzes entfiel auf 18 Unternehmen (vgl. *Tabelle 4-6*) und betrug 17,9 Mrd. Euro, was einem Anteil von fast 78 Prozent des gesamten Beteiligungsbesitzes entspricht. Der Marktwert des übrigen Beteiligungsbesitz betrug 5,2 Mrd. Euro.[540]

Wie viele oder sogar welche Unternehmen der übrige Beteiligungsbesitz umfaßt, ist nicht genau zu ermitteln.[541] Als untere Grenze läßt sich jedoch eine Zahl von ca. 38 abschätzen, wohingegen eine obere Grenze von knapp 290 angenommen werden kann.[542] Bei dieser Schätzung bleiben Beteiligungen an nichtbörsennotierten Unternehmen aufgrund der unzureichenden Datenlage unberücksichtigt.[543] Da die Publizitätspflichten für Unternehmen verschiedener Rechtsformen zudem sehr unterschiedlich sind, läßt sich die tatsächliche Beteiligungsstruktur nur ansatzweise nachvollziehen. Die Aussagen und Einschätzungen an dieser Stelle unterschätzen daher tendenziell den tatsächlichen Anteilsbesitz und somit dessen Einflußmöglichkeiten.

Da die Anteilshöhe des übrigen Beteiligungsbesitzes mehrheitlich unter fünf Prozent liegt, erlangt sie keine fusionskontrollrechtliche Relevanz.[544] Zudem besteht der übrige Beteiligungsbesitz an Unternehmen kleiner und mittlerer Größe. Fraglich ist jedoch, ob diese Beteiligungen aus wettbewerbspolitischer Sicht deshalb irrelevant sind oder eine intensivere Betrachtung erfordern. Wie bereits angedeutet, ist die Gefahr einer Abhängigkeit gerade bei Unternehmen

---

[538] Die über Vorschaltgesellschaften gehaltenen Bestände sind dabei berücksichtigt.

[539] Möglichkeiten der Einflußnahme mittels Schuldverschreibungen sind zwar denkbar, jedoch eher unrealistisch. Die weiteren Ausführungen beziehen sich daher immer auf Wertpapiere mit Beteiligungscharakter.

[540] Vgl. Deutsche Bank (Hrsg.): Geschäftsbericht 2000, o. O. 2001, S. 92.

[541] Der Bestand „geringfügiger" Anteile ist nach deutschen Vorschriften nicht detailliert auszuweisen.

[542] Aus dem Geschäftsbericht geht nicht hervor, ob die Beteiligungshöhe oder der stichtagsbezogene Marktwert für die Einordnung als *wesentlicher* Anteilsbesitz ausschlaggebend ist. Es ist lediglich bekannt, daß die Anteilshöhe der übrigen Beteiligungen überwiegend unter fünf Prozent liegt. Unterstellt man die Anteilshöhe als wesentliches Kriterium, so errechnet sich eine Anzahl von ca. 38 weiteren Beteiligungen. Sieht man den Marktwert als wesentliches Entscheidungskriterium, ergibt sich eine Zahl von knapp 290 Unternehmensbeteiligungen. In beiden Fällen wurden die drei wertmäßig größten Beteiligungen nicht berücksichtigt, um Verzerrungen zu vermeiden.

[543] Von den über 5.000 deutschen Aktiengesellschaften sind ca. 80 Prozent nichtbörsennotiert. Insbesondere bei kleineren Unternehmen stehen die Vorteile einer Börsennotierung in keinem Verhältnis zum Aufwand, der mit einem Listing verbunden ist.

[544] Vgl. Deutsche Bank (Hrsg.): Geschäftsbericht 2001, o. O. 2002, S. 92.

kleiner und mittlerer Größe höher, wenngleich es sich um nominell nur geringe Beteiligungen handelt.

IV. Zusammenfassung

Wie die Ausführungen gezeigt haben, können sich Banken durch Unternehmensbeteiligungen Einflußpotentiale erschließen. Sowohl für Banken- als auch für Nichtbankenmärkte sind wettbewerbspolitische Probleme als Folge von Bankbeteiligungen denkbar.

Ein konkreter Beweis für wettbewerbspolitische Probleme aufgrund von Unternehmensbeteiligungen existiert jedoch nicht. Die Argumente beschränken sich vielmehr auf eine abstrakt-theoretische Ebene. Vermutungen und Indizien für die These eines Machtzuwachses mittels Beteiligungen lassen sich dennoch finden.

Die Behauptung von Bankenvertretern, Beteiligungen würden in erster Linie „aus der Not heraus" entstehen, greift nicht.[545] Bei Gültigkeit der Argumentation müßten ungeplante Beteiligungen im Anschluß an eine Sanierung oder während eines positiven Marktumfelds veräußert und nicht in den dauerhaften Bestand überführt werden. Zudem ist das Argument einer reinen Finanzanlage angesichts des langjährigen Anlagezeitraums der einzelnen Beteiligungen wenig überzeugend. Gingen Banken Beteiligungen nur aus Rentabilitätserwägungen ein, sollte häufiger eine Umschichtung des Portefeuilles zwecks Optimierung erfolgen.[546] Somit sind (auch) andere Motive hinter dem Erwerb von Unternehmensanteilen zu vermuten.

Genaue Aussagen, ab welcher Beteiligungshöhe Banken Möglichkeiten der Einflußnahme gegenüber Unternehmen besitzen, sind schwierig zu treffen. Ab einem Anteil von 25 Prozent des stimmberechtigten Kapitals können Entscheidungen auf der Hauptversammlung blockiert und auf diese Weise Einfluß bei Abstimmungen genommen werden. In diesem Bereich unterscheiden sich Banken nicht von anderen Anteilseignern. Abseits davon sehen Kritiker jedoch bereits ab wesentlich niedrigeren Anteilsquoten Vorteile für die beteiligungshaltende Bank und fordern deshalb oftmals eine Beschränkung auf eine relativ ge-

[545] Vgl. Haas, J.: Der Anteilsbesitz der Kreditwirtschaft an Nichtbanken, Saarland 1994, S. 145.

[546] Vgl. Münchow, M.-M.: Bankenmacht oder Kontrolle durch Banken – eine institutionenökonomische Analyse der Beziehung zwischen Banken und Unternehmen in Deutschland, Hamburg 1995, S. 164 f.

ringe Beteiligungshöhe. Die Festlegung auf eine bestimmte Höhe erfolgt dann aber eher willkürlich.

Bei der Beurteilung der Frage, ob, und wenn ja, in welchem Ausmaß Unternehmensbeteiligungen Banken Einflußmöglichkeiten und so wirtschaftliche Macht verschaffen, ist aus dem Blickwinkel der Fusionskontrolle zunächst nachrangig, inwieweit es im Bereich der Unternehmensfinanzierung und -kontrolle zu Effizienzgewinnen kommen kann. Die europäische Fusionskontrolle ist sehr stark vom Wettbewerbsprinzip geprägt.[547] Wettbewerbsfremde Aspekte werden nur in Form von Erwägungsgründen berücksichtigt. Trotz der engen Orientierung an diesem Prinzip läßt sich die Europäische Fusionskontrolle nicht als Konzept charakterisieren, das nur der Konsumentenwohlfahrt verhaftet ist. Es nimmt vielmehr eine Stellung zwischen dem Konsumentenwohlfahrtskonzept und dem Gesamtwohlfahrtskonzept ein.[548] Eindeutige empirische Ergebnisse über Auswirkungen von Beteiligungen auf den Bereich der Unternehmensfinanzierung existieren zudem nicht.[549]

Das Beispiel der Deutschen Bank AG hat den umfangreichen Beteiligungsbesitz deutscher Großbanken exemplarisch gezeigt. Er ist grundsätzlich geeignet, den Wettbewerb sowohl im Banken- als auch im Nichtbankenmarkt negativ zu beeinflussen. In erster Linie dürfte jedoch der Wettbewerb auf dem Markt für Bankdienstleistungen betroffen sein. Ursächlich ist hierfür eine enge und langfristig angelegte geschäftliche Beziehung, die zu einer privilegierten Stellung der beteiligten Bank im Vergleich zu anderen Kreditinstituten führt. Der Hinweis von Bankenseite auf den Rückgang großer Unternehmensbeteiligungen entkräftet die vorgebrachte Kritik nur unzureichend und kann nicht als „Beweis" gesunkenen Bankeneinflusses angeführt werden.[550]

---

[547] Vgl. hierzu auch Kapitel 1, C. II.

[548] Vgl. Kinne, K.: Effizienzvorteile in der Zusammenschlußkontrolle – eine vergleichende Analyse der deutschen, europäischen und US-amerikanischen Wettbewerbspolitik, Baden-Baden 2000, S. 121 f.

[549] So findet z. B. *Haas* durch Bankbeteiligungen Effizienzgewinne im Bereich der Unternehmensfinanzierung und -kontrolle. Diese Position steht den Ausführungen der Monopolkommission gegenüber, die keine effizienzsteigernden Effekte von Bankbeteiligungen feststellen kann. Vgl. Haas, J.: Der Anteilsbesitz der Kreditwirtschaft an Nichtbanken, Saarland 1994, S. 150. Ursächlich ist hierfür die unterschiedliche Begriffsauffassung der „Unternehmung". Während *Haas* diese als ein Netz von Verträgen sieht, faßt die *Monopolkommission* sie als Produktionsfunktion auf, aus deren Sicht Bankbeteiligungen nur zur Einschränkung des Wettbewerbs mit Konkurrenten dienen.

[550] Wie bereits an anderer Stelle betont, ist nach Ansicht der *Monopolkommission* eine Beteiligung in Höhe von fünf Prozent ausreichend für eine Bevorzugung der Bank durch das Unternehmen. Vgl. Monopolkommission: Gesamtwirtschaftliche Chancen und Risiken wachsender Unternehmensgrößen, Hauptgutachten 1984/1985, Baden-Baden 1986, Tz. 90.

Je nach Sichtweise und Umfang der Kritik mündet diese in Forderungen nach einer Reduzierung des Bankeneinflusses. Die Vorschläge reichen von der Einführung einer Beteiligungsgrenze bis hin zum vollständigen Verbot. So votierte die Studienkommission zu „Grundsatzfragen der Kreditwirtschaft“ für eine Begrenzung auf 25 Prozent, lehnte jedoch ein vollständiges Verbot ab.[551] Ein Einschnitt dieser Größenordnung wäre unter Berücksichtigung der Ausführungen jedoch nicht zu empfehlen. Die Konsequenzen eines derartigen Verbots sind nicht abzusehen und stünden nicht im Verhältnis zu möglichen Vorteilen. Allein aufgrund des (geringen) Einflußpotentials sollten Eingriffe mit dieser Tragweite nicht durchgeführt werden.[552]

Bei einer Begrenzung von Unternehmensbeteiligungen können eine Reihe von neuen Problemen entstehen.[553] Die Forderung nach einer Einschränkung des Anteilsbesitzes wird daher mit der Aufstellung eines Katalogs von Ausnahmetatbeständen verknüpft.[554] Da sich jedoch zahlreiche Sonderfälle anführen lassen, wäre ein derartiger Katalog relativ umfangreich und kompliziert.[555] Die Fülle an Ausnahmen würde darüber hinaus die Funktionsfähigkeit bestimmter Bankdienstleistungsmärkte stark einschränken, wie z. B. den Markt für Beteiligungshandel im Auftrag Dritter.

Eine abschließende Beurteilung über Einflußmöglichkeiten aufgrund von Beteiligungen ist schwierig. Die Ausführungen haben das Einflußpotential deutlich werden lassen, ohne jedoch einen Nachweis des Mißbrauchs zu liefern. Auf der anderen Seite sind aber auch die Versuche von Bankenvertretern, das Ausmaß an Beteiligungen als gering bzw. diese als „Zufallsprodukte“ darzustellen, wenig überzeugend. So werden in der Literatur „die Wettbewerbsvorteile von Banken aufgrund von Beteiligungsmöglichkeiten [als] beacht-

---

[551] Vgl. o. V.: Grundsatzfragen der Kreditwirtschaft, in: Bundesministerium der Finanzen (Hrsg.): Schriftenreihe, Nr. 28, o. O. 1979, S. 29 und S. 257 ff.

[552] Vgl. hierzu ausführlich Harm, C.: The relationship between German banks and large German firms, in: The World Bank (Hrsg.): Working Paper, No. 900, o. O. 1990, S. 11 f. und die dort angegebene Literatur. Für alternative Vorschläge vgl. Immenga, U.: Beteiligungen von Banken in anderen Wirtschaftszweigen, 2. Aufl., Baden-Baden 1978, S. 145 ff.

[553] So z. B. für Situationen, in denen eine Bank nicht alle Aktien aus einer Kapitalerhöhung oder Aktienemission am Markt plazieren kann.

[554] Vgl. o. V.: Die Macht der Banken – Anhörung im Bundestag – ZBB-Dokumentation, in: Zeitschrift für Bankrecht und Bankwirtschaft, 6. Jg., 1994, H. 1, S. 69–100, hier S. 90.

[555] Vgl. Köhler, C.: Empfehlen sich gesetzliche Regelungen zur Einschränkung des Einflusses der Kreditinstitute auf Aktiengesellschaften? In: Ständige Deputation des deutschen Juristentages (Hrsg.): Verhandlungen des 61. deutschen Juristentages, Bd. II/1, Karlsruhe 1996, S. N 47–68, hier S. N 53.

lich“ [556]eingestuft. Auf Grundlage der bisherigen Argumente lassen sich aus dem bloßen Beteiligungsbesitz von Banken jedoch keine eindeutigen Konsequenzen mit Blick auf Unternehmenszusammenschlüsse fordern.

D. Depotstimmrechte

Abseits des eigenen Beteiligungsbesitzes haben Banken die Möglichkeit, mit Hilfe von Depotstimmrechten Einfluß auf Hauptversammlungen anderer Unternehmen auszuüben.[557] Grundlage für dieses Einflußpotential ist § 134 III AktG, nach dem jeder Aktionär einen Dritten (z. B. ein Kreditinstitut, geschäftsmäßigen Aktionärsvertreter) bevollmächtigen kann, seine Stimmrechte auf der Hauptversammlung auszuüben. Eine derartige Vollmacht kann maximal für den Zeitraum von 15 Monaten gelten und jederzeit widerrufen werden (§ 135 II AktG).[558]

Ähnlich den Argumenten beim Beteiligungsbesitz konzentriert sich die Kritik auf die Einflußmöglichkeiten, die Banken durch die an sie abgetretenen Stimmrechte zufallen. Banken können durch sie Entscheidungen auf Hauptversammlungen in ihrem Interesse gestalten und Fragen der Unternehmenspolitik entscheiden. *Neuberger/Neumann* sehen in Depotstimmrechten daher ein Substitut für Unternehmensbeteiligungen, da sie einer Bank die gleichen Einflußmöglichkeiten übertragen.[559]

Banken wird vorgeworfen, bei der Stimmrechtsausübung nicht die Interessen der Aktionäre zu verfolgen, sondern eigene Ziele in den Mittelpunkt des Ab-

---

[556] Immenga, U.: Beteiligungen von Banken in anderen Wirtschaftszweigen, 2. Aufl., Baden-Baden 1978, S. 141.

[557] Anstelle des Begriffs des Depotstimmrechts wäre die Verwendung des Begriffs Auftragsstimmrecht korrekt. Da Aktionäre jedoch vielfach ihre depotführende Bank zur Ausübung der Stimmrechte bevollmächtigen, hat sich der Ausdruck des Depotstimmrechts etabliert, der deshalb auch im weiteren benutzt wird.

[558] Eine vergleichende Studie über nationale Regelungen der Stimmrechtsvertretung in den Ländern der Europäischen Union findet sich bei Baums, T.: Shareholder representation and proxy voting in the European Union – a comparative study, in: Hopt, K. J. u. a. (Hrsg.): Comparative corporate governance – the state of the art and emerging re search, Oxford 1998, S. 545–564.

[559] Vgl. hierzu und den folgenden Ausführungen Neuberger, D., Neumann, M.: Banking and antitrust – limiting industrial ownership by banks? In: Journal of Institutional and Theoretical Economics, Vol. 147, 1991, No. 1, S. 188–199, hier S. 194 f.

stimmungsverhaltens zu stellen.[560] Das Verhältnis von Aktionär und depotführender Bank betrifft jedoch eher aktien*rechtliche* Gesichtspunkte und wird an dieser Stelle nicht weiter verfolgt, da das Hauptaugenmerk auf wettbewerbspolitischen Auswirkungen liegt.[561] Kritiker vertreten den Standpunkt, Banken erlangten durch Depotstimmrechte ein unverhältnismäßig hohes Maß an Einflußmöglichkeiten.[562] Dieses Machtpotential sei zudem „ungerechtfertigt", da es ohne Kapitaleinsatz und somit ohne (Kapital-)Risiko zustandekomme und Banken so einen Wettbewerbsvorteil gegenüber Konkurrenten verschaffe.[563]

Diesen Vorwürfen begegnen Bankenvertreter mit dem Hinweis, daß jeder Aktionär seine Stimmrechtsabtretung mit verbindlichen Weisungen an die Bank verknüpfen kann.[564] Diese Aussage ist grundsätzlich richtig, verkennt jedoch die tatsächlichen Gegebenheiten, da nur wenige Aktionäre von dieser Möglichkeit Gebrauch machen.[565] Dies als eigentliche Ursache der Problematik anzusehen, kann nicht überzeugen und rechtfertigt keinen Vorwurf an die Adresse der (Klein-)Aktionäre. Deren Verhalten ist vielmehr nachvollziehbar und wird auch als „rationale Apathie" bezeichnet. Für sie ist eine Kontrolle der Kreditinstitute mit Kosten verbunden, während auf der anderen Seite das Ausmaß einer Einflußnahme aus den eigenen Stimmrechten gegen null tendiert. Darüber hinaus vollzieht sich die Übertragung der Stimmrechte in der Regel in Form einer Blankovollmacht. Die Mehrheit der Aktionäre tritt ihr Stimmrecht ohne Kenntnis der anstehenden Entscheidungsinhalte ab. Im Fall einer weisungs*un*gebundenen Vertretung kann eine Bank somit eigene Interessen bei ihrem Abstimmungsverhalten stärker verfolgen.

---

[560] Vgl. z. B. Waidacher, R.: Institutionelle Stimmrechtsvertretung – gesetzliche Schutzvorkehrungen gegen Mißbräuche der Massenvertretung, Zürich 1996, S. 36 ff.; Engenhardt, G. F.: Die Macht der Banken – politische Positionen zur Neuregelung der gesetzlichen Grundlagen, Wiesbaden 1995, S. 101 ff. und Tillmann, E.: Das Depotstimmrecht der Banken, Zürich 1985, S. 89 ff.

[561] Vgl. hierzu z. B. Böhm, J.: Der Einfluß der Banken auf Großunternehmen, Hamburg 1992, S. 53 ff.

[562] Vgl. Köpf, G.: Depotstimmrecht und Aufsichtsratsmandate von Bankvorständen, in: Wirtschaftswissenschaftliches Studium, 15. Jg., 1986, H. 11, S. 583–587, hier S. 584.

[563] Vgl. z. B. Körber, U.: Die Stimmrechtsvertretung durch Kreditinstitute – Überlegungen zur Fortentwicklung des deutschen Rechts unter Berücksichtigung der Vorschläge der Europäischen Kommission, Berlin 1989, S. 78 und die dort angegebene Literatur.

[564] Vgl. Herrhausen, A.: Macht der Banken, in: Universität des Saarlandes (Hrsg.): Saarbrücker Universitätsreden, Nr. 24, Saarbrücken 1987, S. 13 f.

[565] In der Regel geben lediglich drei Prozent der Aktionäre eine Weisung an ihre Bank, oft liegt dieser Wert sogar niedriger. Vgl. hierzu o. V.: Bis zu 500 Hauptversammlungen bleiben unbesucht, in: FAZ, 11.02.2002, Nr. 35, S. 21 und Gottschalk, A.: Der Stimmrechtseinfluß der Banken in den Aktionärsversammlungen von Großunternehmen, in: WSI-Mitteilungen, 41. Jg., 1988, H. 5, S. 294–304, hier S. 296.

Eine geringe Hauptversammlungspräsenz verstärkt diesen Effekt. Je niedriger der absolute Anteil des vertretenen Kapitals auf einer Hauptversammlung ist, desto stärker ist der relative Einfluß der anwesenden Eigner, was natürlich auch für Banken gilt.[566] Zusätzlich ist die Aktionärsstruktur des Unternehmens von Bedeutung. Besitzt kein Eigner (aufgrund seines Anteilspakets) eine dominierende Position, so steigt – relativ gesehen – der Einfluß der übrigen Aktionäre und somit auch der einer stimmrechtsvertretenden Bank. Die beiden angesprochenen Effekte sind nicht unabhängig voneinander, sondern bedingen sich vielmehr gegenseitig. Im Gegensatz zu Kleinaktionären erwerben Inhaber größerer Anteilspakete ihre Anteile zwar ebenso aus Anlage- oder Spekulationsmotiven, versuchen jedoch (auch) Entscheidungen auf Hauptversammlungen aktiv mitzugestalten. Bei Existenz eines Großaktionärs ist deshalb von dessen Stimmrechtsvertretung auf der Hauptversammlung auszugehen.

Abstimmungsergebnisse von Hauptversammlungen zeigen, daß Banken bei großen Publikumsaktiengesellschaften fast ausnahmslos nach den Vorschlägen der Verwaltung abstimmen (vgl. *Tabelle 4-7*).

---

[566] So lag die durchschnittliche Hauptversammlungspräsenz der 24 größten Gesellschaften in mehrheitlichem Streubesitz 1992 bei ca. 58 Prozent. Vgl. Baums, T., Fraune, C.: Institutionelle Anleger und Publikumsgesellschaft – eine empirische Untersuchung, in: Die Aktiengesellschaft, 40. Jg., 1995, H. 3, S. 97–112, hier S. 102. Im Jahr 2000 betrug die durchschnittliche Präsenz auf den Hauptversammlungen der größten DAX-Unternehmen sogar nur noch 54,5 Prozent. Vgl. Riegger, B.: Hauptversammlung und Internet, in: Zeitschrift für das gesamte Wirtschaftsrecht und Handelsrecht, Vol. 165, 2001, No. 2/3, S. 204–218.

Tabelle 4-7

Abstimmungsergebnisse[a] auf den Hauptversammlungen der 24 größten Unternehmen in mehrheitlichem Streubesitz, 1992

Unternehmen	Gewinn-verwendung	Entlastung Vorstand	Entlastung des AR	Wahl Abschlußprüfer	Wahl zum Aufsichtsrat
AGIV	99,99	99,99	99,99	100,00	k. A.
BASF	99,86	99,85	99,85	99,88	99,88
Bay. Hypobank	99,96	99,85	99,79	99,99	99,99
Bay. Vereinsbank	98,88	99,39	99,39	99,96	98,96
Bayer	99,89	99,97	99,97	99,99	99,97
Bremer Vulkan	k. A.	97,35	97,29	99,42	99,75
Commerzbank	99,41	99,68	99,67	99,86	99,86
Degussa	99,99	99,97	99,97	99,99	k. A.
Deutsche Bank	99,98	99,64	99,72	99,94	k. A.
Dresdner Bank	99,91	99,83	99,82	99,83	99,68
Dt. Babcock	k. A.	99,92	99,91	99,99	99,96
Durchschnitt	99,89	99,69	99,67	99,94	99,79
Hoechst	99,99	99,96	99,94	99,97	k. A.
KHD	99,96	99,95	99,95	99,99	99,99
Linde	99,99	99,38	99,38	99,99	99,38
MAN	100,00	99,62	99,62	100,00	99,99
Mannesmann	99,99	99,99	99,98	99,99	k. A.
Preussag	99,98	99,70	99,70	99,99	k. A.
Schering	99,99	99,54	99,53	99,99	99,99
Siemens	99,93	99,60	99,61	99,98	k. A.
Strabag	100,00	99,99	99,99	100,00	k. A.
Thyssen	99,99	99,78	99,78	99,87	99,99
VEBA	99,99	99,64	99,64	99,99	k. A.
VIAG	99,99	99,99	99,99	99,99	k. A.
Volkswagen	99,99	99,99	> 99,49	99,99	99,72

[a] Ja-Stimmen in Prozent der abgegebenen Stimmen, d. h. ohne Enthaltungen.

Quelle: Baums, T., Fraune, C.: Institutionelle Anleger und Publikumsgesellschaft – eine empirische Untersuchung, in: Die Aktiengesellschaft, 40. Jg., 1995, H. 3, S. 97–112, hier S. 110, eigene Darstellung.

Die Abstimmungsvorschläge, die Banken ihren Depotkunden im Vorfeld der Hauptversammlung unterbreiten, beruhen zwar auf eigenen Vorschlägen, sind in der Regel jedoch mit denjenigen identisch, die das Management des Unternehmens seinen Aktionären vorschlägt. Dies ist allerdings nicht verwunderlich, da Empfehlungen in Kooperation mit dem Aufsichtsrat erarbeitet werden,[567] und Banken aufgrund personeller Verflechtungen (Aufsichtsratsmandate) Gele-

[567] Vgl. Mülbert, P. O.: Empfehlen sich gesetzliche Regelungen zur Einschränkung des Einflusses der Kreditinstitute auf Aktiengesellschaften? München 1996, S. E 43 und o. V.: Grundsatzfragen der Kreditwirtschaft, in: Bundesministerium der Finanzen (Hrsg.): Schriftenreihe, Nr. 28, o. O. 1979, Tz. 363.

genheit haben, an diesem Entscheidungsprozeß mitzuwirken.[568] Trotz nahezu einstimmiger Unterstützung der Verwaltungsvorschläge können Banken mit Hilfe von Depotstimmrechten somit eigene Interessen verfolgen.

Die Dienstleistung einer Stimmrechtsvertretung bieten Banken ihren Kunden grundsätzlich unentgeltlich an, obwohl ihnen selbst hohe Kosten entstehen. Für die Inanspruchnahme des Gutes „Vertretung von Anlegerinteressen" ist die überwiegende Zahl an (Klein-)Aktionären nicht bereit, zu zahlen. Da Banken diese Dienstleistung dennoch anbieten, vermutet *Baums* die Existenz einer impliziten Vergütung als Gegenleistung, insbesondere auf Seiten der Großbanken.[569] Diese Gegenleistung besteht in erster Linie im Zugang zum Finanzdienstleistungsgeschäft und zum anderen in der Absicherung bereits existierender Kreditbeziehungen.

Eine Orientierung der Konsortialquote an Stimmrechtsanteilen, die Banken durch Beteiligungen und Depotstimmrechte insgesamt vertreten, ist nicht auszuschließen, da sie Auskunft über die Plazierungskraft eines Kreditinstituts bei seinen Depotkunden geben können.[570] Vollständig überzeugen kann dieses Argument jedoch nicht: Eine Berücksichtigung der Banken innerhalb eines Emissionskonsortiums (allein) anhand der Anteilshöhe ihrer Auftragsstimmrechte ist zumindest bei größeren Unternehmen unwahrscheinlich. Diese Sichtweise läßt ausländische Banken als Konkurrenten deutscher Kreditinstitute unberücksichtigt. Selbst wenn die These, die Festlegung einer Emissionsquote erfolge anhand der Depotstimmrechts, in der Vergangenheit Gültigkeit besaß, ist diese Annahme in der Gegenwart wohl nicht aufrechtzuerhalten.[571]

Neben diesen Einflußmöglichkeiten bzw. Vorteilen für einzelne Banken, werden Depotstimmrechte zudem mit Blick auf das Verhältnis von Banken untereinander kritisiert: Nach § 135 I AktG ist Banken die Wahrnehmung von Depotstimmrechten auf der eigenen Hauptversammlung nur dann erlaubt, wenn sie Weisungen seitens der vertretenen Aktionäre zu den einzelnen Tagesordnungspunkten erhalten haben. Dennoch ist der hohe Stimmrechtsanteil auffällig, den deutsche Großbanken auf ihrer eigenen Hauptversammlung auf sich vereinen.

---

[568] Vgl. Peters, K., Werner, H. S.: Banken als herrschende Unternehmen? Überlegungen zu den Herausforderungen von Kreditinstituten in faktischen Unternehmensverbindungen im Nichtbankensektor, in: Die Aktiengesellschaft, 23. Jg., 1978, H. 11, S. 297–309, hier S. 303.

[569] Vgl. Baums, T.: Vollmachtstimmrecht der Banken – ja oder nein? In: Die Aktiengesellschaft, 41. Jg., 1996, H. 1, S. 11–26, hier S. 12 ff.

[570] Vgl. Brendel, G.: Zur Macht der Banken in Deutschland – eine empirisch-historische Untersuchung, Münster 2001, S. 78.

[571] Vgl. Mülbert, P. O.: Empfehlen sich gesetzliche Regelungen zur Einschränkung des Einflusses der Kreditinstitute auf Aktiengesellschaften? München 1996, S. E 41.

Insgesamt halten die Großbanken auf den jeweiligen Hauptversammlungen mehr als die Hälfte der vertretenen Stimmen (vgl. *Tabelle 4-8*).

Tabelle 4-8
Stimmrechtsanteile der größten Banken auf ihren eigenen Hauptversammlungen, 1992

Unternehmen	Deutsche Bank	Dresdner Bank	Commerz-bank	Bayerische Vereinsbank	Bayerische Hypobank	Summe
Deutsche Bank	**32,07**	14,14	3,03	2,75	2,83	54,82
Dresdner Bank	4,72	**44,19**	4,75	5,45	5,04	64,15
Commerzbank	13,43	16,35	**18,49**	3,78	3,65	55,70
Bay. Vereinsbank	8,80	10,28	3,42	**32,19**	3,42	58,11
Bay. Hypobank	5,90	10,19	5,72	10,74	**23,87**	56,42

Quelle: Baums, T., Fraune, C.: Institutionelle Anleger und Publikumsgesellschaft – eine empirische Untersuchung, in: Die Aktiengesellschaft, 40. Jg., 1995, H. 3, S. 97–112, hier S. 106, eigene Darstellung.

In einer derartigen Situation werden Banken vermutlich nicht gegeneinander arbeiten bzw. stimmen, da sie auf ihrer eigenen Hauptversammlung ansonsten ebenfalls negativ betroffen wären. Auf diese Weise entzieht sich die Unternehmensleitung in nicht unerheblichem Umfang einer Kontrolle durch die Aktionäre.[572]

Große Aktienbanken bieten für die meisten Kunden die günstigsten Voraussetzungen für die Führung eines Wertpapierdepots.[573] Infolgedessen ist eine nachfragebedingte Konzentration bei ihnen denkbar.

Betrachtet man die zeitliche Entwicklung der Anzahl an Wertpapierdepots der einzelnen Bankengruppen, scheint sich diese Annahme zunächst nicht zu bestätigen (vgl. *Abbildung 4-2*): Wurden 1991 fast 40 Prozent aller Wertpapierdepots bei Kreditbanken geführt, reduzierte sich dieser Anteil bis Ende 2001 auf knapp 25 Prozent. Kreditgenossenschaften und genossenschaftliche Zentralbanken mußten einen Rückgang auf weniger als 10 Prozent hinnehmen. Im Gegensatz dazu blieb der Anteil der bei Sparkassen und Landesbanken geführten Depots über den gesamten Betrachtungszeitraum nahezu konstant bei gut 25 Prozent. Profitiert haben Realkreditinstitute, Banken mit Sonderaufgaben und Kapitalanlagegesellschaften, die ihren Anteil von weniger als 23 Prozent auf über 40 Prozent steigern konnten. Von einer Dominanz der Kreditbanken läßt sich auf Basis dieser Zahlen sicher nicht sprechen.

---

572 Vgl. Baums, T.: Vollmachtstimmrecht der Banken – ja oder nein? In: Die Aktiengesellschaft, 41. Jg., 1996, H. 1, S. 11–26, hier S. 14.

573 In erster Linie betrifft dies Researchabteilungen sowie ein umfangreiches Filialnetz. Online-Banken bleiben an dieser Stelle unberücksichtigt.

Abbildung 4-2
Wertpapierdepots nach Bankengruppen, 1991–2001

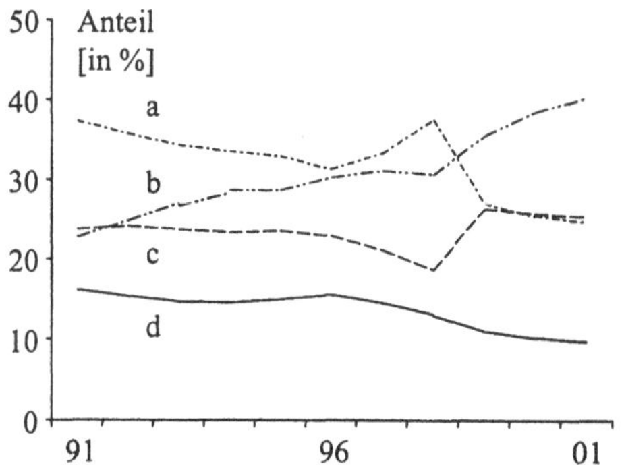

[a] Kreditbanken.
[b] Realkreditinstitute, Banken mit Sonderaufgaben, Kapitalanlagegesellschaften.
[c] Sparkassen und Landesbanken.
[d] Kreditgenossenschaften und genossenschaftliche Zentralbanken.
Quelle: Deutsche Bundesbank (Hrsg.): Wertpapierdepots, Statistische Sonderveröffentlichung 9, Frankfurt a. M. 2002, eigene Berechnungen, eigene Darstellung.

Dieser erste Eindruck ändert sich jedoch, wenn man nicht nur den Depotanteil betrachtet, sondern auch den Nominalwert der in den Depots gehaltenen Wertpapierbestände berücksichtigt (vgl. *Tabelle 4-9*).[574] So stieg der Anteil am Nominalwert von Aktien inländischer Emittenten trotz des rückläufigen Depotanteils bei Kreditgenossenschaften und genossenschaftliche Zentralbanken leicht auf knapp sieben Prozent. Sparkassen und Landesbanken verzeichneten einen Rückgang von ungefähr 2 Prozentpunkten auf unter 14 Prozent. Auf nahezu unverändert hohem Niveau verharrte der Anteil von Kreditbanken, auf die – ungeachtet des stark gesunkenen Depotanteils – ca. 77 Prozent des Nominalwertes inländischer Aktien entfallen. Ein unbedeutender Anteil von gut drei Prozent entfällt auf Realkreditinstitute, Banken mit Sonderaufgaben und Kapitalanlagegesellschaften.

[574] Vielfach werden die Depotstände zu stichtagsbezogenen Kursen bewertet. An dieser Stelle wird eine Betrachtung zu Nominalwerten vorgenommen, um mögliche nachfragebedingte Verzerrungen zu vermeiden. Gleichwohl weichen die Resultate von kurswertbezogenen Untersuchungen nicht wesentlich von den hier dargestellten Ergebnissen ab. Vgl. z. B. Sprenger, B.: Depot-Rekord dank Investmentboom, in: Die Bank, 25. Jg., 2001, Nr. 11, S. 815–816.

Tabelle 4-9

Wertpapierdepots zum Nominalwert von Aktien[a] inländischer Emittenten nach Bankengruppen, 1991–2001

	1991	1992	1993	1994	1995	1996	1997	1998	1999	2000	2001
Kreditbanken	77,1	76,1	77,7	78,4	77,2	76,5	76,7	75,9	75,8	74,7	76,7
Sparkassen/Landesbanken	16,5	17,2	15,9	15,4	16,3	16,9	16,7	16,7	16,0	14,9	13,6
Kreditgen./genossen. ZB	5,0	5,1	5,0	5,3	5,8	6,0	5,7	5,8	6,5	7,2	6,5
Realkreditinstitute[b]	1,5	1,5	1,4	0,9	0,7	0,6	1,0	1,6	1,7	3,2	3,3

[a] Aktien ohne Versicherungsaktien, einschließlich Genußscheine.
[b] Und Banken mit Sonderaufgaben und Kapitalanlagegesellschaften.
Quelle: Deutsche Bundesbank (Hrsg.): Wertpapierdepots – Statistische Sonderveröffentlichung 9, Frankfurt a. M. 2002, eigene Berechnungen, eigene Darstellung.

Ein großer Teil der bei Kreditbanken insgesamt geführten Wertpapierdepots wird von den vier großen Aktienbanken – Deutsche Bank, Dresdner Bank, HypoVereinsbank und Commerzbank – verwaltet, auf die Ende 2001 gut 45 Prozent entfielen.[575] Berücksichtigt man den Nominalwert der Depots, wird deren hohe Bedeutung noch deutlicher. So belief sich der Aktienanteil[576] inländischer Emittenten Ende 2001 auf über 70 Prozent. Die Vorteile, aber auch die mit der Stimmrechtsausübung verbundenen Probleme, konzentrieren sich innerhalb der Gruppe der Kreditbanken somit auf die vier Großbanken.

Um die Möglichkeiten einer Einflußnahme möglichst exakt einschätzen zu können, ist eine Betrachtung der Depotstimmrechte allein nicht ausreichend. Zu berücksichtigen sind ebenfalls Stimmrechte, die durch verbundene Unternehmen oder Investmentgesellschaften gehalten werden. Ursächlich sind hierfür Kapitalbeteiligungen und personelle Verflechtungen, über die Banken direkten oder indirekten Zugriff auf Investmentgesellschaften haben.[577]

Um die Probleme der aktuellen Situation zu verringern bzw. zu beseitigen, existieren vielfältige Ansätze, die von punktuellen Veränderungsvorschlägen bis zu einer vollständigen Beseitigung des Depotstimmrechts reichen.[578] Teilweise zielen Reformvorschläge auf eine Erhöhung der Hauptversammlungspräsenz, wobei dabei in letzter Zeit zunehmend technische Lösungen in den Mittel-

[575] Die Zahlen basieren auf eigenen Berechnungen auf Grundlage des Datenmaterials der Deutschen Bundesbank. Vgl. Deutsche Bundesbank (Hrsg.): Wertpapierdepots, Statistische Sonderveröffentlichung 9, Frankfurt a. M. 2002.

[576] Aktien ohne Versicherungsaktien, einschließlich Genußscheine.

[577] Vgl. Körber, U.: Die Stimmrechtsvertretung durch Kreditinstitute – Überlegungen zur Fortentwicklung des deutschen Rechts unter Berücksichtigung der Vorschläge der Europäischen Kommission, Berlin 1989, S. 88 und die dort angegebene Literatur.

[578] Zu einer ausführlichen Übersicht vgl. Seger, F.: Banken, Erfolg und Finanzierung – eine Analyse für deutsche Industrieunternehmen, Wiesbaden 1997, S. 103 ff.

punkt rücken, die zu einer Senkung der Transaktionskosten auf Aktionärsseite führen sollen. Ein Vorschlag wird in der Übertragung der Hauptversammlung über das Internet gesehen.[579] Ohne die Diskussion alternativer Vorschläge zu vertiefen, sei jedoch auf die Möglichkeit für Banken hingewiesen, Kritikern durch eine stärkere Offenlegung von Depotstimmrechten und somit einem höheren Maß an Transparenz zu begegnen. Dies schafft eine breitere Vertrauensbasis und schützt Banken vor dem Vorwurf, das ihnen übertragene Machtpotential zu mißbrauchen.

Es läßt sich also festhalten, daß Depotstimmrechte Banken die Möglichkeit bieten, Einfluß auf andere Unternehmen auszuüben. Für Banken ist diese Situation insbesondere vorteilhaft, da sie kein Kurs- und Dividendenrisiko tragen und darüber hinaus kein Kapital einsetzen müssen. Da sich Depotstimmrechte auf Seiten der Großbanken konzentrieren, profitieren sie auf diese Weise verstärkt von der Stimmrechtsausübung und besitzen so einen Wettbewerbsvorteil gegenüber Konkurrenten.

Die getroffenen Überlegungen und Argumente beschreiben das Ausmaß an Einflußmöglichkeiten, sind jedoch kein Beleg für eine Reduzierung der Wettbewerbsintensität, weder auf Banken- noch auf Nichtbankenmärkten. Bei Annahme rationaler Verhaltensweisen erzielen Banken durch die Vertretung von Stimmrechten in der gegenwärtigen Form Vorteile gegenüber denjenigen Konkurrenten, die in nur geringerem Maße oder keine Stimmrechte vertreten.

Unabhängig davon, welche Beurteilung das aktuelle System der Stimmrechtsvertretung aus aktienrechtlicher Sicht erfährt,[580] hat die Diskussion das Machtpotential von Depotstimmrechten offengelegt. Eine Bewertung wirtschaftlicher Macht darf dennoch nicht isoliert vorgenommen werden, sondern muß vielmehr im Kontext mit den bereits diskutierten Unternehmensbeteiligungen und personellen Verflechtungen gesehen werden.

---

[579] Vgl. hierzu und der damit verbundenen Problematik Riegger, B.: Hauptversammlung und Internet, in: Zeitschrift für das gesamte Wirtschaftsrecht und Handelsrecht, Vol. 165, 2001, No. 2/3, S. 204–218.

[580] Da eine Bewertung der gegenwärtigen Regelung nicht Gegenstand dieser Arbeit ist, sei an dieser Stelle verwiesen auf Weikert, D.: Corporate Governance und das Auftragsstimmrecht der Banken, Köln 2001, insbesondere S. 101 ff.

E. Aufsichtsratsmandate und Beiratssitze

Aufsichtsratsmandate von Bankangehörigen rufen bei Kritikern die gleichen Bedenken hervor, die bereits bei der Diskussion des Beteiligungsbesitzes und der Depotstimmrechte im Mittelpunkt standen. Die Präsenz in Aufsichtsräten und Beiräten ermöglicht den Aufbau persönlicher Beziehungen und Verflechtungen, aus denen ein besserer Informationsstand resultieren kann.[581] Im Geschäftsverhältnis mit Kunden erlangen Banken somit Vorteile, die nicht auf überlegener betriebswirtschaftlicher Leistung beruhen. Kritiker sehen darin Wettbewerbsverzerrungen im Interbankenwettbewerb. Dieser Informationsvorsprung beruht zum einen auf der Informationspflicht des Vorstandes gegenüber den Aufsichtsratsmitgliedern (§ 90 AktG). Auf der anderen Seite erlangen Mitglieder des Aufsichtsrats durch ihre Prüfungsverpflichtungen Zugang zu Informationen, die Konkurrenten nicht zugänglich sind. Gehören Bankenvertreter zudem Aufsichtsräten konkurrierender Unternehmen an, wird zusätzlich eine negative Einflußnahme auf das Wettbewerbsverhalten der betreffenden Unternehmen befürchtet. Eine Verringerung der Wettbewerbsintensität auf dem jeweiligen Unternehmensmarkt ist daher denkbar.

Um abschätzen zu können, ob, und wenn ja in welchem Umfang, Bankenvertretern durch die Präsenz in Aufsichtsräten Einflußmöglichkeiten auf Unternehmensentscheidungen besitzen, ist zunächst nach den gesetzlichen Vorgaben und deren praktischer Ausübung zu fragen.

I. Gesetzlicher Auftrag des Aufsichtsrats

Die Hauptaufgabe des Aufsichtsrats besteht in der Überwachung der Geschäftsführung (§ 111 AktG). Indem der Aufsichtsrat jedoch u. a. für die Bestellung der Vorstandsmitglieder verantwortlich ist (§ 84 AktG), kann er auf die Personalpolitik des Unternehmens Einfluß nehmen. Obgleich durch derartige Personalentscheidungen eine direkte Beeinflussung der Entscheidungen der Ge-

---

[581] Vgl. Pfannschmidt, A.: Mehrfachmandate in deutschen Unternehmen – ökonomische Erklärungsansätze, in: Zeitschrift für Betriebswirtschaft, 65. Jg., 1995, H. 2, S. 177–203, hier S. 190. Im Gegensatz dazu sehen *Schwiete/Weigand* – bedingt durch die relativ geringe Tagungshäufigkeit – keine Informationsvorteile. Vgl. Schwiete, M., Weigand, J.: Bankbeteiligungen und das Verschuldungsverhalten deutscher Unternehmen, in: Kredit und Kapital, Vol. 30, 1997, No. 1, S. 1–34, hier S. 14.

schäftsführung nicht möglich ist, bestehen immerhin indirekt Gelegenheiten zur Einflußnahme.[582]

Neben der vom Gesetz vorgesehenen überwachenden Funktion stellt der Aufsichtsrat faktisch jedoch mehr als eine reine Ex-post-Kontrolle des Managements dar.[583] In wichtigen, die Unternehmenspolitik betreffenden Fragen kommt es regelmäßig zu einer beratenden Tätigkeit durch einzelne Aufsichtsratsmitglieder oder durch das gesamte Gremium.[584] Dadurch weiten sich folglich die Möglichkeiten einer Einflußnahme.[585] Dies kommt zudem im Selbstverständnis der Aufsichtsratsmitglieder zum Ausdruck, die sich mehr als aktiven Bestandteil strategischer Managementprozesse sehen und weniger als reine Kontrollinstanz.[586]

Diese Ausweitung hat sich nicht nur in der Praxis herausgebildet, sondern beruht auf rechtlichen Vorschriften. So verpflichtet § 90 AktG den Vorstand, dem Aufsichtsrat u. a. über die beabsichtigte Geschäftspolitik sowie andere grundsätzliche Fragen der künftigen Geschäftsführung zu berichten. Der beratende Charakter seitens des Aufsichtsrats ist somit explizit festgehalten. Zusätzlich können nach § 111 AktG bestimmte Arten von Geschäften von der Zustimmung durch den Aufsichtsrat abhängig gemacht werden. Um welche Geschäfte es sich dabei handelt, kann per Satzung oder durch den Aufsichtsrat selbst festgelegt werden. Diese Regelung zeigt, daß der Aufgabenbereich des Aufsichtsrats nicht nur auf eine Kontrolle des Managements beschränkt ist. Durch zustimmungsbedürftige Maßnahmen findet zudem teilweise eine Entscheidungsverlagerung vom Vorstand zum Aufsichtsrat statt.[587] Die Institution des Aufsichtsrats ist damit vielmehr als Gremium der Entscheidungsvorberei-

---

[582] Zu den Pflichten von Aufsichtsratsmitgliedern vgl. z. B. Lutter, M.: Bankenvertreter im Aufsichtsrat, in: Zeitschrift für das gesamte Wirtschaftsrecht und Handelsrecht, Vol. 145, 1981, S. 224–251.

[583] Vgl. Perlitz, M., Seger, F.: The role of universal banks in German corporate governance, in: Business and the Contemporary World, Vol. 6, 1994, No. 4, S. 49–67, hier S. 54.

[584] Vgl. Gutenberg, E.: Funktionswandel im Aufsichtrat, in: Zeitschrift für Betriebswirtschaft, 40. Jg., 1970, Ergänzungsheft 10, S. 1–10, hier S. 5 f.

[585] Durch das „Transparenz- und Publizitätsgesetz" müssen Vorstände vor wichtigen Geschäften ihren Aufsichtsrat in Deutschland zukünftig die Erlaubnis einholen. Vgl. o. V.: Aufsichtsräte bekommen mehr Macht über die Vorstände, in: FAZ, 22.06.2002, Nr. 142, S. 11.

[586] Vgl. Deloitte Consulting (Hrsg.): Aufsichtsratspraxis in Deutschland – aktueller Stand und zukünftige Herausforderungen, o. O. 2002, S. 5 ff.

[587] Vgl. Seger, F.: Banken, Erfolg und Finanzierung: eine Analyse für deutsche Industrieunternehmen, Wiesbaden 1997, S. 70. Für einen umfassenden Überblick aus juristischer Sicht vgl. z. B. Stadler, M. C.: Die Beratung des Vorstandes der Aktiengesellschaft durch den Aufsichtsrat, München 1997, S. 93 ff.

tung anzusehen und rückt damit – zumindest partiell – in den Bereich der Entscheidungsfindung.[588]

II. Wettbewerbsvorteile durch Aufsichtsratsmandate

Inwieweit die Zugehörigkeit von Bankenmitgliedern in Aufsichtsgremien anderer Unternehmen kritisch zu beurteilen ist, hängt in erster Linie davon ab, ob Banken durch die Mitgliedschaft Vorteile im Wettbewerb mit ihren Konkurrenten entstehen. Sind diese nicht auf eine originär unternehmensbezogene überlegene Leistungsfähigkeit zurückzuführen, sind wettbewerbspolitische Bedenken gerechtfertigt.

Persönliche Kontakte zwischen Bankangehörigen und Unternehmensvertretern verschaffen Banken einen Informationszuwachs und somit einen Wettbewerbsvorteil. Neben offiziellen Sitzungen sind in diesem Zusammenhang insbesondere inoffizielle Treffen von Bedeutung. Besondere Relevanz kommt einem Aufsichtsratsmandat zu, wenn es sich um die Position des Aufsichtsratsvorsitzenden oder zumindest dessen Stellvertreter handelt.[589] So liegt einer Umfrage nach die Anzahl an Kontakten von Aufsichtsratsvorsitzenden zu Vorstandsvorsitzenden bzw. -sprechern deutlich über der Kontakthäufigkeit normaler Aufsichtsratsmitglieder.[590] Nimmt man die Zahl an Zusammenkünften (Kontakten) als Indikator für das Informationsniveau, so wird die besondere Stellung des Vorsitzenden deutlich. Kommt es im Rahmen von Abstimmungen zu einer Pattsituation, ist außerdem die Stimme des Aufsichtsratsvorsitzenden ausschlaggebend.

Personelle Verflechtungen zwischen Unternehmen und Banken sind grundsätzlich langfristiger Natur. Scheidet ein Bankenvertreter aus dem Aufsichtsrat

---

[588] Vgl. Köpf, G.: Depotstimmrecht und Aufsichtsratsmandate von Bankvorständen, in: Wirtschaftswissenschaftliches Studium, 15. Jg., 1986, H. 11, S. 583–587, hier S. 586.

[589] Zwischen Banken und Nichtbanken existieren signifikant häufiger personelle Verbindungen, als zwischen sonstigen Unternehmenspaaren. Besonders auffällig ist dieser Unterschied bei Beziehungen von Vorstandsmitgliedern einer Bank, die im Aufsichtsrat einer Nichtbanken vertreten sind. Vgl. Pfannschmidt, A.: Mehrfachmandate in deutschen Unternehmen – ökonomische Erklärungsansätze, in: Zeitschrift für Betriebswirtschaft, 65. Jg., 1995, H. 2, S. 177–203, hier S. 191.

[590] Vgl. Bleicher, K.: Der Aufsichtsrat im Wandel – eine repräsentative Studie über Aufsichtsräte in bundesdeutschen Aktiengesellschaften, Gütersloh 1987, S. 55.

eines Unternehmens aus, wird der freiwerdende Posten in der Regel durch einen Angehörigen derselben Bank neu besetzt.[591]

Dadurch kommt es zu einer Festigung der Beziehung, die es der Bank ermöglicht, langfristig von den Vorteilen, die mit dem Posten verbundenen sind, zu profitierten. Dieser Quasi-Automatismus verhindert bzw. reduziert die Möglichkeit für andere Kreditinstitute, in Konkurrenz zu dieser Bank um derartige Posten zu treten. Nach *Schreyögg/Papenheim-Tockhorn* sind Bankverflechtungen daher fast immer als „intendierte organisationsbezogene Verflechtungen zu qualifizieren."[592] Diese Sichtweise steht dabei der personalen These entgegen, nach der Gründe für Verflechtungen zwischen Banken und (Industrie-)Unternehmen in den jeweiligen Personen und deren Fähigkeiten begründet sind und folglich eine Verbindung auf Unternehmensebene als eher zufällig anzusehen ist. Der personalen These ist an dieser Stelle nicht zuzustimmen, da bei ihrer Gültigkeit der Posten des Bankvertreters im Zeitablauf durch Angehörige unterschiedlicher Kreditinstitute eingenommen werden müßte, zumindest aber der teilweise existierende „Automatismus" nicht gelten dürfte.

In der Literatur wird ebenso die Position vertreten, nach der Unternehmen von Bankenvertretern profitieren und deren Mitgliedschaft deshalb nicht allein auf Initiative der Kreditinstitute zurückzuführen ist.[593] Nach *Schreyögg/Papenheim-Tockhorn* berufen Unternehmen Bankenvertreter sogar gezielt in ihren jeweiligen Aufsichtsrat. Inwieweit diese Sichtweise den Motiven auf Unternehmensseite gerecht wird, läßt sich nicht eindeutig beurteilen, existieren doch stichhaltige Argumente, die eine Entsendung auf Initiative der Banken hin vermuten lassen.[594] Anlaß hierfür könnten Kontroll- und Sicherheitsmotive oder der Wunsch nach Ausbau formeller und vor allem informeller Beziehungen sein. Für die erste Variante spricht die Beobachtung, daß Banken vermehrt bei

---

[591] Als Beispiel dient an dieser Stelle der Posten des Aufsichtsratsvorsitzenden der DaimlerChrysler AG (und ehemals der Daimler Benz AG), der traditionell durch den Vorstandsvorsitzenden der Deutschen Bank AG besetzt wird.

[592] Schreyögg, G., Papenheim-Tockhorn, H.: Dient der Aufsichtsrat dem Aufbau zwischenbetrieblicher Kooperationsbeziehungen? In: Zeitschrift für Betriebswirtschaft, 65. Jg., 1995, H. 2, S. 205–230, hier S. 223.

[593] Vgl. Röller, W.: Quo vadis Aufsichtsrat? In: Die Aktiengesellschaft, 39. Jg., 1994, H. 8, S. 333–336, hier S. 335. Durch enge personelle Verflechtungen sind systematische Vorteile bei der Gestaltung des Fremdkapitalzinssatzes denkbar. *Pfannschmidt* findet jedoch weder einen positiven noch einen negativen Zusammenhang zwischen der Höhe des Fremdkapitalzinssatzes und einer Präsenz im Aufsichtsrat. Vgl. Pfannschmidt, A.: Mehrfachmandate in deutschen Unternehmen – ökonomische Erklärungsansätze, in: Zeitschrift für Betriebswirtschaft, 65. Jg., 1995, H. 2, S. 177–203, hier S. 192.

[594] Auf diese Möglichkeit weisen ebenfalls *Schreyögg/Papenheim-Tockhorn* hin. Vgl. Schreyögg, G., Papenheim-Tockhorn, H.: Dient der Aufsichtsrat dem Aufbau zwischenbetrieblicher Kooperationsbeziehungen? In: Zeitschrift für Betriebswirtschaft, 65. Jg., 1995, H. 2, S. 205–230, hier Fn. 17 und die dort angegebene Literatur.

denjenigen Unternehmen im Aufsichtsrat vertreten sind, mit denen sie intensive geschäftliche Verbindungen pflegen und darüber hinaus oftmals Beteiligungen an diesen Unternehmen halten.[595]

Insbesondere bei Großkrediten bestehen Banken oftmals auf Repräsentanten in Aufsichtsgremien der jeweiligen Unternehmen. Aus Unternehmenssicht kann es jedoch sinnvoll sein, einer Bank eine Position im Aufsichtsrat anzubieten, wenn dieses Verhalten als *signalling* angesehen bzw. verstanden wird. Das Unternehmen kann auf diese Weise versuchen, Reputation aufzubauen und die zu Ungunsten der Bank vorhandene Informationsverteilung zu reduzieren.[596]

Durch ihre besondere Stellung können Banken gegenüber Unternehmen eigenen Interessen Nachdruck verleihen. So kann eine Bank mit der Androhung, ihren Vertreter aus einem Aufsichtsgremium abzuziehen, Druck auf das Unternehmen ausüben.[597] Ein derartiger Versuch einer Einflußnahme ist jedoch eher unwahrscheinlich, als ultima ratio dennoch denkbar und sollte aufgrund der negativen Außenwirkung nicht unterschätzt werden.

Ein Fazit, inwieweit Banken durch Aufsichtsratsmandate Einfluß auf Unternehmen ausüben und somit wirtschaftliche Macht erlangen, fällt zweigeteilt aus:

Aufsichtsratsmandate als eigenständigen Machtfaktor anzusehen, erscheint aufgrund rechtlicher Einflußmöglichkeiten fraglich. Auf der anderen Seite sollte die Mitgliedschaft von Bankangehörigen in Aufsichtsräten in ihrer Bedeutung nicht unterbewertet werden. Sie bietet Bankenvertretern – und somit Banken als Institution – Gelegenheit, mit Hilfe zusätzlicher Informationen ihre Position gegenüber Konkurrenten zu stärken und auf diese Weise einen Wettbewerbsvorteil zu erlangen.

Einflußmöglichkeiten mit dem Hinweis auf den relativ geringen Anteil von Bankvertretern in Aufsichtsräten zu relativieren,[598] ist für sich allein genommen nicht überzeugend. Zwar können Bankangehörige Abstimmungen aus ihrer (Minderheits-)Position heraus in der Regel nicht bestimmend beeinflussen oder eine Blockade einzelner Entscheidungen bewirken. Durch (informelle) Absprachen im Vorfeld dürfte hierzu jedoch keine Notwendigkeit bestehen.

---

[595] Vgl. Körber, U.: Die Stimmrechtsvertretung durch Kreditinstitute – Überlegungen zur Fortentwicklung des deutschen Rechts unter Berücksichtigung der Vorschläge der Europäischen Kommission, Berlin 1989, S. 82.

[596] Vgl. zu den Möglichkeiten des signalling Fritsch, M., Wein, T., Ewers, H.-J.: Marktversagen und Wirtschaftspolitik – mikroökonomische Grundlagen staatlichen Handelns, 4. Aufl., München 2001, S. 290 ff.

[597] Vgl. Busse, A.: Depotstimmrecht der Banken, Wiesbaden 1962, S. 53.

[598] Vgl. Hein, M., Flöter, H.: „Macht der Banken“ – Folgerungen aus der bisherigen Diskussion, in: WSI-Mitteilungen, 28. Jg., 1975, H. 7, S. 342–361, hier S. 346.

Ein einzelner Aufsichtsratsposten kann einem Kreditinstitut ebenfalls einen Wettbewerbsvorteil verschaffen: Um einen Vorsprung gegenüber Konkurrenten zu erlangen, ist eine Mehrheitsposition innerhalb eines Gremiums nicht nötig. Es geht dabei nicht um die Frage, ob ein Kreditinstitut die Geschäftspolitik eines Unternehmens mit Hilfe einer Mehrheit in Kontrollorganen (mit-)bestimmen kann. Betrachtet wird nur ein relativer Vorsprung gegenüber Konkurrenten. Dieser Wettbewerbsvorteil entsteht unabhängig von der Anzahl an Bankvertretern im Aufsichtsgremium eines Unternehmens. Zusätzliche Informationen – und somit die Grundlage für eine überlegene Wettbewerbsposition – stehen bereits dann zur Verfügung, wenn *ein* Bankangehöriger im Aufsichtsrat vertreten ist. Daher kann ein einziges Mandat dazu geeignet sein, wichtige Informationen zu erlangen, die eine Sicherung bestehender bzw. Erschließung neuer Absatzwege ermöglichen. Um ein genaueres Bild über die Einflußmöglichkeiten eines Kreditinstituts zu erhalten, sind aber auch Aufsichtsratsmandate nicht isoliert, sondern vielmehr in Zusammenhang mit weiteren Faktoren zu betrachten, die einer Bank Gelegenheit zur Unternehmensbeeinflussung verschaffen.[599]

Abseits des gesetzlich vorgeschriebenen Aufsichtsrats verfügen größere Unternehmen über Ausschüsse und Beiräte, die den Vorstand beratend unterstützen sollen. In diesen Gremien sind Banken durch Angehörige ebenfalls häufig vertreten. Diese Gremien mit Aufsichtsräten auf eine Stufe zu stellen und die Möglichkeiten einer Einflußnahme mit denen aus Aufsichtsratsposten zu vergleichen, würde die Bedeutung dieser Gremien jedoch überbewerten. Zudem geben sie keine verpflichtenden Entscheidungen für die Unternehmensleitung ab, sondern dienen nur als unterstützende Gremien und sind nicht in dem Maße in die Entscheidungsvorbereitung involviert, wie dies für den Aufsichtsrat gilt. Da ihre Relevanz in quantitativer Hinsicht seit Ende der 80er Jahre außerdem als eher gering anzusehen ist, sollte ihr Einfluß nicht überschätzt werden.[600]

Zwischen Kreditbeziehungen und der Präsenz eines Bankangehörigen im Aufsichtsrat dieses Unternehmens läßt sich ebenfalls eine aufschlußreiche Beziehung feststellen: Ist ein Kreditinstitut durch einen Angehörigen im Aufsichts-

---

[599] Vgl. Immenga, U.: Beteiligungen von Banken in anderen Wirtschaftszweigen, 2. Aufl., Baden-Baden 1978, S. 108.

[600] So zeigt eine Umfrage, daß ca. 80 Prozent der Unternehmen, die zur Einrichtung eines Aufsichtsrats verpflichtet sind, über keinen Beirat verfügen. Vgl. Bleicher, K.: Der Aufsichtsrat im Wandel – eine repräsentative Studie über Aufsichtsräte in bundesdeutschen Aktiengesellschaften, Gütersloh 1987, S. 27 f. Dagegen schätzen *Sherman/Kaen*, daß die Zahl an Beiratsmandaten, die Banken bei nicht publizitätspflichtigen Mittelstandsunternehmen halten, wesentlich größer ist, als die von Aufsichtsratsmandaten bei börsennotierten Unternehmen. Vgl. Sherman, H. C., Kaen, F. R.: Die deutschen Banken und ihr Einfluß auf Unternehmensentscheidungen, in: ifo-Schnelldienst, 50. Jg., 1997, H. 23, S. 3–20, hier S. 13.

rat eines Unternehmens vertreten, so handelt es sich bei diesem Institut in der Regel um die Hauptbank.[601] Diese Bank stellt dem Unternehmen den Großteil seiner Kredite zur Verfügung. Wenngleich diese Aussage keinen Rückschluß auf einen kausalen Zusammenhang erlaubt, zeigt sie aber immerhin die zeitgleiche Existenz mehrere Einflußfaktoren auf.

In welchem Umfang Banken durch die Vertretung in Aufsichtsräten Einfluß ausüben können und wie groß die Wettbewerbsvorteile gegenüber Konkurrenten sind, läßt sich nicht quantifizieren. Bei den bisherigen Erklärungsversuchen handelt es sich jedoch nicht nur um Vermutungen und theoretische Überlegungen, sondern um Ausführungen mit praktischem Bezug.[602] Die Bedeutung spiegelt sich auch in einer repräsentativen Umfrage wider: So schätzten 60 Prozent der befragten Aufsichtsratsmitglieder ihren Einfluß auf die Geschäftsleitung als stark bis sehr stark ein. Immerhin noch gut 31 Prozent sehen ihn als mittel stark an, während nur knapp neun Prozent von einem geringen oder sehr geringen Einfluß ausgehen.

Während die bisherigen Argumente die Existenz von Einflußmöglichkeiten durch Aufsichtsratsmandate haben deutlich werden lassen, erfolgt nun in einem zweiten Schritt ein Überblick, wie stark personelle Verflechtungen von Banken und (Industrie-)Unternehmen verbreitet sind, um dieses Zwischenergebnis richtig einordnen zu können.

---

[601] Vgl. Kroszner, R. S., Strahan, P. E.: Bankers on boards – monitoring, conflicts of interests and lender liability, in: NBER (Hrsg.): Working Paper, No. 7319, Cambridge (Ma.) 1999, S. 3.

[602] Vgl. Bleicher, K.: Der Aufsichtsrat im Wandel – eine repräsentative Studie über Aufsichtsräte in bundesdeutschen Aktiengesellschaften, Gütersloh 1987, S. 57 ff.

Tabelle 4-10
Personelle Verflechtungen von Banken und Versicherungen unter den 100 größten Unternehmen, 1986–2000

	1986	1988	1990	1992	1994	1996	1998	2000
Gesamtzahl an Verflechtungen über Geschäftsführungsmitglieder in den Kontrollorganen der „100 Größten“	206	233	200	178	169	186	152	139
Anzahl an Verflechtungen unter den „100 Größten“ von Banken und Versicherungen	100	106	104	85	91	101	76	64
Anzahl Banken und Versicherungen	9	13	11	12	12	13	10	k. A.
Verflechtungen von Banken und Versicherungen in % aller Verflechtungen	48,5	45,5	52,0	47,8	53,8	54,3	50,0	46,0

Quelle: Monopolkommission: Hauptgutachten, laufende Jahrgänge, eigene Darstellung.

Tabelle 4-10 zeigt den Anteil personeller Verflechtungen von Banken und Versicherungen unter den 100 größten Unternehmen.[603] Die absolute Zahl an Verflechtungen ist über den Betrachtungszeitraum insgesamt stark zurückgegangen, wobei der Rückgang nicht kontinuierlich erfolgte. Die Möglichkeit eines direkten Vergleichs einzelner Jahre ist schwierig, da die Anzahl an Banken und Versicherungen innerhalb der Gruppe der 100 größten Unternehmen über die Zeit variiert und somit Zahlen, wie z. B. eine durchschnittliche Anzahl an Verflechtungen, wenig aussagekräftig sind. Ein Grund für die starken Schwankungen liegt somit in der Art des Untersuchungsdesigns begründet. Für die tendenziell rückläufigen Zahlen sind zudem weniger Entflechtungsvorgänge als vielmehr Fusionen vormals eng verflochtener Mitglieder des Kreises der 100 größten Unternehmen verantwortlich.[604] Der Anteil an der Gesamtzahl der Verflechtungen innerhalb der 100 größten Unternehmen von Banken und Versicherungen ist daher relativ stabil geblieben, gleichwohl seit 1996 ein Rückgang festzustellen ist.

Bankangehörige halten in Deutschland insgesamt nur etwa 10 Prozent der Aufsichtsratsmandate und ca. 20 Prozent der Mandate, wenn man die Betrach-

---

[603] Eine getrennte Darstellung der personellen Verflechtungen von Banken und Versicherungen ist aufgrund der Erhebungsmethode, die die Monopolkommission verwendet, nicht möglich.

[604] Vgl. Monopolkommission: Netzwettbewerb durch Regulierung, Hauptgutachten 2000/2001, Baden-Baden 2002, Kurzfassung, Tz. 59.

tung auf die von der Arbeitgeberseite zu besetzenden Mandate beschränkt.[605] Auffällig ist jedoch die starke Verbreitung in Aufsichtsräten großer Nichtbanken, bei denen Banken in etwa 80 Prozent der Fälle vertreten sind. Im Vergleich dazu beträgt dieser Anteil in Japan nur knapp 53 Prozent und in den USA weniger als 32 Prozent.[606]

Bei Bankzusammenschlüssen ist diese Problematik somit von hoher Bedeutung und wird durch zwei weitere Ergebnisse verstärkt, die das Einflußpotential von Aufsichtsratsmitgliedern vergrößern: Banken stellen nicht nur sehr häufig den Aufsichtsratsvorsitzenden oder zumindest dessen Vertreter, sondern nehmen auch eine überdurchschnittlich hohe Anzahl der Mandate insgesamt wahr (vgl. *Tabelle 4-11*).

Tabelle 4-11

Personelle Verflechtungen zwischen den 100 größten Unternehmen

	Anzahl der Unternehmen ...			
	... in deren Kontrollorgane das genannte Unternehmen Mitglieder der Geschäftsführung entsandt hat		... mit denen das genannte Unternehmen über sonstige Mandatsträger in den Kontrollorganen personell verflochten ist	
	1996	1998	1996	1998
Deutsche Bank	29	17	18	21
Dresdner Bank	18	17	21	17
Commerzbank	10	7	11	8
Bay. Vereinsbank[a]	4	-	6	-
Bay. Hypo.- & Wechselbank[a]	2	-	9	-
HypoVereinsbank	-	4	-	7

[a] Fusionierten 1998 zur HypoVereinsbank AG.

Quelle: Monopolkommission: Wettbewerbspolitik in Netzstrukturen, Hauptgutachten 1998/1999, Baden-Baden 2000, S. 276 ff., eigene Darstellung.

Die Gefahr, daß Banken im Fall eines Zusammenschlusses Einfluß auf zwei oder mehr Unternehmen desgleichen Wirtschaftszweiges ausüben können, ist somit nicht nur von theoretischer Relevanz. Bemühungen, den Wettbewerbsdruck innerhalb dieser Branche zu mindern, können daher nicht ausgeschlossen werden. In welchem Ausmaß es dadurch tatsächlich zu wettbewerbspolitisch unerwünschten Folgen kommt, kann jedoch nicht konkretisiert bzw. quantifi-

605 Vgl. hierzu und zu den folgenden Angaben Böhm, J.: Der Einfluß der Banken auf Großunternehmen, Hamburg 1992, S. 207 f.

606 Vgl. Kroszner, R. S., Strahan, P. E.: Bankers on boards – monitoring, conflicts of interests and lender liability, in: NBER (Hrsg.): Working Paper, No. 7319, Cambridge (Ma.) 1999, o. S., table 1.

ziert werden. Um Behauptungen dieser Art beweisen zu können, wären Informationen über interne Absprachen und Verpflichtungen erforderlich.

F. Interdependenz und Kumulierungstheorie

Die Untersuchung von Bankbeteiligungen, Depotstimmrechten sowie personellen Verflechtungen und intensiven Kreditbeziehungen hat deren unterschiedliches Einflußpotential aufgezeigt. Jeder dieser vier Faktoren kann geeignet sein, Geschäftsbeziehungen zu (Industrie-)Unternehmen zu intensivieren und damit sowohl dauerhaft zu gestalten als auch Einfluß auf den Wettbewerb zwischen Banken und Nichtbanken zu nehmen (vgl. *Abbildung 4-3*).

Abbildung 4-3
Bedeutung der Einflußfaktoren von Banken

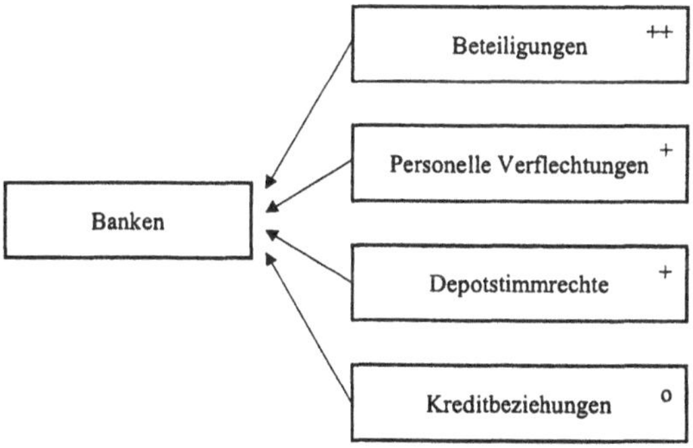

++:= Hohe Bedeutung. +:= Mäßige Bedeutung. o:= Geringe Bedeutung.
Quelle: Eigene Darstellung.

Bankenkritiker halten insbesondere ein zeitgleiches Auftreten mehrerer Faktoren, wie es bei Universalbanken typischerweise der Fall ist, für problematisch.[607] Sie sehen in einer Kombination verschiedener Einflußfaktoren die eigentliche Grundlage für wirtschaftliche Macht einzelner Kreditinstitute. Verfügt eine Bank über mehrere Einflußmöglichkeiten, befürchten sie einen kumulativen Effekt, der von der Wirkung her einem sich selbstverstärkenden Prozeß gleicht und durch den das Kreditinstitut letztlich über ein höheres Maß an Ein-

[607] Vgl. Volkmann, G., Kronenberg, B.: Bankenmacht und Aufsichtsrat, in: WSI-Mitteilungen, 47. Jg., 1994, H. 8, S. 481–487, hier S. 482.

flußmöglichkeiten verfügt, als es der Summe der einzelnen Faktoren entspricht.[608]

Apologeten bestreiten diesen kumulierenden Effekt. Sie stellen zwar die aufgezeigten Einflußmöglichkeiten nicht grundsätzlich in Abrede und gestehen Banken Machtpotentiale zu, verneinen jedoch regelmäßig deren Ausnutzung.[609] Bankenvertreter fühlen sich in ihren Äußerungen durch die Ergebnisse einer Untersuchung der Bankenstrukturkommission bestätigt.[610] Diese sieht in der hohen Wettbewerbsintensität nicht nur ein geeignetes, sondern zudem ausreichend wirksames Korrektiv von wirtschaftlicher Macht. Ob mit einem einfachen Hinweis auf diesen Sachverhalt – gleich einer ökonomischen Leerformel – jede Kritik beiseite geschoben werden kann, ist fraglich. Ohne auf die Wettbewerbssituation auf dem Bankenmarkt genauer einzugehen, sind derartige Aussagen gehaltlos und in der Diskussion wenig hilfreich.[611]

Die angesprochenen Einflußfaktoren sind schwierig zu quantifizieren. Ab welcher Beteiligungshöhe z. B. von einer Einflußnahme durch ein Kreditinstitut auszugehen ist bzw. eine Bank Vorteile gegenüber einem Wettbewerber erlangt, läßt sich nicht eindeutig beziffern. Es sei noch einmal daran erinnert, daß hierfür bereits kleinere als die im aktienrechtlichen Sinne zugrundegelegten Beteiligungshöhen ausreichend sein können. Neben diesen Einflußfaktoren, die für Außenstehende immerhin beobachtbar und somit nachvollziehbar sind, existieren zwischen Banken und Unternehmen oft informelle Beziehungen. Diese haben sich während jahrelanger Geschäftsbeziehungen entwickelt und reichen teilweise über das Maß herkömmlicher Geschäftskontakte hinaus. Insbesondere wenn Bankbeteiligungen bereits seit langer Zeit gehalten werden, sind personelle Beziehungen zwischen den jeweiligen Unternehmensangehörigen als „persönlich“ zu charakterisieren.

Unternehmensangehörige sind häufig wechselseitig in Beratungsgremien und Beiräten vertreten, unterstützen und fördern auf diese Weise informelle Beziehungen. Inwieweit dies zu einer Intensivierung bestehender Kontakte führt, ist aufgrund des informellen Charakters dieser Beziehungen aber nicht meßbar.

---

608 Vgl. Brendel, G.: Zur Macht der Banken – eine empirisch-historische Untersuchung, Münster 2001, S. 97 f. und Körber, U.: Die Stimmrechtsvertretung durch Kreditinstitute – Überlegungen zur Fortentwicklung des deutschen Rechts unter Berücksichtigung der Vorschläge der Europäischen Kommission, Berlin 1989, S. 89.

609 Vgl. Herrhausen, A.: Zu den Vorschlägen der Monopolkommission zur Begrenzung des Anteilserwerbs von Banken an Nichtbanken, in: Helmrich, H. (Hrsg.): Wettbewerbspolitik und Wettbewerbsrecht, Köln u. a. 1987, S. 299–326, hier S. 314 f.

610 Vgl. o. V.: Zur Diskussion um die „Macht der Banken“, in: Die Bank, 13. Jg., 1989, H. 10, S. 556–562, hier S. 562.

611 Zur Wettbewerbssituation auf dem deutschen Bankenmarkt vgl. Kapitel 1.

Daß diese informellen Kontakte sowohl allein als auch in Kombination mit anderen Faktoren zu einer nachhaltigen und umfangreichen Vertiefung der Geschäftsbeziehungen führen, kann jedoch vermutet werden.[612]

Zu einem kumulativen Effekt einzelner Einflußfaktoren kommt es, wenn eine Bank nicht nur eine Unternehmensbeteiligung hält, sondern zudem durch einen oder mehrere Angehörige(n) im Aufsichtsrat dieses Unternehmens vertreten ist. Diese Situation ist nicht ungewöhnlich. Verfügen Banken über nennenswerte Stimmrechtsanteile, so besetzten sie in der Regel einen oder mehrere Aufsichtsratsposten.[613]

Dies läßt sich ebenso für den Beteiligungsbesitz der Deutschen Bank an den 100 größten Unternehmen gut demonstrieren (vgl. *Tabelle 4-12*). Von den insgesamt elf direkten Beteiligungen ist die Deutsche Bank in neun Fällen durch Vorstandsmitglieder im Aufsichtsrat des jeweiligen Unternehmens vertreten.[614]

Tabelle 4-12

Beteiligungen und personelle Verflechtungen zwischen der Deutschen Bank und den 100 größten Unternehmen, 2000/2001

Beteiligung	Anteilshöhe in %	AR-Mandat	andere Bank im AR
Gerling-Konzern AG	30,0	ja	-
Klöckner-Humboldt-Deutz AG	25,4	ja[a]	-
Phillip Holzmann AG	19,7	ja[c]	-
DaimlerChrysler AG	13,6	ja[b,c]	ja
Südzucker AG	11,4	ja[a]	ja
Linde AG	10,1	ja	ja
Münchener Rück AG	9,7	ja	ja
mg technologies AG	9,3	ja[a]	-
Continental AG	8,3	-	-
Allianz AG	7,3	-	ja
VEW AG[d]	6,3	ja	-

[a] Ehemaliges Vorstandsmitglied, mittlerweile im Beraterkreis.
[b] Den Posten des Aufsichtsratsvorsitzenden hat traditionell der ehemalige Vorstandsvorsitzende der Deutschen Bank inne.
[c] Posten des Aufsichtsratsvorsitzenden.
[d] Fusion mit der RWE AG in 2000.
Quelle: Tabelle 4-4; Deutsche Bank (Hrsg.): Geschäftsberichte, laufende Jahrgänge und Deutsche Bank (Hrsg.): Verzeichnis der Mandate 2001, o. O. 2002, eigene Darstellung, Stand: Ende 2001.

---

[612] Vgl. Brendel, G.: Zur Macht der Banken – eine empirisch-historische Untersuchung, Münster 2001, S. 100 f.

[613] Vgl. hierzu und zu den folgenden Aussagen Böhm, J.: Der Einfluß der Banken auf Großunternehmen, Hamburg 1992, S. 199 ff.

[614] Zumindest handelt es sich um ehemalige Vorstandsangehörige, die aber immer noch im Beraterkreis der Deutschen Bank vertreten sind.

Das häufig parallele Auftreten von Beteiligungen und Aufsichtsratsmandaten ist sehr auffällig und läßt einen systematischen Zusammenhang zwischen den beiden Faktoren vermuten, der auch von empirischen Studien gestützt wird. Sie zeigen einen signifikant positiven Zusammenhang zwischen dem Einfluß der aus Beteiligungen stammenden Stimmrechte und der Anzahl an Aufsichtsratsmandaten.[615] Insgesamt lassen sich durch das parallele Auftreten von Beteiligungen und Aufsichtsratsmandaten strategische Überlegungen und die Verfolgung eigener Ziele auf Seiten der Kreditinstitute als Ursache vermuten.

Bekleiden Bankangehörige Aufsichtsratsposten, so entstehen den Unternehmen ebenfalls Vorteile, so daß die Präsenz von Bankenvertretern ebenso auf die Initiative der Unternehmen zurückgehen könnte.[616]

Gleichwohl erscheint die Vorstellung, Banken stellten ohne eigene Vorteilsnahme Unternehmen ihr Know-how sowie Mitarbeiterkapazitäten zur Verfügung, realitätsfern.[617] Dies gilt insbesondere, da (leitende) Bankvertreter in der Regel Mandate in mehreren Unternehmen zeitgleich innehaben. Dies als Wohlwollen gegenüber den Unternehmen zu interpretieren, erscheint dabei wenig realistisch.

Ein zeitgleiches Auftreten von Depotstimmrechten und Aufsichtsratsmandaten kann sich ebenfalls kumulierend auf Einflußmöglichkeiten und somit die wirtschaftliche Macht von Banken auswirken. Ihnen wird oft vorgeworfen, Depotstimmrechte zu ihrem Vorteil auszuüben, um so Bankenvertreter auf der Hauptversammlung in den Aufsichtsrat zu wählen.[618]

---

615 Vgl. den Überblick bei Schmid, F. A.: Banken, Aktionärsstruktur und Unternehmenssteuerung Teil II, in: Kredit und Kapital, Vol. 29, 1996, No. 4, S. 545–564, hier S. 559.

616 Vgl. Peters, K., Werner, H. S.: Banken als herrschende Unternehmen? Überlegungen zu den Herausforderungen von Kreditinstituten in faktischen Unternehmensverbindungen im Nichtbankensektor, in: Die Aktiengesellschaft, 23. Jg., 1978, H. 11, S. 297–309, hier S. 305.

617 Vgl. Roggenbuck, H. E.: Begrenzung des Anteilsbesitzes von Kreditinstituten an Nichtbanken – gesetzliche Regelungen, empirischer Befund sowie anlage- und geschäftspolitische Bedeutung, Frankfurt a. M. 1992, S. 415 f. und die dort genannte Literatur; Werner, W.: Aufsichtsratstätigkeit von Bankenvertretern, in: Zeitschrift für Handelsrecht, Vol. 145, 1981, No. 2/3, S. 252–270 und Semler, J.: Empfehlen sich gesetzliche Regelungen zur Einschränkung des Einflusses der Kreditinstitute auf Aktiengesellschaften? In: Ständige Deputation des deutschen Juristentages (Hrsg.): Verhandlungen des 61.ten deutschen Juristentages, Bd. II/1, Karlsruhe 1996, S. N 29–42, hier S. N 30 f.

618 Vgl. Emmons, W. R., Schmid, F. A.: Universal banking, control rights, and corporate finance in Germany, in: Federal Reserve Bank of St. Louis (Hrsg.): Working Paper, No. 7/8, St. Louis 1998, S. 19–42, hier S. 27.

Dieser Vorwurf läßt sich empirisch weder entkräften noch bestätigen. Untersuchungen über den Zusammenhang von Depotstimmrechten und Aufsichtsratsmandaten liefern keine eindeutigen Ergebnisse. Während *Schmid* auch für die Beziehung dieser beiden Einflußfaktoren einen signifikant positiven Zusammen-hang findet,[619] erweist sich dieser bei *Edwards/Fischer* als nicht signifikant.[620] Trotz dieser unterschiedlichen Ergebnisse ist jedoch nicht ersichtlich, warum Banken bei der Ausübung von Depotstimmrechten auf die Verfolgung eigener Interessen verzichten sollten. Bietet sich Banken die Möglichkeit, mit Hilfe von Depotstimmrechten Bankangehörige in Aufsichtsräte zu wählen, so ist von der Wahrnehmung dieser Gelegenheit auszugehen. Da für das Auftreten von Beteiligungen und Aufsichtsratsmandaten ein positiver Zusammenhang festgestellt werden konnte, ist es nicht unplausibel, eine positive Beziehung auch zwischen Depotstimmrechten und Aufsichtsratsmandaten zu unterstellen.[621]

Unabhängig davon, ob Banken gezielt Depotstimmrechte für eine Wahl von Bankangehörigen einsetzen, stärkt ein hoher Depotstimmrechtsanteil die Position der Bank auf der Unternehmenshauptversammlung. Die Wahrscheinlichkeit, Einfluß auf das Unternehmen nehmen zu können, steigt somit in jedem Fall.

Das Universalbankensystem ermöglicht Banken in Deutschland grundsätzlich, sämtlichen Bankgeschäften nachzugehen. Damit steht insbesondere großen Aktienbanken die Möglichkeit offen, mit Hilfe verschiedener Faktoren Einfluß auf Unternehmen auszuüben. Die Voraussetzung für die Wahrnehmung von Depotstimmrechten und Aufsichtsratsmandaten ist bei ihnen am ehesten gegeben, ein paralleles Auftreten von Beteiligungen, der Vertretung von Stimmrechten und Posten in Aufsichtsgremien anderer Unternehmen bei ihnen wahrscheinlicher. Stimmrechte, die von Investmentgesellschaften gehalten werden, treten ebenfalls in erster Linie bei Großbanken auf. Aufgrund von Kapitalbeteiligungen und personellen Verflechtungen sind diese Stimmrechte zu berücksichtigen und den jeweiligen Banken zuzurechnen.[622]

---

619 Vgl. Schmid, F. A.: Banken, Aktionärsstruktur und Unternehmenssteuerung Teil II, in: Kredit und Kapital, Vol. 29, 1996, No. 4, S. 545–564, hier S. 559.

620 Vgl. Edwards, J., Fischer, K.: Banks, finance and investments in Germany, Cambridge 1994, S. 198 ff.

621 Vgl. auch Schmidt, M.: Die Stimmrechtsvertretung durch Kreditinstitute – Überlegungen zu einer eigenen Treupflicht der Kreditinstitute als Stimmrechtsvertreter gegenüber der AG und deren Aktionären, Mainz 1993, S. 33.

622 Vgl. Körber, U.: Die Stimmrechtsvertretung durch Kreditinstitute – Überlegungen zur Fortentwicklung des deutschen Rechts unter Berücksichtigung der Vorschläge der Europäischen Kommission, Berlin 1989, S. 88.

Der Vorwurf einer kumulierenden Wirkung trifft in erster Linie große Aktienbanken, bei denen sich z. B. ein Großteil der von Banken insgesamt ausgeübten Aufsichtsratsmandate konzentriert. Bei Banken kleinerer und mittlerer Größe sind diese Möglichkeiten der Einflußnahme in der Regel nicht gegeben. Dadurch ist die Gefahr eines kumulierenden Effekts zwar nicht ausgeräumt, seine Bedeutung jedoch insgesamt abgeschwächt. Da Banken grundsätzlich die Ausnutzung von Machtpotentialen verneinen, lehnen sie folgerichtig die These eines kumulierenden Einflusses ebenfalls ab. Sie verweisen dabei insbesondere auf die starke Marktposition von Großunternehmen, die ihnen als regulierende Kraft gegenübersteht.[623]

Die vorgenommene Analyse hat den Potentialcharakter der vielfältigen Einflußfaktoren aufgezeigt. Als grundsätzliches Ergebnis ist festzuhalten, daß alle Faktoren geeignet sind, die Beziehung zwischen Banken und Unternehmen zu intensivieren und so zu einer Bindung eines Unternehmens an eine Bank führen können. Wettbewerbsprobleme sowohl auf Banken- als auch auf Nichtbankenmärkten können die Folge sein. Aus wettbewerbspolitischem Blickwinkel konzentriert sich die Problematik auf die großen Aktienbanken, bei denen die einzelnen Faktoren nicht nur verstärkt, sondern zudem parallel auftreten.

Jeder Faktor für sich genommen, bietet wohl keinen ausreichenden Anlaß zu einer Verschärfung bestehender Wettbewerbsvorschriften. Die getroffene Feststellung, daß eine Ausnutzung bestehender Einflußpotentiale im herkömmlichen Sinne nicht „bewiesen“ werden kann, heißt zwar nicht, daß es im Einzelfall nicht zu einer Ausnutzung vorhandener Machtpotentiale kommen kann. Gleichwohl kann nicht von einer systematischen Ausnutzung ausgegangen werden.

Entscheidend für eine wettbewerbspolitische Beurteilung – und somit für eine mögliche Forderung nach einer Änderung bzw. Erweiterung der Vorschriften der Fusionskontrollverordnung – ist die Einschätzung der Wettbewerbssituation auf dem Bankenmarkt. Bei ausreichend hoher Wettbewerbsintensität und einer hinreichend großen Zahl an Wettbewerbern ist eine Ausnutzung vorhandener Machtpotentiale wenig wahrscheinlich.

---

[623] Vgl. Schmidt, M.: Die Stimmrechtsvertretung durch Kreditinstitute – Überlegungen zu einer eigenen Treupflicht der Kreditinstitute als Stimmrechtsvertreter gegenüber der AG und deren Aktionären, Mainz 1993, S. 47.

Kapitel 5: Wirksamkeit der Europäischen Fusionskontrolle – eine Simulation

Betrachtet man lediglich die Zahl an Wettbewerbern, zeigt die Analyse des deutschen Bankenmarktes eine deutlich polypolistische Struktur. Konzentriert man sich bei der Betrachtung jedoch auf die vier Großbanken und die Gruppe der Sparkassen und Genossenschaftsbanken, gewinnt der deutsche Bankenmarkt verstärkt oligopolistische Züge.

Nach der Übernahme der Dresdner Bank durch die Allianz verbleiben mit der Deutschen Bank, der HypoVereinsbank und der Commerzbank drei unabhängige deutsche Großbanken. Auf nationaler Ebene haben sich die Optionen für einen Zusammenschluß zwischen den Großbanken untereinander somit reduziert, so daß im Rahmen einer zukünftigen Marktkonzentration für einen derartigen Fall zwangsläufig zwei der drei größten Banken an einem Zusammenschluß beteiligt wären.

Welche wettbewerbspolitischen Folgen ein Zusammenschluß zwischen den Großbanken untereinander haben könnte und inwieweit negative Auswirkungen für die Wettbewerbsintensität auf einzelnen Märkten zu befürchten wären, ist nicht sofort ersichtlich. Den Fusionsplänen von Deutsche Bank/Dresdner Bank sowie von Dresdner Bank/Commerzbank im Jahr 2000 hätte die Europäische Kommission nach herrschender Meinung jedenfalls stattgegeben.

Eine derartige Entscheidung erscheint intuitiv zunächst wenig nachvollziehbar. Um mögliche Konsequenzen eines Zusammenschlusses verbliebener deutscher Großbanken zu untersuchen, wird im Folgenden ein Zusammenschluß deutscher Großbanken simuliert. Sollte die Analyse dieses „Maximalszenarios", also der Fusion von Deutsche Bank, HypoVereinsbank und Commerzbank, im Ergebnis keine marktbeherrschende Stellung der neuen Bank hervorbringen, dürfte auch ein Zusammenschluß von lediglich zwei dieser drei Banken keine wettbewerbspolitischen Bedenken begründen. Ziel der Simulation ist es, die intuitive Erwartungshaltung, ein derartiger Zusammenschluß würde mit hoher Wahrscheinlichkeit durch die zuständige Kartellbehörde untersagt, der ökonomischen Realität gegenüberzustellen.

Um dieses Ziel zu erreichen, behandelt die Analyse unterschiedliche Probleme, die im Rahmen einer Fusion dieser Größenordnung auftreten könnten. Die Untersuchung der Simulation erfolgt dabei zweigeteilt: In einem ersten Schritt erfolgt eine Beurteilung anhand traditioneller Kriterien. Im Mittelpunkt stehen hier fusionsbedingte Veränderungen der Marktstruktur. Ähnlich der bisherigen Entscheidungspraxis der Kommission liegt ein Schwerpunkt dabei auf der absoluten und relativen Marktanteilsbetrachtung in einzelnen Geschäftssegmenten. Daneben ist jedoch auch von Interesse, welche Konsequenzen ein derartiger Zusammenschluß auf die Konsumentenversorgung hätte und wie sich der Zusammenschluß auf den Bereich des E-Banking auswirken würde.

In einem zweiten Teil schließt sich eine Untersuchung alternativer Einflußmöglichkeiten aufgrund der in Kapitel 4 diskutierten Branchenbesonderheiten an. Im Kern befaßt sich die Analyse mit der Fragestellung, inwieweit Unternehmensbeteiligungen oder personelle Verflechtungen mit anderen Unternehmen als Ursache wirtschaftlicher Macht von praktischer Relevanz sind und es zu einer Verschlechterung der Wettbewerbsintensität auf Banken- und Nichtbankenmärkten kommen könnte.

Der Simulation liegen grundsätzlich Daten der Geschäftsberichte 2001 zugrunde. Wichtige Ereignisse, wie z. B. Änderungen im Beteiligungsbesitz, werden jedoch bis einschließlich 31.12.2002 berücksichtigt. Basis für die Simulation sind die bisherige Entscheidungspraxis der Europäischen Kommission und die Ergebnisse dieser Arbeit.[624]

A. Analyse anhand traditioneller Kriterien

Nach der Akquisition der Dresdner Bank durch die Allianz käme es durch eine Fusion von Deutsche Bank AG („Deutsche Bank"), HypoVereinsbank AG („HypoVereinsbank") und Commerzbank AG („Commerzbank") zu einem Zusammenschluß der drei verbliebenen unabhängigen deutschen Großbanken. Bei den drei Unternehmen handelt es sich um börsennotierte Universalbanken, die allen wesentlichen Bankgeschäften nachgehen.

---

[624] Inwieweit ein Zusammenschluß zwischen den jeweiligen Banken aus Sicht der Unternehmen sinnvoll ist bzw. Vorteile bietet, die anderweitig nicht realisiert werden können, wird nur insoweit diskutiert, wie dies für eine mögliche Begründung einzelner Argumente im Rahmen einer wettbewerblichen Beurteilung notwendig ist.

I. Gemeinschaftsweite Bedeutung

Deutsche Bank, HypoVereinsbank und Commerzbank erzielten im Jahr 2001 zusammen einen weltweiten Umsatz von deutlich über 5 Mrd. Euro (Deutsche Bank: > 53 Mrd. Euro, HypoVereinsbank: > 40 Mrd. Euro, Commerzbank: > 25 Mrd. Euro).[625] Der gemeinschaftsweite Umsatz belief sich bei jedem der drei Unternehmen auf mehr als 250 Mio. Euro. Da sowohl die Deutsche Bank als auch die HypoVereinsbank in keinem Mitgliedstaat mehr als zwei Drittel ihres gemeinschaftsweiten Umsatzes erzielten, kommt dem Zusammenschluß gemeinschaftsweite Bedeutung zu.[626]

II. Vereinbarkeit mit dem Gemeinsamen Markt

Als sachlich relevante Märkte werden das Geschäft mit Privatkunden und Geschäftskunden, sowie das Investmentbanking und der Bereich des Geld- und Wertpapiermarktes abgegrenzt (vgl. *Kapitel 3*). Infolge des für Universalbanken typischen breiten Produkt- und Dienstleistungsangebots kommt es durch den Zusammenschluß auf allen sachlich relevanten Märkten zu Überschneidungen.

Für alle Segmente des Privat- und Geschäftskundenmarkts unterstellt die Europäische Kommission als räumlich relevanten Markt den nationalen Markt. Als „Bank der Regionen" ist die HypoVereinsbank nicht nur in Deutschland, sondern in Österreich sowie Zentral- und Osteuropa vertreten und an Kreditinstituten in Polen, der Slowakei, Tschechien und in Ungarn beteiligt.[627] Die Commerzbank unterhält hingegen intensive geschäftliche Verbindungen zur italienischen Versicherungsgruppe Generali, die von Kooperationen im Vertrieb bis zu

---

[625] Eine genaue Angabe der Ertragsposten ist an dieser Stelle und im Folgenden aufgrund unterschiedlicher Bilanzierungs- und Abgrenzungsregeln nicht möglich, für den weiteren Verlauf aber auch nicht notwendig, da der Schwellenwert der FKVO von fünf Mrd. Euro unabhängig davon überschritten wird.

[626] Ein Zusammenschluß fällt nur dann nicht in den Kompetenzbereich der Europäischen Kommission, wenn alle beteiligten Unternehmen mehr als zwei Drittel ihres Umsatzes in ein und demselben Mitgliedstaat erzielen. Vgl. Huggenberger, T.: Die marktbeherrschende Stellung in der Fusionskontrolle der EG, Bern u. a. 2000, S. 48 und die dort angegebene Literatur.

[627] Die Commerzbank besitzt zwar ebenfalls Beteiligungen an Banken in diesen Ländern. Unabhängig davon, daß die Länder Zentral- und Osteuropas (noch) nicht Teil des Gemeinsamen Marktes sind, ergeben sich jedoch kaum Auswirkungen auf den Bankenmarkt in diesen Ländern, da es sich hier regelmäßig um Beteiligungen an Banken handelt, die als viert- oder fünftgrößtes Institut am Markt agieren und somit über keine dominierende Marktposition verfügen.

wechselseitigen (Minderheits-)Beteiligungen reichen.[628] Da sich die Geschäftstätigkeit von HypoVereinsbank und Commerzbank tendenziell auf verschiedene Mitgliedstaaten konzentriert, ist auch nicht mit spürbaren Auswirkungen für den Bankensektor in den jeweiligen Ländern zu rechnen.

Obwohl die Deutsche Bank den deutschen Markt ebenso als wichtigsten Markt im Privat- und Geschäftskundenbereich ansieht, engagiert sie sich ebenfalls im europäischen Ausland. Wenngleich es somit in der überwiegenden Zahl der Mitgliedstaaten zu einer Überschneidung der geschäftlichen Aktivitäten im Privat- und Geschäftskundenbereich kommt, ist durch den Zusammenschluß die Entstehung oder Verstärkung einer marktbeherrschenden Stellung in den jeweiligen Ländern nicht zu erwarten: Der neue Konzern steht nicht nur im Wettbewerb mit anderen ausländischen Banken, sondern in erster Linie mit großen inländischen Kreditinstituten. Selbst in Spanien, wo die Deutsche Bank bereits für sich genommen die Position der führenden Auslandsbank innehat, würde der neue Konzern im Vergleich zu den einheimischen Großbanken, wie z. B. Banco Bilbao Vizcaya Argentaria (BBVA) oder Banco Santander Central Hispano (BSCH), nur eine untergeordnete Stellung einnehmen.

Zu den größten Marktanteilsadditionen kommt es auf dem deutschen Markt: *Tabelle 5-1* zeigt die Marktanteilsentwicklung für die Gruppe der Kreditbanken, der Sparkassen und Landesbanken sowie der genossenschaftlichen Zentralbanken und Kreditgenossenschaften in verschiedenen Geschäftssegmenten des Privat- und Geschäftskundenbereichs für die Jahre 1994 und 2002. Der Marktanteil der vier deutschen Großbanken[629] ist, – als Teil der Kreditbankengruppe – gesondert aufgeführt.[630]

---

[628] Die Generali-Gruppe hält ca. zehn Prozent an der Commerzbank, während diese deutlich weniger als fünf Prozent an der Versicherung besitzt. Vgl. Commerzbank (Hrsg.): Geschäftsbericht 2001, o. O. 2002, S. 35.

[629] Neben Deutsche Bank, HypoVereinsbank und Commerzbank ist als vierte Großbank die Dresdner Bank gemeint.

[630] Das Datendesign der Deutschen Bundesbank läßt eine Zuordnung, wie sich der Marktanteil auf die einzelnen Großbanken verteilt, nicht zu. Nimmt man den Marktanteil der vier Großbanken als Näherungswert für die Unternehmen Deutsche Bank, HypoVereinsbank und Commerzbank, wird der tatsächliche Wert somit überschätzt.

Tabelle 5-1

Marktanteilsentwicklung in ausgewählten Geschäftssegmenten, 1994 und 2002

Geschäftssegment	Kreditbanken		darunter: Großbanken		Landesbanken/ Sparkassen		genossen. ZB/ Kreditgenossenschaften	
	1994	2002	1994	2002	1994	2002	1994	2002
a) Einlagengeschäft								
Einlagen und aufgenommene Kredite von								
... inländischen Banken [a]	21,4	19,5	4,5	7,4	40,6	45,0	18,5	14,4
... Nichtbanken	21,3	27,4	10,0	14,2	41,3	38,8	21,1	17,6
- inländischen Nichtbanken	19,7	24,5	9,1	10,9	42,9	40,6	22,1	20,3
- ausländischen Nichtbanken	47,6	43,9	25,3	**33,6**	**15,1**	**28,9**	5,4	2,3
... inländ. Unternehmen & Privatpersonen [b]	25,8	31,1	11,0	15,5	34,8	32,7	21,2	16,6
- inländischen Unternehmen	30,6	33,7	12,4	20,7	28,4	33,8	9,0	10,5
- inländischen wirt. selbst. Privatpersonen	29,8	35,2	15,2	16,1	35,5	35,7	30,2	27,3
b) Girokontogeschäft								
Sichteinlagen von ...								
... inländischen Banken [a]	31,0	38,0	5,2	15,9	36,9	31,8	22,1	22,3
... Nichtbanken	33,0	43,9	17,4	20,6	39,9	36,5	21,3	19,2
- inländischen Nichtbanken	31,2	40,8	16,9	18,2	41,0	38,3	21,9	20,4
- ausländische Nichtbanken	81,3	85,8	30,2	**54,3**	12,6	**10,8**	4,9	3,2
... inländ. Unternehmen und Privatpers. [b]	31,9	41,2	17,3	18,4	39,7	37,7	22,6	20,7
- inländischen Unternehmen	53,0	55,0	29,7	34,1	28,3	30,2	13,4	14,0
- inländischen wirt. selbst. Privatpersonen	30,4	36,1	17,3	14,8	35,6	36,3	31,3	27,5
c) Kreditgeschäft								
Buchkredite an Banken	20,6	26,0	7,1	14,2	39,8	38,1	15,3	11,4
- inländische Banken	12,6	15,7	3,5	6,2	42,6	41,9	18,2	13,8
- ausländische Banken	47,9	53,7	19,3	**35,6**	30,1	27,8	5,3	4,9
Buchkredite an Nichtbanken [c]	24,6	25,7	9,2	14,1	37,3	35,2	14,1	12,4
- inländische Nichtbanken	24,4	24,2	9,2	12,8	38,3	36,6	14,6	13,7
- ausländische Nichtbanken	30,5	36,9	9,1	24,5	17,1	24,3	2,4	2,2

[a] Ohne Deutsche Bundesbank.
[b] Ohne Spareinlagen und Sparbriefen.
[c] Ohne Schatzwechselkredite, Wertpapierbestände, Ausgleichsforderungen und Wechsel.
Quelle: Deutsche Bundesbank (Hrsg.): Bankenstatistik, laufende Jahrgänge, eigene Berechnungen, eigene Darstellung.

Wie bereits in Kapitel 1 ausgeführt, besitzt die Gruppe der Kreditbanken im Einlagensegment lediglich im Geschäft mit ausländischen Nichtbanken den größten Marktanteil (vgl. *Tabelle 5-1 a*). In allen anderen Bereichen des Einlagengeschäfts entfällt der größte Marktanteil auf die Landesbanken und Sparkassen. Obwohl der Marktanteil der Großbanken im betrachteten Zeitraum in allen Segmenten des Einlagengeschäfts gestiegen ist, erreicht er mit 33,6 Prozent nur im Geschäft mit ausländischen Nichtbanken einen Wert, der Anlaß zu wettbewerbspolitischen Bedenken geben könnte. Im Gegensatz zur Gruppe der Kreditbanken insgesamt, ist es den Großbanken zudem gelungen, ihren Marktanteil im Zeitablauf zu steigern; ebenso konnten jedoch auch die Landesbanken und

Sparkassen ihren Anteil von gut 15 Prozent (1994) auf fast 29 Prozent (2002) deutlich erhöhen, wenngleich dies von niedrigerem Niveau aus erfolgte. Durch einen Zusammenschluß von Deutsche Bank, HypoVereinsbank und Commerzbank erlangt das neue Unternehmen im Einlagengeschäft keine marktbeherrschende Stellung, zumal die genossenschaftlichen Zentralbanken und Kreditgenossenschaften in vielen Geschäftssegmenten ebenfalls über ähnlich hohe oder sogar höhere Marktanteile verfügen wie das neue Unternehmen.

Im Girokontogeschäft besitzt die Gruppe der Kreditbanken in fast allen Segmenten den jeweils höchsten Marktanteil (vgl. *Tabelle 5-1 b*). Eine besonders starke Marktposition der Großbanken findet sich mit einem Marktanteil von knapp 55 Prozent jedoch lediglich im Geschäft mit ausländischen Nichtbanken. Dies ist besonders bemerkenswert, da der Anteil der Großbanken – im Vergleich zur Gruppe der Kreditbanken insgesamt – mit deutlich höherer Rate im betrachteten Zeitraum gewachsen ist. Abseits dieses Geschäftssegments entfällt auf die vier Großbanken aber in keinem anderen Segment ein Marktanteil, der ursächlich für wettbewerbspolitische Bedenken sein könnte. Dies gilt insbesondere, da Landesbanken und Sparkassen sowie genossenschaftliche Zentralbanken und Kreditgenossenschaften in den anderen Marktsegmenten höhere Marktanteile besitzen als die vier Großbanken zusammen. Zudem sei darauf hingewiesen, daß die Dresdner Bank im Geschäft mit ausländischen Nichtbanken gut positioniert ist und trotz ihrer geringeren Größe – im Vergleich zu der neuen Bank – aufgrund des finanzstarken Mutterkonzerns Allianz ein bedeutender Wettbewerber ist.

Die Gruppe der Kreditbanken besitzt im Kreditgeschäft mit ausländischen Banken bzw. Nichtbanken den jeweils größten, in allen anderen Segmenten den zweitgrößten Marktanteil (vgl. *Tabelle 5-1 c*). Der Marktanteil der Großbanken erreicht jedoch mit knapp 36 Prozent lediglich im Kreditgeschäft mit ausländischen Banken einen etwas höheren Wert, der aber nicht als Ursache wettbewerbspolitischer Bedenken angesehen werden kann: Die Marktanteile der Großbanken haben von 1994 bis 2002 zwar – teilweise stark – zugenommen; dieses Wachstum erfolgte allerdings in der Regel von einem sehr niedrigen Niveau. Wenngleich die Landesbanken und Sparkassen in der Mehrzahl der Marktsegmente einen Rückgang ihrer Anteile hinnehmen mußten, entfällt auf sie noch immer ein beachtlicher Teil des gesamten Geschäftsvolumens.

Die Analyse verschiedener Geschäftssegmente hat auf Basis von Marktanteilen und deren Entwicklung für den Zeitraum von 1994 bis 2002 keine (eindeutigen) Anzeichen einer Entstehung oder Verstärkung einer marktbeherrschenden Stellung durch das neue Unternehmen geliefert: Unabhängig davon, daß die FKVO keine Grenze enthält, ab welcher Marktanteilshöhe eine marktbeherrschende Stellung vermutet werden kann,[631] geht die Europäische Kommission bei einem Marktanteil von über 50 Prozent und einem gleichzeitigen Marktanteil des nächstgrößeren Wettbewerbers von weniger als 20 Prozent von einer marktbeherrschenden Stellung des betreffenden Unternehmens aus. Eine derartige Konstellation findet sich für das Girokontogeschäft mit ausländischen Nichtbanken. Die Großbanken besitzen hier einen Marktanteil von über 54 Prozent, während die Landesbanken und Sparkassen lediglich über knapp 11 Prozent verfügen.[632] Da der Marktanteil der Dresdner Bank als ehemals drittgrößte eigenständige Bank jedoch ebenfalls in den 54 Prozent enthalten ist, ist davon ausgehen, daß der Marktanteil der drei anderen Großbanken deutlich unter 50 Prozent liegt, die oben genannte Bedingung demnach nicht erfüllt ist.

Als Folge eines Zusammenschlusses dieser Größenordnung wäre in Deutschland eine (umfangreiche) Ausdünnung des Filialnetzes zu erwarten. Während sich die HypoVereinsbank in erster Linie auf Süddeutschland und insbesondere auf Bayern konzentriert, wo sich über die Hälfte ihrer Filialen befindet (vgl. *Tabelle 5-2*),[633] verfügen die beiden anderen Banken über keinen derartigen regionalen wirtschaftlichen Kernbereich.

---

[631] Im Gegensatz dazu wird nach § 19 GWB vermutet, daß ein Unternehmen marktbeherrschend ist, wenn es einen Marktanteil von mindestens einem Drittel besitzt.

[632] Zwar entfallen auf die übrigen Kreditbanken über 30 Prozent des gesamten Marktvolumens; bei der verbleibenden Zahl an Wettbewerbern innerhalb dieser Gruppe ist jedoch nicht davon auszugehen, daß ein einzelnes Institut über einen wettbewerbspolitisch bedeutsamen Marktanteil verfügt.

[633] *Tabelle 5-2* zeigt zudem, daß der stärkste Abbau von Geschäftsstellen durch die HypoVereinsbank tendenziell in der Nordhälfte Deutschlands stattgefunden hat.

Tabelle 5-2

Geschäftsstellen der HypoVereinsbank nach Regionen

Bundesland	1999	2000	2001	Veränderung 99-01 in %
Bayern	529	498	444	-16,1
Schleswig-Holstein	89	89	82	-7,9
Hamburg	61	60	52	-14,8
Nordrhein-Westfalen	50	51	50	0,0
Baden-Württemberg	50	44	38	-24,0
Niedersachsen	40	40	33	-17,5
Hessen	32	33	29	-9,4
Sachsen	54	46	28	-48,2
Berlin	41	42	27	-34,2
Rheinland-Pfalz	31	30	26	-16,1
Sachsen-Anhalt	26	25	18	-30,8
Thüringen	30	27	16	-46,7
Bremen	14	14	12	-14,3
Saarland	12	11	11	-8,3
Brandenburg	12	12	9	-25,0
Mecklenburg-Vorpommern	13	13	7	-46,2
Summe	1.084	1.035	882	-18,6

Quelle: HypoVereinsbank (Hrsg.): Geschäftsbericht 2001, o. O. 2002, S. 93 und HypoVereinsbank (Hrsg.): Geschäftsbericht 2000, o. O. 2001, S. 76, eigene Berechnungen, eigene Darstellung.

Negative Folgen für die Konsumentenversorgung, insbesondere aus Privatkundensicht, könnten dort die Folge sein, wo alle drei Banken bisher relativ stark vertreten sind und infolgedessen die Zahl zu schließender Filialen folglich hoch sein dürfte (vgl. *Abbildung 5-1*).

Abbildung 5-1

Regionale Verteilung der Filialen

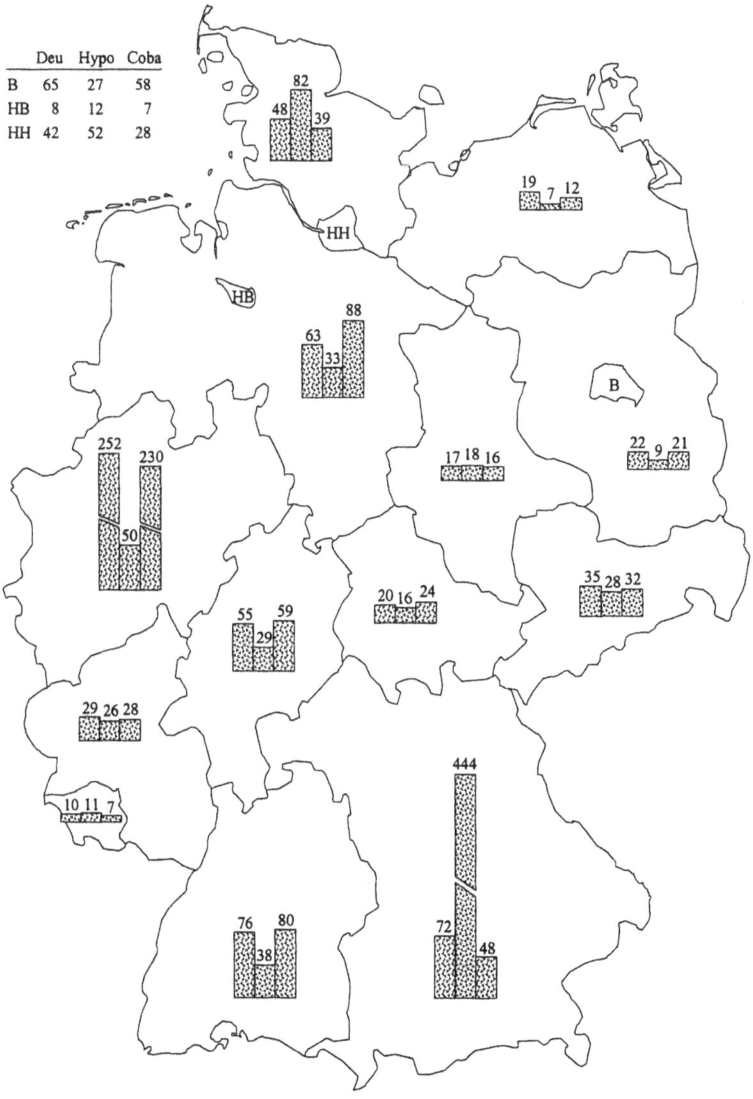

Linker Balken: Deutsche Bank, mittlerer Balken: HypoVereinsbank, rechter Balken: Commerzbank.
Quelle: Commerzbank (Hrsg.): Filialverzeichnis, o. O. 2002; HypoVereinsbank (Hrsg.): Geschäftsbericht 2001, o. O. 2002, S. 93 und Unternehmensangaben, eigene Berechnungen, eigene Darstellung.

Die meisten Filialen der drei Banken befinden sich – absolut betrachtet – in Bayern (564), Nordrhein-Westfalen (532), Baden-Württemberg (194) und Niedersachsen (184). Da es sich dabei um die vier bevölkerungsreichsten Bundesländer handelt, überrascht dies nicht. Ein etwas anderes Bild ergibt sich, wenn man die Einwohnerzahl eines Bundeslandes zur Anzahl der Filialen einer Bank in diesem Bundesland in Beziehung setzt (vgl. *Tabelle 5-3*). Läßt man die Stadtstaaten unberücksichtigt, zeigt sich für Deutsche Bank und Commerzbank, daß die niedrigste Einwohnerzahl pro Filiale in Schleswig-Holstein und Nordrhein-Westfalen und die höchste in Bayern zu verzeichnen ist. Im Gegensatz dazu findet sich für die HypoVereinsbank die niedrigste Einwohnerzahl pro Filiale in Bayern und die höchste in Nordrhein-Westfalen.[634]

Tabelle 5-3

Einwohner pro Bankfiliale der drei Großbanken nach Bundesländern, 2001

Deutsche Bank		Commerzbank		HypoVereinsbank	
Hamburg	*41.095*	*Berlin*	*58.414*	Bayern	**27.770**
Berlin	*52.123*	*Hamburg*	*61.643*	*Hamburg*	*33.192*
Schlesw.-Holst.	**58.417**	Schlesw.-Holst.	**71.897**	Schlesw.-Holst.	34.195
Nordrh.-Westf.	**71.635**	Nordrh.-Westf.	**78.487**	*Bremen*	*55.000*
Bremen	*82.500*	Niedersachsen	90.409	Saarland	96.909
Meckl.-Vorp.	92.632	*Bremen*	*94.286*	*Berlin*	*125.481*
Saarland	106.600	Thüringen	100.458	Sachsen-Anhalt	143.389
Hessen	110.509	Hessen	103.017	Thüringen	150.688
Brandenburg	117.864	Brandenburg	123.476	Rheinland-Pfalz	155.731
Thüringen	120.550	Baden-Württb.	132.513	Sachsen	156.571
Sachsen	125.257	Sachsen	137.000	Hessen	209.586
Niedersachsen	126.286	Rheinland-Pfalz	144.607	Niedersachsen	241.091
Baden-Württb.	139.487	Meckl.-Vorp.	146.667	Meckl.-Vorp.	251.429
Rheinland-Pfalz	139.621	Saarland	152.286	Baden-Württb.	278.974
Sachsen-Anhalt	151.824	Sachsen-Anhalt	161.313	Brandenburg	288.111
Bayern	**171.250**	Bayern	**256.875**	Nordrh.-Westf.	**361.040**

Stadtstaaten sind kursiv dargestellt.
Quelle: Unternehmensangaben, Statistisches Bundesamt, eigene Berechnungen, eigene Darstellung.

Wenngleich sich die regionalen Schwerpunkte der Banken – insbesondere die der Deutschen Bank und der Commerzbank – ähneln, ist eine spürbare Verschlechterung der Konsumentenversorgung aufgrund einer geringeren Zahl an Filialen unwahrscheinlich: Unterstellt man, daß als Folge des Zusammenschlusses jede zweite Filiale durch das neue Unternehmen geschlossen würde, ergebe sich folgendes Bild (vgl. *Tabelle 5-4*).

---

[634] Hier zeigt sich der regionale Schwerpunkt, den die HypoVereinsbank in Bayern hat.

Tabelle 5-4

Einwohner pro Bankstelle nach Bundesländern

Bundesland	31.12.2001 Bankstellen	Einwohner pro Bankstelle	nach dem Zusammenschluß Bankstellen	Einwohner pro Bankstelle	Veränderung in %
Baden-Württemb.	7.540	1.406	7.443	1.424	1,30
Bayern	8.444	1.460	8.162	1.511	3,46
Berlin	839	4.038	764	4.435	**9,82**
Brandenburg	908	2.856	882	2.940	2,95
Bremen	245	2.694	232	2.851	5,83
Hamburg	574	3.007	513	3.365	**11,89**
Hessen	3.955	1.537	3.884	1.565	1,84
Mecklenb.-Vorp.	684	2.573	665	2.647	2,86
Niedersachsen	4.171	1.907	4.079	1.950	2,26
Nordrhein-Westf.	7.339	2.460	7.073	2.552	3,76
Rheinland-Pfalz	2.888	1.402	2.847	1.422	1,46
Saarland	701	1.521	687	1.552	2,04
Sachsen	1.849	2.371	1.802	2.434	2,64
Sachsen-Anhalt	1.153	2.239	1.128	2.289	2,26
Schleswig-Holstein	1.362	2.059	1.278	2.195	6,61
Thüringen	1.182	2.040	1.152	2.093	2,60
Alte Bundesländer	38.058	1.805	36.960	1.859	2,97
Neue Bundesländer	5.776	2.377	5.628	2.439	2,63
Bundesgebiet	43.834	**1.881**	42.588	**1.936**	2,93

Bankstellen ohne Postbank.
Bevölkerungszahlen per 31.12.2001 gemäß Statistischem Bundesamt.
Quelle: Deutsche Bundesbank (Hrsg.): Entwicklung des Bankstellennetzes im Jahr 2001, Frankfurt a. M. 2002, S. 7; Commerzbank (Hrsg.): Filialverzeichnis, o. O. 2002; HypoVereinsbank (Hrsg.): Geschäftsbericht 2001, o. O. 2002, S. 93 und Unternehmensangaben, eigene Berechnungen, eigene Darstellung.

Im gesamten Bundesgebiet käme es zu einer Veränderung der Einwohnerzahl pro Bankstelle von 1.881 auf 1.936. Im internationalen Vergleich bietet ein derartiger Wert jedoch keinen Anlaß, eine Verschlechterung der Konsumentenversorgung anzunehmen. Eine Betrachtung einzelner Bundesländer zeigt lediglich für die Stadtstaaten Berlin und Hamburg eine größere Veränderungsrate. Aufgrund der geringen räumlichen Entfernung in den Städten ist jedoch auch hier nicht mit einem spürbaren Rückgang in der Quantität und Qualität des Angebots zu rechnen. Verantwortlich ist hierfür zudem das flächendeckende Filialnetz der Sparkassen sowie der Kreditgenossenschaften. Das Filialnetz dieser beiden Gruppen macht fast 78 Prozent des gesamten Bankstellennetzes in Deutschland aus.[635]

[635] Im Gegensatz dazu umfassen die Filialen der vier Großbanken 2001 lediglich 5,4 Prozent des gesamten Filialnetzes in Deutschland. Vgl. Deutsche Bundesbank (Hrsg.): Entwicklung des Bankstellennetzes im Jahr 2001, Frankfurt a. M. 2002, S. 6.

Bei einer Fusion dieser Größenordnung sind darüber hinaus Auswirkungen im Bereich des E-Banking zu berücksichtigen. Mögliche positive Effekte des E-Banking gewichtet die Europäische Kommission sehr stark: Im Fall Fortis AG/Generale Bank verneinte sie die Entstehung einer marktbeherrschenden Stellung u. a. mit dem Hinweis auf die wettbewerbsfördernden Eigenschaften des E-Banking, obwohl das neue Unternehmen in Belgien die stärkste Marktposition im Bankennetz einnimmt.[636]

Ein Zusammenschluß von Deutsche Bank, HypoVereinsbank und Commerzbank hätte Auswirkungen auf den E-Banking-Bereich und würde den gegenwärtigen Konsolidierungsprozeß beschleunigen. Eine unternehmenspolitische Entscheidung zugunsten einer Zusammenlegung der bisher getrennten Aktivitäten in diesem Bereich, also eine Verschmelzung von maxblue, DAB und Comdirect, ließe mit mehr als 1,5 Mio. Kunden den größten deutschen Online-Broker entstehen.[637]

Trotz dieser starken Markposition ist jedoch nicht davon auszugehen, daß es durch die Zusammenlegung zur Entstehung einer marktbeherrschenden Stellung im Bereich des Online-Brokerage kommt: Technologische Entwicklungen haben in der Vergangenheit zu einem Absinken von Marktzutrittsschranken geführt. Da viele Kunden mehrere voneinander unabhängige Vertriebswege präferieren, sind Sparkassen sowie Volks- und Raiffeisenbanken aufgrund ihres dichten Filialnetzes in Zukunft verstärkt als Konkurrenten zu berücksichtigen. Darüber hinaus existiert mit Cortal Consors ein weiterer Online-Broker, der mit der französischen BNP Paribas einen finanzstarken Mutterkonzern besitzt.

Neben reinen Online-Bokern agieren außerdem weitere Anbieter am Markt, wie z. B. Entrium oder die Advance Bank, die neben ihrem Online-Angebot auch stationär Dienstleistungen anbieten. Als starker Wettbewerber ist die Allgemeine Deutsche Direktanlagebank einzuschätzen, die zu 70 Prozent dem niederländischen Finanzkonzern ING gehört. Sie ist die derzeit am schnellsten wachsende (Direkt-)Bank in Deutschland, die zudem bereits profitabel arbei-

---

[636] Vgl. Europäische Kommission (Hrsg.): Case No IV/M.1172 – Fortis AG/Generale Bank, 24.06.1998, Rn. 22, öffentliche Version. Im Gegensatz dazu schätzen die *Australian Competition and Consumer Commision* (ACCC) und *Canada's Competition Commissioner* die Wirkungen des Electronic-Banking weniger positiv ein. Sie sehen Bankfilialen in Zukunft weiter als wichtigen Bestandteil für das Geschäft mit Einlagen, Girokonten, Kreditkarten und Transaktionen mit Kleinunternehmen. Vgl. hierzu auch ACCC (Hrsg.): Westpac Banking Corporation/Bank of Melbourne Limited – background to decision on merger proposal, o. O. 1997, S. 11 f. und S. 21.

[637] Alternativ ist natürlich denkbar, daß es im Rahmen des Zusammenschlusses zu einem (Teil-)Verkauf der E-Banking-Aktivitäten käme. Wettbewerbspolitisch wäre dies insofern vorteilhaft, als daß so ein Wettbewerber seine Marktposition im E-Banking-Bereich stärken könnte.

tet.[638] Wenngleich die hohe Marktdynamik mit Ende der Börsenhausse nachgelassen hat, handelt es sich bei dem Markt für E-Banking-Leistungen nichtsdestotrotz um einen weiterhin sehr dynamischen Markt. Seine hohe Wettbewerbsintensität kann gegenwärtig als Garant für ein wettbewerbspolitisch gewünschtes Marktergebnis angesehen werden.

Im Markt für Geschäftskunden sieht die Europäische Kommission neben dem Kreditgeschäft mit Nichtbanken das Asset Management als eigenes Segment an. Dieses umfaßt in erster Linie die Anlage und Verwaltung von Vermögen in Form von Wertpapieren. Darüber hinaus beinhaltet es die Einrichtung und Verwaltung von institutionellen oder privaten Fonds sowie die Abwicklung von Finanz- und anderen Dienstleistungen für Institutionen, internationale Organisationen und private Investoren.[639]

Die Deutsche Bank ist nach eigenen Angaben in Europa im Bereich Asset Management Marktführer sowohl im Publikumsfondsgeschäft als auch im institutionellen Geschäft.[640] Sie ist dabei u. a. in den Beneluxstaaten, Frankreich, Großbritannien, Irland, Italien, Österreich, Schweiz und Spanien tätig.[641] Zwar sind Commerzbank und HypoVereinsbank ebenfalls in der Mehrzahl dieser europäischen Länder durch Tochtergesellschaften oder Beteiligungen an nationalen Anbietern vertreten;[642] die Marktposition dieser Gesellschaften ist jedoch angesichts nationaler Konkurrenten und international agierender Anbieter, wie z. B. AXA, Barclays Global Investors, Credit Suisse oder UBS, zu schwach, als daß der Zusammenschluß zu einer marktbeherrschenden Stellung des neuen Unternehmens in einem Mitgliedstaat führen könnte.

Für den deutschen Markt stellen sich die Verhältnisse etwas differenzierter dar; ausländische Konkurrenten verfügen hier über keine nennenswerten Markt-

---

[638] Die Kundenzahl verdoppelte sich allein zwischen Januar und Oktober 2002 auf 1,8 Mio. Kunden. Vgl. o. V.: Finanzriese will große Direktbank schmieden, in: Handelsblatt, 10./11.01.2003, Nr. 7, S. 23.

[639] Vgl. Europäische Kommission (Hrsg.): Case No IV/M.1067 – Merrill Lynch/Mercury, 22.12.1997, öffentliche Version.

[640] Vgl. Deutsche Bank (Hrsg.): Geschäftsbericht 2001, o. O. 2002, S. 32 und o. V.: DWS Investment steigert Marktanteil, in: FAZ, 06.11.2001, Nr. 258, S. 24.

[641] Gemessen am Fondsvermögen verfügt die Deutsche Bank nach eigenen Angaben im Asset Management über folgende Marktanteile: Belgien: 0,3 Prozent, Frankreich: 0,9 Prozent, Großbritannien: 1,0 Prozent, Italien: 2,9 Prozent, Österreich: 1,2 Prozent, Schweiz: 0,7 Prozent und Spanien: 1,7 Prozent. Insgesamt beträgt ihr Marktanteil in Europa ca. 5 Prozent. Vgl. Deutsche Bank (Hrsg.): DWS Investments, http://info.dws.de/-dws/nav_profil.nsf/frameset/DGIA-4TFKC5?OpenDocument, Stand: 30.12.2002.

[642] Für eine Übersicht der Commerzbank vgl. Commerzbank (Hrsg.): Geschäftsbericht 2001, o. O. 2002, S. 19.

anteile. Die Tochtergesellschaften der deutschen Großbanken vereinen vielmehr einen Großteil des Marktvolumens auf sich (vgl. *Tabelle 5-5*).

Tabelle 5-5

Anteile der größten Publikumsfondsgesellschaften, 2001

Fondsgesellschaften und -gesellschaftsgruppen[a]	Fonds-anzahl[b]	Fondsvermögen in Mio. €	in %	Netto-Mittelaufkommen in 2001 in Tsd. €
Activest-Gruppe	129	19.213	**5,3**	304.052
davon: Activest Investmentgesellschaft mbH	35	7.176	2,0	2.415.448
Activest Institutional Investmentges.mbH	12	1.498	0,4	-41.527
Activest Investmentgesell. Luxembourg S.A.	82	10.539	2,9	-2.069.869
ADIG-Gruppe	183	24.418	**6,7**	152.424
davon: ADIG Allg. Dt. Investm.-Gesell. mbH	55	11.998	3,3	-477.904
ADIG-Investment Luxemburg S.A.	128	12.420	3,4	630.328
Allianz-Gruppe	80	5.232	**1,4**	166.993
davon: Allianz Kapitalanlagegesellschaft mbH	22	4.806	1,3	236.059
Allianz Asset Management Luxembourg S.A.	58	426	0,1	-69.066
Deka-Gruppe	212	71.844	**19,9**	6.193.165
davon: Deka Dt. Kapitalanlagegesell. mbH	81	45.171	12,5	5.280.488
Deka International S.A.	104	19.447	5,4	1.077.345
Deka International Ireland Ltd., Dublin	17	7.226	2,0	-164.668
Dresdner Bank-Investment Gruppe	149	45.298	**12,5**	1.184.384
davon: DIT Deutscher Investment-Trust Gesellschaft für Wertpapieranlagen mbH	60	32.049	8,8	1.209.632
dresdnerbank investment management Kapitalanlagegesellschaft mbH	23	1.036	0,3	118.216
dresdnerbank asset management S.A.	40	10.670	3,0	-5.649
Dresdner Intern. Management Services Ltd.	26	1.543	0,4	-137.815
DWS-Gruppe	221	83.910	**23,2**	8.296.936
davon: DWS Investment GmbH	84	55.676	15,4	4.492.026
Deutsche Vermögensbildungsgesellschaft mbH	23	3.220	0,9	-705.706
DWS Investment S.A.	101	23.000	6,4	4.473.784
Deutsche Asset Management Schweiz	13	2.014	0,5	36.832
Union-Gruppe	218	60.008	**16,6**	9.566.536
davon: Union-Investment-Gesellschaft mbH	113	32.910	9,1	4.480.373
Union Investment Luxembourg S.A.	82	25.896	7,2	5.191.294
Euro-Action Management S.A.	3	464	0,1	-28.678
UNICO Asset Management S.A.	19	733	0,2	-76.453
Union Investment (Schweiz) AG	1	5	>0,0	-2.839

[a] Inkl. ausländischer Gesellschaften deutscher Provenienz.
[b] In der Anzahl sind die Dachfonds enthalten, nicht jedoch im Fondsvermögen und Mittelaufkommen. Stichtag bei Fondsanzahl und -vermögen: 31.12.2001.
Quelle: Bundesverband Deutscher Investment- und Vermögensverwaltungs-Gesellschaften e. V. (Hrsg.): Investment 2002 – Daten, Fakten, Entwicklung, Frankfurt a. M. 2002, S. 72 ff., eigene Berechnungen, eigene Darstellung.

Durch einen Zusammenschluß der zu den Großbanken gehörenden Tochtergruppen DWS (Deutsche Bank), Activest (HypoVereinsbank) und ADIG (Commerzbank) würde das neue Unternehmen im Bereich Asset Management über einen Marktanteil von etwa 35 Prozent verfügen. Unabhängig von dem Zusammenschluß ist die Deutsche Bank auf dem deutschen Markt bereits Marktführer. Als Teil des neuen Unternehmens würde die Stellung des größten Anbieters somit gestärkt und es käme zu einer Erhöhung der Marktkonzentration. Der Herfindahl-Hirschman-Index (HHI) stiege von ca. 1.450 auf etwa 2.080.[643] Nach den Kriterien des U. S. Department of Justice sind Märkte, bei denen der HHI zwischen 1.000 und 1.800 liegt, als gemäßigt konzentriert zu bezeichnen, während bei Werten über 1.800 von hoch konzentrierten Märkten gesprochen wird.[644] Liegt der Wert des ‚post-merger'-HHI über 1.800 und steigt der HHI in Folge des Zusammenschlusses um mehr als 100 Punkte, geht das U. S. Department of Justice zunächst davon aus, daß der Zusammenschluß Marktmacht begründet, verstärkt oder ihre Ausübung erleichtert. Diese Vermutung kann jedoch durch die Untersuchung weiterer Faktoren (Markteintrittsschranken, Effizienzaspekte, etc.) widerlegt werden.

Die Europäische Kommission benutzte in einigen Fällen ebenfalls den HHI, ohne sich jedoch explizit bei der Entscheidungsfindung auf ihn zu stützen.[645] Es ist jedoch unwahrscheinlich, daß die Europäische Kommission von einer marktbeherrschenden Stellung des neuen Unternehmens ausgehen würde.[646] Durch den Zusammenschluß würde sich der Abstand zur Deka-Gruppe (Sparkassen/Landesbanken), dem zweitgrößten Anbieter, von derzeit ca. 3 auf 15 Prozentpunkte erhöhen. Auf dem dritten Rang befände sich weiterhin die Union-Gruppe (Volks- und Raiffeisenbanken) mit einem Marktanteil von fast 17 Prozent, vor der Allianz/Dresdner Bank, die einen gemeinsamen Marktanteil von annähernd 14 Prozent aufweist.

---

[643] Der Berechnung liegen Daten des Bundesverbandes Deutscher Investment- und Vermögensverwaltungs-Gesellschaften e. V. zugrunde. Vgl. Bundesverband Deutscher Investment- und Vermögensverwaltungs-Gesellschaften e. V. (Hrsg.): Investment 2002 – Daten, Fakten, Entwicklung, Frankfurt a. M. 2002, S. 72 ff.

[644] Vgl. hierzu und im Folgenden U. S. Department of Justice and the Federal Trade Commission (Hrsg.): Horizontal merger guidelines, 08.04.1997, S. 15 f.

[645] Vgl. Bundeskartellamt (Hrsg.): Das Untersagungskriterium in der Fusionskontrolle – marktbeherrschende Stellung versus substantial lessening of competition, o. O. 2001, S. 5 und Christensen, P., Rabassa, V.: The Airtours decision – is there a new commission approach to collective dominance? In: European Competition Law Review, Vol. 22, 2001, No. 6, S. 227–237.

[646] Zur Problematik von Konzentrationsmaßen vgl. auch Nußkern, W.: Möglichkeiten und Grenzen der Anwendung von statistischen Konzentrationsmaßen in der Fusionskontrolle, Frankfurt a. M. u. a. 1999.

Angesichts der bisherigen Entscheidungspraxis der Europäischen Kommission kann man davon auszugehen, daß sich aufgrund dieser Marktstruktur keine schwerwiegenden wettbewerblichen Bedenken ergeben.[647] Insbesondere die annähernd gleichstarke Position der Deka-Gruppe (19,9 Prozent Marktanteil) und der Union-Gruppe (16,6 Prozent Marktanteil) läßt einen (weiterhin) intensiven Wettbewerb um den Platz hinter dem Branchenführer erwarten. Zudem ist die Dresdner Bank aufgrund des starken Mutterkonzerns Allianz als ernstzunehmender Konkurrent einzuschätzen.[648] Mit Geschäftsbeziehungen zu mehr als 20 Mio. Kunden, einem gut ausgebauten stationären Vertriebsnetz und einem leistungsfähigen Außendienst ist davon auszugehen, daß Allianz/Dresdner ihre Bemühungen intensivieren wird, im wachsenden Fondsmarkt ihre Marktposition auszubauen.[649]

Für die Marktsegmente Spezialfonds sowie Immobilien-Spezialfonds stellt sich die Situation folgendermaßen dar (vgl. *Tabelle 5-6* und *Tabelle 5-7*).

Tabelle 5-6

Marktanteile von Spezialfonds nach Kapitalanlagegesellschaftsgruppen, 1989–2000

	Anteil am Fondsvolumen in %				
	1989	1992	1998	1999	2000
Kapitalanlagegesellschaften der Groß- und Regionalbanken (7)	56,0	46,1	36,2	34,2	30,5
Privatbanken (8)	23,0	18,8	14,0	14,6	13,6
Sparkassen/Landesbanken (5)	7,0	15,0	19,3	19,6	19,6
Genossenschaftsbanken (2)	4,0	4,0	5,3	5,4	5,5
Versicherungsbeteiligungen (16)	7,0	10,8	13,5	15,5	19,5
Auslandsbankentöchter (17)	3,0	5,1	6,7	6,0	7,1
sonstige (4)	–	0,2	5,0	4,7	4,2
Insgesamt (59)	100,0	100,0	100,0	100,0	100,0

Die Zahl in Klammern gibt die Anzahl an Anlagegesellschaften an, die sich in der jeweiligen Gruppe befindet.
Quelle: Kandlbinder, H. K.: Das Spezialfonds-Jahr der Versicherungs-KAGs und der Auslands-KAGs, in: Zeitschrift für das gesamte Kreditwesen, 54. Jg., 2001, H. 16/17, S. 883–897, hier S. 890, eigene Darstellung.

647 Vgl. Kapitel 3, B.

648 Vgl. Zeyer, F.: Sparpläne für Investmentfonds begeistern immer mehr Anleger, in: FAZ, 23.07.2001, Nr. 168, S. 27.

649 Darüber hinaus wird die Deutsche Bank, Muttergesellschaft der DWS, über ihre Filialen in Zukunft auch Produkte anderer Fondsanbieter aktiv vermarkten. Da gegenwärtig ca. zwei Drittel aller DWS-Fonds über das Filialnetz der Deutschen Bank vertrieben werden, könnte die starke Marktstellung der DWS dadurch geschwächt werden. Vgl. o. V.: Die Stellung der DWS ist bedroht, in: FAZ, 04.12.2001, Nr. 282, S. 25.

Mit einem gemeinsamen Marktanteil von gut 30 Prozent im Jahr 2000 waren die sieben Kapitalanlagegesellschaften der Groß- und Regionalbanken Marktführer, vor den Anlagegesellschaften der Sparkassen und denen der Versicherungsbeteiligungen, die einen Marktanteil von jeweils knapp 20 Prozent besaßen. Berücksichtigt man, daß sich unter den sieben Gesellschaften lediglich drei Kapitalanlagegesellschaften von Deutsche Bank, HypoVereinsbank und Commerzbank befanden,[650] ist für den Fall eines Zusammenschlusses der drei Großbanken nicht mit negativen Folgen für die Wettbewerbsintensität in diesem Segment zu rechnen. Gestützt wird diese Einschätzung zudem durch den kontinuierlichen Bedeutungsrückgang der Groß- und Regionalbanken in diesem Bereich. Im betrachteten Zeitraum ist ihr Anteil um mehr als 45 Prozent gesunken.

Die Marktstellung der einzelnen Kapitalanlagegesellschaften im Segment Immobilien-Spezialfonds zeigt *Tabelle 5-7*. Mit einem Marktanteil von fast 45 Prozent ist die mehrheitlich zur Privatbank Sal. Oppenheim gehörende Oppenheim Immobilien-KAG Marktführer in diesem Bereich. Durch eine Zusammenlegung der Aktivitäten von Deutsche Bank, HypoVereinsbank und Commerzbank käme das neue Kreditinstitut auf einen Marktanteil von etwa 17 Prozent.[651] Daß es dadurch zu keiner Entstehung oder Verstärkung einer marktbeherrschenden Stellung kommt, ist angesichts des geringen Marktanteils und der Marktstellung der Wettbewerber offensichtlich. Möglicherweise ergeben sich sogar durch den Zusammenschluß positive Wettbewerbseffekte, da dem Marktführer Oppenheim Immobilien-KAG ein stärkerer Wettbewerber entgegentritt, als dies bisher der Fall gewesen ist.

---

[650] Dies waren die Gesellschaften DeAM, NordInvest und Commerzinvest.

[651] Der Marktanteil setzt sich zusammen aus dem der „Dt. Grundbesitz Europa" (Deutsche Bank) und „iii" (HypoVereinsbank).

Tabelle 5-7

Anzahl und Fondsvolumen der Immobilien-Spezialfonds, 2000

Kapitalanlagegesellschaft	Anzahl	Fondsvermögen in Mrd. €	Marktanteil in %
Aachener Grundvermögen	2	652	10,1
APO Immobilien	3	167	2,6
AXA Colonia	2	388	6,0
DEFO	1	151	2,3
Despa	3	429	6,7
Dt. Grundbesitz Europa	1	108	1,7
DIFA	2	400	6,2
HansaInvest	1	216	3,4
iii	7	960	15,0
Munich Ergo Real Estate	1	33	0,5
Oppenheim Immobilien-KAG	18	2.880	44,9
West Invest	1	37	0,6
Insgesamt	42	6.421	100,0

Quelle: Kandlbinder, H. K.: Der Immobilien-Spezialfonds – ein schlafender Riese erwacht langsam, in: Der langfristige Kredit, 52. Jg., 2001, H. 2, S. 497–506, hier S. 499, eigene Darstellung.

Aussagen über den Bereich der privaten Altersvorsorgeprodukte sind schwierig, da dieser Markt gerade erst entsteht. Es bleibt jedoch festzuhalten, daß mit dem Unternehmen Allianz/Dresdner Bank nicht nur ein finanzstarker Wettbewerber existiert, sondern zudem ein Konkurrent, der neben einem gut ausgebauten Vertriebssystem aufgrund seiner Erfahrungen im Allfinanzbereich über Wettbewerbsvorteile in diesem neuen Segment verfügt. Als wichtiger Wettbewerber ist darüber hinaus in Zukunft die Sparkassengruppe einzuschätzen.

Der Markt für Geld- und Wertpapiergeschäfte umfaßt schwerpunktmäßig den Handel mit Wertpapieren sowie die Wertpapierverwahrung und wird von der Europäischen Kommission europa- oder sogar weltweit abgegrenzt. Wettbewerbspolitische Bedenken sind angesichts der entsprechend niedrigen Marktanteile jedoch nicht zu erwarten.[652]

---

[652] Im Rahmen des Zusammenschlußverfahrens zwischen Deutsche Bank und Bankers Trust stellte die Europäische Kommission einen gemeinsamen Marktanteil der beiden Unternehmen von weniger als fünf Prozent sowohl welt- als auch europaweit fest. Da die Bedeutung von HypoVereinsbank und Commerzbank in diesem Geschäftsbereich wesentlich geringer einzuschätzen ist als die der Deutschen Bank, führt ein Zusammenschluß von Deutsche Bank, HypoVereinsbank und Commerzbank nicht zu einer Entstehung oder Verstärkung einer marktbeherrschenden Stellung, zumal sich das neue Unternehmen (weiterhin) internationalen finanzstarken Wettbewerbern gegenübersieht. Vgl. auch Europäische Kommission (Hrsg.): Fall Nr. IV/M.1384 – Deutsche Bank/Bankers Trust, 22.04.1999, Rn. 20, öffentliche Version.

Im Bereich Wertpapierverwahrung ist die Deutsche Bank nach eigenen Angaben Ende 2001 in Europa Marktführer und weltweit unter den fünf größten Anbietern.[653] Ein Zusammenschluß mit der HypoVereinsbank und der Commerzbank würde diese Stellung im Vergleich zu den Wettbewerbern stärken. Aufgrund der hohen Wettbewerbsintensität ist jedoch nicht mit einer Entstehung oder Verstärkung einer marktbeherrschenden Stellung durch das neue Unternehmen zu rechnen; zu den Konkurrenten zählen insbesondere die US-amerikanischen Insitute, wie z. B. JP Morgan Chase, Bank of New York oder State Street.[654]

Der Bereich des Investmentbanking umfaßt in erster Linie die Segmente M&A-Beratung, Aktien- und Anleihenemission sowie Börseneinführungen.[655] Indem die Europäische Kommission einzelne Segmente des Investmentbanking europaweit und teilweise sogar weltweit abgrenzt, berücksichtigt die Kommission neben inländischen Anbietern ausdrücklich ausländische Banken als Konkurrenten.

Die lange Phase wirtschaftlichen Aufschwungs in den 90er Jahren und die langjährige Aufwärtsbewegung an den wichtigsten (Aktien-)Börsen unterstützte und beschleunigte in vielen Industrien Konzentrationstendenzen, da viele Unternehmen eigene Aktien als „Akquisitionswährung“ einsetzen konnten. Um einen Teil des dadurch entstehenden hohen Bedarfs an Beratungsleistung abdecken zu können, sahen sich viele Banken gezwungen, eine möglichst starke Position im Investmentbanking einzunehmen. Weil zudem keine Großbank bereit war, dieses lukrative und in der Öffentlichkeit viel beachtete Geschäftssegment unbesetzt zu lassen, und Banken es für notwendig erachteten, ihren (internationalen) Kunden alle Produkte und Dienstleistungen aus diesem Bereich anbieten zu können, baute die überwiegende Zahl der Großbanken den Bereich des Investmentbanking in den letzten Jahren aus.

Eine gute Plazierung in den Rankinglisten (league tables)[656] verspricht Banken zusätzliches Renommee und erhöht somit die Wahrscheinlichkeit, in Zukunft zusätzliche Geschäftsabschlüsse tätigen zu können. Die Wettbewerbsin-

---

[653] Vgl. Deutsche Bank (Hrsg.): Geschäftsbericht 2001, o. O. 2002, S. 26.

[654] Da die Deutsche Bank ihre Geschäftssparte im Bereich Wertpapierverwahrung Ende 2002 an den Konkurrenten State Street verkauft hat, würde die gemeinsame Marktstellung von Deutsche Bank, HypoVereinsbank und Commerzbank in diesem Segment erst recht keine wettbewerblichen Bedenken hervorrufen. Vgl. auch Landgraf, R., Otto, P., Potthoff, C.: State Street rollt europäischen Markt auf, in: Handelsblatt, 05.12.2002, Nr. 235, S. 23.

[655] Der Begriff des Investmentbanking wird in diesem Zusammenhang eher weit abgegrenzt, meint also nicht lediglich einen einzelnen Bereich, wie z. B. Mergers & Acquisitions.

[656] Derartige Abgrenzungen werden meist national und europaweit vorgenommen.

tensität in den einzelnen Bereichen des Investmentbanking ist aus diesen Gründen als sehr hoch einzuschätzen. Deutschen Großbanken stehen insbesondere US-amerikanische Banken als Wettbewerber gegenüber, wie z. B. Goldman Sachs, Merrill Lynch, Morgan Stanley oder aber auch europäische Konkurrenten, wie BNP Paribas, CSFB oder UBS Warburg. Die Europäische Kommission geht daher davon aus, daß Nachfrage und Angebot im Investmentbanking europaweit erfolgen und grenzte in ihren bisherigen Entscheidungen den räumlich relevanten Markt entsprechend ab.[657]

Marktanteile einzelner Banken lassen sich in den fragmentierten und zudem recht volatilen Segmenten M&A-Beratung oder (Aktien-)Emission nur bedingt ermitteln.[658] Aus diesem Grund benutzt die Kommission die angesprochenen league tables, um Aussagen über die Marktposition der beteiligten Unternehmen treffen zu können.[659] Abhängig vom betrachteten Zeitraum ändert sich die Rangfolge der Banken jedoch recht stark (vgl. *Tabelle 5-8*).[660]

---

[657] Vgl. z. B. Europäische Kommission (Hrsg.): Fall Nr. IV/M.873 – Bank Austria/Creditanstalt, 11.03.1997, Rn. 26, öffentliche Version.

[658] Vgl. auch o. V.: Flaute bei Fusionen und Übernahmen, in: FAZ, 04.10.2002, Nr. 230, S. 25.

[659] Vgl. z. B. Europäische Kommission (Hrsg.): Case No. IV/M.642 – Chase Manhattan/Chemical Banking Corporation, 26.10.1995, Rn. 13 ff., öffentliche Version.

[660] Eine Interpretation der Position einzelner Banken ist daher problematisch. Da diese Rankings jeweils zum Quartalsende erstellt werden, können einzelne Transaktionen mit einem hohen Volumen eine Bank kurzfristig eine niedrigere Position in den Rankings einnehmen lassen. Derartige Effekte „verwachsen" sich jedoch im Laufe eines Jahres, da die Rankings anhand des kumulierten Transaktionsvolumens erstellt werden.

Tabelle 5-8

Die größten Banken in der Fusionsberatung, Teil A

Bank	Vol. in Mrd. €	Bank	Vol. in Mrd. €
01.01.2002 bis 26.06.2002		01.01.2002 bis 27.09.2002	
a) M&A-Beratung Europa			
1. Deutsche Bank	22,5	1. Morgan Stanley	29,5
2. Morgan Stanley	22,4	2. Deutsche Bank	27,2
3. Merrill Lynch	19,7	3. JP Morgan	25,4
4. JP Morgan	18,9	4. Merrill Lynch	19,7
5. CSFB	13,1	5. CSFB	17,0
6. Goldman Sachs	10,3	6. Goldman Sachs	13,2
7. Schroder SSB	7,2	7. UBS Warburg	6,3
8. BNP Paribas	6,0	8. BNP Paribas	6,0
9. Lazard	3,8	9. Lehman Brothers	4,7
10. UBS Warburg	3,7	10. Schroder SSB	4,7
b) M&A-Beratung Deutschland			
1. Deutsche Bank	76,6	1. JP Morgan	108,5
2. JP Morgan	75,3	2. Morgan Stanley	97,6
3. Morgan Stanley	71,4	3. Deutsche Bank	90,6
4. Merrill Lynch	65,2	4. Schroder SSB	87,6
5. UBS Warburg	60,3	5. Merrill Lynch	84,8
6. Rothschild	57,2	6. UBS Warburg	83,0
7. Schroder SSB	53,8	7. CSFB	81,9
8. Goldman Sachs	51,5	8. Lehman Brothers	67,7
9. CSFB	47,5	9. Goldman Sachs	66,8
10. Lehman Brothers	45,5	10. Rothschild	65,4

Quelle: Landgraf, R.: Tricks bringen Banken in den Hitlisten nach vorne, in: Handelsblatt, 02.09.2002, Nr. 168, S. 24 und Landgraf, R.: Investmentbanker haben nichts zu lachen, in: Handelsblatt, 01.10.2002, Nr. 189, S. 21, eigene Darstellung.

Ausdruck der hohen Wettbewerbsintensität innerhalb des Investmentbanking ist zudem das Gebaren einzelner Banken: Um in den league tables eine bessere Positionierung zu erreichen, bieten Investmentbanker Unternehmen teilweise (Kapitalmarkt-)Transaktionen bzw. Dienstleistungen gegen ein nicht marktübliches Honorar an.[661] Um in den Rankings eine gute Plazierung zu erreichen, nut-

[661] Vgl. Maisch, M.: Verfall der Sitten, in: Handelsblatt, 23./24.08.2002, Nr. 162, S. 10.

zen einige finanzstarke Banken zudem ihre Kreditkraft,[662] um bspw. bei der Vergabe von Fusions- oder Übernahmemandaten berücksichtigt zu werden.[663]

Neben den Volumina ist zudem die Anzahl der Transaktionen, an denen eine Bank beteiligt gewesen ist, von Interesse. Anhand dieser läßt sich abschätzen, ob einzelne Institute wenige große Deals begleiten oder tendenziell viele Transaktionen mit geringeren Volumina durchführen (vgl. *Tabelle 5-9*).

Tabelle 5-9

Die größten Banken in der Fusionsberatung, Teil B

Bank	Volumen (Mrd. €)	# Transaktionen	Marktanteil[b]
a) M&A-Beratung Deutschland[a]			
Deutsche Bank	25,6	37	29,3
UBS Warburg	23,9	14	27,3
Morgan Stanley	18,0	21	20,3
CSFB	16,8	16	19,2
Merrill Lynch	15,9	7	18,2
JP Morgan	14,4	26	16,5
Goldman Sachs	9,4	14	10,7
Rothschild	7,8	10	9,0
b) M&A-Beratung Europa[a]			
UBS Warburg	92,0	80	21,1
Morgan Stanley	81,2	101	18,7
JP Morgan	78,8	120	18,1
Deutsche Bank	73,5	85	16,9
Citigroup	72,6	76	16,7
CSFB	70,9	101	16,3
Merrill Lynch	69,3	67	15,9
Lehman Brothers	66,5	73	15,3

[a] Stand: 01.01.2002 bis 31.10.2002. [b] Jede an einem Deal beteiligte Bank verbucht das gesamte Transaktionsvolumen für sich, so daß sich ein Marktanteil von insgesamt mehr als 100 Prozent ergibt.

Quelle: O. V.: Vielen Investmentbanken droht ein unrühmliches Ende, in: FAZ, 23.11.2002, Nr. 273, S. 14, eigene Darstellung.

662 Vgl. Deutsche Bank (Hrsg.): Geschäftsbericht 2001, o. O. 2002, S. 25.

663 Vereinzelt drängen Banken bei größeren Transaktionen Unternehmen sogar dazu, einen Teil des Geschäfts ihrem Institut zuzuschreiben, wenngleich die Bank an der Transaktion nicht direkt beteiligt war. Geben Finanzchefs der Unternehmen diesem Drängen nach und melden Finanzinformationsdienstleistern die betreffende Bank als einen der Berater, z. B. weil die betreffende Bank ein wichtiger Kreditgeber des Unternehmens ist, profitiert die Bank in Form eines verbesserten Rankings. Vgl. Landgraf, R.: Tricks bringen Banken in den Hitlisten nach vorne, in: Handelsblatt, 02.09.2002, Nr. 168, S. 24.

Zusammenfassend läßt sich feststellen, daß die Deutsche Bank als einzige deutsche Großbank regelmäßig in den league tables vertreten ist. Wenngleich ihre Marktposition – abhängig von dem gewählten Zeitraum – unterschiedlich stark ist, zählt sie dennoch zu der Gruppe der führenden Banken im M&A-Bereich. Ihre Position wird durch die geringe Bedeutung der HypoVereinsbank und der Commerzbank in diesem Bereich jedoch nur unwesentlich gestärkt.

Im Anleihegeschäft stellt sich die Wettbewerbssituation auf dem deutschen Markt folgendermaßen dar (vgl. *Tabelle 5-10*).

Tabelle 5-10

Anteile der Top 10 im Markt für Nichtbanken-Anleihen, 1999–2001

	Marktanteil in %		
	1999	2000	2001
Deutsche Bank	9,8	13,3	9,4
Salomon	4,3	6,7	7,5
JP Morgan	k. A.	4,2	7,1
Merrill Lynch	4,3	3,6	6,5
Morgan Stanley	6,0	6,2	6,2
ABN Amro	6,2	8,2	5,5
Dresdner Kleinwort Benson	6,7	7,1	5,5
BNP Paribas	5,5	5,8	5,3
CSFB	k. A.	3,3	4,9
Goldman Sachs	4,5	k. A.	4,4
Marktanteil der Top 10 in %	55,4	63,3	62,3
Marktanteil ausl. Banken an Top 10	70,3	67,7	76,3
Marktvolumen insgesamt in Mrd. €	583,0	450,0	726,0

Quelle: Verband der Auslandsbanken in Deutschland (Hrsg.): Die Auslandsbanken in Deutschland, laufende Jahrgänge, eigene Berechnungen, eigene Darstellung.

Auffällig ist, daß sich unter den zehn erstplazierten Banken lediglich zwei deutsche Institute befinden. Im Gegensatz zur Deutschen und Dresdner Bank ist es ausländischen Banken in der Mehrzahl zuletzt zudem gelungen, ihren Marktanteil zu erhöhen, wie das Beispiel von JP Morgan, Merrill Lynch oder Salomon verdeutlicht. Die große Bedeutung ausländischer Banken zeigt sich darüber hinaus in der Höhe des Marktanteils an dem der zehn erstplazierten Banken: Dieser lag 2001 bei 76,3 Prozent, nachdem er zuvor 67,7 Prozent (2000) bzw. 70,3 Prozent (1999) betragen hatte. Die Marktstellung ausländischer Banken hat sich jedoch auch mit Blick auf das gesamte Marktvolumen stark verbessert. Der Marktanteil der jeweils acht bestplazierten ausländischen Banken ist in den letzten Jahren von 38,9 Prozent (1999) über 42,9 Prozent (2000) auf 47,5 Prozent (2001) gestiegen.[664]

Neben dem Segment Begebung von Nichtbanken-Anleihen betrachtet die Europäische Kommission die Begebung von Staatsemissionen als eigenes Segment. Eine Rangliste der Mitglieder der Bietergruppe zeigt *Tabelle 5-11*.[665]

Tabelle 5-11

Mitglieder der Bietergruppe bei Bundesemissionen, 2000–2002

Mitglied der Bietergruppe	Rang [a]		
	2000	2001	2002
Deutsche Bank	(1)	(2)	1
Dresdner Bank	(4)	(4)	2
Morgan Stanley	(2)	(1)	3
Bayrische Landesbank	(10)	(5)	4
Goldman Sachs	(18)	(13)	5
BNP Paribas	(13)	(9)	6
HypoVereinsbank	(5)	(7)	7
CSFB	(17)	(14)	8
Salomon	(7)	(8)	9
UBS Warburg	(3)	(3)	10
ABN Amro	(-)	(-)	11
West LB	(26)	(11)	12
Commerzbank	(19)	(15)	13
ING BHF-Bank	14	12	14
Merrill Lynch	(-)	(-)	15

[a] Die Rangfolge ergibt sich nach den im jeweiligen Jahr übernommenen gewichteten Zuteilungsbeträgen.
Auf eine Nennung der Anteilssätze wird im Rahmen der Veröffentlichung verzichtet.
Quelle: Verband der Auslandsbanken in Deutschland (Hrsg.): Die Auslandsbanken in Deutschland 2001, Anlagenband, Anlage 8, o. O. 2002, o. S. und Bundesrepublik Deutschland Finanzagentur GmbH (Hrsg.): Bietergruppe Bundesemissionen, Pressemitteilung, Nr. 60, 16.12.2002, eigene Darstellung.

---

[664] Vgl. Verband der Auslandsbanken in Deutschland (Hrsg.): Die Auslandsbanken in Deutschland, laufende Jahrgänge.

[665] Bis Ende 1997 wurden Bundesanleihen über das Bundesanleihekonsortium begeben. Aufgrund der positiven Erfahrungen bei der Konditionenfindung unter Wettbewerbsbedingungen im Tenderverfahren, haben Bund und Bundesbank entschieden, dieses ab 1998 generell anzuwenden. Dazu wird eine „Bietergruppe Bundesemissionen" gebildet. Die Mitgliedschaft in der Bietergruppe setzt eine ausreichende Plazierungskraft voraus, die gegenwärtig gegeben ist, wenn im Schnitt mindestens 0,05 Prozent des gesamten zugeteilten Emissionsvolumens ersteigert werden. Institute, die die geforderte Plazierungskraft nicht erbrachten, scheiden aus der „Bietergruppe" aus. Eine spätere Wiederaufnahme ist jedoch möglich.

Auffällig ist die starke Marktstellung der Deutschen Bank, die zweimal innerhalb der letzten drei Jahre auf Platz eins der Rangliste lag. Die HypoVereinsbank belegte in den vergangenen zwei Jahren lediglich Position sieben, während die Commerzbank im gesamten Betrachtungszeitraum nicht unter den Top zehn vertreten ist. Ausländische Konkurrenten, wie z. B. BNP Paribas, CSFB oder Goldman Sachs, konnten ihre Marktstellung kontinuierlich verbessern, während sich mit Morgan Stanley ein weiterer ausländischer Wettbewerber sogar jeweils auf einem der ersten drei Ränge befindet. Bestplazierter nationaler Konkurrent ist die Dresdner Bank, die sich 2002 im Vergleich zu den beiden Vorjahren um zwei Plätze auf Rang zwei verbessern konnte.

Ein Zusammenschluß von Deutsche Bank, HypoVereinsbank und Commerzbank würde die Marktstellung der Deutschen Bank in diesem Segment stärken. Die Entstehung oder Verstärkung einer marktbeherrschenden Stellung anzunehmen, ist jedoch nicht gerechtfertigt. Insbesondere die starke Präsenz der Dresdner Bank sowie die Vielzahl ausländischer Wettbewerber steht einem derartigen Urteil entgegen. Bei zukünftigen Entscheidungen ist zudem davon auszugehen, daß die Europäische Kommission den räumlich relevanten Markt in diesem Bereich gemeinschaftsweit abgrenzt.[666]

Insgesamt ist im Bereich des Investmentbanking aufgrund der Vielzahl insbesondere ausländischer Konkurrenten und der hohen Marktdynamik für den Fall eines Zusammenschlusses nicht von einer Entstehung oder Verstärkung einer marktbeherrschenden Stellung auszugehen.

B. Analyse alternativer Einflußmöglichkeiten

Trotz des teilweise sehr umfangreichen Anteilsbesitzes kommt es nur in einigen Fällen zu einer Situation, in der zwei Banken an dem gleichen Unternehmen beteiligt sind (vgl. *Tabelle 5-12*).[667]

---

[666] Vgl. z. B. Europäische Kommission (Hrsg.): Fall Nr. IV/M.873 – Bank Austria/ Creditanstalt, 11.03.1997, Rn. 25, öffentliche Version.

[667] Eine ausführliche Darstellung des Beteiligungsbesitzes von Deutsche Bank, Commerzbank und HypoVereinsbank findet sich im Anhang.

Tabelle 5-12

Gemeinsamer Anteilsbesitz der Großbanken, 2001/2002[a]

	Anteilseigner		
	Deutsche Bank	HypoVereinsbank	Commerzbank
AKA Ausfuhrkredit GmbH	27,0	15,4	-
Allianz AG[b]	7,0	6,2	-
BNL-Beteiligungsges. Neue Länder GmbH & Co. KG	23,6	13,6	-
Buderus AG[c]	10,8	-	10,5
Clearing Bank AG	-	20,0	20,0
Dt. Börse AG[c]	10,7	5,3	-
Dt. Schiffsbank AG	-	20,0	40,0
GbR Industrie- und Handelskammer/Rhein.-Westf. Börse	10,0	1,5	-
Herlitz AG	13,1	13,1	-
Linde AG	10,7	-	10,4
Münchener Rück AG[c]	11,5	13,3	-
Westf. Hypothekenbank AG[c]	25,0	75,0	-

[a] Anteil auf eine Nachkommastelle gerundet.
[b] Anteil in 2002 auf unter vier Prozent reduziert.
[c] An diesen Unternehmen hat die Deutsche Bank ihren Anteil in 2002 verkauft.
Quelle: Deutsche Bank (Hrsg.): Verzeichnis des Anteilsbesitzes 2001, o. O. 2002; Commerzbank (Hrsg.): Geschäftsbericht 2001, o. O. 2002; HypoVereinsbank (Hrsg.): Geschäftsbericht – Anteilsbesitz 2001, o. O. 2002 und Unternehmensangaben, eigene Darstellung.

Im Fall eines Zusammenschlusses der drei Großbanken verfügte das neue Unternehmen über einen größeren Anteilsbesitz an der AKA Ausfuhrkredit GmbH, der Clearing Bank AG, der Dt. Schiffsbank AG und der Linde AG. Die Beteiligungserhöhung an der GbR Industrie- und Handelskammer/Rheinisch-Westfälische Börse bietet aufgrund ihrer geringen Höhe keinen Anlaß zu wettbewerbspolitischen Bedenken.[668]

Gesellschafter der AKA Ausfuhrkredit-GmbH sind 28 deutsche Banken.[669] Ziel der Gesellschafter war es, der deutschen Industrie gemeinsam Exportkredite zur Verfügung zu stellen, da insbesondere die deutschen Geschäftsbanken

[668] Die Beteiligungen an zwei anderen Unternehmen stellen eine besondere Situation dar: Über das Unternehmen BNL-Beteiligungsgesellschaft Neue Länder GmbH & Co. KG haben deutsche Banken in Zusammenhang mit der deutschen Wiedervereinigung Unternehmen Eigenkapital zur Verfügung gestellt. Das Unternehmen diente dabei in erster Linie der zentralen Abwicklung. Die Herlitz AG hat in 2002 Insolvenz beantragt.

[669] Unter den Gesellschaftern befinden sich sowohl Großbanken und Privatbanken, als auch Landesbanken. Die AKA Bank wurde am 28.03.1952 in der Rechtsform einer AG gegründet. Bedingt durch das neue Aktiengesetz von 1965 erfolgte die Umwandlung in eine GmbH, da das neue Gesetz u. a. eine starke Beschränkung der Aufsichtsratsmandate vorschrieb. Vgl. hierzu und im Folgenden AKA Ausfuhrkredit-Gesellschaft m.b.H. (Hrsg.): 50 Jahre AKA, Frankfurt a. M. 2002.

einen Großteil ihrer liquiden Mittel aufgrund der Währungsumstellung nach dem Zweiten Weltkrieg verloren hatten und infolgedessen Exportkredite in der erforderlichen Höhe oftmals nicht alleine bereitstellen konnten. Heutzutage unterstützt die AKA Ausfuhrkredit-GmbH neben der deutschen auch die europäische Exportwirtschaft. Dazu stellt sie u. a. mittel- und langfristige Exportfinanzierungen zur Verfügung, übernimmt finanzielle Risiken (bis zu 30 Prozent einer Transaktion) und strukturiert größere Konsortialkredite.

Ein Anteilsbesitz von insgesamt 42,4 Prozent würde der neuen Bank einen bestimmenden Einfluß über die AKA Ausfuhrkredit-GmbH verschaffen. Durch den Posten des Aufsichtsratsvorsitzenden (Deutsche Bank) und zwei weitere Aufsichtsratsmandate (Commerzbank, HypoVereinsbank) bestünden zudem enge personelle Verflechtungen zwischen den beiden Banken. Wettbewerbspolitische Bedenken ergeben sich daraus jedoch nicht: Zum einen besitzt die AKA Ausfuhrkredit-GmbH insgesamt keine starke bzw. herausragende Marktstellung.[670] Die besondere Gesellschafterstruktur läßt zudem vermuten, daß ein gemeinsames Vorgehen und Koordination der Verhaltensweisen durch die Gesellschafter bereits erfolgt.[671] Eine Anteilsveränderung hätte demnach lediglich eine andere Gewinnaufteilung unter den Gesellschaftern zur Folge.

Durch den Zusammenschluß würde das neue Unternehmen eine Beteiligung von 40 Prozent an der Clearing Bank AG[672] besitzen (vgl. *Tabelle 5-13*). Wettbewerbliche Probleme ergeben sich hieraus nicht, da zum einen das norwegische Clearinghaus NOS ASA eine Beteiligung in gleicher Höhe an der Clearing Bank AG hält, eine alleinige Kontrolle also ausgeschlossen ist. Zum anderen dominieren internationale Brokerhäuser den außerbörslichen Terminmarkt in Europa, so daß sich die Clearing Bank AG neben inländischen einer Vielzahl ausländischer Wettbewerber gegenübersieht.

---

[670] Das Gesamtvolumen an Kreditzusagen ist seit 1997 (10,6 Mrd. Euro) stark gesunken (2001: 6,4 Mrd. Euro).

[671] Inwieweit Einstimmigkeit bei Abstimmungen erforderlich ist, hängt vom Gesellschaftervertrag ab.

[672] Die Clearing Bank übernimmt als Kooperationspartner für Warenbörsen, Warenterminbörsen und Internet-Handelsplattformen die Abwicklung, Besicherung und geldmäßige Regulierung der an den angeschlossenen Börsen und Internet-Handelsplattformen vorgenommenen Geschäfte. Sie sichert zudem für die Marktteilnehmer die Bonität, Neutralität und Anonymität sämtlicher Verpflichtungen. Vgl. Clearing Bank (Hrsg.): Überblick gibt ... Durchblick, http://clearing-bank.de/start.php?link=1_2_2_1, Stand: 18.01.2003.

Tabelle 5-13
Aktionärsstruktur der Clearing Bank und Dt. Schiffsbank

	Clearing Bank AG	Dt. Schiffsbank AG
Anteilseigner		
Commerzbank AG	20	40
HypoVereinsbank AG	20	20
Dresdner Bank AG	-	40
Nord/LB	20	-
NOS ASA	40	-

Quelle: Commerzbank (Hrsg.): Geschäftsbericht 2001, o. O. 2002, S. 148; HypoVereinsbank (Hrsg.): Geschäftsbericht – Anteilsbesitz 2001, o. O. 2002, S. 39 und Unternehmensangaben, eigene Darstellung.

Mit einer Beteiligung von 60 Prozent würde die neue Bank zwar eine Mehrheit an der Deutschen Schiffsbank AG, einem der weltweit führenden Spezialfinanzierer im Bereich langfristiger Realkredite, erlangen. Dennoch resultieren hieraus keine wettbewerblichen Bedenken, da die Deutsche Schiffsbank AG im Wettbewerb mit starken nationalen Anbietern, wie z. B. der LB Kiel, steht.[673]

Mit einem gemeinsamen Anteil von 21,2 Prozent würde die neue Bank vor der Allianz AG (12,2 Prozent) größter Einzelaktionär der Linde AG.[674] Personell wäre die Bank darüber hinaus durch zwei Aufsichtsratsmandate (Deutsche Bank, Commerzbank) mit der Linde AG verbunden. Die neue Bank besäße durch die finanzielle sowie personelle Verbundenheit einen wesentlichen Einfluß auf die Linde AG, der jedoch nicht als beherrschend einzuschätzen ist. Selbst wenn die neue Bank z. B. aufgrund einer sehr niedrigen Hauptversammlungspräsenz eine faktische Stimmenmehrheit innehätte, resultieren hieraus keine wettbewerbspolitischen Bedenken.[675] Zudem besitzt die Linde AG zwar eine international führende Marktstellung in den Bereichen Gas und Engineering, Material Handling und Kältetechnik,[676] diese als marktbeherrschend zu bezeichnen, wäre aber verfehlt, da das Unternehmen mit großen internationalen Wettbewerbern in Konkurrenz steht.

---

[673] Durch Fusion der Landesbank Schleswig-Holstein und der Hamburgischen Landesbank ist am 01.01.2003 der weltweit größte Schiffsfinanzierer entstanden.

[674] Die übrige Aktionärsstruktur besteht aus institutionellen Investoren (40 Prozent) und privaten Anlegern (ca. 27,6 Prozent). Vgl. Linde (Hrsg.): Geschäftsbericht 2001, o. O. 2002, S. 37.

[675] Der Präsenzanteil bei der Hauptversammlung betrug in den beiden letzten Jahren 53 Prozent (2001) und 54 Prozent (2002). Bei Projektion dieser Größenordnung ergäbe sich ein faktischer Stimmrechtsanteil von ca. 40 Prozent. Die Zahlen basieren auf Unternehmensangaben der Linde AG.

[676] Mit einem Weltmarktanteil von gut 20 Prozent ist das Unternehmen nach eigenen Angaben im Bereich Material Handling (Welt-)Marktführer. Vgl. Linde (Hrsg.): Geschäftsbericht 2001, o. O. 2002, S. 13.

Der Anteilsbesitz an der Allianz AG würde durch den Zusammenschluß auf knapp 10 Prozent (Deutsche Bank: weniger als 4 Prozent, HypoVereinsbank: 6,2 Prozent) steigen. Größter Aktionär bliebe die Münchener Rück AG mit ca. 20 Prozent. Direkte personelle Verflechtungen bestehen seit Ende 2002 zwischen Allianz/Dresdner und den drei Großbanken nicht mehr.[677] Im Zuge der Übernahme der Dresdner Bank durch die Allianz haben darüber hinaus Angehörige von dritten Unternehmen, die Mitglied im Aufsichtsrat von Allianz und Deutsche Bank waren, mindestens in einem der beiden Unternehmen ihr Mandat niedergelegt, um Konflikte bei der Interessenvertretung von Deutsche Bank und Dresdner Bank (als Tochter der Allianz) zu vermeiden.[678]

Zwischen Münchener Rück und HypoVereinsbank bestehen gegenwärtig intensive Kapitalverbindungen sowie personelle Verflechtungen. Durch einen Zusammenschluß der drei Großbanken käme es möglicherweise zu einer Intensivierung bestehender Geschäftsaktivitäten von Münchener Rück und der neuen Bank. Die Bildung eines Allfinanzkonzerns nach dem Vorbild von Allianz/Dresdner ist ebenfalls denkbar. Dadurch, daß sowohl die neue Bank, als auch Münchener Rück an der Allianz beteiligt sind, könnten die beiden Unternehmen zusammen möglicherweise einen bestimmenden Einfluß auf den Allianz-Konzern ausüben. Dabei muß jedoch berücksichtigt werden, daß sich im Fall eines Zusammenschlusses der drei Banken die bisherigen Beteiligungshöhen der einzelnen Anteilseigner ändern.[679]

Beachtet man dies, würde die Münchener Rück etwa 6,2 Prozent an der neuen Bank halten (vgl. *Abbildung 5-2*).[680] Zwar besitzt die Münchener Rück über

---

[677] Das ehemalige Vorstands- und aktuelle Aufsichtsratsmitglied der Allianz, *D. Breipohl*, ist mit Wirkung zum 23.05.2002 aus dem Aufsichtsrat der HypoVereinsbank ausgeschieden. Ebenso gehört der Vorstandsvorsitzende der HypoVereinsbank, *A. Schmidt*, dem Aufsichtsrat der Allianz seit 12.06.2002 nicht mehr an. Vgl. Allianz (Hrsg.): Geschäftsbericht 2001, o. O. 2002, S. 152 f.

[678] Dies waren *K. Liesen* (Vorsitzender des Aufsichtsrats Ruhrgas AG), Aufsichtsratsvorsitzender der Allianz und bis 30.06.2001 Mitglied im Aufsichtsrat der Deutschen Bank; *G. Renner* (Mitglied des Vorstands Deutsche Angestellten-Wohnungsbau-AG), bis 17.05.2001 Mitglied im Aufsichtsrat der Deutschen Bank und bis 11.07.2001 Mitglied im Aufsichtsrat der Allianz; *H. Scholl* (Vorsitzender der Geschäftsführung Robert Bosch GmbH), Mitglied im Aufsichtsrat der Allianz und bis 30.06.2001 Mitglied im Aufsichtsrat der Deutschen Bank und *K.-H. Baumann* (Vorsitzender des Aufsichtsrats der Siemens AG), Mitglied im Aufsichtsrat der Deutschen Bank und bis 30.09.2001 Mitglied im Aufsichtsrat der Allianz. Vgl. Allianz (Hrsg.): Geschäftsbericht 2001, o. O. 2002, S. 8 und Deutsche Bank (Hrsg.): Geschäftsbericht 2001, o. O. 2002, S. 200.

[679] Im Fall der Münchener Rück kommt es somit nicht zu einer einfachen Addition des Anteilsbesitzes an Commerzbank und HypoVereinsbank.

[680] Ursächlich ist hierfür die sehr unterschiedliche Marktkapitalisierung der drei Banken. Im Durchschnitt der letzten drei Monate des Jahres 2002 lag diese für die Deutsche Bank bei 30,9 Mrd. Euro, für die HypoVereinsbank bei 8,8 Mrd. Euro und für die Commerzbank bei 4,5 Mrd. Euro.

diese Beteiligung zudem einen indirekten Anteil an der Allianz; dieser erhöht die eigene Beteiligung von 21 Prozent jedoch nur unwesentlich und führt nicht zu einem bestimmenden Einfluß auf den Allianz-Konzern.[681] Die Unabhängigkeit der Allianz und die Existenz zweier eigenständiger Allfinanzkonzerne bliebe somit gewahrt.

Abbildung 5-2

Beteiligungen zwischen Banken und Versicherungen

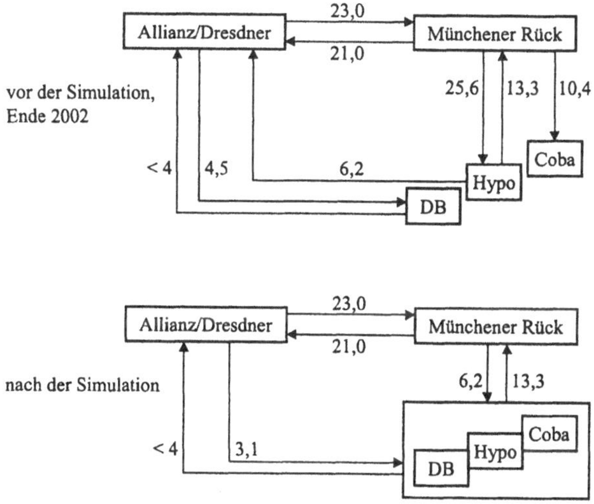

Die Angaben über den Anteilsbesitz von Münchener Rück und Allianz an der neuen Bank berücksichtigen, daß sich die Marktkapitalisierung der neuen Bank nicht zu gleichen Anteilen aus denen der drei Fusionspartner zusammensetzt.
Quelle: Unternehmensangaben, eigene Berechnungen, eigene Darstellung.

Neben den bereits diskutierten Problemen kann sich bei Unternehmenszusammenschlüssen zudem eine Situation ergeben, in der die Fusionspartner an Unternehmen derselben Branche beteiligt sind. Je nach Marktstellung der betreffenden Unternehmen wird für einen derartigen Fall befürchtet, daß es im Extremfall zur Ausschaltung des Wettbewerbs zwischen diesen Unternehmen kommen könnte. Bei einer verringerten Wettbewerbsintensität könnten neben der Bank als Anteilseigner zudem die Unternehmen auf höhere Gewinne hoffen.

[681] Durch den Anteilsbesitz von 6,2 Prozent an der neuen Bank und deren Beteiligung von knapp 4 Prozent an der Allianz, errechnet sich für die Münchener Rück eine indirekte Beteiligung von etwa 0,22 Prozent an der Allianz.

Bei einem Zusammenschluß von Deutsche Bank, HypoVereinsbank und Commerzbank könnte es etwa für den deutschen Biermarkt zu der beschrieben Konstellation kommen. Da die HypoVereinsbank bereits für sich allein genommen ein umfangreiches Beteiligungsportfolio an deutschen Brauerein besitzt, dient der deutsche Biermarkt im Folgenden als Beispiel (vgl. *Tabelle 5-14*).

Tabelle 5-14

Beteiligungsbesitz von Commerzbank und HypoVereinsbank an deutschen Brauerein, 2001[a]

	Commerzbank	HypoVereinsbank
Beteiligungen		
Aktienbrauerei AG	-	75,7
Allgäuer Brauhaus AG	-	32,1
Brau und Brunnen AG[b]	-	55,6
Licher Privatbrauerei	-	24,8
Gabriel Sedlmayr Spaten-Franziskaner-Bräu KGaA	-	19,0
Tremonis GmbH Brauerei-Nebenerzeugnisse	-	44,5
Holsten-Brauerei AG	7,2	-

[a] Beteiligungsbesitz in Prozent.
[b] Eine Übersicht des umfangreichen Besitzes an Tochtergesellschaften der Brau und Brunnen AG befindet sich im Anhang Tabelle A-7.
Quelle: Commerzbank (Hrsg.): Geschäftsbericht 2001, o. O. 2002, S. 110 und HypoVereinsbank (Hrsg.): Geschäftsbericht – Anteilsbesitz 2001, o. O. 2002, S. 17 und S. 20 ff., eigene Darstellung.

Durch einen Zusammenschluß erhöht sich die Zahl an Brauereien und Brauereigruppen, an denen die neue Bank beteiligt ist.[682] Im Ergebnis wäre jedoch nicht mit einer Verringerung der Wettbewerbsintensität auf dem deutschen Biermarkt zu rechnen. Obwohl die Holsten-Brauerei AG als Marktführer und die Brau und Brunnen AG als viertgrößtes Unternehmen zu den größten Brauereien gehören, ist ihre jeweilige Marktstellung zu gering, als daß sich aus dem Beteiligungsbesitz der neuen Bank wettbewerbspolitische Bedenken für den Biermarkt ergeben könnten (vgl. *Tabelle 5-15*). Zudem zeichnet sich der deutsche Biermarkt durch eine hohe Wettbewerbsintensität aus.[683] Die Akquisition

[682] Darüber hinaus sind HypoVereinsbank und Commerzbank jeweils durch ein Vorstandsmitglied im Aufsichtsrat der Holsten-Brauerei AG vertreten. Vgl. Holsten-Brauerei (Hrsg.): Geschäftsbericht 2001, o. O. 2002, S. 5.

[683] Der Bierpreis ist seit 1997 inflationsbereinigt um ein Prozent zurückgegangen. Bei einem zeitgleichen Anstieg der Marketingkosten um ca. 67 Prozent hat das Marktvolumen zwischen 1996 und 2001 um 1,1 Prozent p. a. abgenommen. Dennoch ist der deutsche Biermarkt weiterhin durch eine Überkapazität von etwa 30 Prozent gekennzeichnet. Die Daten beruhen auf Unternehmensangaben und eigener Recherche.

der Gilde-Gruppe durch das belgische Unternehmen Interbrew Ende 2002 zeigt darüber hinaus, daß ausländische Konkurrenten an einer aktiven Gestaltung des Konzentrationsprozesses auf dem deutschen Biermarkt interessiert sind.

Tabelle 5-15
Marktanteile einzelner Brauerein in Deutschland, 2002

Unternehmen	Marktanteil in %
Holsten-Brauerei AG	8,7
Interbrew[a]	8,0
Radeberger-Gruppe	8,0
Brau und Brunnen AG	7,0
Warsteiner	5,0
Bitburger	5,0
Krombacher	4,0
Heineken	4,0
Spaten	4,0

[a] Seit Ende 2002 gehört die Gilde-Gruppe zu dem belgischen Unternehmen Interbrew.
Quelle: Unternehmensangaben, eigene Berechnungen, eigene Darstellung.

Die Analyse der Zusammenschlußsimulation anhand der in Kapitel 4 vorgestellten Beurteilungskriterien hat ebenfalls keine wesentlichen wettbewerbspolitischen Bedenken für Banken- bzw. Nichtbankenmärkte geliefert. Ebenso wie bereits im ersten Untersuchungsteil der Simulation konnte aufgrund des Zusammenschlusses keine Begründung oder Verstärkung einer marktbeherrschenden Stellung durch das neue Unternehmen festgestellt werden.

C. Zusammenfassung

Die Simulation hat insgesamt gezeigt, daß es als Folge des Zusammenschlusses zwar in einigen Marktsegmenten zu einer – teilweise deutlichen – Zunahme der Marktkonzentration käme, die jedoch von niedrigem Niveau aus erfolgte. Gegenwärtig sprechen aus wettbewerbspolitischer Sicht zudem unterschiedliche Gründe für die Unbedenklichkeit dieser Konzentrationszunahme. Eine gedankliche Trennung des Bankenmarktes in die Bereiche des Retail- und des Wholesale-Banking zeigt dabei folgendes:[684] Im Retail-Banking sorgt insbesondere

[684] Zu der Notwendigkeit, eine derartige Unterteilung vorzunehmen vgl. Rhoades, S.: Competition and bank mergers – directions for analysis from available evidence, in: The Antitrust Bulletin, Vol. 41, 1996, S. 339–364, hier S. 342.

die starke Marktstellung der Sparkassen sowie der Volks- und Raiffeisenbanken für eine hohe Wettbewerbsintensität. Mit der Dresdner Bank existiert darüber hinaus ein nationaler Anbieter, der durch die Zugehörigkeit zum Allianz-Konzern als starker Wettbewerber anzusehen ist. Kleinere Konkurrenten haben sich ferner oftmals auf einzelne Segmente spezialisiert und infolgedessen Wettbewerbsvorteile erringen können. Sie stellen trotz oder teilweise wegen ihrer geringeren Größe ernstzunehmende Wettbewerber dar. Negative Preiseffekte, wie sie für den US-amerikanischen Markt teilweise festgestellt wurden, wären infolge eines Zusammenschlusses für den deutschen Retail-Markt kaum zu erwarten.[685]

Im Vergleich zum Retail-Banking ist der vom Sparkassen- und Genossenschaftssektor ausgehende Wettbewerbsdruck im Wholesale-Banking geringer. Hier sind es in erster Linie ausländische Konkurrenten, die für eine hohe Wettbewerbsintensität in den einzelnen Marktsegmenten sorgen. Eine weiter fortschreitende Integration nationaler Kapitalmärkte und ein Abbau verbleibender Wettbewerbshindernisse läßt zudem eine Zunahme der Wettbewerbsintensität in diesem Bereich auch zukünftig erwarten.

Bereits die Analyse anhand traditioneller Beurteilungskriterien zeigte keine relevanten Auswirkungen auf den Wettbewerb im Gemeinsamen Markt. Als Grundlage wettbewerbspolitischer Bedenken hätten Auswirkungen aufgrund von Branchenbesonderheiten zudem besonders stark sein müssen, um eine marktbeherrschende Stellung zu begründen oder zu verstärken, als deren Ergebnis wirksamer Wettbewerb im Gemeinsamen Markt oder einem wesentlichen Teil davon erheblich behindert würde.

Ungeachtet dessen dürfte sich die (vermeintliche) Problematik von Bankbeteiligungen in Zukunft weiter verringern: Bei den Bemühungen, sich auf banknahe Geschäftsbereich zu konzentrieren und sich auf Kernbereiche zu fokussieren, veräußerte z. B. die Deutsche Bank im Jahr 2002 nicht nur die Sparten

---

[685] Vgl. hierzu z. B. Prager, R. A., Hannan, T. H.: Do substantial horizontal mergers generate significant price effects? Evidence from the banking industry, in: Journal of Industrial Economics, Vol. 46, 1998, No. 4, S. 433–451 und Berger, A. N., Hannan, T. H.: The price-concentration relationship in banking, in: The Review of Economics and Statistics, Vol. 71, 1989, No. 2, S. 291–299.

Wertpapierverwaltung und passive Vermögensverwaltung, sondern verkaufte oder verringerte zudem eine Vielzahl ihrer (Industrie-)Beteiligungen.[686]

Neben der Deutschen Bank strebt auch die Commerzbank eine derartige Reduzierung des Beteiligungsportfolios an.[687] Nach eigenen Angaben stehen bei ihr alle nicht-strategischen Beteiligungen zur Disposition, zu denen in erster Linie der industrielle Anteilsbesitz an Nichtbanken zählt.

---

[686] Die Deutsche Bank verkaufte im Jahr 2002 ihre Beteiligungen an Banque de Luxembourg S. A., Buderus AG, Continental AG, Deutsche Börse AG und Münchener Rück AG. Den Anteilsbesitz an der Allianz AG verringerte sie auf 3,4 Prozent, reduzierte ihre Kapitalbeteiligung an der Nürnberger Beteiligungs-Aktiengesellschaft auf unter 5 Prozent und senkte die Beteiligung an der Südzucker AG auf 4,8 Prozent. Vgl. o. V.: Deutsche Bank beschleunigt den Verkauf von Beteiligungen, in: FAZ, 06.11.2002, Nr. 258, S. 15; o. V.: Deutsche Bank macht erneut Kasse, in: Handelsblatt, 06.11.2002, Nr. 214, S. 22; o. V.: Die Deutsche Bank trennt sich von der Börse, in: FAZ, 25.10.2002, Nr. 248, S. 11; Deutsche Bank (Hrsg.): Presse-Information, 19.06.2002, Online-Version http://group.deutsche-bank.de/ir/deu/ir_newsboard/ir_releases/1109, Stand: 30.11.2002; Deutsche Bank (Hrsg.): Presse-Information, 17.01.2002, Online-Version http://group.deutsche-bank.de/ir/deu/ir_newsboard/ir_releases/994; Stand: 23.11.2002; Deutsche Bank (Hrsg.): Presse-Information, 20.12.2002, Online-Version http://presse.deutsche-bank.de/wms/presse/lesefenster.php3?language=1&ci=4266, Stand: 21.12.2002; Deutsche Bank (Hrsg.): Presse-Information, 02.01.2003, Online-Version http://presse.deutsche-bank.de/wms/presse/lesefenster.php3?language=1&ci=4269, Stand: 03.01.2003 und Deutsche Bank (Hrsg.): Presse-Information, 20.11.2002, Online-Version http://presse.deutsche-bank.de/wms/presse/lesefenster.php3?ci=4249&language=1, Stand: 03.12.2002.

[687] Vgl. o. V.: Commerzbank will Beteiligungen verkaufen, in: Handelsblatt, 10./11.01.2003, Nr. 7, S. 23.

Fazit

Ziel der Wettbewerbspolitik ist der Erhalt kompetitiver Marktstrukturen und die Vermeidung eines Machtmißbrauchs einzelner Marktteilnehmer. Um zu verhindern, daß Unternehmen durch externes Wachstum eine marktbeherrschende Stellung erlangen, verfügen die Wettbewerbsbehörden in den meisten Industrieländern über das Instrument einer Fusionskontrolle. Auf europäischer Ebene obliegt die Entscheidungshoheit der Europäischen Kommission, wenn die am Zusammenschluß beteiligten Unternehmen eine bestimmte Größe und somit wirtschaftliches Gewicht aufweisen.

Mögliche Aus- und Rückwirkungen eines Zusammenschlusses auf die Marktbedingungen sind erfahrungsgemäß schwierig abzuschätzen und mit den grundsätzlichen Problemen von Prognosen behaftet. Fusionen mit Bankenbeteiligung erhöhen diese Schwierigkeit, weil Banken aufgrund von Branchenbesonderheiten über zusätzliche Einflußmöglichkeiten verfügen können. Nach Meinung von Beobachtern besitzen insbesondere deutsche Großbanken viele dieser Einflußfaktoren. Die Arbeit untersuchte daher, wie ein Zusammenschluß deutscher Großbanken durch die Vorschriften der Europäischen Fusionskontrollverordnung behandelt würde. Die Verordnung enthält dazu Vorschriften, die den Besonderheiten der Bankenbranche Rechnung tragen. Neben einer von anderen Wirtschaftszweigen abweichenden Umsatzermittlung berücksichtigt die Verordnung den transitorischen Beteiligungsbesitz von Banken, indem sie ihn unter bestimmten Voraussetzungen von der Zusammenschlußkontrolle freistellt. In der bisherigen Entscheidungspraxis der Europäischen Kommission kam die Ausnahmeregelung des Art. 3 V a FKVO für transitorische Beteiligungen nicht zur Anwendung: Entweder wies der Beteiligungsbesitz der betreffenden Banken einen zeitlich langfristigen Charakter auf oder die am Zusammenschluß beteiligten Banken erklärten ausdrücklich, ihre jeweiligen Einflußmöglichkeiten gegenüber den Unternehmen ausüben zu wollen.

Entscheidungen der Kommission basieren auf wenigen Kriterien

Um entscheiden zu können, ob ein Zusammenschluß eine marktbeherrschende Stellung begründet oder verstärkt, nutzt die Europäische Kommission eine Vielzahl unterschiedlicher Beurteilungskriterien. Ein wichtiges, wenn nicht sogar das wichtigste Kriterium ist dabei der absolute und relative Marktanteil der beteiligten Unternehmen. In der bisherigen Entscheidungspraxis fanden bei horizontalen Unternehmenszusammenschlüssen im Bankensektor neben dem Marktanteil weitere Strukturkriterien Beachtung, wie z. B. Marktzutrittsschranken, die Finanzkraft der am Zusammenschluß beteiligten Unternehmen oder die ihrer verbleibenden Wettbewerber. Weil aber ein hoher Marktanteil im allgemeinen von der Kommission als eine Art „notwendige Bedingung“ für eine marktbeherrschende Stellung angesehen wird, erübrigte sich in der Mehrzahl der Fälle eine intensivere und umfangreichere Analyse anhand zusätzlicher Kriterien. Die geringe Marktanteilshöhe ließ ein derartiges Vorgehen aus Sicht der Kommission entbehrlich werden. Grundsätzlich ist jedoch festzuhalten, daß die Europäische Kommission bei ihrer Prüfung nicht einseitig vorgeht, sondern in der Regel eine Vielzahl an Kriterien bei ihren Entscheidungen berücksichtigt.

Besonderheiten der Bankenbranche als Ursache wirtschaftlicher Macht?

Innerhalb der Diskussion um wirtschaftliche Macht von Unternehmen nehmen Banken in Deutschland eine besondere Stellung ein. Sie sehen sich dem Vorwurf ausgesetzt, personelle Verflechtungen zu anderen Unternehmen, die Wahrnehmung von Auftragsstimmrechten und insbesondere Unternehmensbeteiligungen zu nutzen, um Macht und Einfluß auszuüben: Indem Banken an Hauptversammlungen von anderen Unternehmen teilnehmen, sind sie in den Abstimmungsprozeß eingebunden und beeinflussen die Wahl des Aufsichtsrats des jeweiligen Unternehmens. Insbesondere bei einem parallelen Auftreten mehrerer (möglicher) Einflußfaktoren befürchten Kritiker einen kumulativen Effekt, der zu wettbewerbspolitischen Problemen und negativen Auswirkungen auf Banken- und Nichtbankenmärkten führen könnte.

Die theoretische Auseinandersetzung mit diesen Argumenten hat den *Potential*charakter der einzelnen Einflußfaktoren verdeutlicht: Jeder dieser Faktoren kann grundsätzlich geeignet sein, die Geschäftsbeziehung zwischen einer Bank und einem Unternehmen über ein „normales“ Maß hinaus zu intensivieren und eine enge Bindung des Unternehmens an die Bank herbeizuführen. Befürchtungen einer wettbewerbsschädigenden Wirkung von Bankbeteiligungen oder anderen Einflußfaktoren sind allerdings überzogen. Bedenken, wonach negative Folgen für die Wettbewerbsintensität auf Banken- und Nichtbankenmärkten unvermeidbar wären, haben sich im Rahmen dieser Arbeit als unbegründet erwiesen. Auch die Simulation einer „Megafusion" hat eher das Gegenteil gezeigt: Selbst bei einem Zusammenschluß der drei verbliebenen unabhängigen deutschen Großbanken sind wesentliche wettbewerbsschädigende Auswirkungen aufgrund des umfangreichen Beteiligungsbesitzes oder personeller Verflechtungen ebenso wenig nachweisbar, wie bereits die Analyse traditioneller Beurteilungskriterien keine Begründung oder Verstärkung einer marktbeherrschenden Stellung lieferte. Der Zusammenschluß hätte aufgrund der Marktstellung der Unternehmen keine relevanten Auswirkungen auf den Wettbewerb im Gemeinsamen Markt.

Entscheidend für das Ergebnis einer wettbewerbspolitischen Beurteilung ist insgesamt vielmehr die Einschätzung der Wettbewerbssituation auf dem Bankenmarkt. Eine ausreichend hohe Wettbewerbsintensität und hinreichend große Zahl von Wettbewerbern läßt eine Ausnutzung vorhandener Machtpotentiale unwahrscheinlich erscheinen.

Auswirkungen zunehmender Marktkonzentration

Eine als Folge von Zusammenschlüssen deutscher Großbanken gestiegene Konzentration auf dem deutschen Bankenmarkt würde keinen Anlaß zu wesentlichen wettbewerbspolitischen Bedenken geben. Ein durch den Zusammenschluß zweier Großbanken hervorgegangenes Institut würde keine marktbeherrschende Stellung erlangen: Für den Retail-Markt sind es in erster Linie Sparkassen sowie Genossenschaftsbanken, die als Garanten einer hohen Wettbewerbsintensität gelten können, während ausländische Wettbewerber in diesem Bereich nur bedingt zu den Konkurrenten nationaler Anbieter zu zählen sind. Eine andere Situation findet sich dagegen im Wholesale-Banking. Hier üben verstärkt ausländische Konkurrenten Druck auf inländische Marktteilnehmer aus und gewährleisten eine hohe Wettbewerbsintensität.

Ein Vergleich der Marktbedingungen zwischen der fiktiven „post-merger"-Situation auf dem deutschen Markt und Bankenmärkten in anderen europäischen Ländern bestätigt die Einschätzung, daß es durch den Zusammenschluß zu keiner wettbewerbsschädigenden Konzentration auf dem deutschen Markt käme. Gemessen an üblichen Konzentrationsmaßen fänden sich für den deutschen Markt mehrheitlich geringere Werte nach einer Fusion, als dies für eine Vielzahl europäischer Länder gegenwärtig bereits der Fall ist.

Nicht bestätigt haben sich Befürchtungen, ein Zusammenschluß dieser Größenordnung hätte umfassende und weitreichende negative Auswirkungen auf die Konsumentenversorgung im Retail-Banking: Als Konsequenz des Zusammenschlusses wäre zwar grundsätzlich eine Ausdünnung des gemeinsamen Filialnetzes durch Schließungen oder Zusammenlegungen bestehender Filialen zu erwarten. Selbst eine starke Reduzierung der Anzahl an Filialen würde eine flächendeckende Konsumentenversorgung jedoch nicht gefährden. Bedenken, es könnte in Folge des Zusammenschlusses sogar zu einer Unterversorgung einiger Gebiete kommen, wie sie sich etwa in Großbritannien bereits heute findet, sind demnach unbegründet.

Aktuelle Marktentwicklungen wettbewerbspolitisch weitgehend unproblematisch

Seit der Übernahme der Dresdner Bank durch den Allianz-Konzern rückt der Allfinanz-Gedanke wieder verstärkt in den Blickpunkt der Marktteilnehmer, auch wenn die Idee, seinen Kunden ein vollständiges Angebot an Finanzdienstleistungsprodukten anzubieten, grundsätzlich nicht neu ist.

Unabhängig von den Schwierigkeiten, die die Allianz mit der Integration der Dresdner Bank im Anschluß an die Übernahme hat, stellte der Zusammenschluß die Europäische Kommission vor keine besonderen wettbewerbspolitischen Probleme. Durch die unterschiedliche Branchenzugehörigkeit kam es trotz der Größe der beiden Unternehmen lediglich im Bereich Asset Management zu Überschneidungen. Das Hauptaugenmerk der Europäischen Kommission lag folgerichtig auf den wechselseitigen Beteiligungen von Allianz und Münchener Rück sowie dem umfangreichen Anteilsbesitz beider Konzerne an zahlreichen anderen Unternehmen der Versicherungs- und Bankenbranche. Dieses umfassende Beteiligungsgeflecht war nach Ansicht der Kommission geeignet, die Wettbewerbsintensität auf den jeweiligen Märkten nachhaltig negativ zu beeinflussen. Hätten Allianz und Dresdner Bank nicht bereits frühzeitig Zusagen über eine Entflechtung des gemeinsamen Beteiligungsbesitzes mit der Münchener Rück abgegeben, wäre einem Zusammenschlußantrag von Allianz/Dresdner Bank wohl kaum ohne Auflagen durch die Europäische Kommission entsprochen worden.

Die Entwicklungen im Bereich des E-Banking bilden eine weitere wichtige Einflußgröße auf die Dynamik des Bankenmarktes. Neue Informations- und Kommunikationstechnologien schafften Mitte der 90er Jahre die technischen Voraussetzungen für eine intensivere Nutzung elektronischer Abwicklungen von Geschäftsprozessen zwischen Bank und Kunde. Infolge der raschen Nutzung und hohen Akzeptanz der neuen Kommunikationsmedien durch die Konsumenten wurde schnell vom Ende des traditionellen filialbasierten Bankvertriebs gesprochen. Durch eine weitgehende Automatisierung vieler (interner) Geschäftsabläufe hoffen viele Banken nach wie vor, nicht nur umfangreiche Zuwächse bei der Produktivität ihrer Mitarbeiter realisieren zu können, sondern insgesamt einen höheren Effizienzgrad zu erreichen und Kosten zu senken.

Für die Wettbewerbspolitik hätte diese Entwicklung umfassende Folgen haben können. Insbesondere die Abgrenzung des räumlich relevanten Marktes wäre hiervon betroffen gewesen. Bisher grenzte die Europäische Kommission im Privat- und Geschäftskundenbereich den nationalen Markt als räumlich relevanten Markt ab. Sie sah u. a. Sprachunterschiede, die Bedeutung des Filialnetzes und die Höhe von Transaktionskosten als Ursache für die Präferenz vieler Kunden für lokale Anbieter. Weil aber die Entwicklungen und Möglichkeiten im E-Banking-Bereich die Grundlagen für eine derartige Abgrenzung betreffen, können sie dafür verantwortlich sein, daß sich eine weiterhin nationale Abgrenzung des räumlich relevanten Marktes im Privat- und Geschäftskundenbereich als unzweckmäßig erweist: Zum einen gestalten Banken ihre Internetpräsenz mehrsprachig. Darüber hinaus kommt es zu einer umfangreichen Reduzierung von Transaktionskosten, so daß die ökonomische Entfernung zwischen Bank und (potentiellen) Kunden schrumpft.

Die Entwicklungen im E-Banking-Bereich haben die Frage aufgeworfen, inwieweit die von der Europäischen Kommission bei der Abgrenzung des räumlich relevanten Marktes unterstellten Annahmen zu überdenken sind. Bisher sind derartige Überlegungen jedoch nicht aktuell geworden. Für viele Banken erweist es sich als (zu) schwierig, die anfangs gesetzten Ziele zu realisieren. Die meisten Direktbanken haben den Break-even-Punkt nicht in der ursprünglich geplanten Zeitspanne erreichen können. Die Zahl neuer Kunden blieb ebenso hinter den Erwartungen zurück, wie die zunächst veranschlagten Umsätze der Altkunden sich als zu hoch erwiesen haben. Bedingt durch den Kursrückgang vieler Aktien büßte insbesondere der Bereich des Online-Brokerage an Attraktivität ein. Die gesunkene Nachfrage hat bereits einen Auslese- und Konzentrationsprozeß unter den Direktbanken bewirkt.

Ein weiterer wichtiger Grund dafür, daß die Entwicklungen im E-Banking auch mittelfristig nicht zu einer veränderten wettbewerbspolitischen Einschätzung führen werden, liegt im Nachfrageverhalten vieler Kunden: Die meisten Konsumenten führen ihre Konten (zum Teil) online. Sie sind jedoch nicht gewillt, auf ein filialbasiertes Produkt- und Dienstleistungsangebot zu verzichten. Eine ausschließliche Nutzung der neuen Vertriebswege findet durch die meisten Konsumenten daher nicht statt. Es erfolgt vielmehr eine parallele Inanspruchnahme mehrerer Vertriebswege. Die meisten Banken werden ihre Produkte daher auch in Zukunft stationär anbieten, so daß aus Sicht der Wettbewerbspolitik ein dichtes Filialnetz weiterhin als wichtiger Wettbewerbsfaktor anzusehen ist.

Auch wenn sich die ursprünglich aufgestellten Prognosen zukünftiger Wachstumsraten im E-Banking gegenwärtig als zu optimistisch herausstellen, bleibt festzuhalten, daß die Entwicklungen in diesem Bereich den Wettbewerb im Bankenmarkt insgesamt nachhaltig verändern. Aus wettbewerbspolitischer Sicht ist dieser Einfluß positiv zu bewerten, da er zu einer Verringerung bestehender Marktzutrittsschranken geführt hat und auch in Zukunft für eine hohe Wettbewerbsintensität sorgen wird.

Trotz der gegenwärtig hohen Marktdynamik steht die Wettbewerbspolitik diesen Veränderungen nicht hilflos gegenüber. Eine Beurteilung aktueller Marktentwicklungen ist mit dem gegebenen Instrumentarium möglich. Eine Anpassung bestehender Vorschriften bzw. eine Schaffung neuer Wettbewerbsinstrumente ist nicht erforderlich. Werden die gegenwärtigen Instrumente konsequent eingesetzt, gewährleisten sie vielmehr eine umfassende und sachadäquate Beurteilung von Zusammenschlußvorhaben.

Die Arbeit hat die unterschiedlichen Einflußpotentiale deutscher (Groß-)Banken deutlich gemacht. Bei zukünftigen Bankenfusionen ist mit einem Anstieg dieser Machtpotentiale zu rechnen. Werden sie aus gesellschaftspolitischem Blickwinkel als unverhältnismäßig hoch eingeschätzt, sollte über eine Beschränkung dieser Einflußmöglichkeiten allgemein nachgedacht werden. Ein spezielles wettbewerbspolisches Problem sind sie allerdings nicht, so daß eine Reduzierung wirtschaftlicher Macht auch nicht durch ein Fusionsverbot erreicht werden sollte. Derartige Überlegungen hätten eher vor dem Hintergrund aktienrechtlicher oder bankenaufsichtsrechtlicher Regelungen zu erfolgen.

Anhang

Tabelle A-1
Wesentliche Beteiligungen der Deutschen Bank, 2001

Beteiligung	Anteil am Kapital in %[a]
AIH Agrar-Industrie-Holding GmbH	25,0
Arrow Property Investments Limited	46,2
Banca di Cividale S.p.A.	30,0
Banque de Luxembourg S.A.	29,0
Cassa di Risparmio di Asti S.p.A.	20,0
CONSORTIA Versicherungs-Beteiligungsgesellschaft mbH	30,0
DGB Osteuropa-Holding GmbH	50,0
Deutsche European Partners IV	24,5
Deutsche EuroShop AG	44,9
Deutsche Interhotel Holing GmbH & Co. KG	45,6
DIVAFON Beteiligungsgesellschaft mbH	48,0
Gerling-Konzern Versicherungs-Beteiligungs-AG	30,0
Grands Magasins B S.A.	21,5
IMLY B.V.	40,0
K&N Kenaga Holdings Bhd	16,6
MEFIS Beteiligungsgesellschaft mbH	43,0
Morgan Grenfell Equity Partners	25,7
NÜRNBERGER Beteiligungs-AG	15,1
Orbis S.A.	10,4
Philipp Holzmann Aktiengesellschaft	19,6
RHEIN-NECKAR- BETEILIGUNG GMBH	49,1
SEBA Beteiligungsgesellschaft mbH	50,0
The Kinetics Group, Inc.	33,6
United Biscuits (Equity) Ltd.	20,5
Westfälische Hypothekenbank AG	25,0

[a] Anteil auf eine Nachkommastelle gerundet. *Wesentliche* Beteiligungen repräsentieren ca. 75 Prozent des Buchwerts der ‚at equity' bewerteten Unternehmensanteile.
Quelle: Deutsche Bank (Hrsg.): Geschäftsbericht 2001, o. O. 2002, S. 118, eigene Darstellung.

Tabelle A-2

Beteiligungen der Deutschen Bank an großen Kapitalgesellschaften, 2001[a]

Beteiligung	Anteil am Kapital in %[b]
Allianz AG	7,0
Ameritrade Holding Corp.	13,0
Borussia Dortmund GmbH & Co. KgaA	27,7
Buderus AG	10,8
Celox Telekommunikationsdienste GmbH	50,0
Continental AG	10,5
DaimlerChrysler AG	12,9
DETECON GmbH	18,2
Deutsche Beteiligungs AG Unternehmensbeteiligungs-gesellschaft	15,3
Deutsche Börse AG	10,7
EFG EurobankErgasias S.A.	9,9
GOPLA Beteiligungsgesellschaft mbH	41,0
Heidelberger Zement AG[c]	8,8
Herlitz AG	13,1
INFIGATE GmbH	48,0
Linde AG	10,7
LinoDiagnostics AG	6,7
Lumentis AG	40,0
Memec Plc	13,6
mg technologies ag	11,9
Motor-Columbus AG	9,9
Münchener Rückversicherungsgesellschaft AG	11,5
Phoenix AG	13,3
STAR 21 NETWORKS AG	7,9
Südzucker AG	11,0
Takko Holding GmbH	11,7
TeraGate Beteiligungsgesellschaft mbH	37,5
Trevira Holding GmbH	45,0
TTM Investor GmbH	35,0
Vivastar AG	18,0
Vossloh AG	11,2
WMF AG[d]	12,6

[a] Anteil der Stimmrechte überschreitet 5 Prozent.
[b] Anteil auf eine Nachkommastelle gerundet.
[c] Anteil am stimmberechtigten Kapital beträgt 8,7 Prozent.
[d] Anteil am stimmberechtigten Kapital beträgt 17,6 Prozent.
Quelle: Deutsche Bank (Hrsg.): Verzeichnis des Anteilsbesitzes 2001, o. O. 2002, S. 172 f., eigene Darstellung.

Tabelle A-3

Nach der Equity-Methode bewertete Gesellschaften der Deutschen Bank, 2001

Beteiligung	Anteil am Kapital in %[a]
Acainvest S. de R.L. de C.V.	50,0
Actel Integrated Communications, Inc.	28,4
Agilent Technologies Deutschland GmbH & Co. Immobilien KG	5,3
AIH Agrar-Industrie-Holding GmbH	25,0
Airedale Holdings PLC	14,1
AKA Ausfuhrkredit-GmbH	26,9
AMP Funding, L.L.C.	3,0
AMP Private Capital Portfolio No. 1, L.P.	49,5
Anchor Land LLC	50,0
Antique Investments Limited	40,0
Apollon Asset Management Company Limited	40,0
Apollon Asset Management (Japan) Limited	40,0
Arrow Property Investments Limited	46,2
ASC Equity Pte Ltd	50,0
ASC Investment Management Limited	50,0
Asean Strategic Capital Management Limited	41,3
Ashurst Technology Limited	27,7
Asia Property Fund 1	49,0
Atriax Holdings Limited	25,0
Axiom Invest No. 2 Pty Ltd	28,7
Banca di Cividale SpA	30,0
BANKPOWER GmbH Personaldienstleistungen	30,0
Banque de Luxembourg S.A.	29,0
BATOR Vermietungsgesellschaft mbH & Co. Objekt Nürnberg KG	3,0
Bauherrengemeinschaft Unteraicher Straße/Untere Brandstraße, Stuttgart-Möhringen mbH	29,9
BCF-BTD LLC	45,0
Beheeren Beleggingsmaatschappij Dekina B.V.	50,0
Bender Menkul Degerler A.S.	40,0
Bestra Gesellschaft für Vermögensverwaltung mbH	49,0
Betriebsgesellschaft Tiefgarage Fronackerstraße 10-16, GbR	38,2
BGB Gesellschaft Grundstück Jeggen	3,9
BHS tabletop AG	28,9
Billboard Partners L.P.	74,4
Bivideon B.V.	50,0
Blackmoor LP	25,0
BMF Investment Ltd.	49,0
BNL-Beteiligungsgesellschaft Neue Länder GmbH & Co. KG	23,6
BNP Europe Telecom and Media Fund II, L.P.	2,6
BRIMCO, S. DE R.L. DE C.V.	50,0
Bromley Property Holdings Limited	50,0
BT Brokerage & Associates Pte. Ltd.	49,0
BT Real Estate Mezzanine Investment Fund, LLC	25,0
BT Real Estate Mezzanine Parallel Fund, LLC	25,0
Bukor Beteiligungs- und Beratungs-Holdinggesellschaft mbH	50,0
Buzios L.P.	47,1
Candover 1997 UK No 1 Limited Partnership	8,1

Fortsetzung Tabelle A-3

Candover 2001 Fund UK No 3 L.P.	13,5
Cassa di Risparmio di Asti S.p.A.	20,0
CC Commercial LP	23,9
CCP VI Auxiliary LP No 1	2,9
Charterhouse Capital Partners V L.P. No. 3	16,4
Charterhouse Capital Partners VI L.P. No.1.1	3,7
City-Point Beteiligungs GmbH	40,0
Clean Car AG	43,8
CM 01 Vermögensverwaltung 688 GmbH	40,0
Comfund Financial Services (India) Ltd.	30,0
CONSORTIA Versicherungs-Beteiligungsgesellschaft mbH	30,0
CPCR Opportunity Fund, LLC	13,5
DB (Asia Pacific) Training Centre Pte. Ltd.	49,0
DB ASSICURA COMPAGNIA DI ASSICURAZIONI E RIASSICURAZIONI S.p.A	50,0
DB Enterprise GmbH	50,0
DBG Osteuropa-Holding GmbH	50,0
DBG Vermögensverwaltungsgesellschaft mbH	45,0
DB Immobilienfonds 14 Rhein-Pfalz Wohnen GmbH & Co. KG	6,9
DB SSL 99-2 Securitization Specialty LLC	50,0
DB SSL AMC One Securitization Specialty LLC	25,0
DB SSL H2000-1 Securitization Specialty LLC	50,0
DE-Consult Deutsche Eisenbahn-Consulting GmbH	26,0
DEE Deutsche Erneuerbare Energien GmbH	50,0
Deutschbau-Holding GmbH	0,1
Deutsche Beteiligungsgesellschaft Fonds III GmbH	33,3
Deutsche Beteiligungsgesellschaft mbH & Co. Fonds I KG	92,5
Deutsche European Partners IV (Advisory Board) LP	8,5
Deutsche European Partners IV (E) LP	2,7
Deutsche European Partners IV (E) No. 2 LP	1,9
Deutsche European Partners IV (ERISA) (No. 9) LP	1,0
Deutsche European Partners IV (No. 2) LP	48,2
Deutsche European Partners IV (No. 3) LP	4,4
Deutsche European Partners IV (No. 8) LP	5,3
Deutsche European Partners IV (No. 10) LP	1,0
Deutsche European Partners IV (US Dollar Fund) LP	19,3
Deutsche European Partners IV (US ERISA) (No. 1) LP	7,5
Deutsche EuroShop AG	44,9
Deutsche Financial Capital 1 Corp.	50,0
Deutsche Financial Capital Limited Liability Company	50,0
Deutsche Grundbesitz-Beteiligungsgesellschaft Dr. Rühl & Co. Anlagefonds 2 Verwaltungsgebäude Stuttgart-Möhringen KG	23,7
Deutsche Interhotel Holding GmbH & Co. KG	45,6
Deutsche Interhotel Holding Verwaltungs GmbH	45,6
Deutsche Leasinvest N.V.	50,0
Deutsche Logistik Immobilien AG	50,0
Deutsche Morgan Grenfell Capital Italy S.c.p.a.	39,4
DEUTZ Aktiengesellschaft	25,9
Deutz-Mühlheim Grundstücksgesellschaft mbH	40,2
Digital Broadcasting Company Limited (in liquidation) DILAN S.A.	31,7
DIL Czech Baumanagement s.r.o.	49,0
DIL Internationale Leasinggesellschaft mbH	50,0

Fortsetzung Tabelle A-3

DIL Polska Baumanagement Sp.z o.o.	47,5
DIL Schweiz Baumanagement AG	40,0
DIL Ungarn Baumanagement Kft	49,0
DIVAFON Beteiligungsgesellschaft mbH	48,0
DMG & Partners Securities Pte Ltd	49,0
DN1 Holdings BV	47,5
Doughty Hanson & Co. III Limited Partnership 13	22,7
ec4ec GmbH	20,0
EFG Eurobank Properties S.A.	20,0
EGURA Emissionsgesellschaft zur Umwandlung von RWE-Aktien mit beschränkter Haftung i.L.	33,3
ELC Logistik-Centrum Verwaltungs-GmbH	50,0
e-millennium 1 GmbH & Co. KG	50,5
End2End Holdings Limited	31,7
EQT Northern Europe UK No 3 Limited Partnership	4,7
Erste Sicherheitentreuhand GmbH „Ruhrkohle“	33,3
ESG EDV-Service-Gesellschaft für Hypothekenbanken mbH	50,0
EuroAsia Investment and Financial Advisors Limited	25,0
Europäische Leasinggesellschaft mbH	50,0
Exchange Square Management Limited Ltd	20,0
Fenix Administracion de Activos S. de R.L. de C.V.	50,0
Filmkredittreuhand Gesellschaft mit beschränkter Haftung i.L.	20,0
Financial Technology Ventures (Q), L.P.	7,5
Financiere Gratte-Ciel	15,0
First Residential Investments Ltd	38,5
Frontera Resources Corporation	4,9
Gateway Investment Advisors, L.P.	24,0
GbR Deutsche Grundbesitz Management/Kajima Development (Deutschland) GmbH	50,0
Gerling-Konzern Versicherungs-Beteiligungs-Aktiengesellschaft	30,0
German Public Sector Finance B.V.	50,0
Gesellschaft bürgerlichen Rechts Industrie- und Handelskammer/ Rheinisch-Westfälische Börse	10,0
Gesellschaft für Kreditsicherung mbH	36,7
GIMO Gesellschaft für Immobilienentwicklung Beteiligung mbH	33,3
GIMO Gesellschaft für Immobilienentwicklung mbH & Co. KG	33,3
Ginga Holdings, LLC	21,6
Gold Mountain I L.P.	40,0
Gordian Knot Limited	33,0
Grands Magasins B S.A.	42,4
Greenbridge Fund 1 L.P.	63,4
Greenwood Technology Limited	23,0
GROGA Beteiligungsgesellschaft mbH	33,3
GUSTO Grundstücks-Vermietungsgesellschaft mbH & Co. Objekt Hamburg KG	5,0
Hafenbetriebsgesellschaft mbH	33,3
Harborside Healthcare 1998-1 Trust	20,5
HarbourVest International Private Equity Partners	25,0
HED Umbrella GP Limited	25,0
Hemingway GP No. 3 Limited	25,0
Hemingway GP No. 4 Limited	50,0
Hemingway Mixed Use Partnership	35,0

Fortsetzung Tabelle A-3

HEV III UK No.2 Limited Partnership	8,5
Hoist International AB	19,9
Holding Budowlany STANBUD-SG Sp. z o. o.	20,0
HOSTRA Beteiligungsgesellschaft mit beschränkter Haftung	33,3
HWW Immobilienbeteiligungsgesellschaft mbH & Co. KG	30,0
HWW Immobilienverwaltungsgesellschaft mbH	50,0
Iboxx Limited	11,4
ILV Immobilien-Leasing Verwaltungsgesellschaft Düsseldorf mbH	50,0
IMLY B.V.	40,0
Immobilien-Vermietungsgesellschaft Schumacher & Co. Objekt Anklam KG	5,8
Immobilien-Vermietungsgesellschaft Schumacher & Co. Objekt Kundenzentren KG	5,5
Immobilien-Vermietungsgesellschaft Schumacher & Co. Objekt Rolandufer KG	20,5
Industri Kapital 2000 LP IX	10,2
Innovationszentrum Kreislaufpolymere GmbH	25,0
Intercomm Holdings L.L.C.	19,4
Interessengemeinschaft KATHERINEN-KLOSTERHOF GbR	10,0
Inverprim, S.de R.L. de C.V.	50,0
21 Invest Industry Fund LP	4,6
Inxight Software, Inc.	14,8
IP Powerhouse Holdings Limited	14,0
ISCALA	20,0
IT Partners Ltd.	48,4
Jack Pacific Investments LLC	24,0
Kenanga Deutsche Futures Sdn Bhd	27,0
KG Securities Investment Trust Co.	20,0
Kiwi Ventura Servicos de Consultoria SA Fund II	1,0
K & N Kenanga Holdings Bhd	16,6
Laclede Tower Associates L.L.C.	15,6
Leasinggesellschaft für Energieinvestitionen mbH	50,0
Leasinggesellschaft für Kraftwerkanlagen mbH	50,0
LECTIO Grundstücks-Vermietungsgesellschaft mbH & Co. Objekt Essen KG	5,0
Leisure Parks (General Partners) Limited	20,0
Lighthouse Holdings Limited S.A.	50,0
Lightspeed at Beacon Tradeport LLC	8,3
Lord Byron Holdings SARL	49,8
Lux Leasing S.A.	50,0
MAECENA Grundstücks-Vermietungsgesellschaft mbH & Co. Objekt Bremen KG	10,0
MAECENA Grundstücks-Vermietungsgesellschaft mbH & Co. Objekt Dortmund KG	5,0
Magma Nusantara Limited	25,0
Malon Holding AB	49,9
Mannesmann GmbH & Co. Beteiligungs-KG	10,0
Marine Operator 2 Ltd.	40,0
MARIUS Grundstücks-Vermietungsgesellschaft mbH & Co. Objekt Hannover KG	21,0
Mass Mutual/Boston Capital Mezzanine Partners, L.P.	8,0
Mastheads LP Management	98,7

Fortsetzung Tabelle A-3

MEFIS Beteiligungsgesellschaft mbH	43,0
Meta-Export-Gesellschaft m.b.H.	50,0
Meta Investments LLC	50,0
MFG Flughafen-Grundstücksverwaltungsg. mbH & Co. BETA KG	25,0
M.G. Equity Limited Partnership	50,0
MINERVA Grundstücks-Vermietungsgesellschaft mbH & Co. Objekt Radolfzell KG	21,0
moderne stadt Gesellschaft zur Förderung des Städtebaues und der Gemeindeentwicklung mbH	50,0
Mond Investments B.V.	50,0
Morgan Grenfell & Associes	8,0
Morgan Grenfell Capital Partners	37,6
Morgan Grenfell Development Capital Fund	43,3
Morgan Grenfell Development Capital Limited Partnership	50,0
Morgan Grenfell Equity Partners I	59,0
Morgan Grenfell Equity Partners II	1,5
Morgan Grenfell Equity Partners III	4,4
Morgan Grenfell Equity Partners IV	4,8
MTI Managers Limited	27,8
MWB Leisure Fund LP	11,3
1993 - N3 Associates, LP	33,6
1993 - N3 GP Associates, LP	49,5
1993 - N3 GP Corp.	50,1
1994 - N1 Associates, LP	25,9
1994 - N1 GP Associates, LP	49,5
1994 - N1 GP Corp.	50,1
1994 - N2 Associates, L.P.	29,5
1994 - N2 GP Associates L.P.	49,5
1994 - N2 GP Corp.	50,1
NBG Grundstücks-Vermietungsgesellschaft mbH	50,0
NeoVision Hypersystems, Inc.	22,7
NESTOR Grundstücks-Vermietungsgesellschaft mbH & Co. Objekt Landau KG	5,0
Net Quartz S.A.	33,7
Nissay Deutsche Asset Management Europe Limited	33,0
NOFA Grundstücks-Vermietungsgesellschaft mbH	32,0
N.S. Operating Associates, L.P.	24,9
NÜRNBERGER Beteiligungs-Aktiengesellschaft	15,3
Orbis S.A.	10,4
Otto Lilienthal Fünfte GmbH & Co. KG	19,6
PADEM Grundstücks-Vermietungsgesellschaft mbH	50,0
PADOS Grundstücks-Vermietungsgesellschaft mbH	50,0
Pago eTransaction Services Verwaltung GmbH	50,0
PAGUS Beteiligungsgesellschaft mbH	50,0
PAI Europe III - B	13,8
PAI Europe III - B - 3	17,8
PALDO Grundstücks-Vermietungsgesellschaft mbH	50,0
PALLO Grundstücks-Vermietungsgesellschaft mbH	50,0
Palmetto Place Development LLC	35,0
PANIS Grundstücks-Vermietungsgesellschaft mbH	50,0
PANTIS Grundstücks-Vermietungsgesellschaft mbH	50,0
PANTUM Beteiligungsgesellschaft mbH	50,0

Fortsetzung Tabelle A-3

PANTUR Grundstücks-Vermietungsgesellschaft mbH	50,0
PAPPUS Grundstücks-Vermietungsgesellschaft	50,0
Parati Corporation	47,1
PARGUM Grundstücks-Vermietungsgesellschaft mbH	50,0
PASSUM Beteiligungsgesellschaft mbH	50,0
PAXAS Treuhand- und Beteiligungsgesellschaft mbH	50,0
paybox.net AG	50,0
PEDIS Grundstücks-Vermietungsgesellschaft mbH	50,0
PEDUM Beteiligungsgesellschaft mbH	50,0
PENDIS Grundstücks-Vermietungsgesellschaft mbH	50,0
PENTOS Grundstücks-Vermietungsgesellschaft mbH	50,0
PENTUM Beteiligungsgesellschaft mbH	50,0
PERGOS Beteiligungsgesellschaft mbH	50,0
PERGUM Grundstücks-Vermietungsgesellschaft mbH	50,0
PERILLA Beteiligungsgesellschaft mbH	50,0
PERLIT Mobilien-Vermietungsgesellschaft mbH	50,0
PERLU Grundstücks-Vermietungsgesellschaft mbH	50,0
PERNIO Grundstücks-Vermietungsgesellschaft mbH	50,0
PERXIS Beteiligungsgesellschaft mbH	50,0
PETA Grundstücks-Vermietungsgesellschaft mbH	50,0
Philipp Holzmann Aktiengesellschaft	19,6
Phoenix Research and Trading Corporation i.L.	96,0
Phuket Island Property Fund	49,0
PILAR Beteiligungsgesellschaft mbH	50,0
PINAX Beteiligungsgesellschaft mbH	50,0
Place Monteragie Associates Limited Partnership	40,0
PODES Beteiligungsgesellschaft mbH	50,0
Ponta das Canas L.P.	47,0
Ponta da Sela Corporation	47,1
PONTUS Grundstücks-Vermietungsgesellschaft mbH	50,0
PRADUM Beteiligungsgesellschaft mbH	50,0
Praedium Pacific L.L.C.	17,4
PRASEM Beteiligungsgesellschaft mbH	50,0
PRATES Grundstücks-Vermietungsgesellschaft mbH	50,0
Princess Resources Limited	23,8
PRISON Grundstücks-Vermietungsgesellschaft mbH	50,0
Private Partners AG	30,0
PROFOS Grundstücks-Vermietungsgesellschaft mbH	50,0
PRUTA Grundstücks-Vermietungsgesellschaft mbH	50,0
PT BT Lippo Finance	50,0
PUDU Grundstücks-Vermietungsgesellschaft mbH	50,0
PUKU Grundstücks-Vermietungsgesellschaft mbH	50,0
PURIM Grundstücks-Vermietungsgesellschaft mbH	50,0
Rasmala Partners Ltd	10,0
Regis Partners Inc	40,0
Residential Real Estate Partners, LP	9,1
Residential Real Estate Partners III, LLC	10,0
RHEIN-NECKAR BANKBETEILIGUNG GMBH	49,1
RIEFA Grundstücks-Vermietungsgesellschaft mbH	32,0
Rochavera Desenvolvimento Immobiliario S.C. Ltda	33,3
Ryan Group Limited	36,2
SABIS Grundstücks-Vermietungsgesellschaft mbH	50,0

Fortsetzung Tabelle A-3

Safron Corporation	8,2
Safron Partners I LP	14,7
SALIX Grundstücks-Vermietungsgesellschaft mbH	50,0
SALUS Grundstücks-Vermietungsgesellschaft mbH	50,0
SANCTOR Grundstücks-Vermietungsgesellschaft mbH	50,0
SANDIX Grundstücks-Vermietungsgesellschaft mbH	50,0
SANO Grundstücks-Vermietungsgesellschaft mbH	50,0
SAP II-III Alexandria L.L.C.	12,1
SAP III LV L.L.C.	11,9
SARIO Grundstücks-Vermietungsgesellschaft mbH	50,0
SARIO Grundstücks-Vermietungsgesellschaft mbH & Co. Objekt Nürnberg KG	2,6
SATINA Mobilien-Vermietungsgesellschaft mbH	50,0
SCANDO Grundstücks-Vermietungsgesellschaft mbH	50,0
SCHEDA Grundstücks-Vermietungsgesellschaft mbH	50,0
SEBA Beteiligungsgesellschaft mbH	50,0
SEGES Grundstücks-Vermietungsgesellschaft mbH	50,0
SEGU Grundstücks-Vermietungsgesellschaft mbH	50,0
SellSystems Limited	4,1
SENA Grundstücks-Vermietungsgesellschaft mbH	50,0
SENA Grundstücks-Vermietungsgesellschaft mbH & Co. Objekt Kamenz KG	100,0
SENA Grundstücks-Vermietungsgesellschaft mbH & Co. Objekt Sondershausen KG	5,7
SERICA Grundstücks-Vermietungsgesellschaft mbH	50,0
Sicherheiten-Treuhand GbR	33,3
Sicomax S.A.	69,1
SIDA Grundstücks-Vermietungsgesellschaft mbH	50,0
SILANUS Grundstücks-Vermietungsgesellschaft mbH	50,0
SILEX Grundstücks-Vermietungsgesellschaft mbH	50,0
SILIGO Mobilien-Vermietungsgesellschaft mbH	50,0
SILUR Grundstücks-Vermietungsgesellschaft mbH	50,0
SIMILA Grundstücks-Vermietungsgesellschaft mbH	50,0
Six Mile Beach LLC	42,1
Six Senses Mauritius Ltd	30,0
SMATcom Aktiengesellschaft	45,0
Societe des Agents Francais Nucleaires (SAFRAN)	45,0
SOCX LLC	50,0
SOLATOR Grundstücks-Vermietungsgesellschaft mbH	50,0
SOLON Grundstücks-Vermietungsgesellschaft mbH	50,0
SOLON Grundstücks-Vermietungsgesellschaft mbH & Co. Objekt Heizkraftwerk Halle KG	30,5
SOLUM Grundstücks-Vermietungsgesellschaft mbH	50,0
SOMA Grundstücks-Vermietungsgesellschaft mbH	50,0
SOREX Grundstücks-Vermietungsgesellschaft mbH	50,0
SOSPITA Grundstücks-Vermietungsgesellschaft mbH	50,0
Southern Italian Finance S.r.l.	98,0
SPLENDOR Grundstücks-Vermietungsgesellschaft mbH	50,0
Stadium Gold Pty. Limited	25,0
STAGIRA Grundstücks-Vermietungsgesellschaft mbH	50,0
STILUS Grundstücks-Vermietungsgesellschaft mbH	50,0
St. James Residential Investments Limited	68,0

Fortsetzung Tabelle A-3

SUBLICA Grundstücks-Vermietungsgesellschaft mbH	50,0
SUBU Mobilien-Vermietungsgesellschaft mbH	50,0
SULPUR Grundstücks-Vermietungsgesellschaft mbH	50,0
Sun Investment Corporation	2,5
SUPERA Grundstücks-Vermietungsgesellschaft mbH	50,0
SUPLION Beteiligungsgesellschaft mbH	50,0
SUSA Mobilien-Vermietungsgesellschaft mbH	50,0
SUSIK Grundstücks-Vermietungsgesellschaft mbH	50,0
Swan Wealth Management GmbH	25,2
Swapswire Ltd	10,0
TA Associates Atlantic LP	10,0
TABA Grundstücks-Vermietungsgesellschaft mbH	50,0
TACET Grundstücks-Vermietungsgesellschaft mbH	50,0
TAGO Grundstücks-Vermietungsgesellschaft mbH	50,0
TAGUS Beteiligungsgesellschaft mbH	50,0
Taiyo Investments LLC	49,1
TANKA Grundstücks-Vermietungsgesellschaft mbH	50,0
TARENO AG	45,0
TBIH Financial Services Group N.V.	39,9
TC TrustCenter AG	25,0
TEBOR Grundstücks-Vermietungsgesellschaft mbH	50,0
Telereit Holding AB	56,0
TEMATIS Grundstücks-Vermietungsgesellschaft mbH	50,0
TENDIS Beteiligungsgesellschaft mbH	50,0
TESATUR Beteiligungsgesellschaft mbH	50,0
The CL Limited Partnership	40,0
The EC Limited Partnership	40,0
The Evason Phuket Limited	49,0
The Kinetics Group, Inc.	33,6
The MWB Leisure Fund II	5,7
The Ontario Street Limited Partnership	40,0
The Topiary Fund LP	10,5
The Town Center Limited Partnership	40,0
Thor Credit Corporation	50,0
THRENI Grundstücks-Vermietungsgesellschaft mbH	50,0
TIEDO Grundstücks-Vermietungsgesellschaft mbH	50,0
Titan Volatility Fund LP	2,4
Tokai Deutsche Asset Management Limited	40,0
Tokyo Chelsea Limited	40,0
TONGA Grundstücks-Vermietungsgesellschaft mbH	50,0
TOREUT Grundstücks-Vermietungsgesellschaft mbH	50,0
TRAGO Grundstücks-Vermietungsgesellschaft mbH	50,0
Transwestern Office Partners, II L.P.	5,0
TREMA Grundstücks-Vermietungsgesellschaft mbH	50,0
TRENTO Grundstücks-Vermietungsgesellschaft mbH	50,0
TRINTO Beteiligungsgesellschaft mbH	50,0
Triptych Limited	50,0
TUDO Grundstücks-Vermietungsgesellschaft mbH	50,0
TUGA Grundstücks-Vermietungsgesellschaft mbH	50,0
Tun Thamrong Company Ltd.	24,5
UCB Entwicklungs- und Management GmbH	23,9
United Biscuits (Equity) Limited	20,5

Fortsetzung Tabelle A-3

USW-Grundstücksverwaltungsgesellschaft bürgerlich-rechtliche Gesellschaft	10,8
Value Retail France	18,5
Value Retail Madrid SL	23,4
Value Retail, S.L.	23,4
VCG Venture Capital Gesellschaft mbH & Co. Fonds III KG	37,0
VCG Venture Capital Gesellschaft mbH & Co. Fonds III Management KG	11,3
Victoria Faubourg Holdings Limited Partnership	40,7
Viktoria Quartier Entwicklungsgesellschaft mbH & Co. KG i.K.	50,0
Viktoria Quartier Verwaltungs GmbH	50,0
Volbroker.com Limited	36,1
Wandsworth GP Limited	50,0
Wandsworth LP	34,8
Watercrown Investments, LLC	50,0
WEAT Electronic Datenservice GmbH	20,0
WEBA Beteiligungsgesellschaft mbH	40,0
Westfälische Hypothekenbank Aktiengesellschaft	25,0
West Montreal Office Limited Partnership	40,0
West RMB Associates Limited Partnership	49,9
WFG Deutsche Gesellschaft für Wagniskapital mbH & Co. KG von 1984 i.L.	27,5
Windkraft Beteiligungsgesellschaft mbH & Co. Windpark Dornbock KG	100,0
Windkraft Beteiligungsgesellschaft mbH & Co. Windpark Kleinpaschleben KG	100,0
Windkraft Beteiligungsgesellschaft mbH & Co. Windpark Pobzig KG	100,0
Wireless Systems International Ltd	23,8
WohnBauEntwicklungsgesellschaft München-Haidhausen mbH & Co. KG	33,3
WohnBauEntwicklungsgesellschaft München-Haidhausen Verwaltungs GmbH	33,3
„Wohnpark am Großen Sand" Bauträgergesellschaft des bürgerlichen Rechts	0
Wohnungs-Verwaltungsgesellschaft Moers mbH	50,0
Yama One LLC	40,0
ZEPAS Beteiligungs GmbH & Co. Vermietungs-KG	10,0
ZOA Depository Clearing Company	2,2
Zürich Investmentgesellschaft mit beschränkter Haftung	20,0

[a] Anteil auf eine Nachkommastelle gerundet.
Quelle: Deutsche Bank (Hrsg.): Verzeichnis des Anteilsbesitzes 2001, o. O. 2002, S. 138 ff.

Tabelle A-4

Wesentlicher Anteilsbesitz der HypoVereinsbank an börsennotierten Unternehmen im Nichtbankenbereich, 2001

Beteiligung	Anteil am Kapital in %
Agrob AG	52,7
Aktienbrauerei Kaufbeuren AG	75,7
Allianz AG	6,2
Brau und Brunnen AG	55,6
Immotrust Anlagen AG	25,0
Lambacher hitiag Leinen AG	51,0
Münchener Rückversicherungs-Gesellschaft AG	13,3
Gabriel Sedlmayr Spaten-Franziskaner-Bräu KGaA [a]	19,0
Unternehmens Invest AG	14,2
Wienerberger AG	31,9
Wiener Städtische AllgemeineVersicherung AG	8,0
Wüstenrot & Württembergische AG	7,6

[a] Anteil bezogen auf das Kommandit-Aktienkapital, Anteil am Gesamtkapital 11,9 %.

Quelle: HypoVereinsbank (Hrsg.): Geschäftsbericht 2001, o. O. 2002, S. 72, eigene Darstellung.

Tabelle A-5

Beteiligungen der HypoVereinsbank mit einer Anteilsquote zwischen 20 Prozent und 50 Prozent

Beteiligung	Anteil am Kapital in %
Kreditinstitute	
Clearing Bank Hannover AG	20,0
Deutsche Schiffsbank AG	20,0
Europay Austria Zahlungsverkehrssysteme GmbH	21,9
Hansa-Nord-Lux Managementgesellschaft	50,0
Notartreuhandbank AG	25,0
Wiener Kreditbürgschaftsgesellschaft mbH	24,5
Wüstenrot stambena stedionica d.d.	25,0
Sonstige Unternehmen	
A. Asmussen GmbH	50,0
ABO Asphalt-Bau Oeynhausen GmbH	32,5
AdAstra Erste Beteiligungs GmbH	49,0
Allgäuer Brauhaus AG	32,1
Allgemeine Baugesellschaft-A.Porr AG & Universale-Bau AG, OHG zur Errichtung von Eigentumswohnungen	50,0
Allianz Immobilienfonds GmbH & Co. KG	41,7
Allrisk Bau-Versicherungsdienst GmbH	26,0
any-bet.com GmbH	47,5
Asphaltmischwerk Betriebsgesellschaft mbH & Co. KG	20,0
Asphaltmischwerk Betriebsgesellschaft mbH	20,0
Athlon Place Verwaltung und Versorgungs-gesellschaft mbH	20,0
Austria Rail Engineering Österreichische Eisenbahn Transport Planungs- und Beratungs-gesellschaft mbH	40,0
Austrian Touristik Flugreiseveranstaltungsg. mbH	33,3
AVW Albrecht Vermögensverwaltung AG	49,0
Babcock&Brown Investment Management Partners LP	20,0
Babcock&Brown LP	20,0
baulog Baustellenlogistik Potsdamer Platz GmbH	24,0
Bavaria Filmkunst GmbH	32,0
BayBG Bayerische Beteiligungsgesellschaft mbH	22,5
Beteiligung MPV Projektentwicklung GmbH	50,0
Biesterfeld Chemie-Distribution GmbH & Co.	24,9
Bode Grabner Beye AG	49,0
BVT Energie- und Umwelttechnik AG	33,1
CA-Gebäudevermietungsgesellschaft mbH	50,0
clickfish.com GmbH	24,9
CMP Fonds I GmbH	32,7
Continentale Finanzgesellschaft A. Asmussen GmbH & Co.	49,0
CorvinHotel Stadt Salzburg Errichtungs- und Betriebs-AG	35,5

Fortsetzung Tabelle A-5

Deutsche Structured Finance & Leasing GmbH & Co. Mira KG	38,6
Dimitri J. Petsopoulos Gesellschaft mbH	50,0
Einlagensicherung der Banken und Bankiers Gesellschaft mbH	31,3
Engelbert Rütten Verwaltungsgesellschaft KG	30,2
Euro Synergies Founder S.A.	20,0
Eurowoningen Ontwikkelingsmij. B.V.	50,0
evosoft Holding GmbH	49,0
Fertighauszentrum Blaue Lagune VerwaltungsGmbH	30,0
Fertighauszentrum Blaue Lagune Verwaltungs-GmbH & Co KG	30,0
formac Beteiligungsgesellschaft mbH	33,3
Fulgurit Beteiligungsgesellschaft mbH	50,0
GbR Haidelweg V	50,0
Gesfö Gemeinützige Bau- und Siedlungs-gesellschaft mbH	25,0
GermanIncubator Erste Beteiligungs GmbH	39,6
GI Ventures Aktiengesellschaft	20,8
Golden Arrow Fund	23,7
H & E Holding GmbH & Co. KG	30,0
H & E Holding Verwaltungsgesellschaft mbH	30,0
H.F.S. Immobilienfonds Deutschland 13 KG	38,5
H.F.S. Immobilienfonds GmbH & Co. Deutsch-land 14 KG	50,0
HanseatischeVerlags-Beteiligungs AG	31,3
Holiday Inns Brandenburg Hotelbetriebs-gesellschaft mbH	50,0
Hotel Rügen Betriebs- und Management GmbH	25,2
HP IT-Solutions GmbH	20,0
Immorent-Nike Grundverwertungs GmbH	24,5
Japan Travel Bureau (Austria) GmbH	49,0
Kappa IT Ventures Beteiligungs GmbH	48,6
Kappa IT Ventures Zweite Beteiligungs GmbH	38,6
Köhler & Krenzer Fashion AG	48,4
Krems Tourismus GmbH	49,0
Licher Privatbrauerei Ihring-Melchior GmbH & Co. KG	24,8
Maritakis AG	25,0
mm Liegenschaftsbesitz GmbH	26,7
MPV Projektentwicklung GmbH & Co. Objekt Schwerin-Krebsförden KG	50,0
Mühoga Münchner Hochgaragen GmbH	25,0
New Century Kids Verwaltungsgesellschaft mbH	50,0
Osca Grundstücksverwaltungsgesellschaft mbH & Co. KG	27,0
OTEGAU Ostthüringer Entwicklungsgesellschaft mbH Arbeit und Umwelt	23,4
Petrasch Trust spol.s.r.o.	50,0
PHG POS – Handelsgesellschaft mbH	33,3
PTP Liegenschaftsentwicklung AG	25,0
Radio Point of Sale GmbH	32,1

Fortsetzung Tabelle A-5

Ramius Capital Group, L.L.C.	24,6
Realitas Bauträger und Grundstücksverwertungsgesellschaft mbH	33,3
Saubermacher Dienstleistungs AG	50,0
Segmüller-Caldera Grundstücksverwaltungs-GbR	49,0
Sitlog GmbH	26,0
Spardat Sparkassen-Datendienst Gesellschaft mbH	31,7
Städtebauliche Entwicklungsgesellschaft Kelkheim/Taunus mit beschränkter Haftung	40,0
Studiengesellschaft für Zusammenarbeit im Zahlungsverkehr(STUZZA) GmbH	23,7
Technologie- und Gründerzentrum Gera GmbH	23,8
The Global Life Science Ventures Funds II GmbH & Co. KG	27,4
The St. Margarets Limited Partnership	20,9
TowarzystwoUbezpieczen na ZycieRoyal PBK Spolka	40,0
Traviaustria Datenservice für Reise und Touristik GmbH	20,0
UBF Mittelstandsfinanzierungs AG	24,1
Uni Gebäudemanagement GmbH	50,0
USI Gaedeke Associates L.P.	33,5
VB Private Equity Fund IgbR	25,0
Vienna International Hotelmanagement AG	30,0
Vienna Sightseeing Tours – Wiener Rundfahrten GmbH & Co. KG	29,0
Vienna Sightseeing Tours – Wiener Rundfahrten GmbH	29,5
Volksbank-Reisen GmbH	49,0
VSH Beteiligungsgesellschaft mbH	25,0
WED Holding Gesellschaft mbH	48,1
Wiener Wasser Technologie GmbH	33,3
Wienerberger AG	31,9
WIWAG Betriebsgastronomie	49,0

Quelle: HypoVereinsbank (Hrsg.): Geschäftsbericht – Anteilsbesitz 2001, o. O. 2002, S. 39 ff., eigene Darstellung.

Tabelle A-6

Beteiligungen der HypoVereinsbank an großen Kapitalgesellschaften, bei denen die Beteiligung 5 Prozent der Stimmrechte überschreitet, 2001

Beteiligung	Stimmrechts-anteil in %
AKA Ausfuhrkredit-Gesellschaft mbH	15,4
Allianz AG	6,2
Banca di Trento e Bolzano s.p.a.	11,7
Bayerische Landessiedlung GmbH	7,4
Bürgschaftsbank Schleswig-Holstein GmbH	6,0
Bürgschaftsgemeinschaft Hamburg GmbH	9,7
Commercial Union Powszechne Towarystwo Emerytalne bph Cu wbk s.a.	10,0
Credit Foncier et Communal d'Alsace et de Lorraine	10,4
Deutsche Börse AG	5,3
Gabriel Sedlmayr Spaten-Franziskaner-Bräu KgaA	19,0
gzs Gesellschaft für Zahlungssysteme mbH	6,2
Herlitz AG	13,1
Huta Ostrowiec s.a., Ostrowiec Swietokrzyski	6,3
Köllmann AG	10,0
Kraftwerksgesellschaft Völklingen Geschäfts-führungs-GmbH	10,0
Krajowa Izba Rozliczeniowa S.A.	11,5
Lubelskie Towarzystwo Leasingowe S.A.	16,0
Mittelständische Beteiligungsges. Sachsen mbH	11,9
Münchener Rückversicherungs-Gesellschaft AG	13,3
Polcard S.A.	9,9
Societe Generale de Banques en Côte d'Ivoire s.a.	5,1
Societe Generale de Banques au Senegal s.a.	5,6
Towarzystwo Ubezpieczeniowe Compensa s.a.	9,5
Unternehmens Invest AG	13,0
vbw Bauen und Wohnen GmbH	10,1
Wiener Städtische Allgemeine Versicherung AG	9,0
Wüstenrot & Württembergische AG	7,6

Quelle: HypoVereinsbank (Hrsg.): Geschäftsbericht – Anteilsbesitz 2001, o. O. 2002, S. 39 ff., eigene Darstellung.

Tabelle A-7

Beteiligungen der HypoVereinsbank an Brauereigesellschaften, 2001

Beteiligung	Kapital-anteil in %
Aktienbrauerei Kaufbeuren AG	75,7
Allgäuer Brauhaus AG	32,1
Licher Privatbrauerei Ihring-Melchior GmbH & Co. KG	24,8
Gabriel Sedlmayr Spaten-Franziskaner-Bräu Kommanditgesellschaft auf Aktien	19,0
Tremonis GmbH Brauerei-Nebenerzeugnisse	44,5
Brau und Brunnen AG	55,6
Konzern mit Tochterunternehmen:	
Adler Brauerei Gustav Dierichs GmbH & Co. KG	100,0
Altstadt-Bräu Johann Sion GmbH	100,0
Apollinaris & Schweppes Beteiligungs-GmbH	100,0
Apollinaris & Schweppes GmbH & Co.	72,0
Apollinaris & Schweppes Verwaltungs-GmbH	72,0
Apollinaris Brunnen Actien-Gesellschaft	100,0
Bergische Löwen-Brauerei GmbH & Co. KG	100,0
Bergische Löwen-Brauerei Produktions GmbH	100,0
Berliner Pilsner Brauerei Grundstücksverwaltung GbR	100,0
Berliner-Schultheiss Brauerei GmbH	100,0
Betriebsgrundstückverwaltung Jever Getränkevertrieb Hamburg GbR	100,0
Brau und Brunnen Immobilien Verwaltung und Beteiligung Gesellschaft mbH	100,0
Brau und Brunnen Immobilienverwaltung GbR	100,0
Brau und Brunnen International GmbH	100,0
Brauerei Grüner Tal GmbH & Co. KG	100,0
Brauerei Grüner Tal Verwaltungsgesellschaft mbH	100,0
Brauerei Iserlohn GmbH	100,0
Brauerei Pilsator GmbH	100,0
Brauerei Schlösser GmbH	100,0
Brauerei Schlösser Produktions GmbH	100,0
Brauerei Tivoli GmbH	100,0
Brauhaus Bönnsch GmbH	100,0
Deutsche Brauerei Holding GmbH & Co. KG	100,0
Deutsche Brauerei Holding Verwaltungs-gesellschaft mbH	100,0
Diät-Pils GmbH	63,8
Dortmunder Bergmann Westfalia Getränkevertriebs- und Verwaltungs-GmbH	100,0
Dortmunder Brau Union GmbH	100,0
Dortmunder Brau Union Grundstücksverwaltung GbR	100,0
Dortmunder Union-Brauerei Grundstücks-verwaltung GbR	100,0
Dortmunder Union-Frankfurter Brauhaus GmbH	100,0

Fortsetzung Tabelle A-7

Dortmunder Union-Ritter Brauerei GmbH	100,0
Engelhardt-Brauerei GmbH	100,0
Engelhardt-Brauerei Grundstücksverwaltung GbR	100,0
Friesisches Brauhaus zu Jever Betriebsgrundstücks-verwaltung GbR	100,0
Friesisches Brauhaus zu Jever GmbH & Co. KG	100,0
Friesisches Brauhaus zu Jever Verwaltungs-GmbH	100,0
Germania-Brauerei F. Dieninghoff GmbH	100,0
Gilden Kölsch Brauerei GmbH	100,0
Grundstücksverwaltung Alt Stralau GbR	100,0
GV Getränke Vertriebs GmbH	100,0
Heinrich Leonhard Brügman- und Geheimrat Dr. Carl Brügman-Stiftung, Belegschaftshilfe der Dortmunder Union-Brauerei GmbH	100,0
HUBERTUS-Brauerei GmbH	100,0
IGC Internationale Gaststätten und Consulting GmbH	100,0
Jever Getränkevertriebsgesellschaft Hamburg mbH	100,0
Kölner Verbund Vertrieb Kölscher Bierspezialitäten GmbH & Co. KG	100,0
Kölner Verbund Vertrieb Kölscher Bierspezialitäten Verwaltungs- und Beteiligungsgesellschaft mbH	100,0
Kraus GmbH, Dortmund	100,0
Küppers Brauerei GmbH	100,0
Küppers Kölsch GmbH	100,0
Kurfürsten-Bräu GmbH	100,0
Landskroner Logistik- und Speditions-GmbH	100,0
Leipziger Brauhaus zu Reudnitz GmbH	100,0
Magdeburger Brau GmbH	100,0
Neue Berliner Pilsner Brauerei GmbH	100,0
Oderland-Brauerei GmbH	100,0
Projektgemeinschaft Landsberger Allee/Friedrichs-hain GbR	100,0
Projektgemeinschaft Mühlenstraße/Pankow GbR	100,0
Projektgesellschaft Zoofenster GbR	100,0
Reudnitzer Brauerei GmbH	100,0
Rheinisch-Bergische Brauerei GmbH & Co. KG	100,0
Römer Brauerei Verwaltungsgesellschaft mbH	100,0
Ruhr-Trans Getränke Logistik GmbH	100,0
Schultheiss Brauerei GmbH	100,0
Schultheiss-Jubiläumsspende GmbH	100,0
Schweppes Aktiengesellschaft	100,0
Sester Brauerei GmbH	100,0
Sinziger Mineralbrunnen GmbH	100,0
Spree-Trans Getränke Logistik GmbH	100,0
Spreequell Mineralbrunnen GmbH	100,0
Spreequell Mineralbrunnen Grundstücks-verwaltung GbR	100,0
Sternburg Brauerei GmbH	100,0
Thüringer Waldquell Mineralbrunnen GmbH	100,0

Fortsetzung Tabelle A-7

Valentins Weizen Vertriebsgesellschaft mbH	100,0
Wicküler Brauerei GmbH	100,0
Brau und Brunnen Versicherungs-Vermittlungs-gesellschaft mbH	50,0

Quelle: HypoVereinsbank (Hrsg.): Geschäftsbericht – Anteilsbesitz 2001, o. O. 2002, S. 17 und S. 20 ff.

Tabelle A-8

Wesentlicher Beteiligungsbesitz der Commerzbank, 2001

Beteiligung	Anteil am Kapital in %
Banknaher Bereich	
Al Wataniya	9,5
Banque Marocaine du Commerce Exterieur S.A.	10,0
Capital Investment Trust Corporation	24,0
Clearing Bank Hannover Aktiengesellschaft	20,0
Commerz Unternehmensbeteiligungs-AG	40,0
Compagnie Monegasque de Banque S.A.M.	10,4
COMUNITHY Immobilien AG	49,9
Deutsche Schiffsbank Aktiengesellschaft	40,0
Hispano Commerzbank (Gibraltar) Ltd.	50,0
IMMOPOL GmbH & Co. KG	40,0
Korea Exchange Bank	32,6
Pioneer Poland U.K.L.P.	38,7
Second Interoceanic GmbH	24,8
Security Capital Group Inc.	5,1
The New Asian Land Fund Limited	46,8
The New Asian Property Fund Limited	35,9
Unibanco Holdings S.A.	11,5
Beteiligungen im Nichtbankenbereich ab 5 % des Kapitals	
Alno AG	29,4
Buderus AG	10,5
Heidelberger Druckmaschinen AG[a]	9,9
Holsten-Brauerei AG	7,2
Linde AG	10,4
MAN AG[b]	6,5
Sachsenring Automobiltechnik AG[b]	10,0
Willy Vogel Beteiligungsgesellschaft mbH	19,0

[a] Teilweise indirekt.
[b] Indirekt.
Quelle: Commerzbank (Hrsg.): Geschäftsbericht 2001, o. O. 2002, S. 8, S. 110 und S. 148, eigene Darstellung.

Literaturverzeichnis

Abbott, C.: Qualität und Wettbewerb, München 1958

ACCC (Hrsg.): Westpac Banking Corporation/Bank of Melbourne Limited – background to decision on merger proposal, o. O. 1997

Adams, M.: Cross holdings in Germany, in: Journal of Institutional and Theoretical Economics, Vol. 155, 1999, No. 1, S. 80–109

AKA Ausfuhrkredit-Gesellschaft m.b.H. (Hrsg.): 50 Jahre AKA, Frankfurt a. M. 2002

Akerlof, G. A.: The market for „lemons" – quality uncertainty and the market mechanism, in: The Quarterly Journal of Economics, Vol. 84, 1970, No. 3, S. 488–500

Albach, H.: Bankbeziehungen und Wettbewerbsfähigkeit, in: Zeitschrift für Betriebswirtschaft, 68. Jg., 1998, Ergänzungsheft 2, S. 1–27

Alich, H., Dohmen, C., Lansch, R.: Das Geschäft der Banken mit Lebenspolicen läuft gut, in: Handelsblatt, 08.11.2001, Nr. 216, S. 34

Alich, H.: Merrill Lynch und HSBC starten neuen Online-Broker, in: Handelsblatt, 23.08.2001, Online-Version http://www.handelsblatt.com/hbiwwwangebot/fn/relhbi/sfn/buildhbi/cn/GoArt!200012,200039,452859/SH/0/depot/-0/index.html, Stand: 24.08.2001

Allen, F., Gale, D.: Comparing financial systems, London 2000

Allianz (Hrsg.): Konzernabschluß 2000, o. O. 2001

Allianz (Hrsg.): Geschäftsbericht 2001, o. O. 2002

Altunbas, Y. u. a.: Efficiency in European banking, in: European Economic Review, Vol. 45, 2001, No. 10, S. 1931–1955

Altunbas, Y., Chakravarty, S. P.: Efficiency measures and the banking structure in Europe, in: Economics Letters, Vol. 60, 1998, No. 2, S. 205–208

Altunbas, Y., Gardener, E. P. M., Molyneux, P.: Cost economics and efficiency in EU banking systems, in: Gardener, E. P. M., Falzon, J. (Hrsg.): Strategic challenges in European banking, London 2000, S. 8–40

Amel, D. F., Hannan, T. H.: Defining banking markets according to principle recommended in the Merger Guidelines, in: The Antitrust Bulletin, Vol. 45, 2000, S. 615–639

Amel, D. F., Hannan, T. H.: Establishing banking market definitions through estimation of residual deposit supply equations, in: Journal of Banking & Finance, Vol. 23, 1999, No. 11, S. 1667–1690

Amel, D. F., Liang, J. N.: Determinants of entry and profits in local banking markets, in: Review of Industrial Organization, Vol. 12, 1997, No. 1, S. 59–78

Amel, D. F., Starr-McCluer, M.: Market definition in banking – recent evidence, in: The Federal Reserve Board (Hrsg.): Finance and Economics Discussion Series, No. 16, o. O. 2001

Antonoff, A.: Deutsche Bank hat vermögende Kunden im Visier, in: Die Welt, 27.02.2002, Online-Version http://www.welt.de/daten/2002/02/27/0227fi31-7104.htx?search=verm%F6gende+kunden&searchHILI=1, Stand: 11.10.2002

Aoki, M., Patrick, H., Sheard, P.: The Japanese main bank system – an introductory overview, in: Aoki, M., Patrick, H. (Hrsg.): The Japanese main bank system, Oxford u. a. 1994, S. 1–50

Arndt, F.-J.: „Macht der Banken" gegen Macht der Fakten – Anmerkungen zu einer DGB-Publikation, in: Die Bank, 10. Jg., 1986, H. 12, S. 641–643

Arndt, H.: Anpassung und Wettbewerb am Markt, in: Jahrbücher für Nationalökonomie und Statistik, Bd. 170, 1958, S. 217–286

Arrow, K. J.: The economics of agency, in: Pratt, J. W., Zeckhause, R. J. (Hrsg.): Principals and agents – the structure of business, Boston 1985, S. 37–51

Arrow, K. J.: The organisation of economic activity – issues pertinent to the choice of market versus non-market allocation, in: Joint Economic Commitee (Hrsg.): The analysis and evaluation of public expenditures – the PPB system, Vol. 1, Washington 1969, S. 47–64

Axster, O., Scherer, P.: EEC merger control – „credit institutions or other financial institutions", in: Butterworths Journal of International Banking and Financial Law, Vol. 6, 1991, S. 246–249

Bach, A.: Der Marktbeherrschungsbegriff in der EG-Fusionskontrolle, auch im Vergleich zum deutschen Kartellrecht, in: Wirtschaft und Wettbewerb, 43. Jg., 1993, H. 10, S. 804–817

Bain, J. S.: Barriers to new competition, Cambridge (Ma.) 1956

Baker, J. B., Bresnahan, T. F.: Empirical methods of identifying and measuring market power, in: Antitrust Law Journal, Vol. 61, 1992, S. 3–16

Baker, S., Wu, L.: Applying the market definition guidelines of the European Commission, in: European Competition Law Review, Vol. 19, 1998, No. 5, S. 273–280

Bartosch, A.: Happy Birthday – 10 Jahre Europäische Fusionskontrolle, in: Betriebs-Berater, 55. Jg., 2000, H. 38, S. 1897–1901

Baum, H.: Der relevante Markt als Problem der Wettbewerbspolitik, in: Wirtschaft und Wettbewerb, 30. Jg., 1980, H. 6, S. 401–407

Baumol, W. J., Panzar, J. C., Willig, R. D.: Contestable markets and the theory of industry structure, New York u. a. 1982

Baums, T., Fraune, C.: Institutionelle Anleger und Publikumsgesellschaft – eine empirische Untersuchung, in: Die Aktiengesellschaft, 40. Jg., 1995, H. 3, S. 97–112

Baums, T.: Shareholder representation and proxy voting in the European Union – a comparative study, in: Hopt, K. J. u. a. (Hrsg.): Comparative corporate governance – the state of the art and emerging research, Oxford 1998, S. 545–564

Baums, T.: Verbindungen von Banken und Unternehmen im amerikanischen Wirtschaftsrecht, Tübingen 1992

Baums, T.: Vollmachtstimmrecht der Banken – ja oder nein? In: Die Aktiengesellschaft, 41. Jg., 1996, H. 1, S. 11–26

Beatty, R. P., Santomero, A. M., Smirlock, M. L.: Bank merger premiums – analysis and evidence, New York 1987

Bechthold, R.: Abwägung zwischen wettbewerblichen Vor- und Nachteilen eines Zusammenschlusses in der europäischen Fusionskontrolle, in: Europäische Zeitschrift für Wirtschaftsrecht, 7. Jg., 1996, H. 13, S. 389–393

Beck, H., Prinz, A.: Sind Banken die Verlierer des digitalen Zeitalters? Zur Zukunft der Finanzintermediäre, in: Zeitschrift für das gesamte Kreditwesen, 53. Jg., 2000, H. 20, S. 1182–1191

Bell, F. W., Murphy, N. B.: Economies of scale and division of labour in commercial banking, in: Southern Economic Journal, Vol. 35, 1968, No. 2, S. 131–139

Benston, G. J., Hanweck, G. A., Humphrey, D. B.: Operating costs in commercial banking, in: Federal Reserve Bank of Atlanta (Hrsg.): Economic Review, Vol. 67, 1982, No. 6, S. 6–21

Benston, G. J., Hanweck, G. A., Humphrey, D. B.: Scale economies in banking, in: Journal of Money, Credit and Banking, Vol. 14, 1982, No. 4, S. 435–456

Benston, G. J.: Economies of scale and marginal costs in banking operations, in: National Banking Review, Vol. 2, 1965, No. 2, S. 507–549

Berg, H.: Wettbewerbspolitik, in: Bender, D. u. a.: Vahlens Kompendium der Wirtschaftstheorie und Wirtschaftspolitik, 7. Aufl., Bd. 2, München 1999, S. 299–362

Berg, H.: Zur (Un-)Brauchbarkeit des Marktanteils als Marktmachtindikator, in: Wettbewerb in Recht und Praxis, 32. Jg., 1986, H. 4, S. 187–191

Bergendahl, G., Lindblom, T.: The future of relationship banking, in: Gardener, E. P. M., Falzon, J. (Hrsg.): Strategic challenges in European banking, London 2000, S. 152–173

Berger, A. N. u. a.: Globalization of financial institutions – evidence from cross-border banking performance, in: Federal Reserve Bank of Chicago (Hrsg.): Research Department, Working Paper, No. 25, o. O. 1999

Berger, A. N., Hannan, T. H.: The price-concentration relationship in banking, in: The Review of Economics and Statistics, Vol. 71, 1989, No. 2, S. 291–299

Berger, A. N., Hanweck, G. A., Humphrey, D. B.: Competitive viability in banking – scale, scope and product mix economies, in: Journal of Monetary Economics, Vol. 20, 1987, No. 3, S. 501–520

Berger, A. N., Udell, G. F.: Relationship lending and lines of credit in small firm finance, in: Journal of Business, Vol. 68, 1995, No. 3, S. 351–381

Berger, A. N.: The „big picture" of relationship-based finance – discussion comments, in: Blanton, J. L., Williams, A., Rhine, S. L. W. (Hrsg.): Business access to capital and credit, Chicago 1999, S. 390–400

Biehl, A. R.: The extent of the market for retail banking deposits, in: The Antitrust Bulletin, Vol. 47, 2002, S. 91–106

Bikker, J. A., Groeneveld, J. M.: Competition and concentration in the EU banking industry, in: Kredit und Kapital, Vol. 33, 2000, No. 1, S. 62–98

Bikker, J. A.: Efficiency and cost differences across countries in a unified European banking market, in: Kredit und Kapital, Vol. 35, 2002, No. 3, S. 344–380

Bishop, S., Walker, M.: Economics of E. C. competition law – concepts, application and measurement, London 1999

Blandon, J. G.: Cross-border banking in Europe – an empirical investigation, in: Universitat Pompeu Fabra (Hrsg.): Department of Economics and Business, Working Paper, No. 509, o. O. 2000

Bleicher, K.: Der Aufsichtsrat im Wandel – eine repräsentative Studie über Aufsichtsräte in bundesdeutschen Aktiengesellschaften, Gütersloh 1987

Böhm, J.: Der Einfluß der Banken auf Großunternehmen, Hamburg 1992

Boot, A. W. A., Greenbaum, S. I.: Bank regulation, reputation and rents – theory and political implications, in: Mayer, C., Vives, X. (Hrsg.): Capital markets and financial intermediation, Cambridge 1993, S. 262–285

Boot, A. W. A., Thakor, A. V.: Moral hazard and secured lending in an infinitely repeated credit market game, in: International Economic Review, Vol. 35, 1994, No. 4, S. 899–920

Boot, A. W. A.: Relationship banking – what do we know? In: Journal of Financial Intermediation, Vol. 9, 2000, No. 1, S. 7–25

Börner, C. J.: Die Konzentration im Bankwesen – Ursachen und Folgen, in: Büschgen, H. E. (Hrsg.): Finanzplatz Deutschland an der Schwelle zum 21. Jahrhundert, Frankfurt a. M. 1998, S. 29–45

Borner, H.: Die Kreditbeziehung als Mittel zur Verhaltensbeeinflussung, in: Kredit und Kapital, Vol. 32, 1999, No. 3, S. 461–480

Bösel, H.-D.: Privatbankiers – erfolgreich als Spezialisten, in: Börsen-Zeitung, 04.04.2001, Online-Version http://www.boersen-zeitung.com/online/redaktion/bankentag/BZ066361.HTML, Stand: 05.04.2001

Brendel, G.: Zur Macht der Banken in Deutschland – eine empirisch-historische Untersuchung, Münster 2001

Breuer, R.-E.: The role of financial intermediaries and capital markets, in: Hopt, K. J. u. a. (Hrsg.): Comparative corporate Governance – the state of the art and emerging research, Oxford 1998, S. 537–545

Bronsteen, P.: Product market definition in commercial bank merger cases, in: The Antitrust Bulletin, Vol. 30, 1985, S. 677–694

Brouthers, K. D., Hastenburg, P. van, Ven, J. van den: If most mergers fail why are they so popular? In: Long Range Planning, Vol. 31, 1998, No. 3, S. 347–353

Buch, C. M., Golder, S.: Domestic and foreign banks in Germany – do they differ? In: Kredit und Kapital, Vol. 35, 2002, No. 1, S. 19–53

Buchenau, M.-W.: BMW geht beim Bankgeschäft in die Offensive, in: Handelsblatt, 25.06.2002, Nr. 119, S. 34

Bundesaufsichtsamt für das Kreditwesen (Hrsg.): Jahresbericht 2000, Bonn 2001

Bundeskartellamt (Hrsg.): Auslegungsgrundsätze zur Prüfung von Marktbeherrschung in der deutschen Fusionskontrolle, Bonn 2000

Bundeskartellamt (Hrsg.): Das Untersagungskriterium in der Fusionskontrolle – marktbeherrschende Stellung versus substantial lessening of competition, o. O. 2001

Bundeskartellamt (Hrsg.): Tätigkeitsbericht 1991/92, veröffentlicht in: Deutscher Bundestag (Hrsg.): Drucksache 12/5200, Bonn 1993

Bundesrepublik Deutschland Finanzagentur GmbH (Hrsg.): Bietergruppe Bundesemissionen, Pressemitteilung, Nr. 60, 16.12.2002

Bundesverband der Deutschen Volksbanken und Raiffeisenbanken (Hrsg.): Wir machen den Weg frei, http://www.bvr.de/www-new/oeffentl.nsf/index?ReadForm&main=03&sub=00, Stand: 20.09.2002

Bundesverband deutscher Banken (Hrsg.): Auslandsbanken – Barometer des deutschen Finanzmarktes, in: inter/esse – Informationen, Daten, Hintergründe, o. Jg., 2001, Nr. 8, S. 6–8

Bundesverband deutscher Banken (Hrsg.): E-Commerce als Bankdienstleistung – Daten, Fakten, Argumente, Berlin 2001

Bundesverband deutscher Banken (Hrsg.): Macht der Banken – Daten, Fakten, Argumente, Köln 1995

Bundesverband deutscher Banken (Hrsg.): Marktanteile nach Bankengruppen, http://www.bdb.de/Statistik/html/bizuf/sub_01_markt/ban_0511.asp?channel=161010, Stand: 07.10.2002

Bundesverband deutscher Banken (Hrsg.): o. T., http://www.bdb.de/Statistik/-html/bizuf/sub_01_markt/ban_0501.asp?channel=161010, Stand 01.10.2002

Bundesverband deutscher Banken (Hrsg.): Online-Konten in Deutschland 2001, http://www.bdb.de/presse/index.asp?channel=161010&art=400, Stand: 17.10.2002

Bundesverband Deutscher Investment- und Vermögensverwaltungs-Gesellschaften e. V. (Hrsg.): Investment 2002 – Daten, Fakten, Entwicklung, Frankfurt a. M. 2002

Burghof, H.-P.: Credit and information in universal banking, in: Schmalenbachs Business Review, Vol. 52, 2000, No. 3, S. 282–309

Busse, A.: Depotstimmrecht der Banken, Wiesbaden 1962

Camesasca, P. D.: The explicit efficiency defense in merger control – does it make the difference? In: European Competition Law Review, Vol. 20, 1999, No. 1, S. 14–28

Canoy, M., Weigand, J.: How relevant is the relevant market? Lessons from recent antitrust cases, bisher unveröffentlicht

Carey, M., Post, M., Sharpe, S. A.: Does corporate lending by banks and finance companies differ? Evidence on specialization in private debt contracting, in: Journal of Finance, Vol. 53, 1998, No. 3, S. 845–878

Casu, B., Molyneux, P.: A comparative study of efficiency in European banking, in: Wharton School Financial Institutions Center (Hrsg.): Working Paper, No. 17, o. O. 2000

Cetorelli, N.: Does bank concentration lead to concentration in industrial sectors? In: Federal Reserve Bank of Chicago (Hrsg.): Working Paper, No. 1, o. O. 2001

Chamberlin, E. H.: The theory of monopolistic competition, Cambridge (Ma.) 1933

Christensen, P., Rabassa, V.: The Airtours decision – is there a new commission approach to collective dominance? In: European Competition Law Review, Vol. 22, 2001, No. 6, S. 227–237

Christl, J.: Economies of scale in der Bankwirtschaft – produzieren große Banken kostengünstiger als kleine? In: CA-Quarterly, o. J., 1990, H. 4, S. 18–22

Clark, J. A., Speaker, P. J.: Economies of scale and scope in banking – evidence from a generalized translog cost function, in: Quarterly Journal of Business and Economics, Vol. 33, 1994, No. 2, S. 3–25

Clark, J. A.: Estimation of economy of scale in banking using a generalized functional form, in: Journal of Money, Credit and Banking, Vol. 16, 1984, No. 1, S. 53–68

Clearing Bank (Hrsg.): Überblick gibt ... Durchblick, http://clearing-bank.de/-start.php?link=1_2_2_1, Stand: 18.01.2003

Cole, R. A.: The importance of relationships to the availability of credit, in: Journal of Banking & Finance, Vol. 22, 1998, No. 6–8, S. 959–977

Commerzbank (Hrsg.): Filialverzeichnis, o. O. 2002

Commerzbank (Hrsg.): Geschäftsbericht 2001, o. O. 2002

Competition Commission (Hrsg.): The supply of banking services by clearing banks to small and medium sized enterprises, o. O. 2002

Cook, C. J., Kerse, C. S.: EEC merger control – regulation 4064/89, London 1991

Cybo-Ottone, A., Murgia, M.: Mergers and shareholder wealth in European banking, in: Journal of Banking & Finance, Vol. 24, 2000, No. 6, S. 831–859

Cyrnak, A. W., Hannan, T. H.: Is the cluster still valid in defining banking markets? Evidence from new data source, in: The Antitrust Bulletin, Vol. 44, 1999, S. 313–331

Daniel, D. L., Longbrake, W. A., Murphy, N. B.: The effect of technology on bank economies of scale for demand deposits, in: Journal of Finance, Vol. 28, 1973, No. 1, S. 131–146

De Bandt, O., Davis, E. P.: Competition, contestability and market structure in European banking sectors on the eve of EMU, in: Journal of Banking & Finance, Vol. 24, 2000, No. 6, S. 1045–1066

Deckers, M.: Zukunftsorientierte Kreditentscheidung im mittelständischen Firmenkundengeschäft, München 1990

Dell`Ariccia, G., Friedman, E., Marquez, R.: Adverse selection as a barrier to entry in the banking industry, in: RAND Journal of Economics, Vol. 30, 1999, No. 3, S. 515–534

Deloitte Consulting (Hrsg.): Aufsichtsratspraxis in Deutschland – aktueller Stand und zukünftige Herausforderungen, o. O. 2002

Demsetz, H.: Barriers to entry, in: The American Economic Review, Vol. 72, 1982, No. 1, S. 47–57

Detragiache, E., Garella, P., Guiso, L.: Multiple versus single banking relationship – theory and evidence, in: Journal of Finance, Vol. 55, 2000, No. 3, S. 1133–1161

Deutsche Bank (Hrsg.): DWS Investments, http://info.dws.de/dws/nav_profil.nsf/frameset/DGIA-4TFKC5?OpenDocument, Stand: 30.12.2002

Deutsche Bank (Hrsg.): Geschäftsberichte, laufende Jahrgänge

Deutsche Bank (Hrsg.): Presse-Information, 17.01.2002, Online-Version http://group.deutsche-bank.de/ir/deu/ir_newsboard/ir_releases/994; Stand: 23.11.2002

Deutsche Bank (Hrsg.): Presse-Information, 19.06.2002, Online-Version http://group.deutsche-bank.de/ir/deu/ir_newsboard/ir_releases/1109, Stand: 30.11.2002

Deutsche Bank (Hrsg.): Presse-Information, 20.11.2002, Online-Version http://presse.deutsche-bank.de/wms/presse/lesefenster.php3?ci=4249&language=1, Stand: 03.12.2002

Deutsche Bank (Hrsg.): Presse-Information, 20.12.2002, Online-Version http://presse.deutsche-bank.de/wms/presse/lesefenster.php3?language=1&ci=4266, Stand: 21.12.2002

Deutsche Bank (Hrsg.): Presse-Information, 02.01.2003, Online-Version http://presse.deutsche-bank.de/wms/presse/lesefenster.php3?language=1&ci=4269, Stand: 03.01.2003

Deutsche Bank (Hrsg.): Verzeichnis der Mandate 2001, o. O. 2002

Deutsche Bank (Hrsg.): Verzeichnis des Anteilsbesitzes 2000, o. O. 2001

Deutsche Bank (Hrsg.): Verzeichnis des Anteilsbesitzes 2001, o. O. 2002

Deutsche Bundesbank (Hrsg.): Bankenstatistik, laufende Jahrgänge

Deutsche Bundesbank (Hrsg.): Entwicklung des Bankstellennetzes, laufende Jahrgänge

Deutsche Bundesbank (Hrsg.): Monatsbericht, laufende Jahrgänge

Deutsche Bundesbank (Hrsg.): Wertpapierdepots – Statistische Sonderveröffentlichung 9, Frankfurt a. M. 2002

Deutscher Sparkassen- und Giroverband (Hrsg.): Angebot und Qualität von Finanzdienstleistungen für Verbraucher und mittelständische Unternehmen – Analyse des Finanzmarktes in Großbritannien unter Berücksichtigung des deutschen Finanzmarktes, Berlin 2000

Deutscher Sparkassen- und Giroverband (Hrsg.): Aufgaben und Ziele, http://www.dsgv.de/?direkt=%2Fopenworx.php%3Fdef%3Dliste%26vlg%3Dliste%26id%3D10, Stand: 21.09.2002

Diamond, D. W.: Financial intermediation and delegated monitoring, in: Review of Economic Studies, Vol. 51, 1984, S. 393–414

Diamond, D. W.: Monitoring and reputation – the choice between bank loans and directly placed debt, in: Journal of Political Economy, Vol. 99, 1991, No. 4, S. 689–721

Diamond, D. W.: Reputation acquisition in debt markets, in: Journal of Political Economy, Vol. 97, 1989, No. 4, S. 828–861

Diamond, P. A.: A model of price adjustment, in: Journal of Economic Theory, Vol. 3, 1971, No. 2, S. 156–168

Dierig, C., Eigendorf, J.: Im Privatkundengeschäft sind die Deutschen bislang nur zweite Liga, in: Die Welt, 30.08.2002, Online-Version http://www.welt.de/daten/2002/08/30/0830wi353439.htx?search=dierig&searchHILI=1, Stand: 12.10.2002

Dirrheimer, M. J.: Marktkonzentration und Wettbewerbsverhalten von Unternehmen – empirische Untersuchung ausgewählter Märkte der Bundesrepublik Deutschland, Frankfurt a. M. 1981

Doberanzke, V.: Exklusive Finanzierung mittelständischer Unternehmen, Wiesbaden 1993

Dombret, A., Ehrhardt, M. P.: Das Internet – Bedrohung oder Chance für Banken? In: FAZ, 05.06.2000, Nr. 129, S. 33

Dombret, A., Ossig, C.: Die Luft für reine Online-Broker ohne Anbindung an Bankfilialen wird dünner, in: FAZ, 11.06.2001, Nr. 133, S. 40

Drauz, G., Schroeder, D.: Praxis der europäischen Fusionskontrolle, 2. Aufl., Köln 1994

Dresdner Bank (Hrsg.): Geschäftsbericht 2001, o. O. 2002

Dresdner Bank (Hrsg.): Liste des Anteilsbesitzes 2000, o. O. 2001

Duursma, D.: Europäische – nationale Fusionskontrolle im Bankenbereich, Linz 1997

Duursma, D.: Fusionskontrolle bei Banken – europäische und nationale Regelungen der Zusammenschlußkontrolle, Wien 1999

Ebel, B., Hofer, M. B.: Wertpapiergeschäft – die Preisstrukturen brechen auf, in: Die Bank, 25. Jg., 2001, H. 7, S. 487–491

Edwards, J., Fischer, K.: Banks, finance and investments in Germany, Cambridge 1994

Ehlermann, C.-D.: Die Europäische Fusionskontrolle – erste Erfahrungen, in: Wirtschaft und Wettbewerb, 41. Jg., 1991, H. 7/8, S. 535–545

Eichwald, B., Pehle, H.: Die Kreditarten, in: Hagen, J. von, Stein, J. H. von (Hrsg.): Geld-, Bank- und Börsenwesen, 40. Aufl., Stuttgart 2000, S. 742–814

Eicker, A.: Die Internet-Strategie der Banken ist teuer, in: Handelsblatt, 03.04.2001, Online-Version http://www.handelsblatt.com/hbiwwwangebot/-fn/relhbi/sfn/buildhbi/cn/GoArt!200012,200039,404386/SH/0/depot/0/index.html, Stand: 30.04.2001

Elland, W.: The merger control regulation (EEC) No. 4064/89, in: European Competition Law Review, Vol. 11, 1990, No. 3, S. 111–118

Elsas, R., Krahnen, J. P.: Collateral, default risk and relationship lending – an empirical study on financial contracting, in: Center for Financial Studies (Hrsg.): Working Paper, No. 13, o. O. 1999

Elsas, R., Krahnen, J. P.: Is relationship lending special? Evidence from credit-file data in Germany, in: Center for Financial Studies (Hrsg.): Working Paper, No. 5, o. O. 1998

Elsas, R.: Die Bedeutung der Hausbank – eine ökonomische Analyse, Wiesbaden 2001

Emmons, W. R., Schmid, F. A.: Universal banking, control rights, and corporate finance in Germany, in: Federal Reserve Bank of St. Louis (Hrsg.): Working Paper, No. 7/8, St. Louis 1998, S. 19–42

Engenhardt, G. F.: Die Macht der Banken – politische Positionen zur Neuregelung der gesetzlichen Grundlagen, Wiesbaden 1995

Europäische Kommission (Hrsg.): 21. Bericht über die Wettbewerbspolitik 1991, Brüssel 1992

Europäische Kommission (Hrsg.): 22. Bericht über die Wettbewerbspolitik 1992, Brüssel 1993

Europäische Kommission (Hrsg.): 23. Bericht über die Wettbewerbspolitik 1993, Brüssel 1994

Europäische Kommission (Hrsg.): Bekanntmachung der Kommission über den Begriff des Zusammenschlusses der Verordnung (EWG) Nr. 4064/89 des Rates vom 21.12.1989 über die Kontrolle von Unternehmenszusammenschlüssen, in: Abl. EG C 385/5–11 vom 31.12.1994

Europäische Kommission (Hrsg.): Bekanntmachung der Kommission über die Definition des relevanten Marktes im Sinne des Wettbewerbsrechts der Gemeinschaft, in: Abl. EG C 372/5–13 vom 09.12.1997

Europäische Kommission (Hrsg.): Cas n°IV/M.296 – Credit Lyonnais/BFG Bank, 11.01.1993, öffentliche Version

Europäische Kommission (Hrsg.): Cas n°IV/M.343 – Societe Generale de Belgique/Generale de Banque, 03.08.1993, öffentliche Version

Europäische Kommission (Hrsg.): Case No IV/M.1029 – Merita/Nordbanken, 10.12.1997, öffentliche Version

Europäische Kommission (Hrsg.): Case No IV/M.1067 – Merrill Lynch/Mercury, 22.12.1997, öffentliche Version

Europäische Kommission (Hrsg.): Case No IV/M.112 – EDS/SD Scicon, 17.07.1991, öffentliche Version

Europäische Kommission (Hrsg.): Case No IV/M.116 – Kelt/American Express, 20.08.1991, öffentliche Version

Europäische Kommission (Hrsg.): Case No IV/M.1172 – Fortis AG/Generale Bank, 24.06.1998, öffentliche Version

Europäische Kommission (Hrsg.): Case No IV/M.190 – Nestle/Perrier, 22.07.1992, öffentliche Version

Europäische Kommission (Hrsg.): Case No IV/M.342 – FORTIS/CGER, 15.11.1993, öffentliche Version

Europäische Kommission (Hrsg.): Case No IV/M.391 – BAI/Banca Popolare di Lecco, 20.12.1993, öffentliche Version

Europäische Kommission (Hrsg.): Case No IV/M.53 – Aerospatiale-Alenia/de Havilland, 02.10.1991, in: Wirtschaft und Wettbewerb, 42. Jg., 1992, H. 2, S. 163–188

Europäische Kommission (Hrsg.): Case No. IV/M.642 – Chase Manhattan/Chemical Banking Corporation, 26.10.1995, öffentliche Version

Europäische Kommission (Hrsg.): Caso n. IV/M.62 – Eridania/ISI, 30.07.1991, öffentliche Version

Europäische Kommission (Hrsg.): Enterprises' access to finance, Commission Staff Working Paper, No. 1667, Brüssel 2001

Europäische Kommission (Hrsg.): Fall Nr. IV/M.891 – Deutsche Bank/Commerzbank/J. M. Voith, 23.04.1997, öffentliche Version

Europäische Kommission (Hrsg.): Fall Nr. Comp/M.2125 – HypoVereinsbank/Bank Austria, 14.11.2000, öffentliche Version

Europäische Kommission (Hrsg.): Fall Nr. Comp/M.2431 – Allianz/Dresdner, 19.07.2001, öffentliche Version

Europäische Kommission (Hrsg.): Fall Nr. IV/M.12 – Varta/Bosch, 31.07.1991, öffentliche Version

Europäische Kommission (Hrsg.): Fall Nr. IV/M.1384 – Deutsche Bank/-Bankers Trust, 22.04.1999, öffentliche Version

Europäische Kommission (Hrsg.): Fall Nr. IV/M.873 – Bank Austria/Creditanstalt, 11.03.1997, öffentliche Version

Europäische Kommission (Hrsg.): Mitteilung der Kommission über den Begriff der beteiligten Unternehmen in der Verordnung (EWG) Nr. 4064/89 des Rates über die Kontrolle von Unternehmenszusammenschlüssen, in: Abl. EG C 66/14–24 vom 02.03.1998

Europäische Kommission (Hrsg.): Verordnung (EG) Nr. 1310/97 des Rates zur Änderung der Verordnung (EWG) Nr. 4064/89 des Rates über die Kontrolle von Unternehmenszusammenschlüssen, in: Abl. EG L 180/1–6 vom 09.07.1997

Europäische Kommission (Hrsg.): Vorschlag einer Verordnung (EWG) des Rates über die Kontrolle von Unternehmenszusammenschlüssen, in: Abl. EG C 92/1–7 vom 31.10.1973

Europäische Zentralbank (Hrsg.): Mergers and acquisitions involving the EU banking industry – facts and implications, Frankfurt a. M. 2000

Europäische Zentralbank (Hrsg.): The effects of technology on the EU banking systems, Frankfurt a. M. 1999

Europäischer Gerichtshof (Hrsg.): United Brands Company und United Brands Continentaal BV/Kommission („Chiquita Bananen"), 14.02.1978

Europäischer Rat (Hrsg.): Dritte Richtlinie des Rates gemäß Art. 54 III g des Vertrages betreffend die Verschmelzung von Aktiengesellschaften, in: Abl. EG L 295/36–43 vom 20.10.1978

Europäischer Rat (Hrsg.): Erste Richtlinie des Rates zur Koordinierung der Rechts- und Verwaltungsvorschriften über die Aufnahme und Ausübung der Tätigkeit der Kreditinstitute, in: Abl. EG L 322/30–37 vom 12.12.1977

Europäischer Rat (Hrsg.): Richtlinie des Rates über den Jahresabschluß und den konsolidierten Abschluß von Banken und anderen Finanzinstituten, in: Abl. EG L 372/1–17 vom 08.12.1986

Europäischer Rat (Hrsg.): Zweite Richtlinie des Rates zur Koordinierung der Rechts- und Verwaltungsvorschriften über die Aufnahme und Ausübung der Tätigkeit der Kreditinstitute und zur Änderung der Richtlinie 77/780 EWG, in: Abl. EG L 386/1–13 vom 15.12.1989

Farny, D.: Allfinanz – das betriebswirtschaftliche Konzept, in: Krümmel, H.-J., Rehm, H., Simmert, D. B. (Hrsg.): Allfinanz – Strukturwandel an den Märkten für Finanzdienstleistungen, Beihefte zu Kredit und Kapital, 1991, No. 11, S. 161–176

Fehl, U., Schmidtchen, D.: Wettbewerbstheoretische Aspekte der Mißbrauchsaufsicht über Autobahntankstellen, in: Wirtschaft und Wettbewerb, 36. Jg., 1986, H. 7/8, S. 572–586

Fehr, B., Steltzner, H.: „Das Gerede vom Ende der Hausbank ist doch Quatsch", in: FAZ, 28.05.2002, Nr. 121, S. 18

Fiedler, P.: EG-Kommission erleichtert Voraussetzungen für Sanierungsfusionen, in: Europäische Zeitschrift für Wirtschaftsrecht, 12. Jg., 2001, H. 19, S. 585–589

Fischer, K.: Hausbankbeziehungen als Instrument der Bindung zwischen Banken und Unternehmen – eine theoretische und empirische Analyse, Regensburg 1990

FIW (Hrsg.): Marktbeherrschung in der Fusionskontrolle – Checkliste des Bundeskartellamtes in deutsch, englisch und französisch, FIW-Dokumentation, H. 15, Köln u. a. 1990

Fleischer, H., Körber, T.: Der Einfluß des US-amerikanischen Antitrustrechts auf das Europäische Wettbewerbsrecht, in: Wirtschaft und Wettbewerb, 51. Jg., 2001, H. 1, S. 6–18

Friedrich-Ebert-Stiftung (Hrsg.): Macht der Banken – eine Tagung der Friedrich-Ebert- Stiftung am 4. Mai 1995 in Frankfurt a. M., Bonn 1995

Fritsch, M., Wein, T., Ewers, H.-J.: Marktversagen und Wirtschaftspolitik – mikroökonomische Grundlagen staatlichen Handelns, 4. Aufl., München 2001

Frühauf, M.: Banken – Firmenkredite werden teurer, in: Handelsblatt, 03.09.2001, Nr. 169, S. 35

Frühauf, M.: Renditen deutscher Banken sind zu niedrig, in: Handelsblatt, 29.04.2001, Online-Version http://www.handelsblatt.com/hbiwwwangbot/-fn/relhbi/sfn/buildhbi/cn/GoArt!200012,200039,413949/SH/0/depot/0/-index.html, Stand: 30.04.2001

Fuchs, A.: Zusagen, Auflagen und Bedingungen in der europäischen Fusionskontrolle, in: Wirtschaft und Wettbewerb, 46. Jg., 1996, H. 4, S. 269–286

Geigant, F.: Banken, in: Oberender, P. (Hrsg.): Marktstruktur und Wettbewerb in der Bundesrepublik Deutschland – Branchenstudien zur deutschen Volkswirtschaft, München 1984, S. 537–576

Gelfand, M. D., Wolken, J. D.: Do consumers „cluster" their banking services? In: Board of Governors of the Federal Reserve System (Hrsg.): Working Papers in Banking, Finance and Microeconomics, No. 4, o. O. 1986

Gilligan, T., Smirlock, M., Marshall, W.: Scale, scope economies in the multiproduct banking firm, in: Journal of Monetary Economics, Vol. 13, 1984, No. 3, S. 393–405

Gischer, H.: Kreditmärkte, Investitionsentscheidungen und Grenzen der Geldpolitik, Baden-Baden 1988

Goddard, J. A., Molyneux, P., Wilson, J. O. S.: European banking – efficiency, technology and growth, Chichester 2001

Goldberg, L. G., Rai, A.: The structure-performance relationship for European banking, in: Journal of Banking & Finance, Vol. 20, 1996, No. 4, S. 754–771

Gottschalk, A.: Der Stimmrechtseinfluß der Banken in den Aktionärsversammlungen von Großunternehmen, in: WSI-Mitteilungen, 41. Jg., 1988, H. 5, S. 294–304

Greenbaum, S. I., Kanatas, G., Venezia, I.: Equilibrium loan pricing under the bank-client-relationship, in: Journal of Banking & Finance, Vol. 13, 1989, No. 2, S. 221–235

Greenspan, M. A., Colclough, J. T.: The relevant product market for banking acquisitions, in: The Antitrust Bulletin, Vol. 41, 1996, S. 453–464

Grossman, S. J., Hart, O. D.: The costs and benefits of ownership – a theory of vertical and lateral integration, in: Journal of Political Economy, Vol. 94, 1986, No. 4, S. 691–719

Group of Ten (Hrsg.): Report on consolidation in the financial sector, o. O. 2001

Guerin-Calvert, M. E.: Current merger policy – banking and ATM network mergers, in: The Antitrust Bulletin, Vol. 41, 1996, S. 289–322

Gutenberg, E.: Funktionswandel im Aufsichtrat, in: Zeitschrift für Betriebswirtschaft, 40. Jg., 1970, Ergänzungsheft 10, S. 1–10

Haas, J.: Der Anteilsbesitz der Kreditwirtschaft an Nichtbanken, Saarland 1994

Harhoff, D., Körting, T.: Lending relationships in Germany – empirical results from survey data, in: Journal of Banking & Finance, Vol. 22, 1998, No. 10/11, S. 1317–1354

Harm, C.: The relationship between German banks and large German firms, in: The World Bank (Hrsg.): Working Paper, No. 900, o. O. 1990

Hay, G. A.: Market power in antitrust, in: Antitrust Law Journal, Vol. 60, 1992, No. 3, S. 807–827

Hegmann, G.: Allianz-Aktionäre zweifeln an Strategie, in: FTD, 13.06.2002, Online-Version http://ftd.de/ub/fi/1014399186813.html, Stand: 17.06.2002

Heilmann, D. H.: Unternehmen müssen auch sterben dürfen, in: Handelsblatt, 11.03.2002, Nr. 49, S. 1 und S. 9

Hein, M., Flöter, H.: „Macht der Banken" – Folgerungen aus der bisherigen Diskussion, in: WSI-Mitteilungen, 28. Jg., 1975, H. 7, S. 342–361

Heintzeler, F.: Zukunft der Bank – Bank der Zukunft, in: Die Bank, 25. Jg., 2001, H. 4, S. 244–249

Heismann, G.: Geschäftsmodell Online-Brokerage ist gescheitert, in: FTD, 19.10.2002, Online-Version http://ftd.de/ub/fi/1034763891485.html, Stand: 19.10.2002

Hellwig, M.: Banken zwischen Politik und Markt – worin besteht die volkswirtschaftliche Verantwortung der Banken? In: Perspektiven der Wirtschaftspolitik, Vol. 1, 2000, No. 3, S. 337–356

Hempell, H. S.: Testing for competition among German banks, in: Economic Research Centre of the Deutsche Bundesbank (Hrsg.): Discussion Paper, No. 4, Frankfurt a. M. 2002

Herrhausen, A.: Großbanken und Ordnungspolitik, in: Die Bank, 12. Jg., 1988, H. 3, S. 120–129

Herrhausen, A.: Macht der Banken, in: Revue d'Allemagne et des pays de langue allemande, Straßbourg 1990, S. 175–194

Herrhausen, A.: Macht der Banken, in: Universität des Saarlandes (Hrsg.): Saarbrücker Universitätsreden, Nr. 24, Saarbrücken 1987

Herrhausen, A.: Zu den Vorschlägen der Monopolkommission zur Begrenzung des Anteilserwerbs von Banken an Nichtbanken, in: Helmrich, H. (Hrsg.): Wettbewerbspolitik und Wettbewerbsrecht, Köln u. a. 1987, S. 299–326

Heuss, E.: Allgemeine Markttheorie, Tübingen 1965

Hirsbrunner, S.: Fusionskontrolle der Kommission im Jahre 1996, in: Europäische Zeitschrift für Wirtschaftsrecht, 8. Jg., 1997, H. 24, S. 748–755

Hoffbauer, A., Schönauer, F.: Citigroup will Marktanteil in Europa erhöhen, in: Handelsblatt, 21.11.2001, Nr. 225, S. 35

Holsten-Brauerei (Hrsg.): Geschäftsbericht 2001, o. O. 2002

Horiuchi, T.: The effect of firm status on banking relationships and loan syndication, in: Aoki, M., Hugh, P. (Hrsg.): The Japanese main bank system, Oxford 1994, S. 258–294

Houston, J. F., James, C. M.: Bank information monopolies and the mix of private and public debt claims, in: Journal of Finance, Vol. 51, 1996, No. 5, S. 1863–1889

Houston, J. F., Ryngaert, M. D.: The overall gains from large bank mergers, in: Journal of Banking & Finance, Vol. 18, 1994, No. 6, S. 1155–1176

Huggenberger, T.: Die marktbeherrschende Stellung in der Fusionskontrolle der EG, Bern u. a. 2000

Huizinga, H. P., Nelissen, J. H. M., Vander Vennet, R.: Efficiency effects of bank mergers and acquisitions in Europe, in: Tinbergen Institute (Hrsg.): Discussion Paper, No. 88/3, o. O. 2001

HypoVereinsbank (Hrsg.): Geschäftsbericht 2000, o. O. 2001

HypoVereinsbank (Hrsg.): Geschäftsbericht 2001, o. O. 2002

HypoVereinsbank (Hrsg.): Geschäftsbericht – Anteilsbesitz 2001, o. O. 2002

Immenga, U.: Beteiligungen von Banken in anderen Wirtschaftszweigen, 2. Aufl., Baden-Baden 1978

Institut der Deutschen Wirtschaft (Hrsg.): Deutschland in Zahlen, Köln 2002

Jickeli, J.: Marktzutrittsschranken im EG-Kartellrecht (Teil 1), in: Wirtschaft und Wettbewerb, 42. Jg., 1992, H. 3, S. 101–114

Jickeli, J.: Marktzutrittsschranken im EG-Kartellrecht (Teil 2), in: Wirtschaft und Wettbewerb, 42. Jg., 1992, H. 3, S. 195–209

Jickeli, J.: Marktzutrittsschranken im Recht der Wettbewerbsbeschränkungen, Baden-Baden 1990

Jones, C., Gonzalez-Diaz, E.: The EEC merger regulation, London 1992

Kandlbinder, H. K.: Das Spezialfonds-Jahr der Versicherungs-KAGs und der Auslands-KAGs, in: Zeitschrift für das gesamte Kreditwesen, 54. Jg., 2001, H. 16/17, S. 883–897

Kandlbinder, H. K.: Der Immobilien-Spezialfonds – ein schlafender Riese erwacht langsam, in: Der langfristige Kredit, 52. Jg., 2001, H. 2, S. 497–506

Kane, E. J., Malkiel, B. G.: Bank portfolio allocation, deposit variability and the availability doctrine, in: The Quarterly Journal of Economics, Vol. 79, 1965, No. 1, S. 113–134

Kantzenbach, E., Krüger, R.: Zur Frage der richtigen Abgrenzung des sachlich relevanten Marktes bei der wettbewerbspolitischen Beurteilung von Unternehmenszusammenschlüssen, in: Wirtschaft und Wettbewerb, 40. Jg., 1990, H. 6, S. 472–481

Kantzenbach, E.: Unternehmenskonzentration und Wettbewerb, in: Wirtschaft und Wettbewerb, 44. Jg., 1994, H. 4, S. 294–302

Karsch, W.: Direct Brokerage – die zweite Welle, in: Die Bank, 25. Jg., 2001, H. 8, S. 566–573

Kasper, B. H. M.: Wettbewerb im Private Banking, Frankfurt a. M. 2001

Keidel, S.: Dresdner hält Top-Manager der Investmentsparte, in: FAZ, 30.07.2001, Nr. 144, S. 21

Keller, B., Lerch, S., Matzke, S.: Umfrage – Kundenbindung und Wechselbereitschaft, in: Die Bank, 24. Jg., 2000, H. 6, S. 376–381

Keller, B.: Kundenbindung im Internetzeitalter – ohne die Filiale geht es nicht, in: bank und markt, o. Jg., 2000, H. 12, S. 26–31

Kerber, W.: Die Europäische Fusionskontrollpraxis und die Wettbewerbskonzeption der EG, Bayreuth 1994

Kinne, K.: Effizienzvorteile in der Zusammenschlußkontrolle – eine vergleichende Analyse der deutschen, europäischen und US-amerikanischen Wettbewerbspolitik, Baden-Baden 2000

Kirchner, C.: Online-Broker Consors zieht sich aus der Schweiz und Italien zurück, in: Handelsblatt, 17.10.2002, Nr. 200, S. 26

Kleinert, J., Klodt, H.: Megafusionen – Erklärungsansätze und Erfolgsaussichten, in: Wirtschaftswissenschaftliches Studium, 30. Jg., 2001, H. 10, S. 523–528

Kleinert, J.: Megafusionen – Welle oder Trend? In: Die Weltwirtschaft, o. J., 2000, H. 2, S. 171–186

Knipper, H.-J., Köhler, J., Landgraf, R.: Deka baut Angebot für Millionäre aus, in: Handelsblatt, 03./04.01.2003, Nr. 2, S. 17

Knöpfle, R.: Ist es für die Beurteilung, ob ein Unternehmen eine marktbeherrschende Stellung hat, notwendig, den relevanten Markt zu bestimmen? In: Der Betrieb, 40. Jg., 1990, H. 27/28, S. 1385–1393

Köhler, C.: Empfehlen sich gesetzliche Regelungen zur Einschränkung des Einflusses der Kreditinstitute auf Aktiengesellschaften? In: Ständige Deputation des deutschen Juristentages (Hrsg.): Verhandlungen des 61. deutschen Juristentages, Bd. II/1, Karlsruhe 1996, S. N 47–68

Köpf, G.: Depotstimmrecht und Aufsichtsratsmandate von Bankvorständen, in: Wirtschaftswissenschaftliches Studium, 15. Jg., 1986, H. 11, S. 583–587

Körber, U.: Die Stimmrechtsvertretung durch Kreditinstitute – Überlegungen zur Fortentwicklung des deutschen Rechts unter Berücksichtigung der Vorschläge der Europäischen Kommission, Berlin 1989

Körting, T.: Bankbeziehungen kleiner und mittlerer Unternehmen in Deutschland – eine Zusammenfassung empirischer Ergebnisse, in: Szczesny, A. (Hrsg.): Kreditrisikomessung und Kreditrisikomanagement, Baden-Baden 2001, S. 37–55

Kotler, P., Bliemel, F.: Marketing-Management – Analyse, Planung, und Verwirklichung, 10. Aufl., Stuttgart 2001

Kottmann, E.: Die räumliche Abgrenzung des relevanten Marktes – eine ökonomische Untersuchung unter Berücksichtigung der wettbewerbspolitischen Praxis in der europäischen Zusammenschlußkontrolle, Baden-Baden 2000

Krainer, J.: The separation of banking and commerce, in: Federal Reserve Bank of San Francisco (Hrsg.): Economic Review, o. O. 2000, S. 15–25

Kraus, B. M.: Sicherheit im Electronic Banking-Umfeld, in: Thome, R. (Hrsg.): Electronic Commerce – Anwendungsbereiche und Potentiale der digitalen Geschäftsabwicklung, München 1997, S. 137–158

Krimphove, D.: Europäische Fusionskontrolle, Köln 1991

Kröner, M.: Online meets Offline, in: Die Bank, 25. Jg., 2001, H. 3, S. 182–185

Kroszner, R. S., Strahan, P. E.: Bankers on boards – monitoring, conflicts of interests and lender liability, in: NBER (Hrsg.): Working Paper, No. 7319, Cambridge (Ma.) 1999

Krümmel, H.-J.: Bankzinsen – Untersuchungen über die Preispolitik von Universalbanken, Köln u. a. 1964

Kurtz, R. D., Rhoades, S. A.: A note on the market share-profitability relationship, in: Review of Industrial Organization, Vol. 7, 1992, No. 1, S. 39–50

Kwast, M. L., Starr-McCluer, M., Wolken, J. D.: Market definition and the analysis of antitrust in banking, in: The Antitrust Bulletin, Vol. 42, 1997, S. 973–995

Kwast, M. L.: Bank mergers – what should policy makers do? In: Journal of Banking & Finance, Vol. 23, 1999, No. 2–4, S. 629–636

Lampert, T.: Kompetenzabgrenzung zwischen nationaler und europäischer Fusionskontrolle, in: Wirtschaft und Wettbewerb, 52. Jg., 2002, H. 5, S. 449–458

Landgraf, R., Otto, P., Potthoff, C.: State Street rollt europäischen Markt auf, in: Handelsblatt, 05.12.2002, Nr. 235, S. 23

Landgraf, R.: Investmentbanker haben nichts zu lachen, in: Handelsblatt, 01.10.2002, Nr. 189, S. 21

Landgraf, R.: Tricks bringen Banken in den Hitlisten nach vorne, in: Handelsblatt, 02.09.2002, Nr. 168, S. 24

Lang, G., Welzel, P.: Efficiency and technical progress in banking – empirical results for a panel of German cooperative banks, in: Journal of Banking & Finance, Vol. 20, 1996, No. 6, S. 1003–1023

Lang, G., Welzel, P.: Größe und Kosteneffizienz im deutschen Bankensektor, in: Zeitschrift für Betriebswirtschaft, 67. Jg., 1997, H. 3, S. 269–283

Lang, G.: Wettbewerbsverhalten deutscher Banken – eine Panelanalyse auf Basis der Rosse-Panzar-Statistik, in: Jahrbuch für Wirtschaftswissenschaften, Bd. 48, 1997, S. 21–38

Lassak, F.: Karriere – gute Aussichten für Berater im Private Banking, in: FTD, 27.09.2002, Online-Version http://www.ftd.de/pw/ka/1032946099565.html?nv=5wn, Stand: 11.10.2002

Lebert, R.: Allfinanz-Konzept setzt sich durch, in: FTD, 13.06.2001, Online-Version http://ftd.de/ub/fi/FTD9DEBPTNC.html, Stand: 13.06.2001

Lebert, R.: Allianz muß Übernahme teuer bezahlen, in: FTD, 14.08.2002, Online-Version http://www.ftd.de/ub/fi/1029268893307.html, Stand: 16.08.2002

Lehmann, E., Neuberger, D.: Do lending relationships matter? Evidence from bank survey data in Germany, in: Journal of Economic Behavior and Organization, Vol. 45, 2001, No. 4, S. 339–359

Lenel, H. O.: Zu den Megafusionen in den letzten Jahren, in: ORDO, Bd. 51, 2001, S. 1–31

Li, J.: The entry barrier is collapsing, what to do next? In: Journal of Internet Banking and Commerce, Vol. 2, 1997, No. 4, o. S.

Lichtenberg, P.: Die Beteiligungspolitik der Banken, in: Zeitschrift für das gesamte Kreditwesen, 27. Jg., 1974, H. 5, S. 180–182

Linde (Hrsg.): Geschäftsbericht 2001, o. O. 2002

Lohmann, F.: Loyalität von Bankkunden – Bestimmungsgrößen und Gestaltungsmöglichkeiten, Wiesbaden 1998

Longree, H.-M.: Marktzutrittsschranken und potentielle Konkurrenten unter wettbewerbspolitischem Aspekt, Essen 1982

Lutter, M.: Bankenvertreter im Aufsichtsrat, in: Zeitschrift für das gesamte Wirtschaftsrecht und Handelsrecht, Vol. 145, 1981, S. 224–251

Lüttig, F.: Die Rolle der Marktzutrittsschranken im Fusionskontrollrecht der Bundesrepublik Deutschland und der USA – eine Untersuchung zur Fortentwicklung der deutschen Fusionskontrolle, Baden-Baden 1992

Machauer, A.: Bankverhalten in Kreditbeziehungen, Wiesbaden 1999

Mackintosh, J.: Geldfresser mit zu wenig Kunden, in: FTD, 16.06.2001, Online-Version http://www.ftd.de/ub/fi/FTDHMCRSTNC.html, Stand: 18.06.2001

Maisch, M.: Verfall der Sitten, in: Handelsblatt, 23./24.08.2002, Nr. 162, S. 10

Marko, V.: Die erhebliche Behinderung wirksamen Wettbewerbs durch marktbeherrschende Unternehmen im Sinne des Art. 2 der EG-Fusionskontrollverordnung Nr. 4064/89, o. O. 1992

Mayer, C.: New issues in corporate finance, in: European Economic Review, Vol. 32, 1988, No. 5, S. 1167–1189

McAllister, P. H., McManus, D.: Resolving the scale efficiency puzzle in banking, in: Journal of Banking & Finance, Vol. 17, 1993, No. 2/3, S. 389–405

Meffert, H.: Marketing – Grundlagen marketingorientierter Unternehmensführung, Wiesbaden 2000

Mische, H.: Nicht-wettbewerbliche Faktoren in der europäischen Fusionskontrolle – Wettbewerbspolitik zwischen Schutzpolitik und Gestaltung, Baden-Baden 2001

Molyneux, P., Altunbas, Y., Gardener, E. P. M.: Efficiency in European banking, Chichester 1996

Molyneux, P., Forbes, W.: Market structure and performance in European banking, in: Applied Economics, Vol. 27, 1995, No. 2, S. 155–159

Molyneux, P., Lloyd-Williams, D. M., Thornton, J.: Competitive conditions in European banking, in: Journal of Banking & Finance, Vol. 18, 1994, No. 3, S. 445–459

Molyneux, P., Maude, D.: Banking in Germany, London 1996

Monopolkommission: Hauptgutachten, laufende Jahrgänge

Monopolkommission: Netzwettbewerb durch Regulierung, Hauptgutachten 2000/2001, Baden-Baden 2002, Kurzfassung

Montag, F., Dohms, R.: Minderheitsbeteiligungen im deutschen und EG-Kartellrecht – Teil 1, in: Wirtschaft und Wettbewerb, 43 Jg., 1993, H. 1, S. 5–16

Montag, F., Heinemann, K.: Die europäische Fusionskontrolle in der Praxis, in: Zeitschrift für Wirtschaftsrecht, 13. Jg., 1992, H. 19, S. 1367–1379

Montag, F., Kaessner, R.: Neuere Entwicklungen in der Fallpraxis der europäischen Fusionskontrolle, in: Wirtschaft und Wettbewerb, 47. Jg., 1997, H. 10, S. 781–794

Moser, F.: Die Bedeutung der Wettbewerbsveränderungen im Finanzdienstleistungssektor für die Entwicklungsperspektiven internationaler Finanzzentren und die Zukunft der deutschen Großbanken, Regensburg 1999

Moser, S., Pesaresi, N., Soukup, K.: State guarantees to German public bank – a new step in the enforcement of state aid discipline to financial services in the community, in: Competition Policy Newsletter, o. J., 2002, No. 2, S. 1–11

Mülbert, P. O.: Empfehlen sich gesetzliche Regelungen zur Einschränkung des Einflusses der Kreditinstitute auf Aktiengesellschaften? München 1996

Mülbert, P. O.: Bank equity holdings in non-financial firms and corporate governance – the case of German universal banks, in: Hopt, K. J. u. a. (Hrsg.): Comparative corporate governance – the state of the art and emerging research, Oxford 1998, S. 445–497

Mülhaupt, L.: Das Problem der Bankenmacht in wettbewerbspolitischer Sicht, in: Die Betriebswirtschaft, 40. Jg., 1980, H. 4, S. 513–526

Münchener Rück (Hrsg.): Geschäftsbericht der Münchener-Rück-Gruppe 2000, o. O. 2001

Münchener Rück (Hrsg.): Geschäftsbericht der Münchener-Rück-Gruppe 2001, o. O. 2002

Münchener Rück (Hrsg.): o. T., Pressemitteilung vom 17.01.2002, http://www.munichre.com/default_d.asp?/747/templates/index.asp?file=/-1_d.asp, Stand: 19.07.2002

Münchener Rück (Hrsg.): o. T., Pressemitteilung vom 10.07.2002, http://www.munichre.com/default_d.asp?/747/templates/index.asp?file=/-1_d.asp, Stand: 19.07.2002

Münchow, M.-M.: Bankenmacht oder Kontrolle durch Banken – eine institutionenökonomische Analyse der Beziehung zwischen Banken und Unternehmen in Deutschland, Hamburg 1995

Murphy, M.: Consors – Online-Broker auf dem Hungerast, in: FTD, 10.07.2001, Online-Version http://www.ftd.de/ub/fi/FTDVL235ZOC.html, Stand: 11.07.2001

Nehmzow, C.: The internet will shake banking`s medieval foundations, in: Journal of Internet Banking and Commerce, Vol. 2, 1997, No. 2, o. S.

Neuberger, D., Lehmann, E.: Die Direktbankinnovation, in: Kredit und Kapital, Vol. 31, 1998, No. 3, S. 343–369

Neuberger, D., Neumann, M.: Banking and antitrust – limiting industrial ownership by banks? In: Journal of Institutional and Theoretical Economics, Vol. 147, No. 1, 1991, S. 188–199

Neuberger, D.: Direct banking – a demand pull and technology push innovation, Rostock 1996, unveröffentlichtes Paper

Neuberger, D.: Kreditvergabe durch Banken – mikroökonomische Theorie und gesamtwirtschaftliche Implikationen, Tübingen 1994

Neumann, M.: Competition policy – history, theory and practice, Cheltenham 2001

Noel, P.-E.: Efficiency considerations in the assessment of horizontal mergers under European and U.S. antitrust law, in: European Competition Law Review, Vol. 18, 1997, No. 8, S. 498–519

Nußkern, W.: Möglichkeiten und Grenzen der Anwendung von statistischen Konzentrationsmaßen in der Fusionskontrolle, Frankfurt a. M. u. a. 1999

O. V.: Allianz rechnet mit mehr als einer Milliarde Euro Synergien, in: FAZ, 01.06.2001, Nr. 126, S. 18

O. V.: Allianz-Aktionäre loben den Vorstand, in: FAZ, 12.07.2002, Nr. 159, S. 16

O. V.: Amerikanische Onlinebroker drehen an der Preisschraube – Gebührenerhöhungen auch in Deutschland, in: FAZ, 04.09.2002, Nr. 205, S. 23

O. V.: Amerikas Online-Broker suchen den physischen Kontakt mit den Kunden, in: FAZ, 01.06.2001, Nr. 126, S. 27

O. V.: Ansätze zur Gestaltung des Netzes von Bankverbindungen durch eine Unternehmung, in: Schmalenbachs Zeitschrift für betriebswirtschaftliche Forschung, 40. Jg., 1988, H. 9, S. 739–767

O. V.: Auch mit Privatkunden läßt sich Geld verdienen, in: FAZ, 06.08.2002, Nr. 149, S. 17

O. V.: Aufsichtsräte bekommen mehr Macht über die Vorstände, in: FAZ, 22.06.2002, Nr. 142, S. 11

O. V.: Ausdünnung bis an die Schmerzgrenze, in: FAZ, 26.06.2001, Nr. 145, S. 32

O. V.: Bankbilanzen, Bankenwettbewerb und geldpolitische Transmission, in: Deutsche Bundesbank (Hrsg.): Monatsbericht, September 2001, S. 51–70

O. V.: Banken richten ihr Internet-Geschäft auf Firmenkunden aus, in: FAZ, 27.07.2000, Nr. 172, S. 29

O. V.: Banken setzen auf Kredite aus dem Netz, in: Handelsblatt, 27.08.2002, Nr. 164, S. 21

O. V.: Bei drei von vier Fusionen sinkt Börsenwert, in: FAZ, 15.05.2000, Nr. 112, S. 17

O. V.: Berechnung der Marktanteile nach Erträgen, in: Handelsblatt, 08.08.2001, Nr. 151, S. 28

O. V.: Bis zu 500 Hauptversammlungen bleiben unbesucht, in: FAZ, 11.02.2002, Nr. 35, S. 21

O. V.: Breuer – Herold-Verkauf ist keine Abkehr von der Allfinanz, in: FAZ, 25.09.2001, Nr. 223, S. 22

O. V.: Comdirect und DAB planen Fusion, in: Handelsblatt, 28.10.2002, Nr. 207, S. 1

O. V.: Comdirect zieht sich im Ausland zurück, in: Handelsblatt, 19.11.2001, Nr. 233, S. 32

O. V.: Comdirect-Bank setzt auf mobile Berater, in: FTD, 06.09.2001, Online-Version http://www.ftd.de/ub/fi/FTDWAF6O8RC.html, Stand: 08.09.2001

O. V.: Commerzbank will Beteiligungen verkaufen, in: Handelsblatt, 10./11.01.2003, Nr. 7, S. 23

O. V.: Consors verschwindet vom Börsenzettel, in: Handelsblatt, 14.11.2002, Online-Version http://www.handelsblatt.com/hbiwwwangebot/fn/relhbi/sfn/-buildhbi/cn/GoArt!200007,200029,582014/SH/0/depot/0/index.html, Stand: 27.11.2002

O. V.: CSFB will Online-Handel abstoßen, in: Handelsblatt, 09./10.11.2001, Nr. 217, S. 41

O. V.: DAB gewinnt weniger Neukunden, in: FAZ, 17.10.2001, Nr. 241, S. 20

O. V.: Der Ansturm auf das Internet-Banking läßt auf sich warten, in: FAZ, 13.03.1999, Nr. 63, S. 34

O. V.: Deutsche Bank beschleunigt den Verkauf von Beteiligungen, in: FAZ, 06.11.2002, Nr. 258, S. 15

O. V.: Deutsche Bank macht erneut Kasse, in: Handelsblatt, 06.11.2002, Nr. 214, S. 22

O. V.: Deutsche Bank rettet Gerling Rück, in: Handelsblatt, 14.03.2002, Nr. 52, S. 36

O. V.: Deutsche Bank stößt Online-Brokergeschäft in Amerika ab, in: FAZ, 01.08.2001, Nr. 176, S. 28

O. V.: Deutsche Bank will Private Banking stark ausbauen, in: Handelsblatt, 20.06.2001, Nr. 116, S. 36

O. V.: Deutschen Bank verärgert Privatkunden, in: FAZ, 18.06.2001, Nr. 138, S. 13 und S. 34

O. V.: Die Allianz setzt mit der Dresdner jetzt auf die „kleine Lösung“, in: FAZ, 29.03.2001, Nr. 75, S. 20

O. V.: Die Beziehung zwischen Bankkrediten und Anleihemarkt in Deutschland, in: Deutsche Bundesbank (Hrsg.): Monatsbericht, Januar 2000, S. 33–48

O. V.: Die Deutsche Bank trennt sich von der Börse, in: FAZ, 25.10.2002, S. 11

O. V.: Die Macht der Banken – Anhörung im Bundestag – ZBB-Dokumentation, in: Zeitschrift für Bankrecht & Bankwirtschaft, 6. Jg., 1994, H. 1, S. 69–100

O. V.: Die Stellung der DWS ist bedroht, in: FAZ, 04.12.2001, Nr. 282, S. 25

O. V.: Direkt Anlage Bank geht mit französischer Self Trade zusammen, in: FAZ, 14.09.2000, Nr. 214, S. 25

O. V.: Direktbank Entrium baut ein Zweigstellennetz auf, in: FAZ, 08.11.2001, Nr. 260, S. 21

O. V.: Direktbanken drehen an der Kostenschraube, in: Handelsblatt, 16.08.2001, Online-Version http://www.handlesblatt.com/hbiwwwangebot/-fn/relbi/sfn/buildhbi/cn/GoArt!200012,200039,450421/SH/0/depot/0/index.html, Stand: 20.08.2001

O. V.: Dresdner Bank bündelt Online-Dienste in einem Privatkundenportal, in: FAZ, 08.10.2001, Nr. 193, S. 33

O. V.: Dresdner Bank schockiert mit Milliardenverlust, in: FAZ, 15.08.2002, Nr. 188, S. 11

O. V.: DWS Investment steigert Marktanteil, in: FAZ, 06.11.2001, Nr. 258, S. 24

O. V.: Electronic Banking aus bankenaufsichtlicher Perspektive, in: Deutsche Bundesbank (Hrsg.): Monatsbericht, Dezember 2000, S. 43–59

O. V.: Entwicklungen des Bankensektors und Marktstellung der Kreditinstitutsgruppen seit Anfang der neunziger Jahre, in: Deutsche Bundesbank (Hrsg.): Monatsbericht, März 1998, S. 33–64

O. V.: Finanzriese will große Direktbank schmieden, in: Handelsblatt, 10./11.01.2003, Nr. 7, S. 23

O. V.: Flaute bei Fusionen und Übernahmen, in: FAZ, 04.10.2002, Nr. 230, S. 25

O. V.: Frankreichs Banken verdienen viel Geld mit ihren Bankfilialen, in: FAZ, 29.05.2001, Nr. 123, S. 22

O. V.: Geldpolitik und Investitionsverhalten – eine empirische Untersuchung, in: Deutsche Bundesbank (Hrsg.): Monatsbericht, Juli 2002, S. 41–55

O. V.: Gemeinsam im Netz, in: FAZ, 30.05.2000, Nr. 125, S. 30

O. V.: Großbritannien schreibt Banken Guthabenzinsen vor, in: FAZ, 16.03.2002, Nr. 64, S. 11

O. V.: Grundsatzfragen der Kreditwirtschaft, in: Bundesministerium der Finanzen (Hrsg.): Schriftenreihe, Nr. 28, o. O. 1979

O. V.: Hausbankprinzip prägt Investitionen, in: FAZ, 23.07.2002, Nr. 168, S. 11

O. V.: In Deutschland gibt es immer weniger Bankstellen, in: FAZ, 08.05.2001, Nr. 106, S. 19

O. V.: Jeder fünfte Deutsche nutzt Online-Banking, in: FAZ, 23.08.2001, Nr. 195, S. 23

O. V.: Jeder fünfte Deutsche nutzt Online-Banking, in: Handelsblatt, 02.08.2001, Online-Version http://handelsblatt.com/hbiwwwangebot/fn/relhbi/buildhbnw/bmc/cn_hnavi_nw/bmc/cn_artikel_nw/bmc/cn_weitere_news_nw/dcid/452344/strucid/page_201479/pageid/page_201479/SH/0/depot/0/index.html, Stand: 23.08.2001

O. V.: Online-Banking wird teurer, in: FAZ, 29.08.2001, Nr. 200, S. 26

O. V.: Online-Boker DAB zwischen Integration und Fusion, in: FAZ, 19.11.2002, Nr. 269, S. 21 f.

O. V.: Online-Broker bieten Beratung an, in: FAZ, 26.10.2001, Nr. 249, S. 33 f.

O. V.: Online-Kreditvergabe kann Kosten deutlich senken, in: FAZ, 28.05.2001, Nr. 122, S. 28

O. V.: SEB Direct war nicht erfolgreich, in: FAZ, 26.11.2001, Nr. 275, S. 21

O. V.: Vertrieb – Filialen verlieren an Bedeutung, in: Die Bank, 26. Jg., 2002, H. 8, S. 508

O. V.: Vielen Investmentbanken droht ein unrühmliches Ende, in: FAZ, 23.11.2002, Nr. 273, S. 14

O. V.: Volksbankengruppe ab Mai mit einheitlichem Internetportal, in: FAZ, 24.04.2001, Nr. 95, S. 26

O. V.: Webangebote drücken Margen der Banken, in: Handelsblatt, 18.04.2001, Nr. 75, S. 29

O. V.: Wunderkind ohne Fingerspitzengefühl, in: FAZ, 26.09.2002, Nr. 224, S. 15

O. V.: Zum Zusammenhang zwischen Kreditzinsen deutscher Banken und Marktzinsen, in: Deutsche Bundesbank (Hrsg.): Monatsbericht, März 2002, S. 53–66

O. V.: Zur Diskussion um die „Macht der Banken“, in: Die Bank, 13. Jg., 1989, H. 10, S. 556–562

OECD (Hrsg.): Mergers in financial services, Paris 2000

Ongena, S., Smith, D. C.: Bank relationships – a review, in: Harker, P. T., Zenios, S. A. (Hrsg.): Performance of financial institutions – efficiency, innovation, regulation, Cambridge 2000, S. 221–258

Ongena, S., Smith, D. C.: The duration of bank relationships, in: Journal of Financial Economics, Vol. 61, 2001, No. 3, S. 449–475

Ongena, S., Smith, D. C.: What determinates the number of bank relationships? Cross-country evidence, in: Norwegian School of Management (Hrsg.): Working Paper, No. 4, o. O. 1998

Opgenhoff, C.: Die europäische Fusionskontrolle zwischen Wettbewerbsrecht und Industriepolitik, Frankfurt a. M. u. a. 2001

Otto, P.: Auslandsgeschäft belastet Online-Broker, in: Handelsblatt, 17./18.08.2001, Nr. 158, S. 23

Otto, P.: Für Banken ist der Kunde noch kein König, in: Handelsblatt, 10.07.2002, Nr. 130, S. 28

Otto, P.: Onlinebroker stehen vor Ausleseprozeß, in: Handelsblatt, 30.07.2001, Nr. 144, S. 21

Otto, P.: Schwere Wochen für Online-Broker, in: Handelsblatt, 26.11.2001, Nr. 228, S. 21

Panzar, J. C., Rosse, J. N.: Testing for monopoly equilibrium, in: Journal of Industrial Economics, Vol. 35, 1987, No. 4, S. 443–456

Panzar, J. C., Willig, R. D.: Economies of scope, in: The American Economic Review, Vol. 71, 1981, No. 2, S. 268–272

Perlitz, M., Seger, F.: The role of universal banks in German corporate governance, in: Business and the Contemporary World, Vol. 6, 1994, No. 4, S. 49–67

Peters, K., Werner, H. S.: Banken als herrschende Unternehmen? Überlegungen zu den Herausforderungen von Kreditinstituten in faktischen Unternehmensverbindungen im Nichtbankensektor, in: Die Aktiengesellschaft, 23. Jg., 1978, H. 11, S. 297–309

Petersen, M. A., Rajan, R. G.: The benefits of lending relationships – evidence from small business data, in: Journal of Finance, Vol. 49, 1994, No. 1, S. 3–37

Petersen, M. A., Rajan, R. G.: The effect of credit market competition on lending relationships, in: The Quarterly Journal of Economics, Vol. 110, 1995, No. 2, S. 407–443

Pfannschmidt, A.: Mehrfachmandate in deutschen Unternehmen – ökonomische Erklärungsansätze, in: Zeitschrift für Betriebswirtschaft, 65. Jg., 1995, H. 2, S. 177–203

Pilloff, S. J., Santomero, A. M.: The value effects of bank mergers and acquisitions, in: The Wharton Financial Institutions Center (Hrsg.): Working Paper, No. 7, o. O. 1997

Plaß, G.: Die Zusammenschlußkontrolle von Versicherungen und Kreditinstituten nach der Europäischen Fusionskontrollverordnung, Frankfurt a. M. u. a. 1997

Pohl, M.: Zur Macht der Großbanken – die Quellenlage im Archiv der Deutschen Bank, in: Holtfrerich, C.-L. (Hrsg.): Arbeitspapiere des Arbeitskreises für Bankgeschichte, Nr. 4, 1997

Polan, R.: Bankloyalität – ein Meßkonzept für die Bankloyalität – Investitionen in die Bank/Kunde-Beziehung unter Risikoaspekten, Wiesbaden 1995

Pozdena, R. J., Alexander, V.: Bank structure in West Germany, in: Kaufman, G. G. (Hrsg.): Banking structures in major countries, Boston u. a. 1991, S. 555–590

Prager, R. A., Hannan, T. H.: Do substantial horizontal mergers generate significant price effects? Evidence from the banking industry, in: Journal of Industrial Economics, Vol. 46, 1998, No. 4, S. 433–451

Purrucker, M.: Banken in der kartellrechtlichen Fusionskontrolle, Berlin 1982

Quack, S., Hildebrandt, S.: Hausbank or fournisseur? Bank services for small and medium sized enterprises in Germany and France, in: Wissenschaftszentrum Berlin für Sozialforschung (Hrsg.): Discussion Paper, No. 102, o. O. 1995

Rad, A. T., Beek, L. van: Market valuation of European bank mergers, in: European Management Journal, Vol. 17, 1999, No. 5, S. 532–540

Raettig, L.: Auslandsbanken – Erfolg in Deutschland, Erfolg in Europa, in: Die Börsen-Zeitung, 04.04.2001, Online-Version http://www.boersenzeitung.com/online/redaktion,bankentag/BZ066374.HTM, Stand: 05.04.2001

Ramrath, S.: Die „überragende" Marktstellung als Merkmal der Fusionskontrolle – Marktmachtkonzept versus Ressourcentheorie, in: FIW (Hrsg.): FIW-Schriftenreihe, H. 84, Köln u. a. 1979

Rathjen, H.-H.: Transitorische Beteiligungen von Banken an Nichtbank-Unternehmen unter deutschem und EG-Zusammenschlußkontrollrecht, Ammersbek bei Hamburg 1995

Reichelt, G.: Die Ermittlung einer marktbeherrschenden Stellung aus ökonomischer Sicht, Gießen 1987

Rhoades, S.: Competition and bank mergers – directions for analysis from available evidence, in: The Antitrust Bulletin, Vol. 41, 1996, S. 339–364

Richter, R., Furubotn, E. G.: Neue Institutionenökonomik, 2. Aufl., Tübingen 1999

Riegger, B.: Hauptversammlung und Internet, in: Zeitschrift für das gesamte Wirtschaftsrecht und Handelsrecht, Vol. 165, 2001, No. 2/3, S. 204–218

Ritter, L., Braun, W. D., Rawlinson, F.: EEC competition law – a practitioner`s guide, Deventer 1991

Rittner, F.: Wettbewerbs- und Kartellrecht – eine systematische Darstellung des deutschen und europäischen Rechts für Studium und Praxis, 6. Aufl., Heidelberg 1999

Roggenbuck, H. E.: Begrenzung des Anteilsbesitzes von Kreditinstituten an Nichtbanken – gesetzliche Regelungen, empirischer Befund sowie anlage- und geschäftspolitische Bedeutung, Frankfurt a. M. 1992

Röller, L.-H., Stennek, J., Verboven, F.: Efficiency gains from mergers, in: Wissenschaftszentrum Berlin für Sozialforschung (Hrsg.): Discussion Paper, No. 9, o. O. 2000

Röller, W.: Die Macht der Banken, in: Zeitschrift für das gesamte Kreditwesen, 43. Jg., 1990, H. 1, S. 16–18

Röller, W.: Quo vadis Aufsichtsrat? In: Die Aktiengesellschaft, 39. Jg., 1994, H. 8, S. 333–336

Rösler, P.: Der Begriff der marktbeherrschenden Stellung in der europäischen Fusionskontrolle, in: Neue Zeitschrift für Gesellschaftsrecht, 3. Jg., 2000, H. 17, S. 857–904

Rösler, P.: Implementierung einer Fusionskontrolle im europäischen Binnenmarkt – Auswirkungen auf das deutsche Recht der Unternehmenszusammenschlüsse, Frankfurt a. M u. a. 1994

Rössing, S., Wanner, S.: Neuer Allfinanzkonzern entsteht, in: FTD, 30.03.2001, Online-Version http://ftd.de/ub/fi/FTD72WBNWKC.html, Stand: 30.03.2001

Scheele, M.: Zusammenschluß von Banken und Versicherungen – Analyse des Privatkundengeschäfts anhand industrieökonomischer Modelle, Wiesbaden 1994

Schengber, R. A.: Marktabgrenzung und Machtmessung – eine Analyse von Methoden und Indikatoren für das Koordinationsmängel-Diagnosekonzept, Köln 1996

Scherer, F. M., Ross, D.: Industrial market structure and economic performance, 3. Aufl., Boston u. a. 1990

Schmalensee, R.: Entry deterrence in the ready-to-eat breakfast cereal industry, in: Bell Journal of Economics, Vol. 9, 1978, No. 2, S. 305–327

Schmid, F. A.: Banken, Aktionärsstruktur und Unternehmenssteuerung Teil II, in: Kredit und Kapital, Vol. 29, 1996, No. 4, S. 545–564

Schmidt, C. R.: Die „Entwicklung des technischen und wirtschaftlichen Fortschritts" – der Konflikt Wettbewerbspolitik-Industriepolitik in der Europäischen Fusionskontrolle, Baden-Baden 1992

Schmidt, F.: Institutionelle Markteintrittsschranken, potentielle Konkurrenz und Unternehmensverhalten – ein Beitrag zur Endogenisierung der Marktstruktur, Berlin 1998

Schmidt, I., Engelke, H.: Marktzutrittsschranken und potentieller Wettbewerb, in: Wirtschaftswissenschaftliches Studium, 18. Jg., 1989, H. 9, S. 399–404

Schmidt, I.: Wettbewerbspolitik und Kartellrecht – eine Einführung, 7. Aufl., Stuttgart 2001

Schmidt, M.: Die Stimmrechtsvertretung durch Kreditinstitute – Überlegungen zu einer eigenen Treupflicht der Kreditinstitute als Stimmrechtsvertreter gegenüber der AG und deren Aktionären, Mainz 1993

Schmookler, J.: Economic sources of inventive activity, in: The Journal of Economic History, Vol. 22, 1962, March, S. 1–20

Schreyögg, G., Papenheim-Tockhorn, H.: Dient der Aufsichtsrat dem Aufbau zwischenbetrieblicher Kooperationsbeziehungen? In: Zeitschrift für Betriebswirtschaft, 65. Jg., 1995, H. 2, S. 205–230

Schröder, G. A.: Ertragschancen im Private Banking werden nicht ausgeschöpft – vermögende Kunden stärker ins Visier nehmen, in: Handelsblatt, 15.05.2001, Nr. 93, S. B2

Schubert, C., Mrusek, K.: Europa hat gemischte Erfahrungen mit der Allfinanz, in: FAZ, 03.04.2001, Nr. 79, S. 32

Schüller, S.: Das Privatkundengeschäft der Banken steht vor großen Herausforderungen, in: FAZ, 05.06.2001. Nr. 128, S. 40

Schultz, K.-P., Wagemann, M.: Kartellrechtspraxis und Kartellrechtsprechung 1999/2000, 15. Aufl., Köln 2000

Schure, P., Wagenvoort, R.: Economies of scale and efficiency in European banking – new evidence, in: Economic and Financial Reports, No. 1, o. O. 1999

Schuster, H.: Kriterien zur Bestimmung von Marktmacht und Marktbeherrschung, in: Seidenfus, H. S. (Hrsg.): Marktmacht und marktbeherrschende Verhaltensweisen im Verkehr, Beiträge aus dem Institut für Verkehrswissenschaft an der Universität Münster, H. 42, Göttingen 1966, S. 9–33

Schuster, L.: Macht und Moral der Banken, Bern 1977

Schwiete, M., Weigand, J.: Bankbeteiligungen und das Verschuldungsverhalten deutscher Unternehmen, in: Kredit und Kapital, Vol. 30, 1997, No. 1, S. 1–34

Seger, F.: Banken, Erfolg und Finanzierung – eine Analyse für deutsche Industrieunternehmen, Wiesbaden 1997

Semler, J.: Empfehlen sich gesetzliche Regelungen zur Einschränkung des Einflusses der Kreditinstitute auf Aktiengesellschaften? In: Ständige Deputation des deutschen Juristentages (Hrsg.): Verhandlungen des 61.ten deutschen Juristentages, Bd. II/1, Karlsruhe 1996, S. N 29–42

Sharpe, S. A.: Asymmetric information, bank lending, and implicit contract – a stylized model of customer relationships, in: Journal of Finance, Vol. 45, 1990, No. 4, S. 1069–1087

Sheard, P.: The main bank system and corporate monitoring and control in Japan, in: Journal of Economic Behaviour and Organization, Vol. 11, 1989, S. 399–422

Sheldon, G.: Efficiency and scale economies in European banking – a cross-country comparison, unveröffentlichtes Paper

Sherman, H. C., Kaen, F. R.: Die deutschen Banken und ihr Einfluß auf Unternehmensentscheidungen, in: ifo-Schnelldienst, 50. Jg., 1997, H. 23, S. 3–20

Sigg, D.: Kartellrechtliche Probleme der Beteiligungen von Banken im Nichtbankenbereich, Bern 1984

Simons, J. J., Williams, M. A.: The renaissance of market definition, in: The Antitrust Bulletin, Vol. 38, 1993, S. 799–857

Siragusa, M., Subiotto, R.: Ein Jahr Fusionskontrolle – eine Zwischenbilanz aus Sicht des Praktikers, in: Wirtschaft und Wettbewerb, 31. Jg., 1991, H. 11, S. 872–887

Slovin, M. B., Sushka, M. E., Polonchek, J. A.: The value effect of bank durability – borrowers as bank stakeholders, in: Journal of Finance, Vol. 48, 1993, No. 1, S. 247–266

Smith, B. W., Ryan, M. W.: The changing nature of antitrust enforcement in banking`s new era, in: The Antitrust Bulletin, Vol. 41, 1996, S. 481–488

Spicher, T.: Kapitalmarkt, unvollständige Verträge und Finanzintermediäre – eine modellgestützte Analyse zu Existenzbegründung, zukünftiger Ausrichtung und möglichen Verhaltensstrategien von Banken an Kapital- und Kreditmärkten, Köln 1997

Spremann, K.: Agent and principal, in: Bamberg, G., Spremann, K. (Hrsg.): Agency theory, information and incentives, Berlin u. a. 1987, S. 3–37

Sprenger, B.: Depot-Rekord dank Investmentboom, in: Die Bank, 25. Jg., 2001, Nr. 11, S. 815–816

Stadler, M. C.: Die Beratung des Vorstandes der Aktiengesellschaft durch den Aufsichtsrat, München 1997

Stadtsparkasse Köln (Hrsg.): Die Rolle regionaler Finanzdienstleister im Retailgeschäft der Zukunft, o. O. 2000

Steinke, B.-M., Adiyaman, Y.: Retail Banking – Effizienzgewinne durch B2B2C-Kredit, in: Die Bank, 26. Jg., 2002, H. 8, S. 563–567

Stigler, G. J.: The organization of industry, Homewood (Il.) 1968

Stiglitz, J. E., Weiss, A.: Credit rationing in markets with imperfect information, in: The American Economic Review, Vol. 71, 1981, No. 3, S. 393–410

Stockenbauer, P.: Die Europäische Fusionskontrolle – das materielle Recht, Baden-Baden 1995

Stockenhuber, P.: Europäisches Kartellrecht, Wien 1999

Stockmann, C.: Elektronische Bankfilialen und virtuelle Banken – das Privatkundengeschäft von Universalbanken im elektronischen Markt, Regensburg 1997

Streitferdt, F.: Warum beteiligen sich Banken an anderen Unternehmen? In: Manuskripte aus den Instituten für Betriebswirtschaftslehre der Universität Kiel, Nr. 513, o. O. 1999

Streitferdt, F.: Eine ökonomische Analyse von Bankbeteiligungen, Stuttgart 2002

Süchting, J., Paul, S.: Bankmanagement, 4. Aufl., Stuttgart 1998

Süchting, J.: Die Bankloyalität als Grundlage zum Verständnis der Absatzbeziehung von Kreditinstituten, in: Kredit und Kapital, Vol. 5, 1972, No. 3, S. 269–300

Sunshine, S. C.: Clearing a bank merger through the Department of Justice – the 1992 horizontal merger guidelines, in: Banking Law Journal, Vol. 110, 1993, May/June, S. 188–203

Supreme Court (Hrsg.): United States v. Philadelphia National Bank, o. O. 17.06.1963

Supreme Court (Hrsg.): United States v. Phillipsburg National Bank, o. O. 29.06.1970

Terrahe, J.: Die Zukunft des Hausbankprinzips – engere oder lockere Bank-Kunden-Bindung? In: Engels, W. (Hrsg.): Organisation der Banken und des Bankenmarktes, Frankfurt a. M. 1988, S. 145–166

Tillmann, E.: Das Depotstimmrecht der Banken, Zürich 1985

Tirole, J.: The theory of industrial organization, 10. Aufl., Cambridge (Ma.) 1998

Traugott, R.: Zur Abgrenzung von Märkten, in: Wirtschaft und Wettbewerb, 48. Jg., 1998, H. 9, S. 929–939

Tröge, M.: Industry ownership of banks and credit market competition, in: Wissenschaftszentrum Berlin für Sozialforschung (Hrsg.): Discussion Paper, No. 36, o. O. 1997

U. S. Department of Justice and the Federal Trade Commission (Hrsg.): Horizontal merger guidelines, 08.04.1997

Vander Vennet, R.: Concentration, efficiency and entry barriers as determinants of EC bank profitability, in: Journal of International Financial Markets, Institutions & Money, Vol. 4, 1994, No. 3/4, S. 21–46

Veil, M.: Direktbanken im Retail-Banking – Informationstechnologie und Strategie, Freiburg i. Br. 1998

Veljanovski, C.: Banking mergers – transaction costs and market definition, in: European Competition Law Review, Vol. 21, 2000, No. 4, S. 195–198

Verband der Auslandsbanken in Deutschland (Hrsg.): Die Auslandsbanken in Deutschland, laufende Jahrgänge

Vogelsang, M.: Die Macht der Banken – ein gesellschaftspolitisches Problem in der Analyse moderner ökonomischer Theorieansätze, München 1995

Volkmann, G., Kronenberg, B.: Bankenmacht und Aufsichtsrat, in: WSI-Mitteilungen, 47. Jg., 1994, H. 8, S. 481–487

Wagner, P. J.: Die Bildung von Allfinanzkonzernen – Grundlagen und Ansatzpunkte der Integration von Bank und Versicherung in einem Allfinanzkonzern, Bern u. a. 1991

Waidacher, R.: Institutionelle Stimmrechtsvertretung – gesetzliche Schutzvorkehrungen gegen Mißbräuche der Massenvertretung, Zürich 1996

Wanner, C., Fromme, H.: Allianz kämpft um ihr Allfinanzmodell, in: FTD, 02.04.2002, Online-Version http://www.ftd.de/ub/fi/1014398952012.html, Stand: 22.10.2002

Weber, M.: Bankenmarkt Deutschland – I. Der Strukturwandel, in: Die Bank, 26. Jg., 2002, H. 6, S. 398–404

Weber, M.: Bankenmarkt Deutschland – II. Perspektiven, in: Die Bank, 26. Jg., 2002, H. 7, S. 456–459

Wei, X.: When will we see cross-border bank mergers? In: European Competition Law Review, Vol. 23, 2002, No. 1, S. 11–16

Weikert, D.: Corporate Governance und das Auftragsstimmrecht der Banken, Köln 2001

Weinstein, D. E., Yafeh, Y.: On the costs of a bank-centered financial system – evidence from the changing main bank relations in Japan, in: Journal of Finance, Vol. 53, 1998, No. 2, S. 635–672

Weitbrecht, A.: Die Kontrolle weltweiter Unternehmenszusammenschlüsse durch die Europäische Union und die USA, in: Schwarze, J. (Hrsg.): Europäisches Wettbewerbsrecht im Zeichen der Globalisierung, Schriftenreihe Europäisches Recht, Politik und Wirtschaft, Bd. 268, Baden-Baden 2002, S. 63–76

Weizsäcker, C. C. von: Barriers to entry – a theoretical treatment, Berlin u. a. 1980

Werner, W.: Aufsichtsratstätigkeit von Bankenvertretern, in: Zeitschrift für Handelsrecht, Vol. 145, 1981, No. 2/3, S. 252–270

Wheelock, D. C., Wilson, P. W.: New evidence on returns to scale and product mix among U.S. commercial banks, in: Journal of Monetary Economics, Vol. 47, 2001, No. 3, S. 653–674

Wild, A.: Die Bank als Markenführer, in: Die Bank, 23. Jg., 1999, Nr. 8, S. 516–520

Williamson, O.: Economies as an antitrust defense – the welfare trade-offs, in: The American Economic Review, Vol. 58, 1968, No. 1, S. 18–35

Wills, H.: Market definition – how stationarity tests can improve accuracy, in: European Competition Law Review, Vol. 23, 2002, No. 1, S. 4–6

Wixforth, H., Ziegler, D.: Bankenmacht – universal banking and German industry in historical perspective, in: Cassis, Y., Feldman, G. D., Olsson, U. (Hrsg.): The evolution of financial institutions and markets in twentieth-century Europe, Aldershot u. a. 1995, S. 249–272

Wolf, D.: Der relevante Markt – Wettbewerb macht nicht an den Grenzen halt, in: Wirtschaftsstudium, 24. Jg., 1995, H. 12, S. 977–978

Wübker, G., Hardock, P.: Bundling im Bankensektor – eine vielversprechende Mehrwertstrategie, in: Die Bank, 25. Jg., 2001, H. 9, S. 614–620

Wübker, G., Hardock, P.: Online Banking – weit verbreitet, doch kaum genutzt? In: Die Bank, 26. Jg., 2002, H. 6, S. 376–378

Yamori, N., Murakami, A.: Does bank relationship have an economic value? The effect of main bank failure on client firms, in: Economics Letters, Vol. 65, 1999, No. 1, S. 115–120

Zentes, J., Schramm-Klein, H.: Multi-Channel-Retailing, in: Wirtschaftswissenschaftliches Studium, 31. Jg., 2002, H. 8, S. 450–460

Zeyer, F.: Sparpläne für Investmentfonds begeistern immer mehr Anleger, in: FAZ, 23.07.2001, Nr. 168, S. 27

Zweck, A., Yolacaner, T.: Die öffentlich-rechtlichen Versicherer sind für Allfinanzkonzepte gut gerüstet, in: FAZ, 20.08.2002, Nr. 192, S. 32

FSC
www.fsc.org
MIX
Papier | Fördert
gute Waldnutzung
FSC® C083411

Kolibri 360 GmbH
Ferdinand-Jühlke-Straße 7
99095 Erfurt, Deutschland
produktsicherheit@kolibri360.de

Druck:
CPI Druckdienstleistungen GmbH
im Auftrag der
Kolibri 360 GmbH
Ferdinand-Jühlke-Str. 7
99095 Erfurt